普通高等教育“十四五”规划教材
高职院校“成果导向”教改系列

纳税实务

魏艳华　宋薇／主编

立信会计出版社
LIXIN ACCOUNTING PUBLISHING HOUSE

图书在版编目(CIP)数据

纳税实务 / 魏艳华，宋薇主编. —上海：立信会计出版社，2023.4(2025.8 重印)
普通高等教育“十四五”规划教材
ISBN 978-7-5429-7333-7

Ⅰ. ①纳… Ⅱ. ①魏… ②宋… Ⅲ. ①纳税—税收管理—中国—高等学校—教材 Ⅳ. ①F812.423

中国国家版本馆 CIP 数据核字(2023)第 060421 号

策划编辑　赵志梅
责任编辑　赵志梅
美术编辑　吴博闻

纳税实务
NASHUI SHIWU

出版发行	立信会计出版社		
地　　址	上海市中山西路 2230 号	邮政编码	200235
电　　话	(021)64411389	传　　真	(021)64411325
网　　址	www.lixinaph.com	电子邮箱	lixinaph2019@126.com
网上书店	http://lixin.jd.com		http://lxkjcbs.tmall.com
经　　销	各地新华书店		
印　　刷	上海万卷印刷股份有限公司		
开　　本	787 毫米×1092 毫米	1/16	
印　　张	19.25		
字　　数	505 千字		
版　　次	2023 年 4 月第 1 版		
印　　次	2025 年 8 月第 2 次		
书　　号	ISBN 978-7-5429-7333-7/F		
定　　价	49.00 元		

如有印订差错，请与本社联系调换

preface 前言

本教材是成果导向课程改革成果之一，旨在引领学生认知纳税相关知识，提升纳税业务综合处理能力。在深化产教融合的前提下，根据企业的纳税实际工作流程，本教材设计了八个学习情境。通过本教材的学习，学生可以熟练地掌握各税种的要素，正确地计算应纳税额，规范地进行纳税申报，准确地进行会计核算。同时，本教材配套的课程思政内容也有利于培养德才兼备、爱岗敬业的高素质财税专业人才。

本教材的编写具有以下特点。

1. 以提升纳税业务综合处理能力为导向

本教材由具有多年教学经验的教师编写，遵循成果导向教育理念，以提升纳税业务综合处理能力为导向设计学习内容，这使教材更深入浅出，通俗易懂。

2. 重视基础，课证融通

本教材在"知识点过关""知识拓展""请注意"等项目，融入会计专业技术初级资格考试经济法基础科目的相关内容，知识点全面，配有课后"技能训练"，真正将教学内容与考证内容相结合，实现课证融通。

3. 产教融合、业务真实

本教材由校企合作编写，设置的职业训练真实还原了企业纳税业务，帮助学生掌握纳税业务流程。

4. 课程思政与教学内容深度融合

本教材在每个学习情境中配套设置了课程思政内容，旨在将二十大精神和社会主义核心价值观引入专业课程，有利于培养德才兼备、爱岗敬业的高素质财税专业人员。

5. 内容新颖，配套资源丰富

本教材融入最新财税规定，充分体现教材内容的实时性、新颖性；根据"互联网+"下职业教育的需求，通过植入二维码的模式，提供微课、实务案例解读、最新税务政策链接、章节课件和技能训练参考答案等丰富的教学资源，打造新形态教材。使用本教材的教师如需课件、课程思政等内容，请扫前言最后的二维码申请。

本教材由魏艳华、宋薇担任主编并由魏艳华统稿，由付琳、胡维佳担任副主编，由张振和担任主审，由哈尔滨道勤财务咨询有限公司王娜、哈尔滨市志诚会计代理记账有限公司亓翠兰担任顾问。本教材具体分工如下：学习情境一和学习情境六由黑龙江职业学院宋薇编写，学习情境二由黑龙江职业学院魏艳华编写，学习情境三和学习情境四由黑龙江职业学院付琳编写，学习情境五和学习情境八由黑龙江职业学院胡维佳编写，学习情境七由黑龙江职业学院陈晨编写。

教材及配套教学资源如有疏漏之处，敬请读者提出宝贵意见，以便修订时改进。

编　者

2023 年 4 月

配套资源

Contents 目录

学习情境一

认知纳税工作流程

教学目标

知识目标

1. 理解税收的概念；
2. 熟悉税法的基本要素和税种及其分类；
3. 熟悉税务登记和发票管理；
4. 掌握纳税申报和缴纳的程序。

技能目标

1. 能正确办理税务登记；
2. 能正确办理发票领购；
3. 能正确进行纳税申报和缴纳。

思政目标

1. 增强税收取之于民、用之于民的意识；
2. 增强依法纳税的意识；
3. 培养团队协作和交流沟通能力。

学习子情境一　了解税收

一、税收概述

(一) 税收的概念

税收是国家为满足社会公共需要,凭借公共权力,按照法律所规定的标准和程序,参与国民收入分配,强制地、无偿地取得财政收入的一种方式。

对税收的内涵可以从以下几个方面来理解:

(1) 国家征税的目的是满足社会成员获得公共产品的需要。

(2) 国家征税凭借的是公共权力(政治权力)。税收征收的主体只能是代表社会全体成员行使公共权力的政府,其他任何社会组织和个人是无权征税的。与公共权力相对应的必然是政府管理社会和为民众提供公共产品的义务。

(3) 税收是国家筹集财政收入的主要方式。

(4) 税收必须借助法律形式进行。

【请注意】

(1) 征税的主体是国家,除了国家之外,任何机构和团体,都无权征税。

(2) 国家征税依据的是其政治权力,这种政治权力凌驾于财产权利之上,没有国家的政治权力为依托征税就无法实现。

(3) 征税的目的是满足社会成员获得公共产品的需要。

(二) 税收的特征

税收作为政府筹集财政收入的一种规范形式,具有区别于其他财政收入形式的特点。税收特征可以概括为强制性、无偿性和固定性。

1. 强制性

税收的强制性是指国家凭借其公共权力以法律等形式对税收征纳双方的权利义务进行规范,依据法律进行征税。我国宪法明确规定我国公民有依照法律纳税的义务。纳税人必须依法纳税,否则就要受到法律的制裁。税收的强制性主要体现在征税过程中。

2. 无偿性

税收的无偿性是指国家征税后,税款一律纳入国家财政预算统一分配,而不直接向具体纳税人返还或支付报酬。税收的无偿性是从个体纳税人角度而言的,其享有的公共利益与其缴纳的税款并非一一对等。但就纳税人的整体而言则是对等的,政府使用税款的目的是向社会全体成员包括具体纳税人提供社会公共产品和公共服务。因此,税收的无偿性表现为个体的无偿性和整体的有偿性。

3. 固定性

税收的固定性是指国家征税之前预先规定了统一的征税标准,包括课税对象、税率、纳税期限、纳税地点等。这些标准一经确定，在一定时间内是相对稳定的。税收的固定性包括两层含义：一是税收征收总量的有限性。由于预先规定了征税的标准，政府在一定时期内的征税数量就要以此为限，从而保证税收在国民经济总量中的适当比例。二是税收征收具体操作的确定性。即税法确定了课税对象及征收比例或数额，具有相对稳定、连续的特点。它既要求纳税人必须按税法规定的标准缴纳税额，也要求税务机关只能按税法规定的标准对纳税人征税，不能任意降低或提高。

当然，税收的固定性是相对于某一个时期而言的。国家可以根据经济和社会发展需要适时地修订税法，但这与税收整体的相对固定性并不矛盾。

税收的三个特征是统一的整体，相互联系，缺一不可。无偿性是税收这种特殊分配手段本质的体现，强制性是实现税收无偿征收的保证，固定性是无偿性和强制性的必然要求。三者相互配合，保证了政府财政收入的稳定。

【知识点过关 1-1】 下列各项中，属于税收特征的有(　　)。

A. 强制性　　B. 灵活性　　C. 无偿性　　D. 固定性

【答案】 ACD

【答案解析】 税收的特征为强制性、无偿性和固定性。

知识链接

什么是税法？税收与税法有什么关系？

税法是法学概念，税收则是经济学概念。税法是指有权的国家机关制定的有关调整税收分配过程中形成的权利义务关系的法律规范总和。

首先，这里有权的国家机关，在我国指全国人民代表大会及其常务委员会。同时，在一定的法律框架之下，地方人民代表大会及其常务委员会也往往拥有一定的税收立法权，因此也是制定税法的主体。此外，全国人民代表大会及其常务委员会还可以授权行政机关制定某些税法，获得授权的行政机关也是制定税法的主体的构成者。

其次，税法的调整对象是税收分配中形成的权利义务关系。从经济角度来讲，税收分配关系是国家参与社会剩余产品分配所形成的一种经济利益关系，包括国家与纳税人之间的税收分配关系和各级政府间的税收利益分配关系两个方面。这种经济利益关系是借助法的形式规定国家与纳税人可以怎样行为、应当怎样行为和不得怎样行为，即通过设定税收权利义务来实现的。如果说实现税收分配是目标，从法律上设定税收权利义务则是实现目标的手段。税法调整的是税收权利义务关系，而不是税收分配关系。

最后，税法可以有广义和狭义之分。从广义上讲，税法是各种税收法律规范形式的总和。从立法层次上划分，则包括由全国人民代表大会及其常务委员会正式立法制定的税收法律，由国务院制定的税收法规或由省级人民代表大会制定的地方性税收法规，由有规章制定权的单位制定的税务部门规章。从狭义上讲，税法指的是经过全国人民代表大会及其常务委员会正式立法的税收法律，如《中华人民共和国个人所得税法》《中华人民共和国企业所得税法》《中华人民共和国税收征收管理法》等。

税法是税收的存在形式，税收之所以必须采用税法的形式，是由税收和税法的本质与特性决定的。

二、税法的基本要素

税法的基本要素包括纳税义务人(简称纳税人)、征税对象、税率、计税依据、纳税环节、纳税期限、纳税地点、税收优惠、法律责任等。

(一) 纳税人

纳税人是依照税法规定负有纳税义务的单位和个人。纳税人包括法人、自然人和其他组织,如个人所得税的纳税人为取得应税所得的个人。

与纳税人有关的有两个概念:一是负税人。负税人是税收负担的最终承担者。纳税人与负税人可能一致,也可能不一致。二是扣缴义务人。扣缴义务人是税法规定的,在其经营活动中负有代扣或代收税款并向国库缴纳义务的单位。扣缴义务人必须按照税法规定代扣或代收税款,并在规定期限缴入国库。

(二) 征税对象

征税对象又称课税对象,是纳税的客体。它是指税收法律关系中权利义务所指向的对象,即对什么征税。征税对象是一种税区别于另一种税的重要标志,决定着不同税种名称的由来以及各个税种在性质上的差别。比如,房产税的征税对象是房屋,个人所得税的征税对象是个人取得的各类应税所得。

税目是税法中具体规定应当征税的项目,是征税对象的具体化,反映了具体的征税范围,代表着征税的广度。规定税目有两个目的:一是明确征税的具体范围;二是对不同的征税项目加以区分,从而制定不同的税率。

【知识点过关 1-2·单项选择题】 下列税法要素中,可以作为区别不同税种的重要标志的是(　　)。

A. 纳税环节　　B. 税目　　C. 税率　　D. 征税对象

【答案】 D

【答案解析】 征税对象是一种税区别于另一种税的重要标志。

(三) 税率

1. 税率的概念

税率是指应征税额与计税金额(或数量单位)之间的比例,是计算税额的尺度。税率的高低直接体现国家的政策要求,直接关系到国家财政收入和纳税人的负担程度,是税法的中心环节。

2. 税率的分类

税率主要分为比例税率、累进税率和定额税率三种,具体如表 1-1 所示。

表 1-1　税率的种类

税率	定义	具体表现
比例税率	比例税率是指对同一征税对象,不论其数额大小,均按同一个比例征税的税率。其税额与课税对象呈正比例关系	产品比例税率,如消费税等 行业比例税率,如增值税等 地区差别比例税率,如城市维护建设税 有幅度的比例税率,如资源税等

（续表）

税率		定义	具体表现
累进税率	全额累进税率	全额累进税率是将征税对象数额的逐步递增划分若干等级，并按等级规定逐步提高的税率	我国目前没有采用
	超额累进税率	超率累进税率是将征税对象数额的逐步递增划分若干等级，按等级规定相应的递增税率，对每个等级分别计算税额	如个人所得税
	超率累进税率	超率累进税率是将征税对象的某种递增比例划分若干等级，按等级规定相应的递增税率，对每个等级分别计算税额	如土地增值税
定额税率		定额税率是指按征税对象的一定单位直接规定固定的税额，而不采取百分比形式的税率	如车船税、耕地占用税、城镇土地使用税

（四）计税依据

计税依据又称税基，是指计算应纳税额的依据或标准，即根据什么来计算纳税人应缴纳的税额，是解决要对征税对象计税多少的问题，不同的税种计税依据不同。我国增值税的计税依据，一般都是货物和应税劳务的增值额，企业所得税的计税依据是企业的利润所得。税款的计算方式一般有两种：一是从价计征，二是从量计征。从价计征是以征税对象的价值为计税依据，即以征税对象的数量与计税价格的乘积为计税依据。我国税收法律制度大量采取从价计征方式。从量计征是以征税对象的重量、体积、数量等为计税依据。我国的车船税、城镇土地使用税、耕地占用税等税种采取从量计征方式。

（五）纳税环节

纳税环节是指税法规定的征税对象在从生产到消费的流转过程中应当缴纳税款的环节。按照纳税环节的多少，可将税收征收制度分为一次课征制和多次课征制。我国的增值税与其他税种不同，对流转的每一个环节都征税。我国的消费税主要在生产、销售和进口环节征收。

（六）纳税期限

纳税期限是指纳税人的纳税义务发生后应依法缴纳税款的期限，包括纳税义务发生时间、纳税期限和缴库期限。规定纳税期限是为了保证国家财政收入的及时实现，也是税收强制性和固定性的体现。纳税期限有三种形式：按期纳税、按次纳税和按年计征。纳税人必须在规定的纳税期限内缴纳税款。

（七）纳税地点

纳税地点是指税法根据各税种的纳税环节和有利于税款的源泉控制而规定的纳税人（包括代征、代扣、代缴义务人）具体申报缴纳税款的地点。比较常见的纳税地点有纳税人住所地、纳税人经营地、不动产所在地等。

(八) 税收优惠

1. 税收优惠的概念与目的

税收优惠是指国家对某些纳税人和征税对象给予鼓励和照顾的一种特殊规定。制定这种特殊规定,一方面是为了鼓励和支持某些行业或项目的发展,另一方面是为了照顾某些纳税人的特殊困难。

2. 税收优惠的主要形式

(1) 减税和免税。减税是指对应征税款减少征收部分税款。免税是对按规定应征收的税款给予免除。减税和免税具体又分两种情况,一种是税法直接规定的长期减免税项目;另一种是依法给予的一定期限内的减免税措施,期满之后仍按规定纳税。我国税收法律制度大量采取减税和免税的税收优惠形式。

(2) 起征点。起征点又称征税起点,是指对征税对象开始征税的数额界限。征税对象的数额没有达到规定起征点的不征税;达到或超过起征点的,就其全部数额征税。我国增值税采取了起征点的税收优惠形式。

(3) 免征额。免征额是指对征税对象总额中免予征税的数额。即对纳税对象中的一部分给予减免,只就减除后的剩余部分计征税款。我国个人所得税采取了免征额的税收优惠形式。

【请注意】

注意区分起征点和免征额,举例如下:假设某税种,税率为10%,A、B、C三位纳税人的征税对象数额分别为999元、1 000元、1 001元。

(1) 假设该税种起征点为1 000元,达到即征税。

A应纳税额=0

B应纳税额=1 000×10%=100(元)

C应纳税额=1 001×10%=100.1(元)

(2) 假设1 000元为免征额,则:

A应纳税额=0

B应纳税额=0

C应纳税额=(1 001−1 000)×10%=0.1(元)

起征点是只要超过起征的金额就要全额交税,免征额是只就超过数额的部分计征税款。

(九) 法律责任

法律责任是指行为人因实施了违反国家税法规定的行为而应承受的法律后果。税法中的法律责任包括行政责任和刑事责任。纳税人和税务人员违反税法规定,都将依法承担法律责任。

【知识点过关1-3·多项选择题】 下列各项中,属于税法要素的有(　　)。

A. 纳税环节　　B. 税收优惠　　C. 纳税人　　D. 税率

【答案】 ABCD

【答案解析】 税法的基本要素有纳税人、征税对象、税率、计税依据、纳税环节、纳税期限、纳税地点、税收优惠、法律责任等。

三、我国税种及其分类

(一) 我国现行税种

现阶段，我国税收征收管理机关有税务机关和海关，现行共计征收 18 个税种。税务机关负责征收的税种有增值税、消费税、企业所得税、个人所得税、资源税、城镇土地使用税、城市维护建设税、印花税、土地增值税、房产税、车船税、车辆购置税、烟叶税、耕地占用税、契税、环境保护税。海关负责征收的税种有关税和船舶吨税。进口环节的增值税和消费税由海关代征，其余部分非税收入和社会保险费的征收由税务机关负责征收。

(二) 税种分类

1. 按征收对象的不同划分

税收分类最主要的办法是按征收对象的不同划分。按照这种分类方法，我国征收的 18 个税种大体可分为以下五类。

1) 商品劳务税

商品劳务税又称流转税，是以商品或劳务的流转额为征税对象的税，是我国的主要税种。我国目前开征的商品劳务税主要有增值税、消费税和关税。商品劳务税主要在生产、流通或服务业中发挥调节作用。

2) 所得税

所得税是以所得额为征税对象的税。所得税按照纳税人所得的大小和有无来确定税收负担，对调节国民收入分配、缩小纳税人之间的收入差距有着特殊的作用。我国目前开征的所得税主要有企业所得税和个人所得税，它们主要用来调节生产经营者的利润和个人的纯收入。

3) 财产税

财产税是以纳税人所拥有或支配的财产为征税对象的税。开征这类税在为国家取得财政收入的同时，对提高财产的利用效果、限制财产不必要的占有量也有一定作用。我国目前开征的财产税主要有房产税、契税、车船税和车辆购置税。

4) 行为税

行为税是以纳税人的某种行为为征税对象，为了对某些特定行为进行限制、调节或者是为了达到特定目的而征收的税。我国目前开征的行为税主要有印花税、城市维护建设税、船舶吨税、烟叶税和环境保护税。

5) 资源税

资源税是对开发、利用和占有国有自然资源的单位和个人征收的税。征收这类税有两个目的：一是取得资源消耗的补偿基金，保护国有资源的合理开发利用；二是调节资源级差收入，以利于企业在平等的基础上开展竞争。我国目前开征的资源税主要有资源税、耕地占用税、城镇土地使用税和土地增值税。

2. 按税收与价格的关系不同划分

按照税收与价格的关系不同，税收可以分为价内税和价外税。凡在征税对象的计税价格中包含税款的税，都称为价内税，如我国现行的消费税。价内税的计税销售额是包含该税款的销售额。凡在征税对象的计税价格中不包含税款的税，都称为价外税，如我国现行的增值税，其计税销

图1-1 价内税和价外税的关系图

售额是不含该税款的销售额。价内税和价外税的关系如图1-1所示。

3. 按税收的计税标准划分

按其计税标准的不同，税收可分为从价税和从量税。从价税是以征税对象的价值量为标准计算征收的税。税额的多少会随着价格的变动而相应增减。从量税是以征税对象的重量、件数、容积、面积等为标准，采用固定税额征收的税。从量税的税收收入与价格无关，具有计算简便的特点。

4. 按税负能否转嫁划分

税负转嫁是指税法上规定的纳税人将自己所缴纳的税款转移给他人负担的过程。按税负能否转嫁，税收可以分为直接税和间接税。直接税是指由纳税人直接负担、不发生转嫁关系的税。直接税的纳税人，不仅在表面上有纳税义务，而且在实际上也是税收承担者，即纳税人与负税人一致。比如，所得税、财产税均属于直接税。间接税是指纳税人能将税负转嫁给他人的税。间接税的纳税人，虽然在表面上负有纳税义务，但是在实际上可以将自己的税款用提高价格或提高收费标准等方法转嫁给消费者或其他相关者，即纳税人与负税人不一致。比如，商品劳务税就是由商品和劳务的购买者即消费者最终负担的。

5. 按税收管理和使用权限不同划分

按税收管理和使用权限不同，我国税收可分为中央税、地方税、中央与地方共享税。这是在分级财政体制下的一种重要的分类方法。这种划分可以使各级财政有相应的收入来源和一定范围的税收管理权限，从而有利于调动各级财政组织税收收入的积极性，更好地完成一级财政的任务。中央税是指管理权限归中央，税收收入归中央支配和使用的税，包括关税、船舶吨税、消费税、车辆购置税和海关代征的增值税。地方税是指管理权限归地方，税收收入归地方政府支配和使用的税，包括房产税、城镇土地使用税、耕地占用税、契税、土地增值税、车船税、烟叶税。中央与地方共享税是指主要管理权限归中央，税收收入归中央和地方政府共有，按一定比例分成的税，主要有增值税、企业所得税、个人所得税、资源税、城市维护建设税、印花税等。例如，国内增值税中央政府分享50%，地方政府分享50%，进口环节由海关代征的增值税和铁路建设基金营业税改征增值税为中央收入。

从2019年1月1日起，基本养老保险费、基本医疗保险费、失业保险费、工伤保险费生育保险费等各项社会保险费由税务部门统一征收。

【知识点过关1-4·单项选择题】 下列税种中，由海关负责征收和管理的是（　　）。

A. 关税　　B. 车辆购置税　　C. 环境保护税　　D. 资源税

【答案】 A

【答案解析】 选项BCD，由税务部门负责征收和管理。

学习子情境二　税务登记

一、税务登记概述

税务登记又称纳税登记，是税务机关对纳税人的基本情况及生产经营项目进行登记管理的一项基本制度，是税务机关对纳税人实施税收征收管理的起点。税务登记的作用在于掌握纳税人的基本情况和税源分布情况。从税务登记开始，纳税人的身份及征纳双方的法律关系即得到确认。

二、税务登记申请人

企业及企业在外地设立的分支机构和从事生产、经营的场所，个体工商户和从事生产、经营的事业单位，都应当办理税务登记。

三、税务登记的内容

根据我国法律和行政法规的规定，我国现行税务登记包括设立（开业）税务登记、增值税一般纳税人资格登记、变更税务登记和注销税务登记等。

（一）设立（开业）税务登记

设立（开业）税务登记是指纳税人依法成立并经工商行政管理登记后，为确认其纳税人的身份、纳入国家税务管理体系而到税务机关进行的登记。

1. 办理税务登记的地点

从事生产、经营的纳税人，向生产、经营所在地税务机关办理税务登记。非从事生产经营但依照规定负有纳税义务的其他纳税人，向纳税义务发生地税务机关办理税务登记。税务机关对纳税人税务登记地点发生争议的，由其共同的上级税务机关指定。

2. 申报办理税务登记的时限

从事生产、经营的纳税人领取工商营业执照的，应当自领取工商营业执照之日起 30 日内申报办理税务登记，税务机关发放税务登记证及副本。

3. 办理税务登记的程序

纳税人应当在规定的时限内，向主管税务机关申报办理税务登记，需要提供以下证件和资料：工商营业执照或其他核准执业证件；有关合同、章程、协议书；组织机构统一代码证书；法定代表人、负责人或业主的居民身份证、护照或者其他合法证件，除上述资料外还需要如实填写税务登记表，经主管税务机关审核后发放税务登记证。

为提高政府行政服务效率，降低市场主体创设的制度性交易成本，激发市场活力和社会创新力，我国目前实行实施“五证合一、一照一码”登记制度。新设立企业、农民专业合作社领取由工商行政管理部门核发加载法人其他组织社会统一社会信用代码的营业执照后，无须再次进行税务登记，不再领取税务登记证。

知识拓展

“五证合一、一照一码”登记制度是指企业分别由市场监督部门核发工商营业执照、质量技术监督部门核发组织机构代码证、税务部门核发税务登记证、劳动保障行政部门核发社会保险登记证和统计部门核发统计登记证，改为一次申请、由市场监督部门核发一个加载法人和其他组织统一社会信用代码营业执照的登记制度。2015 年 10 月 1 日起，营业执照、组织机构代码证和税务登记证“三证合一”，而从 2016 年 10 月 1 日起正式实施“五证合一、一照一码”。需要明确的是，“五证合一”登记制度改革并非是将税务登记取消了，税务登记的法律地位仍然存在，只是政府简政放权将此环节改为由市场监督部门一起受理，这个营业执照具备税务登记证的法律地位和作用，纳税人以统一社会信用代码为其纳税人识别号。

五证合一
如何办

(1) 以××省企业开办为例，首先需登录××省政务服务网，选择企业开办一网通，然后进行企业设立第一步企业核名，根据提示按企业实际情况填写企业注册资本、股东等相关信息并提交，待电子审核通过后，提交全程电子化登记，办理营业执照，获取的营业执照即为“五证合一”的营业执照。

(2) 以××省注册电子税务局为例，需先登录国家税务总局××省税务局网站，下载电子税务局，打开电子税务局，点击公众服务，选择新办纳税人业务，进入注册页面，填写注册企业相关信息，注册成功后，可以登录使用电子税务局。

(3) 以××省新办纳税人为例，先凭借统一社会信用代码和注册电话号码，登录电子税务局，根据企业性质选择新办纳税人套餐，进入登记信息确认页面，补充填写企业相关信息，提交确认后，企业税务登记成功。

4. 电子税务局

电子税务局是由税务机关提供的网上办税服务厅，提供了功能更加全面、办税更加便捷的网上办税系统，优化了业务信息系统功能，提供了预填或免填单服务，减少了纳税人基础信息重复填写，让纳税人“多跑网路、少跑马路”。以××省为例，电子税务局的功能主要包括我的信息、我要办税、我要查询、互动中心、公众服务。电子税务局登录方式较多，其中纳税人最常用的登录方式就是直接在浏览器上搜索各省电子税务局。进入平台后就可看到以下功能区：

(1) 我的信息。纳税人通过点击我的信息实现对自身基本信息、平台信息的管理和查看，包括纳税人信息、电子资料、用户管理等大类。

(2) 我要办税。纳税人通过登录我要办税发起业务办理申请，实现发票使用、税收减免、税费申报与缴纳、证明开具、一般退(抵)税管理、增值税抵扣凭证管理、纳税信用、涉税专业服务机构管理、其他服务事项、风险管理等各类涉税事项的网上办理。

(3) 我要查询。纳税人可以通过我要查询对发票信息查询、缴款信息查询、办税进度及结果信息查询、优惠信息查询、证明信息查询、纳税信用状态信息查询、财务会计制度备案查询以及失信行为查询等进行操作。

(4) 互动中心。纳税人与税务机关通过互动中心实现互联互通、在线交互。互动中心目前主要提供我的消息、在线交互、预约办税、权益保护、纳税人满意度调查等服务。

(5) 公众服务。公众服务主要是一些无须登录即可查看的服务，包括通知公告、咨询辅导、公众查询等大类。

通过平台的个性服务，纳税人可快速办理关联性较强的组合业务，自行定制常用功能模块，以及创新服务功能。个性化办税基于对纳税人涉税关联信息的分析并使用电子税务局行为特性的智能化分析等，为纳税人提供更精准、便捷的个性化办税服务，如提供纳税人关联业务的一次性办理，纳税人常用办税功能便捷入口等。

企业在电子税务局开通后开始采用“非接触式”网上办税形式。国家税务总局梳理的可在网上办理的十个大类涉税缴费事项，极大地方便了企业。

(二) 增值税一般纳税人资格登记

新开办的符合增值税一般纳税人条件的企业或者符合条件需要转为增值税一般纳税人的原小规模纳税人，需要向主管税务机关办理一般纳税人资格登记。

1. 增值税一般纳税人资格

增值税一般纳税人是指年应征增值税销售额(包括一个公历年度内的全部应税销售额)

超过国务院财政、税务主管部门规定的小规模纳税人标准的纳税人，或者是年应税销售额未超过规定标准，但会计核算健全，能够提供准确税务资料的，可以向主管税务机关办理增值税一般纳税人资格登记，成为增值税一般纳税人。

2. 增值税一般纳税人登记时限

纳税人年应征增值税销售额超过规定标准的，需在销售额超过规定标准月份或者季度的所属申报期结束后的 15 日内，向主管税务机关办理增值税一般纳税人资格登记。除国家税务总局另有规定外，一经登记为增值税一般纳税人之后，不得转为小规模纳税人。

3. 增值税一般纳税人登记程序

纳税人办理增值税一般纳税人资格登记应向主管税务机关填报增值税一般纳税人资格登记表，经主管税务机关检查后登记。纳税人可以通过电子税务局进行增值税一般纳税人资格登记。纳税人登录电子税务局，搜索“一般”，双击增值税一般纳税人资格登记表，根据要求填写增值税一般纳税人资格登记表，填写完成后提交，等待主管税务机关审核，审核通过后电子税务局发出通知。增值税一般纳税人资格登记审批通过后，主管税务机关管理员会直接进行税种认定的变更，纳税人要及时同步更新税控设备，并且纳税人的纳税申报期限由原来的季度申报变更为月度申报，申请登记当月申报不变，次月生效。

（三）变更税务登记

变更税务登记是指纳税人办理设立税务登记后，因登记内容发生变化，需要对原有登记内容进行更改，而向主管税务机关申报办理的税务登记。

“五证合一、一照一码”的纳税人可以通过电子税务局变更税务登记，纳税人登录电子税务局，选择变更税务登记业务，根据变更内容选择变更项目，修改企业需要的变更内容后提交，审核通过后即修改成功。

（四）注销税务登记

注销税务登记是指纳税人由于企业出现法定情形终止纳税义务，向原税务机关申请办理的取消税务登记的手续。办理注销税务登记后，该当事人不再接受原税务机关的管理。

1. 办理注销税务登记的原因

纳税人发生以下情形的，应向主管税务机关申报办理注销税务登记：

(1) 纳税人发生解散、破产、撤销以及其他情形，依法终止纳税义务的。

(2) 纳税人被市场监管部门吊销营业执照或者被其他机关予以撤销登记的。

(3) 纳税人因住所、经营地点变动，涉及变更税务登记机关的。

(4) 境外企业在中国境内承包建筑、安装、装配、勘探工程和提供劳务的，项目完工、离开中国的。

2. 申报办理注销税务登记的时限

纳税人发生解散、破产、撤销以及其他情形，依法终止纳税义务的，应当在向市场监管部门或者其他机关办理注销登记前，持有关证件和资料向原税务登记机关申报办理注销税务登记；按规定不需要在市场监管部门或者其他机关办理注册登记的，应当自有关机关批准或者宣告终止之日起 15 日内，持有关证件和资料向原税务登记机关申报办理注销税务登记。

3. 注销税务登记流程

已实行"一照一码"登记模式的企业办理注销登记，须先向主管税务机关申报清税，填写清税申报表。清税完毕后，受理税务机关根据清税结果向纳税人统一出具清税证明。纳税人凭借清税证明，就可以到工商部门注销营业执照。

【请注意】

清税在前，注销在后。

"五证合一、一照一码"的纳税人可以通过电子税务局注销税务登记，纳税人登录电子税务局，选择左侧导航栏的清税注销套餐，选择注销原因，填写注销登记申请表，需经注销核验，处理完企业未办结事项，对于不存在未办结事项的纳税人，可点击申请注销，直接将企业进行注销，并打印下载清税证明。

学习子情境三 发票管理

一、发票概述

发票是指生产、经营单位和个人在购销商品、提供或者接受服务以及从事其他经营活动中，开具、收取的收付款凭证。它是确定经济收支行为发生的法定凭证，是会计核算的原始依据。

二、发票管理机关

税务机关是发票的主管机关，负责发票印制、领购、开具、取得、保管、缴销的管理和监督。在全国范围内统一式样的发票，由国家税务总局确定；在省、自治区、直辖市范围内统一式样的发票，由省、自治区、直辖市税务机关确定。

增值税专用发票由国家税务总局确定的企业印制；其他发票按照国家税务总局的规定，由省、自治区、直辖市税务机关确定的企业印制。禁止私自印制、伪造、变造发票。

三、发票的种类、联次和内容

（一）发票的种类

在全国范围内全面推行"营改增"试点后，发票的类型主要是增值税专用发票和增值税普通发票，还有特定范围继续使用的其他发票。

1. 增值税专用发票

增值税专用发票包括增值税专用发票（折叠票）、增值税电子专用发票和机动车销售统一发票。

2. 增值税普通发票

增值税普通发票包括增值税普通发票（折叠票）、增值税电子普通发票和增值税普通发票（卷票）。

3. 其他发票

其他发票包括农产品收购发票、农产品销售发票、门票、过路（过桥）费发票、定额发票、客运发票和二手车销售统一发票等。

（二）发票的联次和内容

发票的联次主要包括存根联、发票联和记账联。存根联由收款方或开票方留存备查；发票联由付款方或受票方作为付款原始凭证；记账联由收款方或开票方作为记账原始凭证。

发票的内容主要包括发票的名称、发票代码和号码、联次及用途、客户名称、开户银行及账号、商品名称或经营项目、计量单位、数量、单价、大小写金额、开票人、开票日期、开票单位（个人）名称（章）等。省以上税务机关可根据经济活动以及发票管理需要，确定发票的具体内容。

用票单位可以书面向税务机关申请使用印有本单位名称的发票，税务机关依法确认印有该单位名称发票的种类和数量。

四、发票的领购、使用和保管

（一）发票的领购

1. 首次领购发票

纳税人在首次申请领用发票时，办理的主要涉税事项包括发票票种核定、增值税专用发票（增值税税控系统）最高开票限额审批、增值税税控系统专用设备初始发行、发票领用等。

发票票种核定的内容包括纳税人领用发票的种类、最高开票限额、每次申领发票的数量和领用方式。

主管税务机关根据纳税人的企业性质，核定其可以领用专用发票还是普通发票，并根据企业的经营范围和规模，核定最高开票限额，也就是每张发票的最高开票限额，并规定每次可以领购发票的数量。

核定准确后，主管税务机关对税控系统专用设备进行发行，纳税人就可以通过增值税税控系统开具发票了。

首次申领增值税专用发票的纳税人，增值税专用发票最高开票限额不超过 10 万元，每月最高领用数量不超过 25 份；增值税普通发票最高开票限额不超过 10 万元，每月最高领用数量不超过 50 份。

新办纳税人可以通过电子税务局进行票种核定，纳税人可登录电子税务局后，选择我要办税中的发票管理处点击发票票种核定，填写发票票种核定申请表，补充最高开票限额和领用数量等相应信息，审核完成后，纳税人就可以通过税务局大厅或者邮寄等方式领购发票了。

2. 后续领用发票

纳税人在后续经营活动中，若首次申领发票时办理的涉税事项未发生变化，就按首次申领增值税发票票种核定标准，按规定领用发票；除首次领用发票外，纳税人再次领用发票时，应对原领用的发票使用情况进行查验，即发票的验旧。

纳税人可以通过电子税务局进行发票的验旧，登录电子税务局后，选择发票验旧中的税控发票验旧，将已经开具的发票进行验旧，验旧之后纳税人可以通过电子税务局申请领用发票，选择发票申请即可，纳税人可以自行前往税务机关领取发票，也可以通过邮寄的方式领取发票。

纳税人因实际经营情况发生变化提出增加发票领用数量和最高开票限额，可以向主管税务机关提出申请，进行增版和增量。

知识拓展

为全面落实《优化营商环境条例》，深化税收领域"放管服"改革，加大推广使用电子发票的力度，国家实行增值税发票电子化。

增值税电子普通发票是指通过增值税发票系统升级版开具、上传，通过电子发票服务平台查询、下载的增值税电子普通发票。该发票是在原有加密防伪措施上，使用数字证书进行电子签章后供购买方下载使用。增值税电子普通发票不表现为税务机关监制、印刷的纸质发票形式，既可以用电子数据形式，也可以打印为纸质发票形式（即增值税电子普通发票的版式文件）。

增值税电子专用发票（简称电子专票）的法律效力、基本用途、基本使用规定等与增值税纸质专用发票（简称纸质专票）相同。纳税人可向税务机关免费领取税务 UKey，通过电子税务局、办税服务厅等渠道申请电子专票票种核定，在国家税务总局增值税发票查验平台上下载并安装增值税发票开票软件（税务 UKey 版）后，开具电子专票。开票完成后，纳税人可以通过电子邮件、二维码等方式，远程交付电子专票给受票方。实行专票电子化的新办纳税人领取税务 UKey 后，既可以开具电子专票，也可以开具纸质专票。

（二）发票的使用和保管

发票那些事

销售商品、提供服务以及从事其他经营活动的单位和个人，对外发生经营业务收取款项，收款方应当向付款方开具发票，并且按照规定的时限，做到按顺序填开，填写项目齐全，内容真实，全部联次一次性如实开具并加盖发票专用章。

不符合规定的发票，不得作为财务报销凭证，任何单位和个人有权拒收，任何单位和个人不得有下列虚开发票行为：

（1）为他人、为自己开具与实际经营业务情况不符的发票。

（2）让他人为自己开具与实际经营业务情况不符的发票。

（3）介绍他人开具与实际经营业务情况不符的发票。

任何单位和个人应当按照发票管理规定使用发票，不得有下列行为：

（1）转借、转让、介绍他人转让发票、发票监制章和发票防伪专用品。

（2）知道或者应当知道是私自印制、伪造、变造、非法取得或者废止的发票而受让、开具、存放、携带、邮寄、运输。

（3）拆本使用发票。

（4）扩大发票使用范围。

（5）以其他凭证代替发票使用。

开具发票的单位和个人应当建立发票使用登记制度，设置发票登记簿，并定期向主管税务机关报告发票使用情况。开具发票的单位和个人应当按照税务机关的规定存放和保管发票，不得擅自毁损。已经开具的发票存根联和发票登记簿，开具发票的单位和个人应当保存5年，保存期满，报经税务机关查验后销毁。

知识拓展

取得增值税发票的单位和个人可登录全国增值税发票查验平台（https://inv-veri.chinatax.gov.cn），对增值税发票管理系统开具的发票信息进行查验。

学习子情境四　纳 税 申 报

一、纳税申报概述

纳税申报是指纳税人按照税法规定，定期就计算缴纳税款的有关事项向税务机关提交书面报告的法定手续。纳税申报是确定纳税人是否履行纳税义务、界定法律责任的主要依据。

二、纳税申报的内容

纳税人、扣缴义务人的纳税申报或者代扣代缴、代收代缴税款报告的主要内容包括税种，税目，应纳税项目或者应代扣代缴、代收代缴税款项目，计税依据，扣除项目及标准，适用税率或者单位税额，应退税项目及税额，应减免税项目及税额，应纳税额或者应代扣代缴、代收代缴税额，税款所属期限，延期缴纳税款，欠税，滞纳金等。

三、纳税申报的方式

纳税申报方式是指纳税人和扣缴义务人在纳税申报期限内，依照规定到指定税务机关进行申报纳税的方式。纳税申报的方式主要有以下几种。

(一) 自行申报

自行申报又称直接申报，是指纳税人、扣缴义务人在规定的申报期限内，自行直接到主管税务机关指定的办税服务场所办理纳税申报手续的纳税申报方式。这是一种传统的纳税申报方式。

(二) 邮寄申报

邮寄申报是指经税务机关批准，纳税人、扣缴义务人使用统一的纳税申报专用信封，通过邮政部门办理交寄手续，并以邮政部门收据作为申报凭据的纳税申报方式。邮寄申报以寄出的邮戳日期为实际申报日期。

(三) 数据电文申报

数据电文申报是指经税务机关批准，纳税人、扣缴义务人以税务机关确定的电话语音、电子数据交换，利用网络传输等电子方式进行纳税申报的纳税申报方式。这种方式运用了新的电子信息技术，代表着纳税申报方式的发展方向，使用范围逐渐扩大。纳税人、扣缴义务人采取数据电文方式办理纳税申报的，其申报日期以税务机关计算机网络系统收到该数据电文的时间为准，与数据电文相对应的纸质申报资料的报送期限由税务机关确定。

(四) 简易申报

简易申报是指纳税人按照税务机关核定的税额按期缴纳税款，以税务机关开具的完税凭证代替纳税申报的纳税申报方式，适用于实行定期定额缴纳税款的纳税人。

四、纳税申报的要求

(一) 纳税申报的基本要求

纳税人办理纳税申报时,应当如实填写纳税申报表,并根据不同的情况相应报送下列有关证件、资料:

(1) 财务会计报表及其说明材料。

(2) 与纳税有关的合同、协议书及凭证。

(3) 税控装置的电子报税资料。

(4) 外出经营活动税收管理证明和异地完税凭证。

(5) 境内或者境外公证机构出具的有关证明文件。

(6) 税务机关规定应当报送的其他有关证件、资料。

扣缴义务人办理代扣代缴、代收代缴税款报告时,应当如实填写代扣代缴、代收代缴税款报告表,并报送代扣代缴、代收代缴税款的合法凭证以及税务机关规定的其他有关证件、资料。

(二) 纳税申报的期限

纳税申报期限是税务机关依照法律、行政法规规定的纳税人、扣缴义务人向税务局机关申报应纳税款的期限。纳税申报期限是根据各个税种的特点确定的。各个税种的纳税期限因其征收对象、征税环节的不同而不尽相同。同一税种,也可能因为纳税人的经营情况不同、财务会计核算不同、应纳税额大小不等,而申报期限不同。纳税人的具体纳税期限,由主管税务机关按各税种的有关规定确定;不能按照固定期限纳税的,可以按次纳税。

纳税申报期限内遇到法定休假日的,申报期限依法须向后顺延。纳税人、扣缴义务人办理纳税申报期限的最后一日是法定休假日的,以休假日期满的次日为最后一日;在期限内有连续 3 日以上法定休假日的,按休假日天数顺延。

(三) 无税及减免税期间的纳税申报

纳税人在纳税期内没有应纳税款的,也应当按照规定办理纳税申报。纳税人享受减税、免税待遇的,在减税、免税期间应当按照规定办理纳税申报。

(四) 破产期间的纳税申报

人民法院裁定受理破产申请之日至企业注销之日,企业应当接受税务机关的税务管理,履行税法规定的相关义务。破产程序中如发生应税情形,应按规定申报纳税。从人民法院指定管理人之日起,管理人可以按照《中华人民共和国企业破产法》的规定,以企业名义办理纳税申报等涉税事宜。

(五) 简并税费申报

自 2021 年 5 月 1 日起,增值税、消费税分别与城市维护建设税、教育费附加、地方教育附加申报表整合。

自 2021 年 6 月 1 日起,纳税人申报缴纳城镇土地使用税、房产税、车船税、印花税、耕地占用税、资源税、土地增值税、契税、环境保护税、烟叶税中一个或多个税种时,使用《财产和行为税纳税申报表》。纳税人新增税源或税源变化时,需先填报《财产和行为税税源明细表》。

五、纳税申报的延期办理

纳税人、扣缴义务人按照规定的期限办理纳税申报或者报送代扣代缴、代收代缴税款报告表确有困难，需要延期的，应当在规定的期限内向税务机关提出书面延期申请，经税务机关核准，在核准的期限内办理。

纳税人、扣缴义务人因不可抗力，不能按期办理纳税申报或者报送代扣代缴、代收代缴税款报告表的，可以延期办理；但是，应当在不可抗力情形消除后立即向税务机关报告，税务机关应当查明事实，予以核准。

经核准延期办理纳税申报、报送事项的，应当在纳税期内按照上期实际缴纳的税额或者税务机关核定的税额预缴税款，并在核准的延期内办理税款结算。

学习子情境五　税款的征收与缴纳

一、税款征收概述

税款征收是税务机关依照税收法律法规的规定，将纳税人依法应当缴纳的税款组织入库的一系列活动的总称。它是税收征收管理工作的中心环节，是全部税收征管工作的目的和归宿。

二、税款征收主体

除税务机关、税务人员以及经税务机关依照法律、行政法规委托的单位和人员外，任何单位和个人不得进行税款征收活动。税务机关依照法律、行政法规的规定征收税款，不得违反法律、行政法规的规定开征、停征、多征、少征、提前征收、延缓征收或者摊派税款。

三、税款征收方式

税款征收方式是指税务机关根据各税种的不同特点和纳税人的具体情况而确定的计算、征收税款的形式和方法，包括确定征收方式和缴纳方式。

（一）查账征收

查账征收是指针对财务会计制度健全的纳税人，税务机关依据其报送的纳税申报表、财务会计报表和其他有关纳税资料，依照适用税率，计算其应缴纳税款的税款征收方式。这种征收方式较为规范，符合税收法定的基本原则，适用于财务会计制度健全、能够如实核算和提供生产经营情况，并能正确计算应纳税款和如实履行纳税义务的纳税人。

（二）查定征收

查定征收是指针对账务不全，但能控制其材料、产量或进销货物的纳税单位或个人，税务机关依据正常条件下的生产能力对其生产的应税产品查定产量、销售额并据以确定其应缴纳税款的税款征收方式。这种征收方式适用于生产经营规模较小、产品零星、税源分散、会计账册不健全，但能控制原材料或进销货的小型厂矿和作坊。

(三) 查验征收

查验征收是指税务机关对纳税人的应税商品、产品，通过查验数量，按市场一般销售单价计算其销售收入，并据以计算其应缴纳税款的税款征收方式。这种征收方式适用于财务制度不健全、生产经营不固定、零星分散、流动性大的纳税人。

(四) 定期定额征收

定期定额征收是指税务机关对小型个体工商户在一定经营地点、一定经营时期、一定经营范围内的应纳税经营额(包括经营数量)或所得额进行核定，并以此为计税依据，确定其应缴纳税额的税款征收方式。这种征收方式适用于经主管税务机关认定和县以上税务机关(含县级)批准的生产、经营规模小，达不到《个体工商户建账管理暂行办法》规定设置账簿标准，难以查账征收，不能准确计算计税依据的个体工商户(包括个人独资企业)。

(五) 扣缴征收

扣缴征收是指按照税法规定负有扣缴税款义务的单位和个人负责对纳税人应纳税款代为扣缴的税款征收方式。

扣缴征收包括代扣代缴和代收代缴两种征收方式。扣缴义务人依照法律、行政法规的规定履行代扣、代收税款的义务。税务机关按照规定付给扣缴义务人代扣、代收手续费。扣缴义务人依法履行代扣、代收税款义务时，纳税人不得拒绝。纳税人拒绝的，扣缴义务人应当及时报告税务机关处理。

(六) 委托征收

委托代征是指税务机关根据有利于税收管控和方便纳税的原则，按照国家有关规定，通过委托形式将税款委托给代征单位或个人以税务机关的名义代为征收，并将税款缴入国库的税款征收方式。税务机关给代征单位或个人发放委托代征证书，受托代征单位或个人按照代征证书的要求，以税务机关的名义依法征收税款，纳税人不得拒绝。纳税人拒绝的，受托代征单位或个人应当及时报告税务机关。这种征收方式适用于零星分散和异地缴纳的纳税人。

【知识点过关 1-5·单项选择题】 税务机关针对纳税人的不同情况可以采取不同的税款征收方式。对于账册不健全，但能控制材料、产量或进销货物的纳税单位或个人，适用的税款征收方式是(　　)。

A. 查账征收　　B. 查定征收　　C. 查验征收　　D. 定期定额征收

【答案】 B

【答案解析】 根据税收征管法律制度的规定，针对账务不全，但能控制其材料、产量或进销货物的纳税单位或个人，税务机关可依据正常条件下的生产能力对其生产的应税产品查定产量、销售额并据以确定其应缴纳税款。

四、应纳税额的核定

1. 核定应纳税额的情形

纳税人有下列情形之一的，税务机关有权核定其应纳税额：

(1) 依照法律、行政法规的规定可以不设置账簿的。

(2) 依照法律、行政法规的规定应当设置但未设置账簿的。

(3) 擅自销毁账簿或者拒不提供纳税资料的。

(4) 虽设置账簿，但账目混乱或者成本资料、收入凭证、费用凭证残缺不全，难以查账的。

(5) 发生纳税义务，未按照规定的期限办理纳税申报，经税务机关责令限期申报，逾期仍不申报的。

(6) 纳税人申报的计税依据明显偏低，又无正当理由的。

2. 核定应纳税额的方法

为了减少核定应纳税额的随意性，使核定的税额更接近纳税人实际情况和法定负担水平，税务机关有权采用下列任何一种方法核定应纳税额：

(1) 参照当地同类行业或者类似行业中经营规模和收入水平相近的纳税人的税负水平核定。

(2) 按照营业收入或者成本加合理的费用和利润的方法核定。

(3) 按照耗用的原材料、燃料、动力等推算或者测算核定。

(4) 按照其他合理方法核定。

当其中一种方法不足以正确核定应纳税额时，可以同时采用两种以上的方法核定。

五、应纳税额的缴纳

(一) 应纳税额的当期缴纳

应纳税额的当期缴纳是指纳税人、扣缴义务人或者税务机关依照法律、行政法规规定确定的期限，缴纳或者解缴税款。

纳税人缴纳税款至税务机关，可以通过税务机关人工窗口使用现金、银行卡支付等传统支付方式缴纳税款，也可以持支票到指定的国库银行划款。在实务中比较常用的缴纳税款的方式是，纳税人与银行和税务机关签订三方协议，纳税人在其任意资金账户按期提前存入当期应纳税款，并在规定期限内由税务机关通过银行直接划转税款，纳税人不需到银行划款。

新办纳税人办理三方协议划款，可以登录电子税局，填写存款账户账号报告表，将企业银行账号报送至电子税务局，当税款申报成功后，直接可以点击缴纳税款，银行将税款划至国库中，具体操作流程如下：

(1) 登录电子税务局，搜索存款账户账号报告表，按照要求填写存款账户账号报告表，并上传开户许可证等相关资料，确认信息无误点击“确认”提交，等待主管机关审核。

(2) 在电子税务局中，找到“我要查询”模块，选中办税进度以及结果查询，查询存款账户账号报告表是否审核完毕，审核通过后，搜索网签三方协议流程，填写三方协议登记维护表，填写完成后，生成三方协议号，再次提交审核，待验证通过后，三方协议可以正常使用。

(3) 签订完成三方协议的纳税人，可以实现实时缴税。纳税人每期申报报表成功后，点击税款缴纳，查询到需要缴纳的税款，点击三方协议缴款，缴款后，系统弹出扣税成功，纳税人无需再到银行或者税务机关缴纳税款。

税务机关收到税款后，应当向纳税人开具完税凭证。扣缴义务人代扣、代收税款时，纳税人要求扣缴义务人开具代扣、代收税款凭证的，扣缴义务人应当开具。纳税人通过银行缴纳税款的，税务机关可以委托银行开具完税凭证。完税凭证是指各种完税证、缴款书、印花税票、扣(收)税凭证以及其他完税证明。完税凭证不得转借、倒卖、变造或者伪造。

(二) 应纳税额的延期缴纳

纳税人因有特殊困难，不能按期缴纳税款的，经省、自治区、直辖市税务局批准，可以延期缴纳税款，但是最长不得超过 3 个月。特殊困难是指因不可抗力，纳税人发生较大损失，正常生产经营活动受到较大影响，当期货币资金在扣除应付职工工资、社会保险费后，不足以缴纳税款的。

纳税人需要延期缴纳税款的，应当在缴纳税款期限届满前提出申请，并报送下列材料：申请延期缴纳税款报告，当期货币资金余额情况及所有银行存款账户的对账单，资产负债表，应付职工工资和社会保险费等税务机关要求提供的支出预算。

税务机关应当自收到申请延期缴纳税款报告之日起 20 日内作出批准或者不予批准的决定；不予批准的，从缴纳税款期限届满之日起加收滞纳金。

3 分钟带你了解纳税信用

纳税人未按照规定期限缴纳税款的、扣缴义务人未按照规定期限解缴税款的，税务机关除责令限期缴纳外，从滞纳税款之日起，按日加收滞纳税款 5‰的滞纳金。加收滞纳金的起止时间为法律、行政法规规定或者税务机关依照法律、行政法规的规定确定的税款缴纳期限届满次日起至纳税人、扣缴义务人实际缴纳或者解缴税款之日止。

情境小结

学习子情景	知识点
学习子情境一 了解税收	(1) 税收概述 (2) 税法的基本要素 (3) 我国税种及其分类
学习子情境二 税务登记	(1) 税务登记概述 (2) 税务登记申请人 (3) 税务登记的内容
学习子情境三 发票管理	(1) 发票概述 (2) 发票管理机关 (3) 发票的种类、联次和内容 (4) 发票的领购、使用和保管
学习子情境四 纳税申报	(1) 纳税申报概述 (2) 纳税申报的内容 (3) 纳税申报的方式 (4) 纳税申报的要求 (5) 纳税申报的延期办理
学习子情境五 税款的征收与缴纳	(1) 税款征收概述 (2) 税款征收主体 (3) 税款征收方式 (4) 应纳税额的核定 (5) 应纳税额的缴纳

技能训练

一、基础训练

(一) 单项选择题

1. 下列各项中,不属于税收特征的是(　　)。

A. 自愿性　　B. 固定性　　C. 无偿性　　D. 强制性

2. 下列各项中,属于税收法律制度的基本要素的是(　　)。

A. 计税依据　　B. 征税对象　　C. 税目　　D. 税率

3. 下列税法要素中,可以作为区别不同税种的重要标志的是(　　)。

A. 税收优惠　　B. 纳税期限　　C. 征税对象　　D. 税率

4. 下列关于增值税纳税人的说法中,错误的是(　　)。

A. 年应税销售额在500万元(含)以下的企业,为小规模纳税人

B. 小规模纳税人会计核算健全,能提供准确税务资料,可申请不作为小规模纳税人

C. 除国家税务总局另有规定外,已登记为小规模纳税人的企业不得再转为一般纳税人

D. 个体工商户以外的其他个人不得申请登记为一般纳税人

5. 登记制度改革在全面实施“五证合一、一照一码”的基础上,将涉及企业登记、备案等有关事项和各类证照进一步整合到营业执照上,实现“多证合一、一照一码”。下列各项中,属于“一照”的是(　　)。

A. 税务登记证　　B. 营业执照　　C. 社保登记证　　D. 统计登记证

6. 下列发票的开具和使用行为中,错误的是(　　)。

A. 开具发票的单位和个人应当建立发票使用登记制度,设置发票登记簿

B. 开具发票应当按照规定的时限,逐栏、逐联如实开具,并加盖发票专用章

C. 不拆本使用发票

D. 不转借、转让、介绍他人转让发票、发票监制章和发票防伪专用品

7. 下列各项中,属于流转税的是(　　)。

A. 房产税　　B. 印花税　　C. 环境保护税　　D. 增值税

8. 中央政府与地方共享收入不包括(　　)。

A. 消费税　　B. 企业所得税　　C. 个人所得税　　D. 增值税

(二) 多项选择题

1. 根据税收征收管理法律制度的规定,下列各项中,属于虚开发票行为的有(　　)。

A. 为自己开具与实际经营业务情况不符的发票

B. 为他人开具与实际经营业务情况不符的发票

C. 介绍他人开具与实际经营业务情况不符的发票

D. 让他人为自己开具与实际经营业务情况不符的发票

2. 下列各项中,属于我国税率形式的有(　　)。

A. 比例税率　　B. 定额税率

C. 全额累进税率　　D. 全率累进税率

3. 下列各项中,由海关负责征收和管理的税种有(　　)。

A. 关税　　B. 车船税　　C. 船舶吨税　　D. 资源税

4. 下列各项中,属于税法要素的有(　　)。
A. 计税依据　　B. 税收优惠　　C. 纳税人　　D. 税率

5. 中央政府固定收入包括(　　)。
A. 消费税　　B. 车辆购置税
C. 关税　　D. 储蓄存款利息所得的个人所得税

(三) 判断题

1. 纳税人在纳税期内没有应纳税款的,不需办理纳税申报。(　　)
2. 征税对象的数额未达到起征点的不征税,达到或超过起征点的就其全部数额征税。(　　)
3. 进口原产于我国的货物,无须缴纳进口环节增值税。(　　)
4. 税收的特征可以概括为强制性、固定性和任意性。(　　)
5. 我国综合所得的个人所得税采用超率累进税率。(　　)

二、能力训练

假设某地计算纳税人个人所得税采用超额累进税率,相关税率如下:所得额在 1 000 元及以下时,税率为 5%;超过 1 000 元至 3 500 元时,税率为 10%;超过 3 500 元至 10 000 元时,税率为 20%。

要求:假设 3 个纳税人的所得分别是 500 元、2 000 元、5 000 元,分别计算其应纳税额。

学习情境二

增值税税务处理

教学目标

知识目标

1. 认知增值税；
2. 熟悉增值税专用发票的使用和管理规定；
3. 熟知增值税的计算方法；
4. 熟悉增值税征收管理规定。

技能目标

1. 能准确计算增值税；
2. 能正确使用和管理增值税专用发票；
3. 能正确填写增值税纳税申报表并完成申报缴纳。

思政目标

1. 增强依法办理增值税业务的意识；
2. 严格遵守增值税发票相关制度，深刻认识虚开增值税专用发票的严重后果；
3. 思考企业经营业务与纳税的关系，正确处理国家和企业的关系；
4. 增强在依法纳税前提下，依法享受税收优惠的意识；
5. 提高政策解读与运用能力，能够运用法治思维和法治手段解决增值税税务争议问题。

学习子情境一　认知增值税

一、增值税概述

(一) 增值税的概念

按照我国增值税法律制度的规定,增值税是对在我国境内销售货物或者加工、修理修配劳务(以下简称劳务),销售服务、无形资产、不动产以及进口货物的单位和个人,就其销售货物、劳务、服务、无形资产、不动产(以下统称应税销售行为)的增值额和货物进口金额为计税依据而课征的一种流转税。

增值税是我国现行流转税中最主要的一个税种。把握增值税及其计税原理,必须先理解什么是增值额。概括地说,增值额可以看作价差,即因提供应税商品或劳务而取得的收入价格(不包括该商品或劳务的购买者应付的增值税在内)与该项商品或劳务的外购成本价格(不包括为这些外购项目支付的增值税)之间的差额。就计税原理而言,增值税是对商品生产和流通各环节的新增价值或商品附加值进行征税,故谓之“增值税”。然而,在税收征管实际中,由于新增价值或商品附加值在商品流转过程中是一个难以准确计算的数据,因此,征收增值税的国家或地区一般都采用间接计算办法,即从事货物、无形资产、不动产销售以及提供应税劳务或服务的纳税人,要先根据货物、无形资产、不动产、应税劳务或服务的销售额,按照规定的税率计算税款,再从中扣除外购商品、无形资产、不动产或应税劳务或服务的已纳税款,其余额即为纳税人应缴纳的增值税。这种计算办法同样体现了对新增价值征税的原则。

【知识点过关 2-1・单项选择题】 下列各项中,属于增值税课税对象的是(　　)。

A. 增值额　　B. 销售额　　C. 所得额　　D. 营业额

【答案】 A

【答案解析】 增值税以增值额为课税对象,以销售额为计税依据,同时税款可以抵扣,这一计税方法决定了增值税属于货物劳务税性质的税种。

知识链接

增值税的类型

增值税一般可分为三类:生产型增值税、收入型增值税和消费型增值税。

1. 生产型增值税

生产型增值税对购进固定资产所含的税款,不允许作任何扣除,其折旧作为增值额的一部分。其税基,即计算应纳税额的基数,相当于国民生产总值,故称为生产型增值税。

2. 收入型增值税

收入型增值税对购进固定资产所含的税款,只允许扣除当期应计入产品成本的折旧部分。其税基相当于国民收入,故称为收入型增值税。

3．消费型增值税

消费型增值税对当期购进用于生产应税产品的固定资产所含的税款，允许从当期增值额中一次全部扣除。这等于只对消费品价值征税，相当于国民经济整体中的消费资料，故称为消费型增值税。

三种类型的增值税中，收入型增值税相对最符合按增值额征税的原理，但是其计算过于复杂，征管难度大，所以在实际中没有哪个国家采用它。而消费型增值税则不同，它既能够避免重复征税，计算又方便，因此开征增值税的国家大多选择消费型增值税。生产型增值税的扣除范围不包括固定资产，因此它在一定程度上仍有重复征税的弊端。我国在1994年税制改革时采用生产型增值税，于2009年1月1日转型为消费型增值税。

（二）增值税的特点

增值税主要有以下特点。

1．不重复征税，具有中性税收的特征

所谓中性税收，是指对经济行为（包括企业生产决策、生产组织形式等）不产生影响，由市场对资源配置发挥基础性、主导性作用的税收。增值税具有中性税收的特征，是因为增值税只对货物或劳务销售额中没有征过税的那部分增值额征税，对销售额中属于转移过来的、以前环节已征过税的那部分销售额不再征税，从而有效地排除了重复征税因素。增值税中性税收的特征能彻底解决同一货物由全能厂生产和由非全能厂生产所产生的税负不平衡问题，从而促进专业化分工，带动公平竞争。

2．具有间接税的税负转嫁性

增值税实行税款抵扣制度，即在逐环节征税的同时，实行逐环节扣税。在这里各环节的经营者作为纳税人只是把从买方收取的税款转缴给政府，经营者本身实际上并没有承担增值税。这样，随着各环节交易活动的进行，经营者在出售货物的同时也出售了该货物所承担的增值税，直到货物卖给最终消费者，货物在以前环节已纳的税款连同本环节的税款一同转给了最终消费者。可见，增值税税负具有逐环节向前传递的特点，作为纳税人的生产经营者并不是增值税的真正负担者，只有最终消费者才是全部税款的负担者。

3．税基广阔，具有征收的普遍性和连续性

无论是从横向看还是从纵向看，增值税都有着广阔的税基。从生产经营的横向关系看，无论工业、商业或者劳务服务活动，只要有增值收入就要纳税；从生产经营的纵向关系看，每一货物无论经过多少生产经营环节，都要按各道环节上发生的增值额逐次征税。因此，增值税在组织财政收入上具有稳定性和及时性。

4．采用增值税扣税链条管理，便于税务管理

与增值税实行税款抵扣的计税方法相适应，各国都实行凭发票扣税的征收制度，通过发票把买卖双方连为一体，并形成一个有机的扣税链条，即销售方销售货物开具的增值税发票既是销货方计算销项税额的凭证，又是购货方据以扣税的凭证。正是通过发票才得以把货物承担的税款从一个经营环节传递到下一个经营环节，最后传递到最终消费者身上。在这一纳税链条中，如有环节少缴了税款，必然导致下一个环节多缴税款。可见，增值税发票使买卖双方在纳税上形成了一种利益制约关系。这种制约关系一方面可以避免纳税人偷税、漏税和错计税款，另一方面也有助于税务机关进行检查和监督。

二、增值税的纳税人

（一）增值税的纳税人概述

根据增值税法律制度的规定，在中华人民共和国境内销售货物或者加工、修理修配劳务，销售服务、无形资产、不动产以及进口货物的单位和个人，为增值税的纳税人。单位是指企业、行政单位、事业单位、军事单位、社会团体及其他单位。个人是指个体工商户和其他个人。

单位以承包、承租、挂靠方式经营的，承包人、承租人、挂靠人（以下统称承包人）以发包人、出租人、被挂靠人（以下统称发包人）名义对外经营并由发包人承担相关法律责任的，以该发包人为纳税人；否则，以承包人为纳税人。

资管产品运营过程中发生的增值税应税行为，以资管产品管理人为增值税纳税人。

两个或两个以上的纳税人，经财政部和国家税务总局批准可以视为一个纳税人合并纳税。

（二）扣缴义务人

中华人民共和国境外的单位或者个人在境内销售劳务，在境内未设有经营机构的，以其境内代理人为扣缴义务人；在境内没有代理人的，以购买方为扣缴义务人。

（三）增值税的纳税人的种类

根据经营规模以及会计核算健全程度的不同，增值税的纳税人可划分为小规模纳税人和一般纳税人。

1. 小规模纳税人

小规模纳税人是指年销售额在规定标准以下，并且会计核算不健全，不能按规定报送有关税务资料的增值税纳税人。小规模纳税人的具体认定标准为年应征增值税销售额500万元及以下。年应征增值税销售额是指纳税人在连续不超过12个月或4个季度的经营期内累计应征增值税销售额，包括纳税申报销售额、稽查查补销售额、纳税评估调整销售额。

小规模纳税人会计核算健全，能够提供准确税务资料的，可以向税务机关申请登记为一般纳税人，不再作为小规模纳税人。会计核算健全是指能够按照国家统一的会计制度规定设置账簿，根据合法、有效的凭证进行核算。

小规模纳税人实行简易征税办法，并且一般不使用增值税专用发票，但基于增值税征收管理中一般纳税人与小规模纳税人之间客观存在的经济往来的实情，小规模纳税人可以到税务机关代开增值税专用发票。

为持续推进放管服（即简政放权、放管结合、优化服务的简称）改革，全面推行小规模纳税人自行开具增值税专用发票。小规模纳税人（其他个人除外）发生增值税应税行为，需要开具增值税专用发票的，可以自愿使用增值税发票管理系统自行开具。

2. 一般纳税人

一般纳税人是指年应税销售额超过财政部、国家税务总局规定的小规模纳税人标准的企业和企业性单位。

一般纳税人实行登记制，除另有规定外，应当向税务机关办理登记手续。

【请注意】

下列纳税人不办理一般纳税人登记：

（1）按照政策规定，选择按照小规模纳税人纳税的。

（2）年应税销售额超过规定标准的其他个人。

纳税人自一般纳税人生效之日起，按照增值税一般计税方法计算应纳税额，并可以按照规定领用增值税专用发票，财政部、国家税务总局另有规定的除外。

纳税人登记为一般纳税人后，不得转为小规模纳税人，国家税务总局另有规定的除外。

三、增值税的征税范围

（一）增值税征税范围的一般规定

增值税的征税范围包括在我国境内销售或者进口货物，提供加工、修理修配劳务，销售服务、无形资产或者不动产。

1．销售或者进口货物

货物是指有形动产，包括电力、热力和气体。销售货物是指有偿转让货物的所有权，包括货物的生产、批发、零售和进口四个环节；进口货物是指申报进入我国海关境内的货物。

2．提供加工、修理修配劳务

加工是指受托加工货物，即委托方提供原料及主要材料，受托方按照委托方的要求制造货物并收取加工费的业务；修理修配是指受托对损伤和丧失功能的货物进行修复，使其恢复原状和功能的业务。

【请注意】

单位或者个体工商户聘用的员工为本单位或者雇主提供加工、修理修配劳务不包括在增值税征税范围内。

3．销售服务

1）应税服务的基本界定

（1）从是否为有偿行为和是否为营业性活动提供服务两个方面判断。无偿和非营业活动提供的销售服务行为不属于增值税的征税范围。其中，有偿是指取得货币、货物或者其他经济利益。非营业活动是指：非企业性单位按照法律和行政法规的规定，为履行国家行政管理和公共服务职能收取政府性基金或者行政事业性收费的活动；单位或者个体工商户聘用的员工为本单位或者雇主提供应税服务；单位或者个体工商户为员工提供应税服务；财政部和国家税务总局规定的其他情形。

（2）从是否属于在境内提供应税服务判断。在境内提供应税服务是指应税服务提供方或者接受方在境内。下列情形不属于在境内提供应税服务：境外单位或者个人向境内单位或者个人提供完全在境外消费的应税服务；境外单位或者个人向境内单位或者个人出租完全在境外使用的有形动产；财政部和国家税务总局规定的其他情形。

【请注意】

单位和个体工商户的下列情形，视同提供应税服务：

（1）向其他单位或者个人无偿提供交通运输业和部分现代服务业服务，但以公益活动为目的或者以社会公众为对象的除外。

（2）财政部和国家税务总局规定的其他情形。

2）应税服务的具体范围

应税服务具体包括交通运输服务、邮政服务、电信服务、建筑服务、金融服务、现代服务和生活服务。

(1) 交通运输服务，具体内容如表 2-1 所示。

表 2-1　交通运输服务

具体项目	具体内容
陆路运输服务	通过陆路(地上或者地下)运送货物或者旅客的运输业务活动，包括铁路运输、公路运输、缆车运输、索道运输、地铁运输、城市轻轨运输等
	出租车公司向使用本公司自有出租车的出租车司机收取的管理费用，按陆路运输服务征收增值税
水路运输服务	通过江、河、湖、川等天然、人工水道或者海洋航道运送货物或者旅客的运输业务活动
	远洋运输的程租、期租业务，属于水路运输服务
航空运输服务	通过空中航线运送货物或者旅客的运输业务活动
	航空运输的湿租业务，属于航空运输服务
	利用火箭等载体将卫星、空间探测器等空间飞行器发射到空间轨道的运输业务活动
管道运输服务	通过管道输送气体、液体、固体物质的运输业务活动
无运输工具承运业务	经营者先以承运人身份与托运人签订运输服务合同，收取运费并承担承运人责任，再委托实际承运人完成运输服务的运输业务活动

知识拓展

水路运输的程租和期租业务属于水路运输服务，航空运输的湿租业务属于航空运输服务。

程租业务是指运输企业为租船人完成某一特定航次的运输任务并收取租赁费的业务。

期租业务是指运输企业将配备有操作人员的船舶承租给他人使用一定期限，承租期内听候承租方调遣，不论是否经营，均按天向承租方收取租赁费，发生的固定费用均由船东负担的业务。

湿租业务是指航空运输企业将配备有机组人员的飞机承租给他人使用一定期限，承租期内听候承租方调遣，不论是否经营，均按一定标准向承租方收取租赁费，发生的固定费用均由承租方承担的业务。

水路运输的光租业务、航空运输的干租业务，属于现代服务中的经营租赁。

光租业务是指运输企业将船舶在约定的时间内出租给他人使用，不配备操作人员，不承担运输过程中发生的各项费用，只收取固定租赁费的业务。

干租业务是指航空运输企业将飞机在约定的时间内出租给他人使用，不配备机组人员，不承担运输过程中发生的各项费用，只收取固定租赁费的业务。

【知识点过关 2-2・多项选择题】 下列各项中，应按“交通运输服务”缴纳增值税的是(　　)。

A. 水路运输的程租业务　　　　B. 车辆停放服务
C. 航空运输的湿租业务　　　　D. 融资性售后回租

【答案】 AC

【答案解析】 选项B，按"现代服务——租赁服务"缴纳增值税；选项D，按"金融服务——贷款服务"缴纳增值税。

(2) 邮政服务，具体内容如表2-2所示。

表2-2　邮政服务

具体项目	具体内容
邮政普遍服务	包括函件、包裹等邮件寄递，以及邮票发行、报刊发行和邮政汇兑等业务活动
邮政特殊服务	包括义务兵平常信函、机要通信、盲人读物和革命烈士遗物的寄递等业务活动
其他邮政服务	包括邮册等邮品销售、邮政代理等业务活动

【请注意】

邮政储蓄业务属于金融服务。

(3) 电信服务，具体内容如表2-3所示。

表2-3　电信服务

具体项目	具体内容
基础电信服务	利用固网、移动网、卫星、互联网，提供语音通话服务的业务活动，以及出租或者出售带宽、波长等网络元素的业务活动
增值电信服务	利用固网、移动网、卫星、互联网、有线电视网络，提供短信和彩信服务、电子数据和信息的传输及应用服务、互联网接入服务等业务活动(包括卫星电视信号落地转接服务)

(4) 建筑服务，具体内容如表2-4所示。

表2-4　建筑服务

具体项目	具体内容
工程服务	新建、改建各种建筑物、构筑物的工程作业
安装服务	各种设备、设施的装配、安置工程作业，包括与被安装设备相连的工作台、梯子、栏杆的装设工程作业，以及被安装设备的绝缘、防腐、保温、油漆等工程作业
	包括固定电话、有线电视、宽带、水、电、燃气、暖气等经营者向用户收取的安装费、初装费、开户费、扩容费以及类似收费的业务活动
修缮服务	对建筑物进行修补、加固、养护、改善的业务活动
装饰服务	对建筑物、构筑物进行修饰装修的业务活动，包括物业服务企业为业主提供的装修服务
其他建筑服务	上述工程作业之外的各种工程作业服务，如钻井(打井)、拆除建筑物或者构筑物、平整土地、园林绿化、疏浚(不包括航道疏浚)、建筑物平移、搭脚手架、爆破、矿山穿孔、表面附着物(包括岩层、土层、沙层等)剥离和清理等工程作业

【请注意】

(1) 航道疏浚属于“现代服务——物流辅助服务”。

(2) 纳税人将建筑施工设备出租给他人使用并配备操作人员的，按照“建筑服务——其他建筑服务”缴纳增值税。

(5) 金融服务，具体内容如表 2-5 所示。

表 2-5 金融服务

具体项目	具体内容
贷款服务	各种占用、拆借资金取得收入的业务活动，包括金融商品持有期间(含到期)利息(保本收益、报酬、资金占用费、补偿金等)收入、信用卡透支利息收入、买入返售金融商品利息收入、融资融券收取的利息收入，以及融资性售后回租、押汇、罚息、票据贴现、转贷等业务取得的利息及利息性质的收入，包括以货币资金投资收取的固定利润或者保底利润
直接收费金融服务	提供货币兑换、账户管理、电子银行、信用卡、信用证、财务担保、资产管理、信托管理、基金管理、金融交易场所(平台)管理、资金结算、资金清算、金融支付等业务活动
保险服务	包括人身保险服务和财产保险服务
金融商品转让	包括转让外汇、有价证券、非货物期货和其他金融商品所有权的业务活动。其他金融商品转让包括基金、信托、理财产品等各类资产管理产品和各种金融衍生品的转让

知识拓展

保本收益、报酬、资金占用费、补偿金是指合同中明确承诺到期本金可全部收回的投资收益。金融商品持有期间(含到期)取得的非保本的上述收益，不属于利息或利息性质的收入，不征收增值税。

融资性售后回租是指承租方以融资为目的，将资产出售给从事融资性售后回租业务的企业后，从事融资性售后回租业务的企业将该资产出租给承租方的业务活动。

纳税人购入基金、信托、理财产品等各类资产管理产品持有至到期，不属于金融商品转让。

纳税人转让因同时实施股权分置改革和重大资产重组而首次公开发行股票并上市形成的限售股，以及上市首日至解禁日期间由上述股份孳生的送、转股，以该上市公司股票上市首日开盘价为买入价，按照“金融服务——金融商品转让”缴纳增值税。

【请注意】

融资租赁属于“现代服务——租赁服务”。

【知识点过关 2-3 · 单项选择题】 下列服务中，应按照“金融服务——贷款服务”项目缴纳增值税的是(　　)。

A. 资金结算　　B. 金融商品转让　　C. 信用卡透支利息收入　　D. 货币兑换

【答案】 C

【答案解析】 选项A，属于"金融服务——直接收费金融服务"；选项B，属于"金融服务——金融商品转让"；选项D，属于"金融服务——直接收费金融服务"。

（6）现代服务，具体内容如表2-6所示。

表2-6　现代服务

具体项目	具体内容
研发和技术服务	包括研发服务、合同能源管理服务、工程勘察勘探服务、专业技术服务（如气象服务、地震服务、海洋服务、测绘服务、城市规划、环境与生态监测服务等专项技术服务）
信息技术服务	包括软件服务、电路设计及测试服务、信息系统服务、业务流程管理服务和信息系统增值服务
文化创意服务	包括设计服务、知识产权服务、广告服务和会议展览服务。宾馆、旅馆、旅社、度假村和其他经营性住宿场所提供会议场地及配套服务的活动，按照"会议展览服务"缴纳增值税
物流辅助服务	包括航空服务、港口码头服务、货运客运场站服务、打捞救助服务、装卸搬运服务、仓储服务、收派服务
租赁服务	包括融资租赁服务和经营租赁服务，分为有形动产租赁和不动产租赁。远洋运输的光租业务、航空运输的干租业务，属于有形动产租赁；将建筑物、构筑物等不动产或者飞机、车辆等有形动产的广告位出租给其他单位或者个人用于发布广告，属于经营租赁服务；车辆停放服务、道路通行服务（包括过路费、过桥费、过闸费等）属于不动产经营租赁。
鉴证咨询服务	包括认证服务、鉴证服务和咨询服务。比如，技术咨询、会计税务法律鉴证、工程监理、资产评估、环境评估、房地产土地评估、建筑图纸审核、医疗事故鉴定等。翻译服务和市场调查服务按照"咨询服务"缴纳增值税
广播影视服务	包括广播影视节目（作品）的制作服务、发行服务、播映（含放映）服务
商务辅助服务	包括企业管理服务、经纪代理服务、人力资源服务、安全保护服务（如武装守护押运服务）。比如，金融代理、知识产权代理、货物、运输代理、代理报关、法律代理、房地产中介、婚姻中介、代理记账、翻译、拍卖等
其他现代服务	是指上述8项以外的现代服务，如纳税人为客户办理退票而向客户收取的退票费、手续费等收入，纳税人对安装运行后的机器设备提供的维护保养服务等

知识拓展

融资租赁服务是指具有融资性质和所有权转移特点的租赁活动，即出租人根据承租人所要求的规格、型号、性能等条件购入有形动产或者不动产租赁给承租人，合同期内租赁物所有权属于出租人，承租人只拥有使用权，合同期满付清租金后，承租人有权按照残值购入租赁物，以拥有其所有权。不论出租人是否将租赁物销售给承租人，均属于融资租赁。按照标的物的不同，融资租赁服务可分为有形动产融资租赁服务和不动产融资租赁服务。

经营租赁服务是指在约定时间内将有形动产或者不动产转让他人使用且租赁物所有权不变更的业务活动。按照标的物的不同，经营租赁服务可分为有形动产经营租赁服务和不动产经营租赁服务。

【请注意】

(1) 融资性售后回租不按照"现代服务——租赁服务",而按照"金融服务——贷款服务"缴纳增值税。

另外,融资性售后回租业务中,承租方出售资产的行为不属于增值税的征税范围,不征收增值税。

(2) 拍卖行受托拍卖取得的手续费或佣金收入,属于"现代服务——商务辅助服务"中的"经纪代理服务"。

(3) 货物运输代理属于"现代服务——商务辅助服务"中的经纪代理服务,而无运输工具承运属于"交通运输服务——无运输工具承运业务";物业管理属于"现代服务——商务辅助服务"中的"企业管理服务"。

(7) 生活服务,具体内容如表 2-7 所示。

表 2-7 生活服务

具体项目	具体内容
文化体育服务	包括文化服务和体育服务;文艺创作、文艺表演、文化比赛,图书馆的图书和资料借阅,档案馆的档案管理,文物及非物质遗产保护,组织举办宗教活动、科技活动、文化活动,提供游览场所等;纳税人在游览场所经营索道、摆渡车、电瓶车、游船等取得的收入
教育医疗服务	提供学历教育服务、非学历教育服务、教育辅助服务的业务活动
旅游娱乐服务	包括旅游服务和娱乐服务
餐饮住宿服务	包括餐饮服务和住宿服务,提供餐饮服务的纳税人销售的外卖食品,按照"餐饮服务"项目缴纳增值税
居民日常服务	包括市容市政管理、家政、婚庆、养老、殡葬、照料和护理、救助救济、美容美发、按摩、桑拿、氧吧、足疗、沐浴、洗染、摄影扩印等服务
其他生活服务	是指上述五项以外的生活服务,如纳税人提供植物养护服务

【知识点过关 2-4·多项选择题】 某酒店的下列经营业务中,应按照"现代服务"缴纳增值税的有(   )。

A. 餐饮服务　　B. 住宿服务　　C. 会议服务　　D. 车辆停放服务

【答案】 CD

【答案解析】 选项 AB,属于生活服务。

【知识点过关 2-5·单项选择题】 下列各项中,应按照"生活服务"缴纳增值税的是(   )。

A. 文化创意服务　B. 车辆停放服务　C. 广播影视服务　D. 旅游娱乐服务

【答案】 D

【答案解析】 选项 A,按照"现代服务——文化创意服务"缴纳增值税;选项 B,按照"现代服务——租赁服务"缴纳增值税;选项 C,按照"现代服务——广播影视服务"缴纳增值税。

4. 销售无形资产

销售无形资产是指转让无形资产所有权或者使用权的业务活动。无形资产是指不具实物形态，但能带来经济利益的资产，包括技术、商标、著作权、商誉、自然资源使用权和其他权益性无形资产。其中，技术包括专利技术和非专利技术。自然资源使用权包括土地使用权、海域使用权、探矿权、采矿权、取水权和其他自然资源使用权。其他权益性无形资产包括基础设施资产经营权、公共事业特许权、配额、经营权（含特许经营权、连锁经营权、其他经营权）、经销权、分销权、代理权、会员权、席位权、网络游戏虚拟道具、域名、名称权、肖像权、冠名权、转会费等。

5. 销售不动产

销售不动产是指转让不动产所有权的业务活动。不动产是指不能移动或者移动后会引起性质、形状改变的财产，包括建筑物、构筑物等。

建筑物包括住宅、商业营业用房、办公楼等可供居住、工作或者进行其他活动的建造物。

构筑物包括道路、桥梁、隧道、水坝等建造物。

转让建筑物有限产权或者永久使用权的，转让在建的建筑物或者构筑物所有权的，以及在转让建筑物或者构筑物时一并转让其所占土地的使用权的，按照销售不动产缴纳增值税。

【知识点过关 2-6 · 单项选择题】 下列各项中，应按照“建筑服务”缴纳增值税的是（ ）。

A. 平整土地　B. 出售住宅　C. 出租办公楼　D. 转让土地使用权

【答案】 A

【答案解析】 选项 B，按照“销售不动产”缴纳增值税；选项 C，按照“销售服务”中的“现代服务——租赁服务”缴纳增值税；选项 D，按照“销售无形资产”缴纳增值税。

【请注意】

在境内销售服务或者无形资产，是指销售服务或者无形资产发生在中华人民共和国境内，具体是指：

(1) 服务（租赁不动产除外）或者无形资产（自然资源使用权除外）的销售方或者购买方在境内。

(2) 所销售或者租赁的不动产在境内。

(3) 所销售自然资源使用权的自然资源在境内。

(4) 财政部和国家税务总局规定的其他情形。

下列情形不属于在境内销售服务或者无形资产：

(1) 境外单位或者个人向境内单位或者个人销售完全在境外发生的服务。

(2) 境外单位或者个人向境内单位或者个人销售完全在境外使用的无形资产。

(3) 境外单位或者个人向境内单位或者个人出租完全在境外使用的有形动产。

(4) 财政部和国家税务总局规定的其他情形：

① 为出境的函件、包裹在境外提供的邮政服务、收派服务。

② 向境内单位或者个人提供的工程施工地点在境外的建筑服务、工程监理服务。

③ 向境内单位或者个人提供的工程、矿产资源在境外的工程勘察勘探服务。

④ 向境内单位或者个人提供的会议展览地点在境外的会议展览服务。

（二）增值税征税范围的特殊规定

1. 视同发生应税销售行为

单位或者个体工商户的下列行为，视同发生应税销售行为：

(1) 将货物交付其他单位或者个人代销。

(2) 销售代销货物。

(3) 设有两个以上机构并实行统一核算的纳税人,将货物从一个机构移送其他机构用于销售,但相关机构设在同一县(市)的除外。

【请注意】

用于销售是指售货机构发生以下两种情形之一的经营行为:一是向购货方开具发票,二是向购货方收取货款。

售货机构的货物移送行为有上述两种情形之一的,应当向所在地税务机关缴纳增值税;未发生上述两种情形的,则应由总机构统一缴纳增值税。如果售货机构只就部分货物向购买方开具发票或收取货款,则应当区分不同情况计算并分别向总机构所在地或分支机构所在地缴纳税款。

(4) 将自产、委托加工的货物用于非增值税应税项目。

(5) 将自产、委托加工的货物用于集体福利或者个人消费。

(6) 将自产、委托加工或购进的货物作为投资,提供给其他单位或者个体工商户。

(7) 将自产、委托加工或购进的货物分配给股东或者投资者。

(8) 将自产、委托加工或购进的货物无偿赠送其他单位或者个人。

(9) 单位或者个体工商户向其他单位或者个人无偿销售应税服务、无偿转让无形资产或者不动产,但用于公益事业或者以社会公众为对象的除外。

(10) 财政部和国家税务总局规定的其他情形。

【请注意】

上述第(4)～第(8)项中自产货物处理是相同的,对购买的货物用途不同,处理也不同。购买的货物用于投资、分配、赠送,即向外部移送,按视同销售计算销项税额;购买的货物用于非应税项目、集体福利和个人消费,即货物进入最终消费,不得抵扣进项税额;已抵扣的,作进项税额转出处理。

【知识点过关 2-7·多项选择题】 根据增值税法律制度的规定,企业发生的下列行为中,属于视同发生应税销售行为的有(　　)。

A. 将外购货物分配给股东　　　　B. 将外购货物用于个人消费

C. 将自产货物无偿赠送他人　　　D. 将自产货物用于集体福利

【答案】 ACD

【答案解析】 根据增值税法律制度的规定,将外购货物用于个人消费的,其购进货物的进项税额不允许抵扣,不属于增值税视同发生应税销售行为的情形,而选项 ACD 属于增值税视同发生应税销售行为的情形。

知识拓展

上述视同发生应税销售行为的 10 种情况,均要征收增值税。其目的主要如下:

(1) 保证增值税税款抵扣制度的实施,不致因发生上述行为而造成各相关环节税款抵扣链条的中断，例如第(1)项和第(2)项涉及的相关代销业务，如果不将这些代销业务视同发生应税销售行为，就会出现销售代销货物方仅有销项税额而无进项税额，将货物交付其他单位或者个人代销方仅有进项税额而无销项税额的情况，则增值税抵扣链条不完整。

(2) 避免上述行为造成的应税销售行为之间税收负担不平衡的问题，防止企业逃避纳税。

(3) 体现增值税计算的配比原则，即购进货物、劳务、服务、无形资产、不动产已经在购进环节实施了进项税额抵扣，这些购进货物、劳务、服务、无形资产、不动产应该产生相应的销售额，同时，应该产生相应的销项税额；否则，就会产生不配比问题。例如，上述第(4)～第(9)项中的情况。

2. 混合销售行为

一项销售行为如果既涉及货物又涉及服务，称为混合销售。从事货物的生产、批发或者零售的单位和个体工商户的混合销售，按照销售货物缴纳增值税；其他单位和个体工商户的混合销售行为，按照销售服务缴纳增值税。

上述从事货物的生产、批发或者零售的单位和个体工商户，包括以从事货物的生产、批发或者零售为主，并兼营销售服务的单位和个体工商户。

【请注意】

混合销售行为成立的行为标准有两点：一是其销售行为必须是一项；二是该项行为必须既涉及销售货物又涉及销售服务。

在确定混合销售是否成立时，其行为必须是同时符合上述两点标准，如果一项销售行为只涉及销售服务，不涉及销售货物，这种行为就不是混合销售行为；反之，如果涉及销售服务和涉及销售货物的行为，不是存在于一项销售行为之中，这种行为也不是混合销售行为。

自2017年5月起，纳税人销售活动板房、机器设备、钢结构件等自产货物的同时提供建筑、安装服务，不属于混合销售，应分别核算货物和建筑服务的销售额，分别适用不同的税率或者征收率。

3. 兼营行为

兼营是指纳税人的经营中包括销售货物、劳务以及销售服务、无形资产和不动产的行为。

纳税人发生兼营行为，销售货物、加工修理修配劳务、服务、无形资产或者不动产适用不同税率或者征收率的，应当分别核算适用不同税率或者征收率的销售额，未分别核算销售额的，按照以下方法适用税率或者征收率：

(1) 兼有不同税率的销售货物、加工修理修配劳务、服务、无形资产或者不动产，从高适用税率。

(2) 兼有不同征收率的销售货物、加工修理修配劳务、服务、无形资产或者不动产，从高适用征收率。

(3) 兼有不同税率和征收率的销售货物、加工修理修配劳务、服务、无形资产或者不动产，从高适用税率。

【知识点过关 2-8 · 多项选择题】 下列行为中，不属于增值税兼营行为的有（　　）。

A. 塑钢门窗销售商店在销售产品的同时为客户提供安装服务

B. 百货商店在销售商品的同时负责运输

C. 酒店开设客房、餐厅从事服务业务并附设商场销售货物

D. 饭店在提供餐饮服务的同时销售酒水饮料

【答案】 ABD

【答案解析】 选项 ABD，属于增值税混合销售行为，既涉及销售货物，又涉及销售服务。

4. 不征收增值税项目

（1）根据国家指令无偿提供的铁路运输服务、航空运输服务，属于《营业税改征增值税试点实施办法》规定的用于公益事业的服务。

（2）存款利息。

（3）被保险人获得的保险赔付。

（4）房地产主管部门或者其指定机构、公积金管理中心、开发企业以及物业管理单位代收的住宅专项维修资金。

（5）在资产重组过程中，通过合并、分立、出售、置换等方式，将全部或者部分实物资产以及与其相关联的债权、负债和劳动力一并转让给其他单位和个人，其中涉及的不动产、土地使用权转让行为。

（6）纳税人在资产重组过程中，通过合并、分立、出售、置换等方式，将全部或者部分实物资产以及与其相关联的债权、负债和劳动力一并转让给其他单位和个人，不属于增值税的征税范围涉及的货物转让。

四、增值税的税率和征收率

（一）增值税的税率

（1）纳税人销售货物、劳务、有形动产租赁服务或者进口货物，除另有规定外，税率为 13%。

（2）纳税人销售交通运输服务、邮政服务、基础电信服务、建筑服务、不动产租赁服务，销售不动产，转让土地使用权，销售或者进口下列货物，税率为 9%：

① 粮食等农产品、食用植物油、食用盐。其中，农产品是指种植业、养殖业、林业、牧业、水产业生产的各种植物、动物的初级产品。农产品具体征税范围暂继续按照《农业产品征税范围注释》及现行相关规定执行，包括挂面、干姜、姜黄、玉米胚芽、动物骨粒、按照《食品安全国家标准——巴氏杀菌乳》生产的巴氏杀菌乳、按照《食品安全国家标准——灭菌乳》生产的灭菌乳。

② 自来水、暖气、冷气、热水、煤气、石油液化气、天然气、二甲醚、沼气、居民用煤炭制品。

③ 图书、报纸、杂志、音像制品、电子出版物。

④ 饲料、化肥、农药、农机、农膜。

⑤ 国务院规定的其他货物。

（3）纳税人销售服务、无形资产，除另有规定外，税率为 6%。下列情况也按 6% 的税率

征收增值税：

① 纳税人通过省级土地行政主管部门设立的交易平台转让补充耕地指标，按照“销售无形资产”缴纳增值税，税率为6％。

② 采取填埋、焚烧等方式进行专业化处理后未产生货物的，受托方属于提供“现代服务”中的“专业技术服务”，其收取的处理费用适用6％的增值税税率。

③ 采取填埋、焚烧等方式进行专业化处理后产生货物，且货物归属受托方的，受托方属于提供“专业技术服务”，其收取的处理费用适用6％的增值税税率。受托方将产生的货物用于销售时，适用货物的增值税税率。

(4) 纳税人出口货物，税率为零，但是，国务院另有规定的除外。

(5) 境内单位和个人跨境销售国务院规定范围内的服务、无形资产，税率为零。这具体包括：

① 国际运输服务。国际运输服务是指在境内载运旅客或者货物出境，在境外载运旅客或者货物入境，在境外载运旅客或者货物。

② 航天运输服务。

③ 向境外单位提供的完全在境外消费的下列服务：研发服务；合同能源管理服务；设计服务；广播影视节目(作品)的制作和发行服务；软件服务；电路设计及测试服务；信息系统服务；业务流程管理服务；离岸服务外包业务；转让技术。

④ 财政部和国家税务总局规定的其他服务。

知识链接

国务院规定的其他货物的税率界定如下：

(1) 干姜、姜黄的增值税适用税率为9％。

(2) 花椒油、橄榄油、核桃油、杏仁油、葡萄籽油和牡丹籽油按照食用植物油9％的税率征收增值税。环氧大豆油、氢化植物油不属于食用植物油征收范围，适用13％的增值税税率。

(3) 麦芽、复合胶、人发不属于《农业产品征税范围注释》中规定的农业产品范围，适用13％的增值税税率。

(4) 按照《食品安全国家标准——巴氏杀菌乳》生产的巴氏杀菌乳和按照《食品安全国家标准——灭菌乳》生产的灭菌乳，均属于初级农业产品，可依照《农业产品征收范围注释》中的鲜奶按9％的税率征收增值税；按照《食品安全国家标准——调制乳》生产的调制乳，不属于初级农业产品，应按照13％的税率征收增值税。

(5) 肉桂油、核油、香茅油不属于《农业产品征税范围注释》中规定的农业产品范围，其增值税适用税率为13％。

(6) 淀粉不属于农业产品的范围，应按照13％的税率征收增值税。

(7) 密集型烤房设备、频振式杀虫灯、自动虫情测报灯、黏虫板、卷帘机属于《增值税部分货物征税范围注释》规定的农机范围，适用9％的增值税税率。

(8) 农用挖掘机、养鸡设备系列、养猪设备系列产品属于农机，适用9％的增值税税率。

(9) 国内印刷企业承印的经新闻出版主管部门批准印刷且采用国际标准书号编序的境外图书，属于《增值税暂行条例》第二条规定的“图书”，适用9％的增值税税率。

(10) 动物骨粒属于《农业产品征税范围注释》规定的动物类“其他动物组织”，其适用的增值税税率为9%。

【知识点过关2-9·单项选择题】 下列各项增值税服务中，增值税税率为13%的是(　　)。

A. 邮政服务　　B. 交通运输服务　　C. 有形动产租赁服务　　D. 增值电信服务

【答案】 C

【答案解析】 选项AB，适用9%的增值税税率；选项D，适用6%的增值税税率。

(二) 增值税的征收率

增值税的征收率是指对特定的货物或特定的纳税人销售货物、提供应税劳务、发生应税行为在某一生产流通环节应纳税额与销售额的比率。增值税的征收率适用于两种情况：一是小规模纳税人，二是一般纳税人销售货物、提供应税劳务、发生应税行为按规定可以选择简易计税方法计税的。

1. 小规模纳税人增值税的征收率

(1) 小规模纳税人销售货物、加工修理修配劳务、服务、无形资产的增值税的征收率为3%。

(2) 小规模纳税人销售自己使用过的固定资产，减按2%征收率征收增值税。可以放弃减免，按照简易计税办法依照3%征收率缴纳增值税，并可以开具增值税专用发票。小规模纳税人销售自己使用过的除固定资产外的物品，应按3%的征收率征收增值税。

(3) 小规模纳税人销售旧货，按照简易计税办法依照3%征收率减按2%征收增值税。旧货是指进入二次流通的具有部分使用价值的货物(含旧汽车、旧摩托车和旧游艇)，但不包括自己使用过的物品。

(4) 小规模纳税人转让其取得的不动产，按照5%的征收率征收增值税。

(5) 小规模纳税人出租其取得的不动产(不含个人出租住房)，按照5%的征收率征收增值税。

(6) 房地产开发企业(小规模纳税人)销售自行开发的房地产项目，按照5%的征收率征收增值税。

2. 一般纳税人增值税的征收率

(1) 一般纳税人销售自己使用过的属于增值税法律制度规定，不得抵扣且未抵扣进项税额的固定资产，按简易计税办法依照3%征收率减按2%征收增值税。可以放弃减免，按照简易计税办法依照3%征收率缴纳增值税，并可以开具增值税专用发票。

(2) 一般纳税人销售自己使用过的其他固定资产(以下简称“已使用过的固定资产”)应区分不同情形征收增值税：

① 销售自己使用过的2009年1月1日以后购进或者自制的固定资产，按照适用税率征收增值税。

② 2008年12月31日以前未纳入扩大增值税抵扣范围试点的纳税人，销售自己使用过的2008年12月31日以前购进或者自制的固定资产，按照简易计税办法依照3%征收率减按2%征收增值税。

③ 2008年12月31日以前已纳入扩大增值税抵扣范围试点的纳税人，销售自己使用过的在本地区扩大增值税抵扣范围试点以前购进或者自制的固定资产，按照简易计税办法依照3%征收率减按2%征收增值税；销售自己使用过的在本地区扩大增值税抵扣范围试点以

后购进或者自制的固定资产，按照适用税率征收增值税。

（3）一般纳税人销售自己使用过的除固定资产外的物品，应当按照适用税率征收增值税。

（4）一般纳税人销售旧货，按照简易计税办法依照3%征收率减按2%征收增值税。

（5）一般纳税人销售自产的下列货物，可选择按照简易计税办法依照3%征收率计算缴纳增值税（选择简易计税办法计算缴纳增值税后，36个月内不得变更）：

① 县级及县级以下小型水力发电单位生产的电力。小型水力发电单位是指各类投资主体建设的装机容量为5万千瓦以下（含5万千瓦）的小型水力发电单位。

② 建筑用和生产建筑材料所用的砂、土、石料。

③ 以自己采掘的砂、土、石料或其他矿物连续生产的砖、瓦、石灰（不含黏土实心砖、瓦）。

④ 用微生物、微生物代谢产物、动物毒素、人或动物的血液或组织制成的生物制品。

⑤ 自来水（对属于一般纳税人的自来水公司销售自来水按简易计税办法依照3%的征收率征收增值税，不得抵扣其购进自来水取得增值税扣税凭证上注明的增值税）。

⑥ 商品混凝土（仅限于以水泥为原料生产的水泥混凝土）。

（6）一般纳税人销售货物属于下列情形之一的，暂按简易计税办法依照3%的征收率计算缴纳增值税：

① 寄售商店代销寄售物品（包括居民个人寄售的物品在内）。

② 典当业销售死当物品。

（7）建筑企业一般纳税人提供建筑服务属于房地产老项目的，可以选择简易计税办法依照3%的征收率征收增值税。

房地产老项目，是指《建筑工程施工许可证》注明的合同开工日期在2016年4月30日前的房地产项目。

（8）一般纳税人转让或出租其2016年4月30日前取得的不动产，选择简易计税方法计税的，依照5%的征收率征收增值税。

（9）房地产开发企业中的一般纳税人购入未完工的房地产老项目继续开发后，以自己名义立项销售的不动产，属于房地产老项目，可以选择适用简易计税方法依照5%的征收率计算缴纳增值税。

3. 征收率的特殊规定

（1）对从事二手车经销业务的纳税人销售其收购的二手车，自2020年5月1日至2023年12月31日减按0.5%的征收率征收增值税，纳税人应当开具二手车销售统一发票。购买方索取增值税专用发票的，应当再开具征收率为0.5%的增值税专用发票。

（2）提供物业管理服务的纳税人，向服务接受方收取的自来水水费，以扣除其对外支付的自来水水费后的余额为销售额，按照简易计税方法依照3%的征收率计算缴纳增值税。

（3）提供劳务派遣服务。这分为两种情况：

① 一般纳税人提供劳务派遣服务，可以以取得的全部价款和价外费用为销售额，按照一般计税方法计算缴纳增值税；也可以选择差额纳税，以取得的全部价款和价外费用，扣除代用工单位支付给劳务派遣员工的工资、福利和为其办理社会保险及住房公积金后的余额为销售额，按照简易计税方法依照5%的征收率计算缴纳增值税。

② 小规模纳税人提供劳务派遣服务，可以以取得的全部价款和价外费用为销售额，按

照简易计税方法依照3%的征收率计算缴纳增值税;也可以选择差额纳税,以取得的全部价款和价外费用,扣除代用工单位支付给劳务派遣员工的工资、福利和为其办理社会保险及住房公积金后的余额为销售额,按照简易计税方法依照5%的征收率计算缴纳增值税。

选择差额纳税的纳税人,向用工单位收取用于支付给劳务派遣员工工资、福利和为其办理社会保险及住房公积金的费用,不得开具增值税专用发票,可以开具普通发票。

(4) 非企业性单位中的一般纳税人提供的研发和技术服务、信息技术服务、鉴证咨询服务,以及销售技术、著作权等无形资产,可以选择简易计税方法按照3%的征收率计算缴纳增值税。非企业性单位中的一般纳税人提供"技术转让、技术开发和与之相关的技术咨询、技术服务",可以参照上述规定,选择简易计税方法按照3%的征收率计算缴纳增值税。

(5) 一般纳税人提供教育辅助服务,可以选择简易计税方法按照3%的征收率计算缴纳增值税。

(6) 增值税一般纳税人生产销售和批发、零售抗癌药品,可选择简易计税办法依照3%的征收率计算缴纳增值税。抗癌药品是指经国家药品监督管理部门批准注册的抗癌制剂及原料药。抗癌药品范围实行动态调整,纳税人选择简易计税办法计算缴纳增值税后,36个月内不得变更。

(7) 增值税一般纳税人生产销售和批发、零售罕见病药品,可选择简易计税办法依照3%的征收率计算缴纳增值税。上述纳税人选择简易计税办法计算缴纳增值税后,36个月内不得变更。纳税人应单独核算罕见病药品的销售额。未单独核算的,不得适用上述规定的简易征收政策。罕见病药品是指经国家药品监督管理部门批准注册的罕见病药品制剂及原料药。罕见病药品范围实行动态调整。

(8) 自2021年10月1日起,住房租赁企业中的增值税一般纳税人向个人出租住房取得的全部出租收入,可以选择适用简易计税方法,依照5%的征收率减按1.5%计算缴纳增值税,或适用一般计税方法计算缴纳增值税,住房租赁企业中的增值税小规模纳税人向个人出租住房,依照5%的征收率减按1.5%计算缴纳增值税。

(9) 自2021年4月I日至2021年12月31日,增值税小规模纳税人适用3%征收率的应税销售收入,减按1%征收率征收增值税;适用3%预征率的预缴增值税项目,减按1%预征率预缴增值税。

(三) 兼营行为的税率选择

试点纳税人发生应税销售行为适用不同税率或者征收率的,应当分别核算适用不同税率或者征收率的销售额,未分别核算销售额的,按照以下方法适用税率或者征收率:

(1) 兼有不同税率的应税销售行为,从高适用税率。

(2) 兼有不同征收率的应税销售行为,从高适用征收率。

(3) 兼有不同税率和征收率的应税销售行为,从高适用税率。

(4) 纳税人销售活动板房、机器设备、钢结构件等自产货物的同时提供建筑、安装服务,不属于混合销售,应分别核算货物和建筑服务的销售额,分别适用不同的税率或征收率。

五、增值税的税收优惠

(一) 法定免税项目

(1) 农业生产者销售的自产农产品。农业生产者包括从事农业生产的单位和个人。农产品是指种植业、养殖业、林业、牧业、水产业生产的各类植物、动物的初级产品。对上述单位和个人销售的外购农产品，以及单位和个人外购农产品生产、加工后销售的仍然属于规定范围的农产品，不属于免税的范围，应当按照规定的税率征收增值税。

纳税人采取"公司＋农户"经营模式从事畜禽饲养，纳税人回收再销售畜禽，属于农业生产者销售自产农产品，应根据增值税法律制度的有关规定免征增值税。

人工合成牛胚胎的生产过程属于农业生产，纳税人销售自产人工合成牛胚胎应免征增值税。

(2) 避孕药品和用具。

(3) 古旧图书，即向社会收购的古书和旧书。

(4) 直接用于科学研究、科学试验和教学的进口仪器、设备。

(5) 外国政府、国际组织无偿援助的进口物资和设备。

(6) 由残疾人的组织直接进口供残疾人专用的物品。

(7) 销售的自己使用过的物品。自己使用过的物品是指其他个人(自然人)自己使用过的物品。

【请注意】

(1) 纳税人兼营免税、减税项目的，应当分别核算免税、减税项目的销售额；未分别核算销售额的，不得免税、减税。

(2) 纳税人销售货物或者应税劳务适用免税规定的可以放弃免税，放弃免税后36个月内不得再申请免税。

(二) 营业税改增值税试点过渡期的免税项目

(1) 托儿所、幼儿园提供的保育和教育服务。公办托儿所、幼儿园免征增值税的收入，是指在省级财政部门和价格主管部门审核报省级人民政府批准的收费标准以内收取的教育费、保育费。民办托儿所、幼儿园免征增值税的收入，是指在报经当地有关部门备案并公示的收费标准范围内收取的教育费、保育费。超过规定收费标准的收费，以开办实验班、特色班和兴趣班等为由另外收取的费用以及与幼儿入园挂钩的赞助费、支教费等超过规定范围的收入，不属于免征增值税的收入。

(2) 养老机构提供的养老服务。养老服务是指养老机构按照民政部《养老机构管理办法》(民政部令第49号)的规定，为收住的老年人提供的生活照料、康复护理、精神慰藉、文化娱乐等服务。

(3) 残疾人福利机构提供的育养服务。

(4) 婚姻介绍服务。

(5) 殡葬服务。

(6) 残疾人员本人为社会提供的服务。

(7) 医疗机构提供的医疗服务。

(8) 从事学历教育的学校提供的教育服务。学历教育是指受教育者经过国家教育考试或者国家规定的其他入学方式，进入国家有关部门批准的学校或者其他教育机构学习，获得国家承认的学历证书的教育形式。这不包括职业培训机构等国家不承认学历的教育机构。提供教育服务免征增值税的收入，是指对列入规定招生计划的在籍学生提供学历教育服务取得的收入。学校以各种名义收取的赞助费、择校费等，不属于免征增值税的范围。

(9) 学生勤工俭学提供的服务。

(10) 农业机耕、排灌、病虫害防治、植物保护、农牧保险以及相关技术培训业务,家禽、牲畜、水生动物的配种和疾病防治。对于动物诊疗机构销售动物食品和用品,提供动物清洁、美容、代理看护等服务,应按照现行规定缴纳增值税。

(11) 纪念馆、博物馆、文化馆、文物保护单位管理机构、美术馆、展览馆、书画院、图书馆在自己的场所提供文化体育服务取得的第一道门票收入。

(12) 寺院、宫观、清真寺和教堂举办文化、宗教活动的门票收入。

(13) 行政单位之外的其他单位收取的符合相关规定条件的政府性基金和行政事业性收费。

(14) 个人转让著作权。

(15) 个人销售自建自用住房。

(16) 台湾航运公司、航空公司从事海峡两岸海上直航、空中直航业务在大陆取得的运输收入。

(17) 纳税人提供的直接或者间接国际货物运输代理服务。

(18) 符合规定条件的贷款、债券利息收入。这包括:

① 国家助学贷款。

② 国债、地方政府债。

③ 人民银行对金融机构的贷款。

④ 住房公积金管理中心用住房公积金在指定的委托银行发放的个人住房贷款。

⑤ 外汇管理部门在从事国家外汇储备经营过程中,委托金融机构发放的外汇贷款。

⑥ 统借统还业务中,企业集团或企业集团中的核心企业以及集团所属财务公司按不高于支付给金融机构的借款利率水平或者支付的债券票面利率水平,向企业集团或者集团内下属单位收取的利息。统借方向资金使用单位收取的利息,高于支付给金融机构借款利率水平或者支付的债券票面利率水平的,应全额缴纳增值税。

(19) 被撤销金融机构以货物、不动产、无形资产、有价证券、票据等财产清偿债务。

(20) 保险公司开办的1年期以上人身保险产品取得的保费收入。

(21) 符合规定条件的金融商品转让收入。这包括:

① 合格境外投资者(QFII)委托境内公司在我国从事证券买卖业务。

② 香港市场投资者(包括单位和个人)通过沪港通和深港通买卖上海证券交易所和深圳证券交易所上市A股;内地投资者(包括单位和个人)通过沪港通买卖香港联交所上市股票。

③ 对香港市场投资者(包括单位和个人)通过基金互认买卖内地基金份额。

④ 证券投资基金(封闭式证券投资基金、开放式证券投资基金)管理人运用基金买卖股票、债券。

⑤ 个人从事金融商品转让业务。

(22) 金融同业往来利息收入。

(23) 符合规定条件的担保机构从事中小企业信用担保或者再担保业务取得的收入(不含信用评级、咨询、培训等收入)3年内免征增值税。

(24) 国家商品储备管理单位及其直属企业承担商品储备任务,从中央或者地方财政取得的利息补贴收入和价差补贴收入。

(25) 纳税人提供技术转让、技术开发和与之相关的技术咨询、技术服务。

(26) 符合规定条件的合同能源管理服务。

(27) 政府举办的从事学历教育的高等、中等和初等学校(不含下属单位),举办进修班、培训班取得的全部归该学校所有的收入。

(28) 政府举办的职业学校设立的主要为在校学生提供实习场所并由学校出资自办、由学校负责经营管理、经营收入归学校所有的企业,从事《销售服务、无形资产或者不动产注释》中"现代服务"(不含融资租赁服务、广告服务和其他现代服务)、"生活服务"(不含文化体育服务、其他生活服务和桑拿、氧吧)业务活动取得的收入。

(29) 家政服务企业由员工制家政服务员提供家政服务取得的收入。

(30) 福利彩票、体育彩票的发行收入。

(31) 军队空余房产租赁收入。

(32) 为了配合国家住房制度改革,企业、行政事业单位按房改成本价、标准价出售住房取得的收入。

(33) 将土地使用权转让给农业生产者用于农业生产。

(34) 涉及家庭财产分割的个人无偿转让不动产、土地使用权。

(35) 土地所有者出让土地使用权和土地使用者将土地使用权归还给土地所有者。

(36) 县级以上地方人民政府或自然资源行政主管部门出让、转让或收回自然资源使用权(不含土地使用权)。

(37) 随军家属就业。

(38) 军队转业干部就业。

(39) 提供社区养老、托育、家政等服务取得的收入。

(三) 增值税即征即退政策

(1) 增值税一般纳税人销售其自行开发生产的软件产品,按13%税率征收增值税后,对其增值税实际税负超过3%的部分实行即征即退政策。增值税一般纳税人将进口软件产品进行本地化改造后对外销售,其销售的软件产品可享受上款规定的增值税即征即退政策。

(2) 一般纳税人提供管道运输服务,对其增值税实际税负超过3%的部分实行增值税即征即退政策。

(3) 经中国人民银行、国家金融监督管理总局或者商务部批准从事融资租赁业务中的一般纳税人,提供有形动产融资租赁服务和有形动产融资性售后回租服务,对其增值税实际税负超过3%的部分实行增值税即征即退政策。商务部授权的省级商务主管部门和国家经济技术开发区批准的从事融资租赁业务和融资性售后回租业务的一般纳税人,2016年5月1日后实收资本达到1.7亿元的,从达到标准的当月起按照上述规定执行;2016年5月1日后实收资本未达到1.7亿元但注册资本达到1.7亿元的,在2016年7月31日前仍可按照上述规定执行,2016年8月1日后开展的有形动产融资租赁业务和有形动产融资性售后回租业务不得按照上述规定执行。

【请注意】

增值税实际税负是指纳税人当期提供应税服务实际缴纳的增值税额占纳税人当期提供应税服务取得的全部价款和价外费用的比例。

(4) 纳税人安置残疾人按规定享受增值税即征即退优惠政策。

(5) 增值税的退还。纳税人本期已缴增值税额小于本期应退税额不足退还的，可在本年度内以前纳税期已缴增值税额扣除已退增值税额的余额中退还，仍不足退还的可结转本年度内以后纳税期退还。年度已缴增值税额小于或等于年度应退税额的，退税额为年度已缴增值税额；年度已缴增值税额大于年度应退税额的，退税额为年度应退税额。年度已缴增值税额不足退还的，不得结转以后年度退还。

(6) 纳税人享受增值税即征即退政策，有纳税信用级别条件要求的，以纳税人申请退税税款所属期的纳税信用级别确定。申请退税税款所属期内纳税信用级别发生变化的，以变化后的纳税信用级别确定。

(四) 扣减增值税规定

1. 退役士兵创业就业扣减增值税规定

对自主就业退役士兵从事个体经营的，自办理个体工商户登记当月起，在3年(36个月)内按每户每年12 000元为限额依次扣减其当年实际应缴纳的增值税、城市维护建设税、教育费附加、地方教育附加和个人所得税。限额标准最高可上浮20%，各省、自治区、直辖市人民政府可根据本地区实际情况在此幅度内确定具体限额标准。

纳税人年度应缴纳税款小于上述扣减限额的，以其实际缴纳的税款为限；大于上述扣减限额的，应以上述扣减限额为限。纳税人的实际经营期不足1年的，应当按月换算其减免税限额。换算公式为：

$$减免税限额=年度减免税限额\div 12\times 实际经营月数$$

相应的城市维护建设税、教育费附加、地方教育附加的计税依据是享受本项税收优惠政策前的增值税应纳税额。

2. 重点群体创业就业扣减增值税规定

建档立卡贫困人口、持《就业创业证》(注明"自主创业税收政策"或"毕业年度内自主创业税收政策")或《就业失业登记证》(注明"自主创业税收政策")的人员，从事个体经营的，自办理个体工商户登记当月起，在3年(36个月)内按每户每年12 000元为限额依次扣减其当年实际应缴纳的增值税、城市维护建设税、教育费附加、地方教育附加和个人所得税。限额标准最高可上浮20%，各省、自治区、直辖市人民政府可根据本地区实际情况在此幅度内确定具体限额标准。

纳税人年度应缴纳税款小于上述扣减限额的，以其实际缴纳的税款为限；大于上述扣减限额的，应以上述扣减限额为限。

(五) 其他部分减免税规定

1. 金融企业发放贷款后应收未收利息的增值税处理

金融企业发放贷款后，自结息日起90天内发生的应收未收利息按现行规定缴纳增值税，自结息日起90天后发生的应收未收利息暂不缴纳增值税，待实际收到利息时按规定缴纳增值税。

2. 个人销售自购住房的免征增值税处理

个人将购买不足2年的住房对外销售的，按照5%的征收率全额缴纳增值税；个人将购买2年以上(含2年)的住房对外销售的，免征增值税。上述政策适用于北京市、上海市、广州市和深圳市之外的地区。

个人将购买2年以上(含2年)的非普通住房对外销售的,以销售收入减去购买住房价款后的差额按照5%的征收率缴纳增值税;个人将购买2年以上(含2年)的普通住房对外销售的,免征增值税。上述政策仅适用于北京市、上海市、广州市和深圳市。

3. 免征蔬菜流通环节增值税

对从事蔬菜批发、零售的纳税人销售的蔬菜免征增值税。经挑选、清洗、切分、晾晒、包装、脱水、冷藏、冷冻等工序加工的蔬菜,属于蔬菜的范围。各种蔬菜罐头不属于蔬菜的范围。

纳税人既销售蔬菜又销售其他增值税应税货物的,应分别核算蔬菜和其他增值税应税货物的销售额;未分别核算的,不得享受蔬菜增值税免税政策。

(六) 起征点

纳税人发生应税销售行为的销售额未达到增值税起征点的,免征增值税;达到起征点的,依照规定全额计算缴纳增值税。

【请注意】

增值税起征点的适用范围限于个人,包括个体工商户和其他个人,但不适用于登记认定为一般纳税人的个体工商户。即增值税起征点仅适用于按照小规模纳税人纳税的个体工商户和其他个人。

起征点的幅度规定如下:

(1) 按期纳税的,为月销售额5 000～20 000元(含本数)。

(2) 按次纳税的,为每次(日)销售额300～500元(含本数)。

另外,对增值税月销售额10万元以下(含本数)的增值税小规模纳税人,免征增值税。

起征点的调整由财政部和国家税务总局规定。省、自治区、直辖市财政厅(局)和税务局应当在规定的幅度内,根据实际情况确定本地区适用的起征点,并报财政部和国家税务总局备案。

学习子情境二 计算增值税

情境引例

新华公司是增值税一般纳税人,各种产品均适用13%的增值税税率。2022年10月初,新华公司增值税留抵税额为25 000元,当月发生相关业务如下:

(1) 1日,购入A材料一批,取得的增值税专用发票注明价款150万元,增值税19.5万元,支付运费取得增值税专用发票,注明运费10万元,增值税0.9万元,材料已验收入库。

(2) 2日,购进一批免税农产品作为原材料用于生产甲产品,取得的收购发票注明买价60万元,材料已验收入库。

(3) 5日,销售甲产品,开具的增值税专用发票注明价款500万元,增值税65万元,款项已转账收讫。

(4) 10日,购入B材料,取得的增值税专用发票注明价款80万元,增值税10.4万元,材料已验收入库。

(5) 12日,支付10日所售甲产品的运杂费,取得承运单位开具的增值税专用发票,注明运费5万元,增值税0.45万元;另支付装卸费,取得增值税专用发票,注明装卸费1万元,增值税0.06万元。

(6) 15日,采取以旧换新方式销售甲产品,含税售价为11.3万元(开具增值税普通发票),旧产品作价1万元购回。

(7) 18日,没收出借包装物押金3万元。

(8) 20日,将自产的乙产品用于对外投资,未开具发票,该批产品的市场售价为60万元(不含税),生产成本为35万元。

(9) 21日,将新试制丙产品(非应税消费品)作为福利发放给职工,未开具发票,该产品无市场同类产品,其生产成本为20万元,成本利润率为10%。

(10) 25日,购进一台生产设备,取得的增值税专用发票上注明价款300万元,增值税39万元。

(11) 26日,将上月外购的10万元A材料用于简易计税项目。

(12) 30日,A材料盘亏20万元,经查系管理不善造成材料被盗。

请计算新华公司2022年10月的应纳增值税。

一、一般纳税人增值税的计算

增值税的计算方法有一般计税方法和简易计税方法两种。一般计税方法仅适用于增值税一般纳税人。简易计税方法主要适用于小规模纳税人。此外,一般纳税人特殊业务也可采用简易计税方法。

我国采用的一般计税方法是间接计算法,又称购进扣税法,即先按当期销售额和适用税率计算出销项税额,再将当期准予抵扣的进项税额进行抵扣,从而间接计算出当期增值额部分的应纳税额。因此,一般纳税人销售货物、劳务、服务、无形资产、不动产(以下简称应税销售行为),采取一般计税方法计算增值税。其计算公式为:

当期应纳税额=当期销项税额-当期进项税额

(一) 销项税额的确定

销项税额是指纳税人发生应税销售行为,按照销售额和适用税率计算并向购买方收取的增值税。其计算公式为:

销项税额=销售额×适用税率

从销项税额的定义和公式我们可以知道,它是由购买方在购买货物、劳务、服务、无形资产、不动产时,一并向销售方支付的税额。对于属于一般纳税人的销售方来说,在没有抵扣其进项税额前,销售方收取的销项税额还不是其应纳增值税。销项税额的计算取决于销售额和适用税率两个因素。在适用税率既定的前提下,销项税额的大小主要取决于销售额的大小。

销售额的确定分为以下情况。

1. 一般销售方式下的销售额的确定

销售额是指纳税人发生应税销售行为时收取的全部价款和价外费用。需要特别强调的是,尽管销项税额也是销售方向购买方收取的,但是增值税采用价外计税方式,用不含增值税价格作为计税依据，因而销售额中不包括向购买方收取的销项税额。

价外费用是指价外收取的各种性质的收费，包括价外向购买方收取的手续费、补贴、基金、集资费、返还利润、奖励费、违约金（延期付款利息）、包装费、包装物租金、储备费、优质费、运输装卸费、代收款项、代垫款项及其他各种性质的价外收费。下列项目不包括在内：

(1) 受托加工应征消费税的消费品所代收代缴的消费税。

(2) 同时符合以下条件的代垫运输费用：

① 承运部门的运输费用发票开具给购买方的。

② 纳税人将该项发票转交给购买方的。

(3) 同时符合以下条件代为收取的政府性基金或者行政事业性收费：

① 由国务院或者财政部批准设立的政府性基金，由国务院或者省级人民政府及其财政、价格主管部门批准设立的行政事业性收费。

② 收取时开具省级以上财政部门印制的财政票据。

③ 所收款项全额上缴财政。

(4) 以委托方名义开具发票代委托方收取的款项。

(5) 销售货物的同时代办保险等而向购买方收取的保险费，以及向购买方收取的代购买方缴纳的车辆购置税、车辆牌照费。

凡随同应税销售行为向购买方收取的价外费用，无论其会计制度如何核算，均应并入销售额计算应纳税额。应当注意的是，根据国家税务总局规定，对增值税一般纳税人（包括纳税人自己或代其他部门）向购买方收取的价外费用和逾期包装物押金，应视为含增值税收入，在征税时换算成不含增值税收入再并入销售额。

销售额应以人民币计算。纳税人以人民币以外的货币结算销售额的，应当折合成人民币计算。折合率可以选择销售额发生的当天或者当月1日的人民币汇率中间价。纳税人应当在事先确定采用何种折合率，确定后12个月内不得变更。

知识链接

含税销售额的换算

为了符合增值税作为价外税的要求，纳税人在填写进销货及纳税凭证进行账务处理时，应分项记录不含税销售额、销项税额和进项税额，以正确计算应纳增值税。然而，在实际工作中，常常会出现一般纳税人将销售货物或者提供应税劳务或者发生应税行为采用销售额和销项税额合并定价收取的方法，这样，就会形成含税销售额。我国增值税是价外税，计税依据中不含增值税本身的数额。在计算应纳税额时，如果不将含税销售额换算为不含税销售额，就不符合我国增值税的设计原则，即仍会导致对增值税销项税额本身的重复征税，也会影响企业成本核算，如果普遍出现以含税销售额作为计税依据的做法，会在某种程度上推动物价非正常上涨。因此，一般纳税人销售货物或者提供应税劳务或者发生应税行为取得的含增值税销售额在计算销项税额时，必须将其换算为不含增值税销售额。对于一般纳税人销售货物或者提供应税劳务或者发生应税行为，采用销售额和销项税额合并定价方法的，按下列公式计算销售额：

不含增值税销售额＝含税销售额÷(1＋增值税税率或征收率)

【知识点过关 2-10·多项选择题】 下列各项中，应计入增值税的应税销售额的有（ ）。

A. 向购买方收取的违约金

B. 销售货物的同时代办保险向购买方收取的保险费

C. 因销售货物向购买方收取的手续费

D. 受托加工应征消费税的消费品所代收代缴的消费税

【答案】 AC

【答案解析】 选项 AC，属于价外费用，无论会计上如何核算，均应计入销售额；选项 BD，不属于价外费用，不计入增值税的应税销售额。

2. 特殊销售方式下的销售额的确定

在销售活动中，为了促销，纳税人有多种销售方式可以选择。不同销售方式下，销售者取得的销售额会有所不同。

1) 采取折扣方式销售

折扣方式销售有以下三种情况：

(1) 折扣销售(即会计上的商业折扣)，是指销货方在发生应税销售行为时，因购货方购货数量较大等而给予购货方的价格优惠。例如，购买 5 件，销售价格折扣 10%；购买 10 件，折扣 20%等。纳税人销售货物、提供应税劳务或者发生应税行为，如将价款和折扣额在同一张发票上的“金额”栏分别注明的，可按折扣后的销售额征收增值税。未在同一张发票“金额”栏注明折扣额，而仅在发票的“备注”栏注明折扣额的，折扣额不得从销售额中减除；未在同一张发票上分别注明的，以价款为销售额，不得扣减折扣额。

(2) 销售折扣(即会计上的现金折扣)，是指销货方在销售货物或提供应税劳务或发生应税行为后，为了鼓励购货方及早偿还货款而协议许诺给予购货方的一种折扣优待。例如，10 天内付款，货款折扣 2%；20 天内付款，折扣 1%；30 天内全价付款。销售折扣发生在销货之后，是一种融资性质的理财费用，因此，销售折扣不得从销售额中减除。企业在确定销售额时应把折扣销售与销售折扣严格区分开。

(3) 销售折让，是指企业因售出商品的质量不合格等而在售价上给予的减让。对增值税而言，销售折让其实是指纳税人销售货物后因为劳动成果(包括无形资产或者不动产)质量不合格等在售价上给予的减让。销售折让与销售折扣相比，虽然都是在货物销售后发生的，但销售折让是货物的品种和质量引起销售额的减少，因此，对销售折让可以折让后的货款为销售额。

折扣方式销售的税务处理如表 2-8 所示。

表 2-8 折扣方式销售的税务处理

销售方式	税务处理	说明
折扣销售 (商业折扣)	折扣额可以从销售额中扣减(要求在同一张发票“金额”栏上分别注明)	① 目的：促销 ② 实物折扣：按视同销售中“赠送他人”处理，实物价款不能从原销售额中减除
销售折扣 (现金折扣)	折扣额不得从销售额中减除	目的：发生在销货之后，属于一种融资行为
销售折让	折让额可以从销售额中减除(按规定开具红字增值税专用发票)	目的：保证商业信誉，对已售产品出现品种、质量问题而给予购买方的补偿

【请注意】

折扣销售仅限于货物价格的折扣，如果销货者将自产、委托加工和购买的货物用于实物折扣，则该实物款额不能从货物销售额中减除，且该实物应按增值税法律制度中视同销售中的“赠送他人”计算征收增值税。

2）采取以旧换新方式销售

以旧换新是指纳税人在销售自己的货物时，有偿收回旧货物的行为。根据增值税法律制度的规定，采取以旧换新方式销售货物的，应按新货物的同期销售价格确定销售额，不得扣减旧货物的收购价格。对金银首饰以旧换新业务，按销售方实际收取的不含增值税的全部价款征收增值税。

3）采取还本销售方式销售

还本销售是指纳税人在销售货物后，到一定期限由销售方一次或分次退还给购货方全部或部分价款的行为。这种方式实际上是一种筹资行为，是以货物换取资金的使用价值，到期还本不付息的方法。增值税法律制度规定，采取还本销售方式销售货物，其销售额就是货物的销售价格，不得从销售额中减除还本支出。

4）采取以物易物方式销售

以物易物是一种较为特殊的购销活动，是指购销双方不以货币结算，而以同等价款的应税销售行为相互结算，实现货物购销的方式。以物易物双方都应作购销处理，以各自发出的货物核算销售额并计算销项税额，以各自收到的货物核算购货额并计算进项税额。应该注意的是，在以物易物活动中，应分别开具合法的票据，如收到的货物不能取得相应的增值税专用发票或其他合法票据的，不能抵扣进项税额。

5）包装物押金

包装物是指纳税人包装本单位货物的各种物品。一般情况下，销货方向购货方收取包装物押金，购货方在规定时间内返还包装物，销货方再将收取的包装物押金返还。纳税人为销售货物而出租、出借包装物收取的押金，单独记账核算，且时间在 1 年以内，又未过期的，不并入销售额征税。对因逾期未收回包装物不再退还的押金，应按所包装货物的适用税率计算增值税。

【请注意】

(1) 逾期是指按合同约定实际逾期或以 1 年为期限，对收取 1 年以上的押金无论是否退还均并入销售额征税。

(2) 包装物押金是含税收入，在并入销售额征税时，需要先将该押金换算为不含税收入，再计算应纳增值税。

(3) 包装物押金不同于包装物租金，包装物租金属于价外费用，在销售货物时随同货款一并计算增值税。

(4) 从 1995 年 6 月 1 日起，对销售除啤酒、黄酒外的其他酒类产品而收取的包装物押金，无论是否返还以及会计上如何核算，均应并入当期销售额征收增值税。

包装物押金计税规则如表 2-9 所示。

表 2-9　包装物押金计税规则

销售下列产品收取的包装物押金	收取时并入当期销售额	逾期时并入当期销售额
啤酒、黄酒	×	√
除啤酒、黄酒外的其他酒(如白酒)	√	×
除酒类产品外的其他货物	×	√

6) 金融服务

(1) 贷款服务，以提供贷款服务取得的全部利息及利息性质的收入为销售额。银行提供贷款服务按期计收利息的，结息日当日计收的全部利息收入，均应计入结息日所属期的销售额，按照现行规定计算缴纳增值税。

(2) 直接收费金融服务，以提供直接收费金融服务收取的手续费、佣金、酬金、管理费、服务费、经手费、开户费、过户费、结算费、转托管费等各类费用为销售额。

(3) 金融商品转让，按照卖出价扣除买入价后的余额为销售额。转让金融商品出现的正负差，按盈亏相抵后的余额为销售额。若相抵后出现负差，可结转下一纳税期与下期转让金融商品销售额相抵，但年末时仍出现负差的，不得转入下一个会计年度。金融商品的买入价，可以选择按照加权平均法或者移动加权平均法进行核算，选择后 36 个月内不得变更。金融商品转让，不得开具增值税专用发票。

7) 发生其他应税销售行为

(1) 经纪代理服务以取得的全部价款和价外费用，扣除向委托方收取并代为支付的政府性基金或者行政事业性收费后的余额为销售额。向委托方收取的政府性基金或者行政事业性收费，不得开具增值税专用发票。

(2) 航空运输企业的销售额，不包括代收的机场建设费和代售其他航空运输企业客票而代收转付的价款。

(3) 一般纳税人提供客运场站服务，以其取得的全部价款和价外费用，扣除支付给承运方运费后的余额为销售额。

(4) 纳税人提供旅游服务，可以选择以取得的全部价款和价外费用，扣除向旅游服务购买方收取并支付给其他单位或者个人的住宿费、餐饮费、交通费、签证费、门票费和支付给其他接团旅游企业的旅游费用后的余额为销售额。选择上述办法计算销售额的试点纳税人，向旅游服务购买方收取并支付的上述费用，不得开具增值税专用发票，可以开具普通发票。

(5) 纳税人提供建筑服务适用简易计税办法的，以取得全部价款和价外费用扣除支付的分包款后的余额为销售额。

(6) 房地产开发企业中的一般纳税人销售其开发的房地产项目(选择简易计税方法的房地产老项目除外)，以取得的全部价款和价外费用，扣除受让土地时向政府部门支付的土地价款后的余额为销售额。

(7) 纳税人转让不动产，按照有关规定以差额作为销售额缴纳增值税的，如因丢失等无法提供取得不动产时的发票，可向税务机关提供其他能证明契税计税金额的完税凭证等资料，进行差额扣除。

【请注意】

纳税人按照上述第(7)项的规定从全部价款和价外费用中扣除的价款,应当取得符合法律、行政法规和国家税务总局规定的有效凭证;否则,不得扣除。

有效凭证是指:

(1) 支付给境内单位或者个人的款项,以发票为合法有效凭证。

(2) 支付给境外单位或者个人的款项,以该单位或者个人的签收单据为合法有效凭证,税务机关对签收单据有疑义的,可以要求其提供境外公证机构的确认证明。

(3) 缴纳的税款,以完税凭证为合法有效凭证。

(4) 扣除的政府性基金、行政事业性收费或者向政府支付的土地价款,以省级以上(含省级)财政部门监(印)制的财政票据为合法有效凭证。

(5) 国家税务总局规定的其他凭证。

纳税人取得的上述凭证属于增值税扣税凭证的,其进项税额不得从销项税额中抵扣。

3. 视同销售货物和发生应税行为的销售额的确定

纳税人发生视同销售货物或者视同发生应税行为的情形,价格明显偏低或者偏高且不具有合理商业目的的,或者发生视同销售行为而无销售额的,主管税务机关有权按照下列顺序确定销售额:

(1) 按照纳税人最近时期销售同类货物或者应税行为的平均价格确定。

(2) 按照其他纳税人最近时期销售同类货物或者应税行为的平均价格确定。

(3) 按照组成计税价格确定。组成计税价格的公式为:

① 只征增值税的情形:

$$组成计税价格=成本\times(1+成本利润率)$$

② 既征增值税,又征消费税的情形:

$$组成计税价格=成本\times(1+成本利润率)+消费税$$

或:

$$组成计税价格=成本\times(1+成本利润率)\div(1-消费税税率)$$

成本利润率由国家税务总局确定。

4. 混合销售的销售额的确定

混合销售的销售额为货物的销售额与服务销售额的合计。

5. 兼营销售的销售额的确定

纳税人兼营不同税率的货物、劳务、服务、无形资产或者不动产,应当分别核算不同税率或者征收率的销售额;未分别核算销售额的,从高适用税率。

6. 销售额确定的特殊规定

纳税人兼营免税、减税项目的,应当分别核算免税、减税项目的销售额;未分别核算的,不得免税、减税。纳税人发生应税销售行为,开具增值税专用发票后,发生开票有误或者销售折让、中止、退回等情形的,应当按照国家税务总局的规定开具红字增值税专用发票;未按照规定开具红字增值税专用发票的,不得扣减销项税额或者销售额。

【职业训练 2-1】 根据本节情境引例的资料,计算当月销项税额如下:

(1) 5 日,销售甲产品收取的销售收入为不含税价,不需换算。

销项税额 =650 000(元)

(2) 15 日,采取以旧换新方式销售甲产品,开具增值税普通发票,含税售价需换算,且不得扣除旧产品回购价格。

销项税额 =113 000 ÷ (1 + 13%) × 13% =13 000(元)

(3) 18 日,没收的押金应并入销售额征税,而且押金应视为含税收入,需换算。

不含税销售额 =30 000 ÷ (1 + 13%) =26 548.67(元)
销项税额 =26 548.67 × 13% =3 451.33(元)

(4) 20 日,将自产的乙产品用于对外投资,属于视同销售货物行为,其销售额的确定先看有无同类售价,本题有同类售价 60 万元,则按同类售价计算销项税额。

销项税额 =600 000 × 13% =78 000(元)

(5) 21 日,将新试制丙产品(非应税消费品)用于集体福利属于视同销售货物行为,其销售额的确定先看有无同类售价,本题无同类售价,按组成计税价格计算销项税额。

组成计税价格 =200 000 × (1 + 10%) =220 000(元)
销项税额 =220 000 × 13% =28 600(元)

当月销项税额=650 000+13 000+3 451.33+78 000+28 600=773 051.33(元)

(二) 进项税额的确定

进项税额是指纳税人购进货物、加工修理修配劳务、服务、无形资产或者不动产,所支付或者负担的增值税额。进项税额是与销项税额相对应的另一个概念。在开具增值税专用发票的情况下,它们之间的对应关系是,销售方收取的销项税额,就是购买方支付的进项税额。对于任何一个一般纳税人而言,其在经营活动中,既会发生销售货物、提供应税劳务或应税行为,又会发生购进货物、接受应税劳务或应税行为,因此,每一个一般纳税人都会有收取的销项税额和支付的进项税额。增值税的核心就是用纳税人收取的销项税额抵扣其支付的进项税额,其余额为纳税人实际应缴纳的增值税。这样,进项税额作为可抵扣的部分,对于纳税人实际纳税多少就产生了举足轻重的影响。

【请注意】

并不是纳税人支付的所有进项税额都可以从销项税额中抵扣。为体现增值税的配比原则,即购进项目金额与发生应税销售行为的销售额之间应有配比性,当纳税人购进的货物、劳务、服务、无形资产、不动产行为不是用于增值税应税项目,而是用于简易计税方法计税项目、免税项目或用于集体福利、个人消费等情况时,其支付的进项税额就不能从销项税额中抵扣。增值税法律、法规对不能抵扣进项税额的项目作了严格的规定,如果违反规定,随意抵扣进项税额将以逃避缴纳税款论处。

1. 准予从销项税额中抵扣的进项税额

准予从销项税额中抵扣的进项税额,限于下列增值税扣税凭证上注明的增值税额和按规定的扣除率计算的进项税额。

(1) 从销售方取得的增值税专用发票(含税控机动车销售统一发票,下同)上注明的增值税额。

(2) 从海关取得的海关进口增值税专用缴款书上注明的增值税额。

(3) 自境外单位或者个人购进劳务、服务、无形资产或者境内的不动产,从税务机关或者扣缴义务人取得的代扣代缴税款的完税凭证上注明的增值税额。

(4) 纳税人购进农产品,按下列规定抵扣进项税额:

① 纳税人购进农产品,取得一般纳税人开具的增值税专用发票或者海关进口增值税专用缴款书的,以增值税专用发票或海关进口增值税专用缴款书上注明的增值税额为进项税额。

② 按照简易计税方法依照3%征收率计算缴纳增值税的小规模纳税人取得增值税专用发票的,以增值税专用发票上注明的金额和9%的扣除率计算进项税额。

③ 取得(开具)农产品销售发票或收购发票的,以农产品收购发票或销售发票上注明的农产品买价和9%的扣除率计算进项税额。

④ 纳税人购进用于生产或者委托加工13%税率货物的农产品,按照10%的扣除率计算进项税额。

⑤ 进项税额计算公式为:

进项税额=买价×扣除率

⑥ 纳税人从批发、零售环节购进适用免征增值税政策的蔬菜、部分鲜活肉蛋而取得的普通发票,不得作为计算抵扣进项税额的凭证。

⑦ 纳税人购进农产品既用于生产销售或委托受托加工13%税率货物又用于生产销售其他货物服务的,应当分别核算用于生产销售或委托受托加工13%税率货物和其他货物服务的农产品进项税额。未分别核算的,统一以增值税专用发票或海关进口增值税专用缴款书上注明的增值税为进项税额,或以农产品收购发票或销售发票上注明的农产品买价和9%的扣除率计算进项税额。

⑧ 对烟叶税纳税人按规定缴纳的烟叶税,准予并入烟叶产品的买价计算增值税的进项税额,并在计算缴纳增值税时予以抵扣。购进烟叶准予抵扣的增值税进项税额,按照收购烟叶实际支付的价款总额和烟叶税及法定扣除率计算。其计算公式为:

烟叶税应纳税额=收购烟叶实际支付的价款总额×20%

准予抵扣的进项税额=(收购烟叶实际支付的价款总额+烟叶税应纳税额)×扣除率

上述购进农产品抵扣进项税额的办法,不适用于《农产品增值税进项税额核定扣除试点实施办法》中购进的农产品。

(5) 纳税人未取得增值税专用发票的,暂按照以下规定确定进项税额:

① 取得增值税电子普通发票的,为发票上注明的税额。

② 取得注明旅客身份信息的航空运输电子客票行程单的,按照下列公式计算进项税额:

航空旅客运输进项税额=(票价+燃油附加费)÷(1+9%)×9%

③ 取得注明旅客身份信息的铁路车票的,按照下列公式计算进项税额:

铁路旅客运输进项税额=票面金额÷(1+9%)×9%

④ 取得注明旅客身份信息的公路、水路等其他客票的，按照下列公式计算进项税额：

公路、水路等其他旅客运输进项税额＝票面金额÷(1＋3%)×3%

【请注意】

纳税人购进国内旅客运输服务，以取得的增值税电子普通发票上注明的税额为进项税额的，增值税电子普通发票上注明的购买方"名称""纳税人识别号"等信息，应当与实际抵扣税款的纳税人一致；否则，不予抵扣。

(6) 纳税人支付的道路、桥、闸通行费，按照以下规定抵扣进项税额：

① 纳税人支付的道路通行费，按照收费公路通行费增值税电子普通发票上注明的增值税额抵扣进项税额。

② 纳税人支付的桥、闸通行费，暂凭取得的通行费发票上注明的收费金额按照下列公式计算可抵扣的进项税额：

桥、闸通行费可抵扣进项税额＝桥、闸通行费发票上注明的金额÷(1＋5%)×5%

【请注意】

增值税法定抵扣凭证包括以下几种：

(1) 增值税专用发票。

(2) 海关进口增值税专用缴款书。

(3) 农产品收购发票或者销售发票。

(4) 接受境外单位或者个人提供的应税服务，从税务机关或者境内代理人取得的解缴税款完税凭证。

(5) 机动车销售统一发票。

(6) 收费公路通行费增值税电子普通发票。

(7) 增值税一般纳税人支付的桥、闸通行费，取得的通行费发票(不含财政票据)。

(8) 购进国内旅客运输服务取得的电子普通发票，注明旅客身份信息的航空运输电子客票行程，铁路车票，公路、水路等其他客票。

纳税人凭完税凭证抵扣进项税额的，应当具备书面合同、付款证明和境外单位的对账单或者发票。资料不全的，其进项税额不得从销项税额中抵扣。

2. 不得从销项税额中抵扣的进项税额

纳税人购进货物、劳务、服务、无形资产、不动产，取得的增值税扣税凭证不符合法律、行政法规或者国务院税务主管部门有关规定的，其进项税额不得从销项税额中抵扣。

按照增值税法律制度的规定，下列项目的进项税额不得从销项税额中抵扣：

(1) 用于简易计税方法计税项目、免征增值税项目、集体福利或者个人消费的购进货物、劳务、服务、无形资产和不动产。其中，涉及的固定资产、无形资产、不动产，仅指专用于上述项目的固定资产、无形资产(不包括其他权益性无形资产)、不动产。如果既用于上述不允许抵扣项目又用于抵扣项目，该进项税额准予全部抵扣。自2018年1月1日起，纳税人租入固定资产、不动产，既用于一般计税方法计税项目，又用于简易计税方法计税项目、免征增值税项目、集体福利或者个人消费的，其进项税额准予从销项税额中全额抵扣。

(2) 非正常损失的购进货物，以及相关的劳务和交通运输服务。

(3) 非正常损失的在产品、产成品所耗用的购进货物(不包括固定资产)、劳务和交通运输服务。

(4) 非正常损失的不动产，以及该不动产所耗用的购进货物、设计服务和建筑服务。

(5) 非正常损失的不动产在建工程所耗用的购进货物、设计服务和建筑服务。

纳税人新建、改建、扩建、修缮、装饰不动产，均属于不动产在建工程。

(6) 购进的贷款服务、餐饮服务、居民日常服务和娱乐服务。

(7) 纳税人接受贷款服务向贷款方支付的与该笔贷款直接相关的投融资顾问费、手续费、咨询费等费用，其进项税额不得从销项税额中抵扣。

(8) 财政部和国家税务总局规定的其他情形。

【请注意】

① 纳税人的交际应酬消费不属于生产经营中的生产投入和支出，属于个人消费。

② 自然灾害的损失不属于非正常损失，上述第(2)～第(5)项所说的非正常损失，是指管理不善造成货物被盗、丢失、霉烂变质，以及违反法律法规造成货物或者不动产被依法没收、销毁、拆除的情形。这些非正常损失是纳税人自身原因造成征税对象实体的灭失，为保证税负公平，其损失不应由国家承担，因而纳税人无权要求抵扣进项税额。

③ 上述第(4)、第(5)项所称货物，是指构成不动产实体的材料和设备，包括建筑装饰材料和给排水、采暖、卫生、通风、照明、通讯、煤气、消防、中央空调、电梯、电气、智能化楼宇设备及配套设施。

【知识点过关 2-11·多项选择题】 根据增值税法律制度的规定，一般纳税人购进货物的下列进项税额中，不得从销项税额中抵扣的有(　　)。

A. 因管理不善造成被盗的购进货物的进项税额

B. 被执法部门依法没收的购进货物的进项税额

C. 被执法部门强令自行销毁的购进货物的进项税额

D. 因地震造成毁损的购进货物的进项税额

【答案】 ABC

【答案解析】 选项ABC，管理不善造成被盗、丢失、霉烂变质的损失以及被执法部门依法没收、销毁、拆除的货物或不动产造成的非正常损失，进项税额不得抵扣；选项D，地震等自然灾害造成的非正常损失，进项税额准予抵扣。

3. 进项税额抵扣的特殊规定

(1) 适用一般计税方法的纳税人，兼营简易计税方法计税项目、免征增值税项目而无法划分不得抵扣的进项税额，按照下列公式计算不得抵扣的进项税额：

$$\text{不得抵扣的进项税额}=\text{当期无法划分的全部进项税额}\times\left(\text{当期简易计税方法计税项目销售额}+\text{免征增值税项目销售额}\right)\div\text{当期全部销售额}$$

主管税务机关可以按照上述公式依据年度数据对不得抵扣的进项税额进行清算。这是因为对于纳税人而言，进项税额转出是按月进行的，但年度内取得进项税额的不均衡性，有可能会造成按月计算的进项税转出与按年度计算的进项税转出产生差异，主管税务机关可在年度终了对纳税人进项税转出计算公式进行清算，可对相关差异进行调整。

(2) 根据增值税法律制度规定，一般纳税人当期购进的货物或劳务用于生产经营，其进项税额在当期销项税额中予以抵扣。已抵扣进项税额的购进货物或劳务如果事后改变用途，用于集体福利或者个人消费，购进货物发生非正常损失，在产品或产成品发生非正常损失等，应当将该项购进货物或者劳务的进项税额从当期的进项税额中扣减；无法确定该项进项税额的，按当期外购项目的实际成本计算应扣减的进项税额。

(3) 已抵扣进项税额的固定资产、无形资产、不动产，发生不得从销项税额中抵扣情形的，按下列公式计算不得抵扣的进项税额：

不得抵扣的进项税额＝固定资产、无形资产、不动产净值×适用税率

固定资产、无形资产、不动产净值，是指纳税人根据财务会计制度计提折旧或摊销后的金额。

(4) 纳税人适用一般计税方法计税的，因销售折让、中止或者退回而退还给购买方的增值税额，应当从当期的销项税额中扣减；因销售折让、中止或者退回而收回的增值税额，应当从当期的进项税额中扣减。

【请注意】

一般纳税人发生应税销售行为，开具增值税专用发票后，应税销售行为发生退回或者折让、开票有误等情形，应按国家税务总局的规定开具红字增值税专用发票。未按规定开具红字增值税专用发票的不得扣减销项税额或者销售额。

增值税一般纳税人因发生应税销售行为退回或者折让而退还给购买方的增值税，应从发生应税销售行为中退回或者折让当期的销项税额中扣减；因购进货物、劳务、服务、无形资产、不动产退回或者折让而收回的增值税，应从发生应税销售行为退回或者折让当期的进项税额中扣减。

(5) 有下列情形之一者，应当按照销售额和增值税税率计算应纳税额，不得抵扣进项税额，也不得使用增值税专用发票：

① 一般纳税人会计核算不健全，或者不能够提供准确税务资料的。

② 应当办理一般纳税人资格登记而未办理的。

(6) 根据相关规定，不得抵扣且未抵扣进项税额的固定资产、无形资产、不动产，发生用途改变，用于允许抵扣进项税额的应税项目，可在用途改变的次月按照下列公式计算可以抵扣的进项税额：

可以抵扣的进项税额＝固定资产、无形资产、不动产净值÷(1＋适用税率)×适用税率

上述可以抵扣的进项税额应取得合法有效的增值税扣税凭证。

(7) 一般纳税人发生下列应税行为可以选择简易计税方法计税，不允许抵扣进项税额：

① 公共交通运输服务，包括轮客渡、公交客运、地铁、城市轻轨、出租车、长途客运、班车。

② 经认定的动漫企业为开发动漫产品提供的动漫脚本编撰、形象设计、背景设计、动画

设计、分镜、动画制作、摄制、描线、上色、画面合成、配音、配乐、音效合成、剪辑、字幕制作、压缩转码(面向网络动漫、手机动漫格式适配)服务,以及在境内转让动漫版权(包括动漫品牌、形象或者内容的授权及再授权)。

③ 电影放映服务、仓储服务、装卸搬运服务、收派服务和文化体育服务。

④ 以纳入"营改增"试点之日前取得的有形动产为标的物提供的经营租赁服务。

⑤ 在纳入"营改增"试点之日前签订的尚未执行完毕的有形动产租赁合同。

(8) 增值税税控系统专用设备和技术维护费用抵减增值税有关政策。

① 增值税纳税人 2011 年 12 月 1 日(含,下同)以后初次购买增值税税控系统专用设备(包括分开票机)支付的费用,可凭购买增值税税控系统专用设备取得的增值税专用发票,在增值税应纳税额中全额抵减(抵减额为价税合计额),不足抵减的可结转下期继续抵减。增值税纳税人非初次购买增值税税控系统专用设备支付的费用,由其自行负担,不得在增值税应纳税额中抵减。

② 增值税纳税人 2011 年 12 月 1 日以后缴纳的技术维护费(不含补缴的 2011 年 11 月 30 日以前的技术维护费),可凭技术维护服务单位开具的技术维护费发票,在增值税应纳税额中全额抵减,不足抵减的可结转下期继续抵减。技术维护费按照价格主管部门核定的标准执行。

③ 增值税一般纳税人支付的上述两项费用在增值税应纳税额中全额抵减的,其增值税专用发票不作为增值税抵扣凭证,其进项税额不得从销项税额中抵扣。

【职业训练 2-2】 根据本节情境引例的资料,计算当月增值税进项税额如下:

(1) 1 日,购入 A 材料取得了增值税专用发票,可以凭发票抵扣;支付运费取得增值税专用发票,可以凭发票抵扣。

进项税额 $=195\ 000+9\ 000=204\ 000$(元)

(2) 2 日,购进一批免税农产品用于生产甲产品,甲产品适用 13%的税率,因而购进免税农产品进项税额扣除率应为 10%。

进项税额 $=600\ 000\times10\%=60\ 000$(元)

(3) 10 日,购入 B 材料,取得了增值税专用发票,可以凭发票抵扣。

进项税额 $=104\ 000$(元)

(4) 12 日,支付的运费和装卸费均取得了增值税专用发票(交通运输业税率为 9%,装卸服务税率为 6%),可以凭发票抵扣。

进项税额 $=4\ 500+600=5\ 100$(元)

(5) 25 日,购进生产设备取得了增值税专用发票,可以凭发票抵扣。

进项税额 $=390\ 000$(元)

(6) 26 日,将上月外购的原材料改变用途,用于简易计税项目,所领用原材料的进项税额不能抵扣,即将原已抵扣的进项税额转出。

进项税额转出 $=100\ 000\times13\%=13\ 000$(元)

(7) 30 日，因管理不善造成的非正常损失的 A 材料所对应的进项税额不能抵扣，即将原已抵扣的进项税额转出。

进项税额转出 $=200\ 000\times13\%=26\ 000$(元)

当月进项税额 $=204\ 000+60\ 000+104\ 000+5\ 100+390\ 000-13\ 000-26\ 000$
$=724\ 100$(元)

(三) 应纳税额的计算

一般纳税人采取一般计税方法计算应纳增值税。其计算公式为：

当期应纳税额＝当期销项税额－当期进项税额

上式计算结果若为正数，则为当期应纳增值税；计算结果若为负数，则形成留抵税额，待下期抵扣，即当期销项税额不足抵扣时，其不足部分可以结转下期继续抵扣，下期应纳税额计算公式变为：

当期应纳税额＝当期销项税额－当期进项税额－上期留抵税额

【职业训练 2-3】 根据本节情境引例的资料，计算当月应纳税额如下：

当月应纳税额＝当月销项税额－当月进项税额－上期留抵税额
$=773\ 051.33-724\ 100-25\ 000=23\ 951.33$(元)

知识链接

计算应纳税额时进项税额不足抵扣的，有两种处理方式。

相关公告

1. 结转抵扣

由于增值税实行购进扣税法，有时企业当期购进的货物、劳务、服务、无形资产、不动产很多，在计算应纳税额时会出现当期销项税额小于当期进项税额而不足抵扣的情况。根据税法规定，当期销项税额不足抵扣进项税额的部分可以结转下期继续抵扣。

2. 退还增量留抵税额

增量留抵税额是指与 2019 年 3 月底相比新增加的期末留抵税额。

公告解读

(1) 对于同时符合下列条件（以下称符合留抵退税条件）的纳税人，可以向主管税务机关申请退还增量留抵税额：

① 自 2019 年 4 月税款所属期起，连续 6 个月（按季纳税的，连续 2 个季度）增量留抵税额均大于零，且第 6 个月增量留抵税额不低于 50 万元。

② 纳税信用等级为 A 级或者 B 级。

③ 申请退税前 36 个月未发生骗取留抵退税、出口退税或虚开增值税专用发票情形的。

④ 申请退税前 36 个月未因偷税被税务机关处罚两次及以上的。

⑤ 自 2019 年 4 月 1 日起未享受即征即退、先征后返（退）政策的。

(2) 增量留抵税额的计算。纳税人当期允许退还的增量留抵税额，按照以下公式计算：

允许退还的增量留抵税额＝增量留抵税额×进项构成比例×60%

进项构成比例，为 2019 年 4 月至申请退税前一税款所属期内已抵扣的增值税专用发票（含税控机动车销售统一发票）、海关进口增值税专用缴款书、解缴税款完税凭证注明的增值税额占同期全部已抵扣进项税额的比重。

纳税人申请办理留抵退税，应于符合留抵退税条件的次月起，在增值税纳税申报期(以下称申报期)内，完成本期增值税纳税申报后，通过电子税务局或办税服务厅提交退(抵)税申请表。

图解税收

二、小规模纳税人增值税的计算

免征增值税“大礼包”

小规模纳税人发生应税销售行为采用简易计税方法计税，应按照销售额和征收率计算应纳增值税，不得抵扣进项税额。其计算公式为：

$$应纳税额=销售额\times征收率$$

简易计税方法的销售额不包括其应纳税额，纳税人采用销售额和应纳税额合并定价方法的，按照下列公式计算销售额：

$$销售额=含税销售额\div(1+征收率)$$

纳税人适用简易计税方法计税的，因销售折让、中止或者退回而退还给购买方的销售额，应当从当期销售额中扣减，扣减当期销售额后仍有余额造成多缴的税款，可以从以后的应纳税额中扣减。

【职业训练 2-4】 利民食品厂为增值税小规模纳税人，2021 年第二季度零售商品取得收入 824 000 元；将一批外购商品无偿赠送给物业公司用于社区活动，该批商品的含税价格为 5 150 元。已知增值税征收率为 3%。请计算该厂第二季度应纳增值税。

小规模纳税人适用简易征收办法，零售商品销售额为含税销售额，需要换算，外购货物“对外”(用于投资、赠送、分配股利)视同销售，含税价格也需要换算。其计算公式为：

$$销售额=(824\ 000+5\ 150)\div(1+3\%)=805\ 000(元)$$

自 2021 年 4 月 1 日至 2022 年 3 月 31 日，增值税小规模纳税人适用 3%征收率的应税销售收入，减按 1%征收率征收增值税。

$$第二季度应纳增值税=805\ 000\times1\%=8\ 050(元)$$

三、进口环节增值税的计算

(一) 进口环节增值税的征收范围及纳税人

1. 进口环节增值税的征收范围

(1) 申报进入中华人民共和国海关境内的货物，均应缴纳增值税。确定一项货物是否属于进口，首先必须看其是否有报关进口手续。只要是报关进口的应税货物，不论其是国外产制还是我国已出口而转销国内的货物，是进口者自行采购还是国外捐赠的货物，是进口者自用还是进行贸易使用或其他用途等，除另有规定外，均应按照规定缴纳进口环节的增值税。

(2) 从其他国家或地区进口《跨境电子商务零售进口商品清单》范围内的以下商品适用跨境电子商务零售进口增值税税收政策：

① 所有通过与海关联网的电子商务交易平台交易，能够实现交易、支付、物流电子信息

“三单”比对的跨境电子商务零售进口商品。

② 未通过与海关联网的电子商务交易平台交易，但快递、邮政企业能够统一提供交易、支付、物流等电子信息，并承诺承担相应法律责任进境的跨境电子商务零售进口商品。

不属于跨境电子商务零售进口的个人物品以及无法提供交易、支付、物流等电子信息的跨境电子商务零售进口商品，按现行规定执行。

2. 进口环节增值税的纳税人

进口货物的收货人(承受人)或办理报关手续的单位和个人，为进口货物增值税的纳税义务人。也就是说，进口货物增值税纳税人的范围较宽，包括了国内一切从事进口业务的企事业单位、机关团体和个人。

对于企业、单位和个人委托代理进口应征增值税的货物，鉴于代理进口货物的海关完税凭证，有的开具给委托方，有的开具给受托方的特殊性，对代理进口货物以海关开具的完税凭证上的纳税人为增值税纳税人。在实际工作中一般由进口代理者代缴进口环节增值税。纳税后，由进口代理者将已纳税款和进口货物价款费用等与委托方结算，由委托方承担已纳税款。

跨境电子商务零售进口商品按照货物征收关税和进口环节增值税、消费税，购买跨境电子商务零售进口商品的个人作为纳税义务人。电子商务企业、电子商务交易平台企业或物流企业可作为代收代缴义务人。

(二) 进口环节增值税应纳税额的计算

无论是一般纳税人还是小规模纳税人申报进口货物，都应按规定的组成计税价格和规定的税率计算增值税应纳税额。其计算公式为：

$$\text{应纳税额}=\text{组成计税价格}\times\text{增值税税率}$$

【请思考】

什么是组成计税价格?

我们在计算增值税销项税额时直接用销售额作为计税依据或计税价格就可以了，但在计算进口产品增值税时我们不能直接得到类似销售额这种计税依据，而需要计算组成计税价格。组成计税价格是指在没有实际销售价格时，按照税务法律制度规定计算出作为计税依据的价格。

组成计税价格有以下两种情况：

(1) 进口货物只征收增值税的，其组成计税价格为：

$$\text{组成计税价格}=\text{关税完税价格}+\text{关税}=\text{关税完税价格}\times(1+\text{关税税率})$$

(2) 进口货物征收增值税的同时也征收消费税的，其组成计税价格为：

$$\begin{aligned}\text{组成计税价格}&=\text{关税完税价格}+\text{关税}+\text{消费税}\\&=(\text{关税完税价格}+\text{关税})\div(1-\text{消费税税率})\\&=\text{关税完税价格}\times(1+\text{关税税率})\div(1-\text{消费税税率})\end{aligned}$$

关于“关税完税价格”的确认问题，将在本教材学习情境五中详细介绍。

【请注意】

根据税务法律制度规定，纳税人进口货物，从海关取得的海关进口增值税专用缴款书上注明的增值税可以在计算本月应纳增值税时作为进项税额抵扣。

在计算进口环节的应纳增值税时不得抵扣任何税额，即在计算进口环节的应纳增值税时，不得抵扣发生在我国境外的各种税金。

【职业训练 2-5】 甲公司为增值税一般纳税人，2022 年 5 月从国外进口一批服装，海关核定的关税完税价格为 113 万元，缴纳关税为 11.3 万元。已知服装增值税税率为 13%，请计算甲公司该笔进口业务应纳增值税。

服装不属于应税消费品，进口服装只征收增值税，相关计算如下：

组成计税价格＝关税完税价格＋关税＝113＋11.3＝124.3(万元)

进口业务应纳增值税＝组成计税价格×增值税税率

＝124.3×13%＝16.16(万元)

【职业训练 2-6】 2022 年 6 月，乙贸易公司进口一批高档化妆品，其关税完税价格为 850 000 元。已知高档化妆品增值税税率为 13%，高档化妆品消费税税率为 15%，关税税率为 5%，请计算乙贸易公司当月该笔进口业务应纳增值税。

高档化妆品属于应税消费品，相关计算如下：

组成计税价格＝关税完税价格×(1＋关税税率)÷(1－消费税税率)

＝850 000×(1＋5%)÷(1－15%)＝1 050 000(元)

进口业务应纳增值税＝组成计税价格×增值税税率

＝1 050 000×13%＝136 500(元)

四、出口退税额的计算

我国对出口货物、劳务和跨境应税行为实行退(免)增值税是指在国际贸易业务中，对我国报关出口的货物、劳务和跨境应税行为退还或免征其在国内各生产和流转环节按税务法律制度规定缴纳的增值税，即对应征收增值税的出口货物、劳务和跨境应税行为实行零税率(国务院另有规定的除外)。

对增值税出口货物、劳务和跨境应税行为实行零税率，从税法上理解有两层含义：一是对本道环节生产或销售货物、劳务和跨境应税行为的增值部分免征增值税；二是对出口货物、劳务和跨境应税行为前道环节所含的进项税额进行退付。当然，由于各种货物、劳务和跨境应税行为出口政策不同，出口前涉及征免增值税的情况也有所不同，且由于出口政策是国家调控经济的手段，因此，针对货物、劳务和跨境应税行为出口的不同情况，国家在遵循“征多少、退多少”和“未征不退和彻底退税”基本原则的基础上，制定了不同的增值税退(免)税处理办法。

(一) 出口货物、劳务和跨境应税行为增值税退(免)税的基本政策

我国则根据国情，采取了出口退税与免税相结合的政策。目前，我国的出口货物、劳务和跨境应税行为的增值税税收政策分为以下三种形式：

(1) 出口免税并退税。出口免税是指对货物、劳务和跨境应税行为在出口销售环节免征增值税，这是把货物、劳务和跨境应税行为出口环节与出口前的销售环节都视为一个征税

环节；出口退税是指对货物、劳务和跨境应税行为在出口前实际承担的税收负担，按规定的退税率计算后予以退还。

(2) 出口免税不退税。出口免税与上述第(1)项含义相同。出口不退税是指适用这个政策的出口货物、劳务和跨境应税行为因在前一道生产、销售环节或进口环节是免税的，因此，出口时该货物、劳务和跨境应税行为的价格中本身就不含税，也无须退税。

(3) 出口不免税也不退税。出口不免税是指对国家限制或禁止出口的某些货物、劳务和跨境应税行为的出口环节视同内销环节，照常征税；出口不退税是指对这些货物、劳务和跨境应税行为出口不退还出口前其所负担的税款。

(二) 出口货物、劳务和跨境应税行为增值税退(免)税的范围

1. 出口企业出口货物

出口企业是指依法办理工商登记、税务登记、对外贸易经营者备案登记，自营或委托出口货物的单位或个体工商户，以及依法办理工商登记、税务登记但未办理对外贸易经营者备案登记，委托出口货物的生产企业。

出口货物是指向海关报关后实际离境并销售给境外单位或个人的货物，分为自营出口货物和委托出口货物两类。

生产企业是指具有生产能力(包括加工、修理、修配能力)的单位或个体工商户。

对于企业出口给外商的新造集装箱，交付到境内指定堆场，并取得出口货物报关单(出口退税专用)，同时符合其他出口退(免)税规定的，准予按照现行规定办理出口退(免)税。

自2017年1月1日起，生产企业销售自产的海洋工程结构物，或者融资租赁企业及其设立的项目子公司、金融租赁公司及其设立的项目子公司购买并以融资租赁方式出租的国内生产企业生产的海洋工程结构物，应按规定缴纳增值税，不再适用增值税出口退税政策，但购买方或者承租方为按实物征收增值税的中外合作油(气)田开采企业的除外。

2. 出口企业或其他单位视同出口的货物

出口企业或其他单位视同出口的货物具体是指：

(1) 出口企业对外援助、对外承包、境外投资的出口货物。

(2) 出口企业经海关报关进入国家批准的出口加工区、保税物流园区、保税港区、综合保税区、珠澳跨境工业区(珠海园区)、中哈霍尔果斯国际边境合作中心(中方配套区域)、保税物流中心(B型)(以下统称特殊区域)并销售给特殊区域内单位或境外单位、个人的货物。

(3) 免税品经营企业销售的货物(国家规定不允许经营和限制出口的货物、卷烟和超出免税品经营企业的《企业法人营业执照》中规定经营范围的货物除外)。具体是指：

① 中国免税品(集团)有限责任公司向海关报关运入海关监管仓库，专供其经国家批准设立的统一经营、统一组织进货、统一制定零售价格、统一管理的免税店销售的货物。

② 国家批准的除中国免税品(集团)有限责任公司外的免税品经营企业，向海关报关运入海关监管仓库，专供其所属的首都机场口岸海关隔离区内的免税店销售的货物。

③ 国家批准的除中国免税品(集团)有限责任公司外的免税品经营企业所属的上海虹桥、浦东机场海关隔离区内的免税店销售的货物。

(4) 出口企业或其他单位销售给用于国际金融组织或外国政府贷款国际招标建设项目

的中标机电产品(以下称中标机电产品)。上述中标机电产品,包括外国企业中标再分包给出口企业或其他单位的机电产品。

(5) 出口企业或其他单位销售给国际运输企业用于国际运输工具上的货物。上述规定暂仅适用于外轮供应公司,远洋运输供应公司销售给外轮、远洋国轮的货物,国内航空供应公司生产销售给国内和国外航空公司国际航班的航空食品。

(6) 出口企业或其他单位销售给特殊区域内生产企业生产耗用且不向海关报关而输入特殊区域的水(包括蒸汽)、电力、燃气(以下称输入特殊区域的水电气)。

3. 生产企业视同出口的自产货物

(1) 持续经营以来从未发生骗取出口退税、虚开增值税专用发票或农产品收购发票、接受虚开增值税专用发票(善意取得虚开增值税专用发票除外)行为且同时符合下列条件的生产企业出口的外购货物,可视同自产货物适用增值税退(免)税政策:

① 已取得增值税一般纳税人资格。

② 已持续经营 2 年及 2 年以上。

③ 纳税信用等级 A 级。

④ 上一年度销售额 5 亿元以上。

⑤ 外购出口的货物与本企业自产货物同类型或具有相关性。

(2) 持续经营以来从未发生骗取出口退税、虚开增值税专用发票或农产品收购发票、接受虚开增值税专用发票(善意取得虚开增值税专用发票除外)行为但不能同时符合上述规定条件的生产企业,出口的外购货物符合下列条件之一的,可视同自产货物申报适用增值税退(免)税政策:

① 同时符合下列条件的外购货物:与本企业生产的货物名称、性能相同;使用本企业注册商标或境外单位或个人提供给本企业使用的商标;出口给进口本企业自产货物的境外单位或个人。

② 与本企业所生产的货物属于配套出口,且出口给进口本企业自产货物的境外单位或个人的外购货物,符合下列条件之一的:用于维修本企业出口的自产货物的工具、零部件、配件,或者不经过本企业加工或组装,出口后能直接与本企业自产货物组合成成套设备的货物。

③ 经集团公司总部所在地的地级以上国家税务局认定的集团公司,其控股的生产企业之间收购的自产货物以及集团公司与其控股的生产企业之间收购的自产货物。

④ 同时符合下列条件的委托加工货物:与本企业生产的货物名称、性能相同,或者是用本企业生产的货物再委托深加工的货物;出口给进口本企业自产货物的境外单位或个人;委托方与受托方必须签订委托加工协议,且主要原材料必须由委托方提供,受托方不垫付资金,只收取加工费,开具加工费(含代垫的辅助材料)的增值税专用发票。

⑤ 用于本企业中标项目下的机电产品。

⑥ 用于对外承包工程项目下的货物。

⑦ 用于境外投资的货物。

⑧ 用于对外援助的货物。

⑨ 生产自产货物的外购设备和原材料(农产品除外)。

4. 出口企业对外提供加工修理修配劳务

对外提供加工修理修配劳务,是指对进境复出口货物或从事国际运输的运输工具进行的加工修理修配。

5. 融资租赁出租方融资租赁货物

对融资租赁企业、金融租赁公司及其设立的项目子公司(统称融资租赁出租方),以融资租赁方式租赁给境外承租人且租赁期限在5年(含)以上,并向海关报关后实际离境的货物,试行增值税、消费税出口退税政策。

融资租赁出口货物的范围,包括飞机、飞机发动机、铁道机车、铁道客车车厢、船舶及其他货物,具体应符合增值税法律制度固定资产的相关规定。

上述融资租赁企业,仅包括金融租赁公司、经商务部批准设立的外商投资融资租赁公司、经商务部和国家税务总局共同批准开展融资业务试点的内资融资租赁企业、经商务部授权的省级商务主管部门和国家经济技术开发区批准的融资租赁公司。

上述金融租赁公司,仅包括经中国银行保险监督管理委员会批准设立的金融租赁公司。

(三) 出口退税额的具体计算

1. 增值税退(免)税办法

适用增值税退(免)税政策的出口货物、劳务和应税行为,按照下列规定实行增值税"免、抵、退"税或"免、退"税办法。

1) 增值税"免、抵、退"税办法

适用增值税一般计税方法的生产企业出口自产货物与视同自产货物、对外提供加工修理修配劳务,以及列名的74家生产企业出口非自产货物,免征增值税,相应的进项税额抵减应纳增值税(不包括适用增值税即征即退、先征后退政策的应纳增值税),未抵减完的部分予以退还。

境内的单位和个人提供适用增值税零税率的服务或者无形资产,如果属于适用增值税一般计税方法的,生产企业实行"免、抵、退"税办法,外贸企业直接将服务或自行研发的无形资产出口,视同生产企业连同其出口货物统一实行"免、抵、退"税办法。

实行退(免)税办法的研发服务和设计服务,如果主管税务机关认定出口价格偏高的,有权按照核定的出口价格计算退(免)税,核定的出口价格低于外贸企业购进价格的,低于部分对应的进项税额不予退税,转入成本。

境内的单位和个人提供适用增值税零税率应税服务的,可以放弃适用增值税零税率,选择免税或按规定缴纳增值税。放弃适用增值税零税率后,36个月内不得再申请适用增值税零税率。

2) 增值税"免、退"税办法

不具有生产能力的出口企业(以下称外贸企业)或其他单位出口货物、劳务,免征增值税,相应的进项税额予以退还。

适用增值税一般计税方法的外贸企业外购服务或者无形资产出口实行"免、退"税办法。

外贸企业外购研发服务和设计服务免征增值税,其对应的外购应税服务的进项税额予以退还。

2. 增值税出口退税率

除财政部和国家税务总局根据国务院决定而明确的增值税出口退税率(以下称退税率)外,出口货物、服务和无形资产的退税率为其适用税率。目前,我国增值税出口税率分为五档,即13%、10%、9%、6%和零税率。

增值税出口退税率的特殊规定如下：

(1) 外贸企业购进按简易计税办法征税的出口货物、从小规模纳税人购进的出口货物，其退税率分别为简易计税办法实际执行的征收率、小规模纳税人征收率。上述出口货物取得增值税专用发票的，退税率按照增值税专用发票上的税率和出口货物退税率孰低的原则确定。

(2) 出口企业委托加工修理修配货物，其加工修理修配费用的退税率，为出口货物的退税率。

(3) 中标机电产品、出口企业向海关报关进入特殊区域销售给特殊区域内生产企业生产耗用的列名原材料、输入特殊区域的水电气，其退税率为适用税率。如果国家调整列名原材料的退税率，列名原材料应当自调整之日起按调整后的退税率执行。

适用不同退税率的货物、劳务及跨境应税行为，应分开报关、核算并申报退(免)税，未分开报关、核算或划分不清的，从低适用退税率。

3. 增值税退(免)税的计税依据

出口货物、劳务的增值税退(免)税的计税依据，按出口货物、劳务的出口发票(外销发票)、其他普通发票或购进出口货物、劳务的增值税专用发票、海关进口增值税专用缴款书确定。

跨境应税行为的计税依据按照《适用增值税零税率应税服务退(免)税管理办法》(国家税务总局公告 2014 年第 11 号)执行。

4. 增值税退(免)税的计算

生产企业出口货物、劳务、服务和无形资产的增值税退(免)税，按下列公式计算：

第一，当期应纳税额的计算：

$$\text{当期应纳税额}=\text{当期销项税额}-\left(\text{当期进项税额}-\text{当期不得免征和抵扣税额}\right)-\text{上期期末留抵税额}$$

$$\text{当期不得免征和抵扣税额}=\text{当期出口货物离岸价}\times\text{外汇人民币牌价}\times\left(\text{出口货物适用税率}-\text{出口货物退税率}\right)-\text{当期不得免征和抵扣税额抵减额}$$

$$\text{当期不得免征和抵扣税额抵减额}=\text{当期免税购进原材料价格}\times\left(\text{出口货物适用税率}-\text{出口货物退税率}\right)$$

出口货物离岸价(FOB)以出口发票计算的离岸价为准。实际离岸价应以出口发票上的离岸价为准，但如果出口发票不能反映实际离岸价，主管税务机关有权予以核定。

从上述计算公式看，出口退税在销项税额方面执行的并非真正的零税率，而是一种"超低税率"，即征税率与退税率(各货物不同)之差。

免税购进原材料包括从国内购进免税原材料和进料加工免税进口料件，其中进料加工免税进口料件的价格为组成计税价格。其计算公式为：

进料加工免税进口料件的组成计税价格＝货物到岸价＋海关实征关税＋海关实征消费税

如果当期没有免税购进原材料，前述公式中的"当期'免、抵、退'税不得免征和抵扣税额抵减额"不用计算。

第二，当期"免、抵、退"税额的计算：

当期"免、抵、退"税额＝当期出口货物离岸价×外汇人民币牌价×出口货物退税率－当期"免、抵、退"税额抵减额

当期"免、抵、退"税额抵减额＝当期免税购进原材料价格×出口货物退税率

第三,当期应退税额和"免、抵"税额的计算:

① 如当期应纳税额≥0,则当期应退税额＝0,即无应退税额。

② 如当期应纳税额<0,且当期期末留抵税额≤当期"免、抵、退"税额,则:

当期应退税额＝当期期末留抵税额

当期"免、抵"税额＝当期"免、抵、退"税额－当期应退税额

③ 如当期应纳税额<0,且当期期末留抵税额>当期"免、抵、退"税额,则:

当期应退税额＝当期"免、抵、退"税额

当期"免、抵"税额＝0

【职业训练 2-7】 某自营出口的生产企业为增值税一般纳税人,出口货物的征税税率为13%,退税税率为10%,2022年5月的有关经营业务为:购进原材料一批,取得的增值税专用发票注明的价款为200万元,外购货物准予抵扣的进项税额为26万元。上月月末留抵税款3万元,本月内销货物不含税销售额100万元,收款113万元存入银行,本月出口货物的销售额折合人民币200万元。试计算该企业当期的"免、抵、退"税额。

相关计算如下:

当期"免、抵、退"税不得免征和抵扣税额＝200×(13%－10%)＝6(万元)

当期应纳税额＝100×13%－(26－6)－3＝13－20－3＝－10(万元)

当期末留抵税额＝10(万元)

出口货物"免、抵、退"税额＝200×10%＝20(万元)

当期末留抵税额<当期"免、抵、退"税额时的当期应退税额＝当期期末留抵税额＝10(万元)

当期"免、抵"税额＝当期"免、抵、退"税额－当期应退税额＝22－10＝12(万元)

外贸企业出口货物、劳务和应税行为增值税退(免)税,按下列公式计算:

第一,外贸企业出口委托加工修理修配货物以外的货物:

增值税应退税额＝增值税退(免)税计税依据×出口货物退税率

【职业训练 2-8】 某进出口公司2022年6月出口美国平纹布2 000米,进货增值税专用发票列明单价20元/平方米,计税金额40 000元,增值税出口退税率为13%。要求:计算当期应退增值税。

应退增值税＝2 000×20×13%＝5 200(元)

第二,外贸企业出口委托加工修理修配货物:

出口委托加工修理修配货物的增值税应退税额＝委托加工修理修配的增值税退(免)税计税依据×出口货物退税率

【职业训练 2-9】 某进出口公司2022年6月购进牛仔布委托加工成服装出口,取得牛

仔布增值税发票一张，注明计税金额10 000元；取得服装加工费计税金额2 000元，受托方将原材料成本并入加工修理修配费用并开具了增值税专用发票。假设增值税出口退税率为13%。要求：计算当期应退增值税。

应退增值税=(10 000+2 000)×13%=1 560(元)

(四) 出口货物、劳务和跨境应税行为增值税退(免)税的管理

1. 出口退(免)税企业分类管理

出口企业管理类别分为四类。

同时符合下列条件的出口生产企业，管理类别可评定为一类：

(1) 企业的生产能力与上一年度申报出口退(免)税规模相匹配。

(2) 近3年(含评定当年，下同)未发生过虚开增值税专用发票或者其他增值税扣税凭证、骗取出口退税行为。

(3) 上一年度的年末净资产大于上一年度该企业已办理的出口退税额(不含免抵税额)。

(4) 评定时纳税信用级别为A级或B级。

(5) 企业内部建立了较为完善的出口退(免)税风险控制体系。

同时符合下列条件的外贸企业，管理类别可评定为一类：

(1) 近3年未发生过虚开增值税专用发票或者其他增值税扣税凭证、骗取出口退税行为。

(2) 上一年度的年末净资产大于上一年度该企业已办理出口退税额的60%。

(3) 持续经营5年以上(因合并、分立、改制重组等原因新设立企业的情况除外)。

(4) 评定时纳税信用级别为A级或B级。

(5) 评定时海关企业信用管理类别为高级认证企业或一般认证企业。

(6) 评定时外汇管理的分类管理等级为A级。

(7) 企业内部建立了较为完善的出口退(免)税风险控制体系。

同时符合下列条件的外贸综合服务企业，管理类别可评定为一类：

(1) 近3年未发生过虚开增值税专用发票或者其他增值税扣税凭证、骗取出口退税行为。

(2) 上一年度的年末净资产大于上一年度该企业已办理出口退税额的30%。

(3) 上一年度申报从事外贸综合服务业务的出口退税额，大于该企业全部出口退税额的80%。

(4) 评定时纳税信用级别为A级或B级。

(5) 评定时海关企业信用管理类别为高级认证企业或一般认证企业。

(6) 评定时外汇管理的分类管理等级为A级。

(7) 企业内部建立了较为完善的出口退(免)税风险控制体系。

符合下列条件之一的出口企业，管理类别应评定为三类：

(1) 自首笔申报出口退(免)税之日起至评定时未满12个月。

(2) 评定时纳税信用级别为C级，或尚未评价纳税信用级别。

(3) 上一年度累计6个月以上未申报出口退(免)税(从事对外援助、对外承包、境外投资业务的，以及出口季节性商品或出口生产周期较长的大型设备的出口企业除外)。

(4) 上一年度发生过违反出口退(免)税有关规定的情形，但尚未达到税务机关行政处罚标准或司法机关处理标准的。

(5) 存在省税务局规定的其他失信或风险情形。

符合下列条件之一的出口企业,管理类别应评定为四类:

(1) 评定时纳税信用级别为D级。

(2) 上一年度发生过拒绝向税务机关提供有关出口退(免)税账簿、原始凭证、申报资料、备案单证等情形。

(3) 上一年度因违反出口退(免)税有关规定,被税务机关行政处罚或被司法机关处理过的。

(4) 评定时企业因骗取出口退税被停止出口退税权,或者停止出口退税权届满后未满2年。

(5) 四类出口企业的法定代表人新成立的出口企业。

(6) 列入国家联合惩戒对象的失信企业。

(7) 海关企业信用管理类别认定为失信企业。

(8) 外汇管理的分类管理等级为C级。

(9) 存在省税务局规定的其他严重失信或风险情形。

一类、三类、四类出口企业以外的出口企业,其出口企业管理类别应评定为二类。

2. 出口退税申报

纳税人出口货物适用退(免)税规定的,应当向海关办理出口手续,凭出口报关单等有关凭证,在规定的出口退(免)税申报期内按月向主管税务机关申报办理该项出口货物的退(免)税;境内单位和个人跨境销售服务和无形资产适用退(免)税规定的,应当按期向主管税务机关申报办理退(免)税。

纳税人出口货物劳务、发生跨境应税行为,未在规定期限内申报出口退(免)税或者开具代理出口货物证明的,在收齐退(免)税凭证及相关电子信息后,即可申报办理出口退(免)税;未在规定期限内收汇或者办理不能收汇手续的,在收汇或者办理不能收汇手续后,即可申报办理退(免)税。

增值税发票票样

五、增值税发票的使用和管理

(一) 增值税发票的种类

1. 增值税专用发票

1) 增值税专用发票(纸质)

增值税专用发票由基本联次或者基本联次附加其他联次构成如表2-10所示。

表2-10 增值税专用发票联次

联次		用途
基本联次	记账联	销售方记账凭证(销售方核算销售收入和增值税销项税额的记账凭证)
	抵扣联	购买方扣税凭证(购买方报送主管税务机关认证和留存备查的凭证)
	发票联	购买方记账凭证(购买方核算采购成本和增值税进项税额的记账凭证)
其他联次用途		由一般纳税人自行确定

2) 增值税电子专用发票

(1) 适用范围:试点地区的新办纳税人实行专票电子化,受票方范围为全国。

(2) 电子专票由各省税务局监制,采用电子签名代替发票专用章,属于增值税专用发票,其法律效力、基本用途、基本使用规定等与增值税纸质专用发票相同。

【请注意】

自各地专票电子化实行之日起，本地区需要开具增值税纸质普通发票、增值税电子普通发票(以下简称电子普票)、纸质专票、电子专票、纸质机动车销售统一发票和纸质二手车销售统一发票的新办纳税人，统一领取税务 UKey 开具发票(免费发放、免费开具)。

税务机关按照电子专票和纸质专票的合计数，为纳税人核定增值税专用发票领用数量。电子专票和纸质专票的增值税专用发票(增值税税控系统)最高开票限额应当相同。

纳税人开票时，既可以开具电子专票，也可以开具纸质专票。受票方索取纸质专票的，开票方应当开具纸质专票。

2. 增值税普通发票

增值税普通发票包括纸质增值税普通发票和增值税电子普通发票。具体种类如表 2-11 所示。

表 2-11 增值税普通发票种类

分 类	内 容
增值税纸质普通发票(折叠票)	由基本联次或者基本联次附加其他联次构成。基本联次为记账联和发票联两联
增值税纸质普通发票(卷票)	均为单联，可印有本单位名称
增值税电子普通发票	开票方或受票方需要纸质发票的，可以自行打印，效力、用途等与税务机关监制的增值税普通发票相同
收费公路通行费电子票据	包括通行费电子发票及收费公路通行费财政票据。开具对象为办理 ETC 卡的客户

3. 机动车发票

机动车发票是指销售机动车(不包括二手车)的单位和个人(以下简称销售方)通过增值税发票管理系统开票软件中机动车发票开具模块所开具的增值税专用发票和机动车销售统一发票(包括纸质发票、电子发票)。增值税发票管理系统开票软件自动在增值税专用发票左上角打印“机动车”字样。

【请注意】

机动车发票均应通过增值税发票管理系统开票软件在线开具。按照有关规定不使用网络办税或不具备网络条件的特定纳税人，可以离线开具机动车发票。

向消费者销售机动车，销售方应当开具机动车销售统一发票；其他销售机动车行为，销售方应当开具增值税专用发票。

(二) 增值税发票开具的基本规定

(1) 纳税人应在发生增值税纳税义务时开具发票。按纳税人种类不同，开具发票的类型不同，如表 2-12 所示。

表 2-12　开具发票类型

纳税人	开具发票类型
一般纳税人	销售货物、提供加工修理修配劳务和发生应税行为，使用新系统开具增值税专用发票、增值税普通发票、机动车销售统一发票、增值税电子发票
小规模纳税人	(1) 开具增值税普通发票、机动车销售统一发票、增值税电子普通发票 (2) 自 2020 年 2 月 1 日起，增值税小规模纳税人（其他个人除外）需要开具增值税专用发票的，可以自愿使用增值税发票管理系统自行开具。选择自行开具增值税专用发票的小规模纳税人，税务机关不再为其代开增值税专用发票

(2) 一般纳税人发生应税销售行为可汇总开具增值税专用发票。汇总开具增值税专用发票的，同时使用防伪税控系统开具销售货物或者提供应税劳务清单，并加盖财务专用章或者发票专用章。

(3) 任何单位和个人不得有下列虚开发票行为：一是为他人、为自己开具与实际经营业务情况不符的发票。二是让他人为自己开具与实际经营业务情况不符的发票。三是介绍他人开具与实际经营业务情况不符的发票。

(4) 不得开具增值税专用发票的情形：

① 向消费者个人销售货物、提供应税劳务或者销售服务、无形资产、不动产的。

② 销售货物、提供应税劳务或者销售服务、无形资产、不动产适用增值税免税规定的，法律法规及国家税务总局另有规定的除外。

③ 部分适用增值税简易征收政策规定的。

④ 法律法规及国家税务总局规定的其他情形。

【知识点过关 2-12·多项选择题】 下列情形中，一般纳税人不得开具增值税专用发票的有（　　）。

A. 商业企业零售烟酒　　B. 批发企业销售服装

C. 将货物销售给消费者个人　　D. 销售免税货物

【答案】 ACD

【答案解析】 商业企业一般纳税人零售的烟、酒、食品、服装、鞋帽（不包括劳保专用部分）、化妆品等消费品不得开具增值税专用发票。应税销售行为的购买方为消费者个人的、发生应税销售行为适用免税规定的不得开具增值税专用发票。

(5) 对丢失已开具增值税专用发票的发票联和抵扣联的处理。对于已开具的增值税专用发票或机动车销售统一发票的发票联和抵扣联丢失按以下情况处理，如表 2-13 所示。

表 2-13　丢失已开具增值税专用发票的发票联和抵扣联的处理

情形		处理
丢两联	同时丢失发票联和抵扣联	可凭加盖销售方发票专用章的相应发票记账联复印件，作为增值税进项税额的抵扣凭证、退税凭证或记账凭证
丢一联	丢失抵扣联	可凭相应发票的发票联复印件，作为增值税进项税额的抵扣凭证或退税凭证
	丢失发票联	可凭相应发票的抵扣联复印件，作为记账凭证

（6）开具增值税专用发票后发生退货或开票有误的处理。

① 增值税一般纳税人开具增值税专用发票后，发生销货退回、开票有误、应税服务中止等情形但不符合发票作废条件，或者因销货部分退回及发生销售折让，需要开具红字增值税专用发票的，按规定方法处理。

② 税务机关为小规模纳税人代开增值税专用发票，需要开具红字增值税专用发票的，按照一般纳税人开具红字增值税专用发票的方法处理。

③ 纳税人需要开具红字增值税普通发票的，可以在所对应的蓝字发票金额范围内开具多份红字发票。红字机动车销售统一发票需与原蓝字机动车销售统一发票一一对应。

（7）税务机关代开增值税专用发票的管理。

① 代开增值税专用发票是指主管税务机关为所管辖范围内的增值税纳税人（指已办理税务登记的小规模纳税人，包括个体经营者以及国家税务总局确定的其他可予代开增值税专用发票的纳税人）代开增值税专用发票，其他单位和个人不得代开。

其他个人委托房屋中介、住房租赁企业等单位出租不动产，需要向承租方开具增值税发票的，可以由受托单位代其向主管税务机关按规定申请代开增值税发票。

② 纳税人申请代开增值税专用发票时，应按照所代开增值税专用发票上注明的税额向代开单位全额缴纳增值税。

③ 纳税人代开增值税专用发票后，如发生服务中止、折让、开票有误等情形，需要作废增值税专用发票、开具增值税红字专用发票、重新代开增值税专用发票、办理退税等事宜的，应由原代开单位按照现行规定予以受理。

④ 纳税人代开增值税专用发票对应的销售额，一并计入该纳税人月（季、年）度销售额，作为主管税务机关对其实施税收管理的标准和依据。

⑤ 增值税小规模纳税人月销售额不超过免征增值税标准的，当期因代开增值税专用发票已经缴纳的税款，在增值税专用发票全部联次追回或者按规定开具红字增值税专用发票后，可以向主管税务机关申请退还。

（8）开票备注要求，如表 2-14 所示。

表 2-14　开票备注栏要求

应税行为	备注栏要求
提供建筑劳务	注明建筑服务发生地县（市、区）名称及项目名称
销售不动产	在发票“货物或应税劳务、服务名称”栏填写不动产名称及房屋产权证书号码（无房屋产权证书的可不填写），“单位”栏填写面积单位，备注栏注明不动产的详细地址
保险公司代收车船税	注明代收车船税税款信息，具体包括保险单号、税款所属期（详细至月）、代收车船税金额、滞纳金金额、金额合计等。该增值税发票可作为纳税人缴纳车船税及滞纳金的会计核算原始凭证。为自然人提供的保险服务不得开具增值税专用发票，可以开具增值税普通发票
出租不动产	在备注栏注明不动产的详细地址；个人出租住房通过新系统中征收率减按1.5%征收开票功能，录入含税销售额，系统自动计算税额和不含税金额，发票开具不应与其他应税行为混开

（续表）

应税行为	备注栏要求
差额征税	按照现行政策规定适用差额征税办法缴纳增值税，且不得全额开具增值税发票的（财政部、国家税务总局另有规定的除外），纳税人自行开具或者税务机关代开增值税发票时，通过新系统中差额征税开票功能，录入含税销售额（或含税评估额）和扣除额，系统自动计算税额和不含税金额，备注栏自动打印“差额征税”字样，发票开具不应与其他应税行为混开

(9) 差额计征的应税服务、代收代付款项的开票要求。简而言之，差额计征中可以自销售额中减除的金额，以及由于代收代付而不计入销售额的金额，均不得开具增值税专用发票。开票要求如表 2-15 所示。

表 2-15　差额计征的应税服务、代收代付款项的开票要求

应税服务	开票要求
金融商品转让	不得开具增值税专用发票
旅游服务	向旅游服务购买方收取并支付的可扣除费用，不得开具增值税专用发票，可以开具增值税普通发票
教育辅助服务	教育部考试中心及其直属单位代为收取并支付给境外单位的考试费，不得开具增值税专用发票，可以开具增值税普通发票
劳务派遣服务	选择差额计征的，向用工单位收取用于支付给劳务派遣员工工资、福利和为其办理社会保险及住房公积金的费用，不得开具增值税专用发票，可以开具增值税普通发票
人力资源外包服务	向委托方收取并代为支付的政府性基金或者行政事业性收费，不得开具增值税专用发票，但可以开具增值税普通发票
经纪代理服务	向委托方收取并代为支付的政府性基金或者行政事业性收费，不得开具增值税专用发票，但可以开具增值税普通发票；代理进口，向委托方收取并代为支付的货款，不得开具增值税专用发票，可以开具增值税普通发票

（三）增值税专用发票的管理

1. 对虚开增值税专用发票的处理

纳税人虚开增值税专用发票，未就其虚开金额申报并缴纳增值税的，应按照其虚开金额补缴增值税；已就其虚开金额申报并缴纳增值税的，不再按照其虚开金额补缴增值税。税务机关对纳税人虚开增值税专用发票的行为，应按《中华人民共和国税收征收管理法》（以下简称《税收征收管理法》）及《中华人民共和国发票管理办法》（以下简称《发票管理办法》）的有关规定给予处罚。纳税人取得虚开的增值税专用发票，不得作为增值税合法有效的扣税凭证抵扣其进项税额。

2. 纳税人善意取得虚开增值税专用发票的处理

(1) 纳税人善意取得虚开的增值税专用发票指购货方与销售方存在真实交易，且购货方不知取得的增值税专用发票是以非法手段获得的。

纳税人善意取得虚开的增值税专用发票，如能重新取得合法、有效的增值税专用发票，准许其抵扣进项税款；如不能重新取得合法、有效的增值税专用发票，不准其抵扣进项税款或追缴其已抵扣的进项税款。

纳税人善意取得虚开的增值税专用发票被依法追缴已抵扣税款的，不属于《税收征收管理法》第三十二条纳税人未按照规定期限缴纳税款的情形，不适用税务机关除责令限期缴纳外，从滞纳税款之日起，按日加收滞纳税款5‰的滞纳金的规定。

(2) 购货方与销售方存在真实的交易，销售方使用的是其所在省（自治区、直辖市和计划单列市）的增值税专用发票，增值税专用发票注明的销售方名称、印章、货物数量、金额及税额等全部内容与实际相符，且没有证据表明购货方知道销售方提供的增值税专用发票是以非法手段获得的，对购货方不以偷税或者骗取出口退税论处。但应按有关规定不予抵扣进项税款或者不予出口退税；购货方已经抵扣的进项税款或者取得的出口退税，应依法追缴。

(3) 购货方能够重新从销售方取得防伪税控系统开出的合法、有效专用发票的，或者取得手工开出的合法、有效增值税专用发票且取得了销售方所在地税务机关已经或者正在依法对销售方虚开增值税专用发票行为进行查处证明的，购货方所在地税务机关应依法准予抵扣进项税款或者出口退税。

(4) 如有证据表明购货方在进项税款得到抵扣或者获得出口退税前知道该增值税专用发票是销售方以非法手段获得的，对购货方应按国家税务总局《关于纳税人取得虚开的增值税专用发票处理问题的通知》(国税发〔1997〕134号)和国家税务总局《关于〈国家税务总局关于纳税人取得虚开的增值税专用发票处理问题的通知〉的补充通知》(国税发〔2000〕182号)的规定处理。

(5) 有下列情形之一的，无论购货方(受票方)与销售方是否进行了实际的交易，增值税专用发票所注明的数量、金额与实际交易是否相符，购货方向税务机关申请抵扣进项税款或者出口退税的，对其均应按偷税或者骗取出口退税处理。

① 购货方取得的增值税专用发票所注明的销售方名称、印章与其进行实际交易的销售方不符的，即《国家税务总局关于纳税人取得虚开的增值税专用发票处理问题的通知》第二条规定的“购货方从销售方取得第三方开具的专用发票”的情况。

② 购货方取得的增值税专用发票为销售方所在省（自治区、直辖市和计划单列市）以外地区的，即《国家税务总局关于纳税人取得虚开的增值税专用发票处理问题的通知》第二条规定的“从销货地以外的地区取得专用发票”的情况。

③ 其他有证据表明购货方明知取得的增值税专用发票系销售方以非法手段获得的，即《国家税务总局关于纳税人取得虚开的增值税专用发票处理问题的通知》第一条规定的“受票方利用他人虚开的专用发票，向税务机关申报抵扣税款进行偷税”的情况。

(6) 纳税人虚开增值税专用发票，未就其虚开金额申报并缴纳增值税的，应按照其虚开金额补缴增值税；已就其虚开金额申报并缴纳增值税的，不再按照其虚开金额补缴增值税。税务机关对纳税人虚开增值税专用发票的行为，应按《税收征收管理法》及《发票管理办法》的有关规定给予处罚。纳税人取得虚开的增值税专用发票，不得作为增值税合法有效的扣税凭证抵扣其进项税额。

3. 税控系统增值税专用发票的管理

(1) 税务机关增值税专用发票管理部门在运用防伪税控发售系统进行发票入库管理或向纳税人发售增值税专用发票时，要认真录入发票代码、号码，并与纸质增值税专用发票进行仔细核对,确保发票代码、号码电子信息与纸质发票的代码、号码完全一致。

(2) 纳税人在运用防伪税控系统开具增值税专用发票时,应认真检查系统中的电子发票代码、号码与纸质发票是否一致。如发现税务机关错填电子发票代码、号码的,应持纸质增值税专用发票和税控 IC 卡到税务机关办理退回手续。

(3) 对税务机关错误录入代码或号码后又被纳税人开具的增值税专用发票,按以下办法处理:

① 纳税人当月发现上述问题的,应按照增值税专用发票使用管理的有关规定,对纸质增值税专用发票和防伪税控开票系统中增值税专用发票电子信息同时进行作废,并及时报主管税务机关。纳税人在以后月份发现的,应按有关规定开具负数增值税专用发票。

② 主管税务机关按照有关规定追究有关人员责任,同时将有关情况,如发生原因、主管税务机关名称、编号、纳税人名称、纳税人识别号、发票代码号码(包括错误的和正确的)、发生时间、责任人以及处理意见或请求等,逐级上报至国家税务总局。

③ 对涉及发票数量多、影响面较大的,国家税务总局将按规定程序对"全国作废发票数据库"进行修正。

(4) 在未收回增值税专用发票抵扣联及发票联,或虽已收回增值税专用发票抵扣联及发票联但购货方已将增值税专用发票抵扣联报送税务机关认证的情况下,销货方一律不得作废已开具的增值税专用发票。

4. 关于走逃(失联)企业开具增值税专用发票的认定处理

走逃(失联)企业是指不履行税收义务并脱离税务机关监管的企业。

根据税务登记管理有关规定,税务机关通过实地调查、电话查询、涉税事项办理核查以及其他征管手段,仍对企业和企业相关人员查无下落的,或虽然可以联系到企业代理记账、报税人员等,但其并不知情也不能联系到企业实际控制人的,可以判定该企业为走逃(失联)企业。走逃(失联)企业开具增值税专用发票的处理规定如下:

走逃(失联)企业存续经营期间发生下列情形之一的,所对应属期开具的增值税专用发票列入异常增值税扣税凭证(以下简称异常凭证)范围。

(1) 商贸企业购进、销售货物名称严重背离的;生产企业无实际生产加工能力且无委托加工,或生产能耗与销售情况严重不符,或购进货物并不能直接生产其销售的货物且无委托加工的。

(2) 直接走逃失踪不纳税申报,或虽然申报但通过填列增值税纳税申报表相关栏次,规避税务机关审核比对,进行虚假申报的。

学习子情境三　增值税申报与缴纳

一、增值税申报与缴纳概述

(一) 纳税义务发生时间

纳税义务发生时间是纳税人发生应税销售行为应当承担纳税义务的起始时间。

1. 应税销售行为纳税义务发生时间的一般规定

（1）纳税人发生应税销售行为，其纳税义务发生时间为收讫销售款项或者取得索取销售款项凭据的当天；先开具发票的，为开具发票的当天。收讫销售款项是指纳税人发生应税销售行为过程中或者完成后收到的款项。取得索取销售款项凭据的当天，是指书面合同确定的付款日期；未签订书面合同或者书面合同未确定付款日期的，为应税销售行为完成的当天或者不动产权属变更的当天。

（2）进口货物，其纳税义务发生时间为报关进口的当天。

（3）增值税扣缴义务发生时间为纳税人增值税纳税义务发生的当天。

2. 应税销售行为纳税义务发生时间的具体规定

按纳税人销售结算方式的不同，具体规定如下：

（1）采取直接收款方式销售货物的，不论货物是否发出，其纳税义务发生时间均为收到销售款或者取得索取销售款凭据的当天。

纳税人在生产经营活动中采取直接收款方式销售货物，已将货物移送对方并暂估销售收入入账，但既未取得销售款或取得索取销售款凭据也未开具销售发票的，其纳税义务发生时间为取得销售款或取得索取销售款凭据的当天；先开具发票的，为开具发票的当天。

（2）采取托收承付和委托银行收款方式销售货物的，其纳税义务发生时间为发出货物并办妥托收手续的当天。

（3）采取赊销和分期收款方式销售货物的，其纳税义务发生时间为书面合同约定的收款日期的当天；无书面合同的或者书面合同没有约定收款日期的，为货物发出的当天。

（4）采取预收货款方式销售货物的，其纳税义务发生时间为货物发出的当天；但生产销售生产工期超过 12 个月的大型机械设备、船舶、飞机等货物，为收到预收款或者书面合同约定的收款日期的当天。

（5）委托其他纳税人代销货物的，其纳税义务发生时间为收到代销单位的代销清单或者收到全部或者部分货款的当天。未收到代销清单及货款的，为发出代销货物满 180 天的当天。

（6）销售劳务的，其纳税义务发生时间为提供劳务同时收讫销售款或者取得索取销售款的凭据的当天。

（7）纳税人发生除将货物交付其他单位或者个人代销和销售代销货物以外的视同销售货物行为，其纳税义务发生时间为货物移送的当天。

（8）纳税人提供租赁服务采取预收款方式的，其纳税义务发生时间为收到预收款的当天。

（9）纳税人从事金融商品转让的，其纳税义务发生时间为金融商品所有权转移的当天。

（10）纳税人发生视同销售服务、无形资产或者不动产情形的，其纳税义务发生时间为服务、无形资产转让完成的当天或者不动产权属变更的当天。

【知识点过关 2-13・单项选择题】 下列关于增值税纳税义务发生时间的表述中，不正确的是（　　）。

A. 纳税人发生应税行为先开具发票的，为开具发票的当天

B. 纳税人发生视同销售不动产的，为不动产权属变更的当天

C. 纳税人提供租赁服务采取预收款方式的,为交付租赁物的当天

D. 纳税人从事金融商品转让的,为金融商品所有权转移的当天

【答案】 C

【答案解析】 纳税人提供租赁服务采取预收款方式的,为收到预收款的当天。

(二) 纳税期限

增值税的纳税期限分别为 1 日、3 日、5 日、10 日、15 日、1 个月或者 1 个季度。纳税人的具体纳税期限,由主管税务机关根据纳税人应纳税额的大小分别核定。不能按照固定期限纳税的,可以按次纳税。

以 1 个季度为纳税期限的规定适用于小规模纳税人、银行、财务公司、信托投资公司、信用社,以及财政部和国家税务总局规定的其他纳税人。

纳税人以 1 个月或者 1 个季度为 1 个纳税期限的,自期满之日起 15 日内申报纳税;以 1 日、3 日、5 日、10 日或者 15 日为 1 个纳税期限的,自期满之日起 5 日内预缴税款,于次月 1 日起 15 日内申报纳税并结清上个月应纳税款。

扣缴义务人解缴税款的期限,依照前两项规定执行。

纳税人进口货物,应当自海关填发进口增值税专用缴款书之日起 15 日内缴纳税款。

按固定期限纳税的小规模纳税人可以选择以 1 个月或 1 个季度为纳税期限,一经选择,1 个会计年度内不得变更。

(三) 纳税地点

(1) 固定业户应当向其机构所在地主管税务机关申报纳税。机构所在地是指纳税人的注册登记地。总机构和分支机构不在同一县(市)的,应当分别向各自所在地的主管税务机关申报纳税;经财政部和国家税务总局或者其授权的财政和税务机关批准,可以由总机构汇总向总机构所在地的主管税务机关申报纳税。具体审批权限如下:

① 总机构和分支机构不在同一省、自治区、直辖市的,经财政部和国家税务总局批准,可以由总机构汇总向总机构所在地的主管税务机关申报纳税。

② 总机构和分支机构不在同一县(市),但在同一省、自治区、直辖市范围内的,经省、自治区、直辖市财政厅(局)、国家税务局审批同意,可以由总机构汇总向总机构所在地的主管税务机关申报纳税。

(2) 固定业户到外县(市)销售货物或者劳务,应当向其机构所在地的主管税务机关报告外出经营事项,并向其机构所在地的主管税务机关申报纳税;未报告的,应当向销售地或者劳务发生地的主管税务机关申报纳税,未向销售地或者劳务发生地的主管税务机关申报纳税的,由其机构所在地的主管税务机关补征税款。

(3) 非固定业户销售货物或者劳务应当向销售地或者劳务发生地主管税务机关申报纳税;未向销售地或者劳务发生地的主管税务机关申报纳税的,由其机构所在地或者居住地主管税务机关补征税款。

(4) 进口货物,应当向报关地海关申报纳税。

(5) 扣缴义务人应当向其机构所在地或者居住地主管税务机关申报缴纳扣缴的税款。

二、增值税一般纳税人纳税申报

增值税一般纳税人一般是按月纳税申报,申报期为次月 1 日起至 15 日(到期日遇法定

节假日顺延)。

(一) 纳税申报资料

纳税申报资料包括纳税申报表及其附列资料和纳税申报的其他资料。

1. 纳税申报表及其附列资料

增值税一般纳税人纳税申报表及其附列资料包括:

(1)《增值税及附加税费申报表(一般纳税人适用)》。

(2)《增值税及附加税费申报表附列资料(一)》(本期销售情况明细)。

(3)《增值税及附加税费申报表附列资料(二)》(本期进项税额明细)。

(4)《增值税及附加税费申报表附列资料(三)》(服务、不动产和无形资产扣除项目明细)。

一般纳税人销售服务、不动产和无形资产,在确定服务、不动产和无形资产销售额时,按照有关规定可以从取得的全部价款和价外费用中扣除价款的,需填报《增值税及附加税费申报表附列资料(三)》。其他情况不填写该附列资料。

(5)《增值税及附加税费申报表附列资料(四)》(税额抵减情况表)。

(6)《增值税及附加税费申报表附列资料(五)》(附加税费情况表)。

(7)《增值税减免税申报明细表》。

2. 纳税申报的其他资料

(1) 已开具的税控机动车销售统一发票和普通发票的存根联。

(2) 符合抵扣条件且在本期申报抵扣的增值税专用发票(含税控机动车销售统一发票)的抵扣联。

(3) 符合抵扣条件且在本期申报抵扣的海关进口增值税专用缴款书、购进农产品取得的普通发票的复印件。

(4) 符合抵扣条件且在本期申报抵扣的税收完税凭证及其清单,书面合同、付款证明和境外单位的对账单或者发票。

(5) 已开具的农产品收购凭证的存根联或报查联。

(6) 纳税人销售服务、不动产和无形资产,在确定服务、不动产和无形资产销售额时,按照有关规定从取得的全部价款和价外费用中扣除价款的合法凭证及其清单。

(7) 主管税务机关规定的其他资料。

纳税申报表及其附列资料为必报资料。纳税申报其他资料的报备要求由各省、自治区、直辖市和计划单列市国家税务局确定。

【职业训练 2-10】 根据本节情境引例的资料以及[职业训练 2-1]至[职业训练 2-3]的计算结果,填制增值税相关纳税申报表。假定新华公司城市维护建设税税率为 7%,教育费附加费率为 3%,地方教育附加费率为 2%。

申报表及填表说明

操作步骤如下:

第一步,填报增值税及附加税费申报表附列资料(一)。按"13%税率的货物及加工修理修配劳务"申报销售额和销项税额,相关计算如下:

开具增值税专用发票销售额=5 000 000(元)

开具增值税专用发票销项税额=650 000(元)

开具其他发票销售额=100 000(元)

开具其他发票销项税额＝13 000(元)

未开具发票销售额＝26 548.67＋600 000＋220 000

＝846 548.67(元)

未开具发票销项税额＝846 548.67×13%

＝110 051.33(元)

填报结果见表2-16。

第二步，填报增值税及附加税费申报表附列资料(二)。申报抵扣的进项税额，相关计算如下：

本期认证相符且本期申报抵扣金额

＝1 500 000＋100 000＋800 000＋50 000＋10 000＋3 000 000

＝5 460 000(元)

本期认证相符且本期申报抵扣税额

＝195 000＋9 000＋104 000＋4 500＋600＋390 000

＝703 100(元)

农产品收购发票或者销售发票金额＝600 000(元)

农产品收购发票或者销售发票税额＝60 000(元)

进项税额转出额，相关计算如下：

非正常损失进项税额转出额＝26 000(元)

简易计税方法征税项目用进项税额转出额＝13 000(元)

填报结果见表2-17。

第三步，填报增值税纳税申报表。相关计算如下：

上期留抵税额＝25 000(元)

填报结果见表2-18。

第四步，填报增值税及附加税费申报表附列资料(五)。填写附加税费情况，相关计算如下：

应纳城市维护建设税＝增值税×城市维护建设税税率

＝23 951.33×7%

＝1 676.59(元)

应纳教育费附加＝增值税×教育费附加费率

＝23 951.33×3%

＝718.54(元)

应纳地方教育附加＝增值税×地方教育附加费率

＝23 951.33×2%

＝479.03(元)

填报结果见表2-19。

新华公司业务其他附表不需填写。

【请注意】

如果企业当期有未抵扣完的进项税额或者其他情况，使得当期无实际应纳税额，则不需要填报增值税及附加税费申报表附列资料(五)(附加税费情况表)。

表 2-16　增值税及附加税费申报表附列资料(一)

(本期销售情况明细)

纳税人名称(公章):新华公司　　税款所属时间:2022 年 10 月 1 日至 2022 年 10 月 31 日　　金额单位:元(列至角分)

项目及栏次				开具增值税专用发票		开具其他发票		未开具发票		纳税检查调整		合计			服务、不动产和无形资产扣除项目本期实际扣除金额	扣除后	
				销售额	销项(应纳)税额	销售额	销项(应纳)税额	销售额	销项(应纳)税额	销售额	销项(应纳)税额	销售额	销项(应纳)税额	价税合计		含税(免税)销售额	销项(应纳)税额
				1	2	3	4	5	6	7	8	9=1+3+5+7	10=2+4+6+8	11=9+10	12	13=11−12	14 = 13 ÷(100%+税率或征收率)×税率或征收率
一、一般计税方法计税	全部征税项目	13%税率的货物及加工修理修配劳务	1	5 000 000.00	650 000.00	100 000.00	13 000.00	846 548.67	110 051.33			5 946 548.67	773 051.33	—	—	—	—
		13%税率的服务、不动产和无形资产	2														
		9%税率的货物及加工修理修配劳务	3											—	—	—	—
		9%税率的服务、不动产和无形资产	4														
		6%税率	5														
	其中:即征即退项目	即征即退货物及加工修理修配劳务	6	—	—	—	—	—	—	—	—			—	—	—	—
		即征即退服务、不动产和无形资产	7	—	—	—	—	—	—	—	—			—	—	—	—
二、简易计税方法计税	全部征税项目	6%征收率	8							—	—			—	—	—	—
		5%征收率的货物及加工修理修配劳务	9a							—	—			—	—	—	—
		5%征收率的服务、不动产和无形资产	9b							—	—						
		4%征收率	10							—	—			—	—	—	—
		3%征收率的货物及加工修理修配劳务	11							—	—			—	—	—	—

(续表)

项目及栏次				开具增值税专用发票		开具其他发票		未开具发票		纳税检查调整		合计			服务、不动产和无形资产扣除项目本期实际扣除金额	扣除后	
				销售额	销项（应纳）税额	销售额	销项（应纳）税额	销售额	销项（应纳）税额	销售额	销项（应纳）税额	销售额	销项（应纳）税额	价税合计		含税（免税）销售额	销项（应纳）税额
				1	2	3	4	5	6	7	8	9=1+3+5+7	10=2+4+6+8	11=9+10	12	13=11−12	14＝13÷（100%＋税率或征收率）×税率或征收率
二、简易计税方法计税	全部征税项目	3%征收率的服务、不动产和无形资产	12							—	—						
		预征率__%	13a							—	—						
		预征率__%	13b							—	—						
		预征率__%	13c							—	—						
	其中：即征即退项目	即征即退货物及加工修理修配劳务	14	—	—	—	—	—	—	—	—			—	—	—	—
		即征即退服务、不动产和无形资产	15	—	—	—	—	—	—	—	—						
三、免抵退税	货物及加工修理修配劳务		16	—	—		—		—	—	—		—	—	—	—	—
	服务、不动产和无形资产		17	—	—		—		—	—	—		—				—
四、免税	货物及加工修理修配劳务		18				—		—	—	—		—	—	—	—	—
	服务、不动产和无形资产		19	—	—		—		—	—	—		—				—

表 2-17　增值税及附加税费申报表附列资料(二)

(本期进项税额明细)

纳税人名称(公章):新华公司　税款所属时间:2022 年 10 月 1 日至 2022 年 10 月 31 日　金额单位:元(列至角分)

一、申报抵扣的进项税额				
项目	栏次	份数	金额	税额
(一)认证相符的增值税专用发票	1=2+3	6	5 460 000.00	703 100.00
其中:本期认证相符且本期申报抵扣	2	6	5 460 000.00	703 100.00
前期认证相符且本期申报抵扣	3			
(二)其他扣税凭证	4=5+6+7+8a+8b	1	600 000.00	60 000.00
其中:海关进口增值税专用缴款书	5			
农产品收购发票或者销售发票	6	1	600 000.00	60 000.00
代扣代缴税收缴款凭证	7		—	
加计扣除农产品进项税额	8a	—	—	
其他	8b			
(三)本期用于购建不动产的扣税凭证	9			
(四)本期用于抵扣的旅客运输服务扣税凭证	10			
(五)外贸企业进项税额抵扣证明	11	—	—	
当期申报抵扣进项税额合计	12=1+4+11	7	6 060 000.00	763 100.00

二、进项税额转出额		
项目	栏次	税额
本期进项税额转出额	13=14 至 23 之和	39 000.00
其中:免税项目用	14	
集体福利、个人消费	15	
非正常损失	16	26 000.00
简易计税方法征税项目用	17	13 000.00
免抵退税办法不得抵扣的进项税额	18	
纳税检查调减进项税额	19	
红字专用发票信息表注明的进项税额	20	
上期留抵税额抵减欠税	21	
上期留抵税额退税	22	
异常凭证转出进项税额	23a	
其他应作进项税额转出的情形	23b	

三、待抵扣进项税额				
项目	栏次	份数	金额	税额
(一)认证相符的增值税专用发票	24	—	—	—
期初已认证相符但未申报抵扣	25			
本期认证相符且本期未申报抵扣	26			

（续表）

项目	栏次	份数	金额	税额
期末已认证相符但未申报抵扣	27			
其中：按照税法规定不允许抵扣	28			
（二）其他扣税凭证	29＝30至33之和			
其中：海关进口增值税专用缴款书	30			
农产品收购发票或者销售发票	31			
代扣代缴税收缴款凭证	32		—	
其他	33			
	34			
四、其他				
项目	栏次	份数	金额	税额
本期认证相符的增值税专用发票	35	6	5 460 000.00	703 100.00
代扣代缴税额	36	—	—	

表 2-18 增值税及附加税费申报表

（一般纳税人适用）

根据国家税收法律法规及增值税相关规定制定本表。纳税人不论有无销售额，均应按税务机关核定的纳税期限填写本表，并向当地税务机关申报。

税款所属时间：自2022年10月1日至2022年10月31日　　填表日期：2022年10月31日　　金额单位：元（列至角分）

纳税人识别号(统一社会信用代码)：××××××××××××××××××××　　所属行业：

纳税人名称：新华公司	法定代表人姓名	×××	注册地址	××××××××	生产经营地址	××××××××
开户银行及账号	××××××××		登记注册类型	××××××××	电话号码	××××××××

	项目	栏次	一般项目		即征即退项目	
			本月数	本年累计	本月数	本年累计
销售额	（一）按适用税率计税销售额	1	5 946 548.67			
	其中：应税货物销售额	2	5 946 548.67			
	应税劳务销售额	3				
	纳税检查调整的销售额	4				
	（二）按简易计税办法计税销售额	5				
	其中：纳税检查调整的销售额	6				
	（三）免、抵、退办法出口销售额	7			—	—
	（四）免税销售额	8			—	—
	其中：免税货物销售额	9			—	—
	免税劳务销售额	10			—	—
税款计算	销项税额	11	773 051.33			
	进项税额	12	763 100.00			

（续表）

项　目		栏次	一般项目		即征即退项目	
			本月数	本年累计	本月数	本年累计
税款计算	上期留抵税额	13	25 000.00			—
	进项税额转出	14	39 000.00			
	免、抵、退应退税额	15			—	—
	按适用税率计算的纳税检查应补缴税额	16			—	—
	应抵扣税额合计	17＝12＋13－14－15＋16	749 100.00	—		—
	实际抵扣税额	18（如 17＜11，则为 17，否则为 11）	749 100.00			
	应纳税额	19＝11－18	23 951.33			
	期末留抵税额	20＝17－18				—
	简易计税办法计算的应纳税额	21				
	按简易计税办法计算的纳税检查应补缴税额	22			—	—
	应纳税额减征额	23				
	应纳税额合计	24＝19＋21－23	23 951.33			
税款缴纳	期初未缴税额（多缴为负数）	25				
	实收出口开具专用缴款书退税额	26			—	—
	本期已缴税额	27＝28＋29＋30＋31				
	① 分次预缴税额	28		—		—
	② 出口开具专用缴款书预缴税额	29		—	—	—
	③ 本期缴纳上期应纳税额	30				
	④ 本期缴纳欠缴税额	31				
	期末未缴税额（多缴为负数）	32＝24＋25＋26－27	23 951.33			
	其中：欠缴税额（≥0）	33＝25＋26－27		—		—
	本期应补（退）税额	34＝24－28－29	23 951.33	—		—
	即征即退实际退税额	35	—	—		
	期初未缴查补税额	36			—	—
	本期入库查补税额	37			—	—
	期末未缴查补税额	38＝16＋22＋36－37			—	—
附加税费	城市维护建设税本期应补（退）税额	39	1 676.59		—	—
	教育费附加本期应补（退）费额	40	718.54		—	—
	地方教育附加本期应补（退）费额	41	479.03		—	—

声明：此表是根据国家税收法律法规及相关规定填写的，本人（单位）对填报内容（及附带资料）的真实性、可靠性、完整性负责。 纳税人（签章）：　年　月　日	
经办人： 经办人身份证号： 代理机构签章： 代理机构统一社会信用代码：	受理人： 受理税务机关（章）：　受理日期：　年　月　日

表 2-19　增值税及附加税费申报表附列资料(五)

(附加税费情况表)

纳税人名称(公章):新华公司　　税(费)款所属时间:2022 年 10 月 1 日至 2022 年 10 月 31 日　　金额单位:元(列至角分)

<table>
<tr><td rowspan="3" colspan="2">税(费)种</td><td colspan="3">计税(费)依据</td><td rowspan="2">税(费)率</td><td rowspan="2">本期应纳税(费)额</td><td colspan="2">本期减免税(费)额</td><td colspan="2">试点建设培育产教融合型企业</td><td rowspan="2">本期已缴税(费)额</td><td rowspan="2">本期应补(退)税(费)额</td></tr>
<tr><td>增值税税额</td><td>增值税免抵税额</td><td>留抵退税本期扣除额</td><td>减免性质代码</td><td>减免税(费)额</td><td>减免性质代码</td><td>本期抵免金额</td></tr>
<tr><td>1</td><td>2</td><td>3</td><td>4</td><td>5=(1+2−3)×4</td><td>6</td><td>7</td><td>8</td><td>9</td><td>10</td><td>11=5−7−9−10</td></tr>
<tr><td>城市维护建设税</td><td>1</td><td>23 951.33</td><td></td><td></td><td>7%</td><td>1 676.69</td><td></td><td></td><td></td><td></td><td></td><td>1 676.59</td></tr>
<tr><td>教育费附加</td><td>2</td><td>23 951.33</td><td></td><td></td><td>3%</td><td>718.54</td><td></td><td></td><td></td><td></td><td></td><td>718.54</td></tr>
<tr><td>地方教育附加</td><td>3</td><td>23 951.33</td><td></td><td></td><td>2%</td><td>479.03</td><td></td><td></td><td></td><td></td><td></td><td>479.03</td></tr>
<tr><td>合计</td><td>4</td><td>—</td><td>—</td><td>—</td><td>—</td><td>2 874.16</td><td>—</td><td></td><td>—</td><td></td><td></td><td>2 874.26</td></tr>
<tr><td rowspan="3" colspan="5">本期是否适用试点建设培育产教融合型企业抵免政策</td><td rowspan="3">□是
☑否</td><td colspan="4">当期新增投资额</td><td>5</td><td colspan="2"></td></tr>
<tr><td colspan="4">上期留抵可抵免金额</td><td>6</td><td colspan="2"></td></tr>
<tr><td colspan="4">结转下期可抵免金额</td><td>7</td><td colspan="2"></td></tr>
<tr><td rowspan="3" colspan="6">可用于扣除的增值税留抵退税额使用情况</td><td colspan="4">当期新增可用于扣除的留抵退税额</td><td>8</td><td colspan="2">0</td></tr>
<tr><td colspan="4">上期结存可用于扣除的留抵退税额</td><td>9</td><td colspan="2">0</td></tr>
<tr><td colspan="4">结转下期可用于扣除的留抵退税额</td><td>10</td><td colspan="2">0</td></tr>
</table>

增值税及附加税费预缴表及填表说明

(二) 纳税人预缴税款

纳税人(不含其他个人)跨县(市)提供建筑服务、房地产开发企业预售自行开发的房地产项目、纳税人(不含其他个人)出租与机构所在地不在同一县(市)的不动产,按规定需要在项目所在地或不动产所在地主管国税机关预缴税款的,需填写《增值税及附加税费预缴表》和《增值税及附加税费预缴表附列资料》(附加税费情况表),如表 2-20 和表 2-21 所示。

表 2-20　增值税及附加税费预缴表

税款所属时间:　　年　　月　　日至　　年　　月　　日

纳税人识别号(统一社会信用代码):□□□□□□□□□□□□□□□□□□□□　　是否适用一般计税方法　是□　否□

纳税人名称(公章):　　金额单位:元(列至角分)

项目编号:　　项目名称:

项目地址:

预征项目和栏次		销售额	扣除金额	预征率	预征税额
		1	2	3	4
建筑服务	1				
销售不动产	2				
出租不动产	3				
	4				
	5				
合计	6				

（续表）

附加税费					
城市维护建设税实际预缴税额		教育费附加实际预缴费额		地方教育附加实际预缴费额	
声明：此表是根据国家税收法律法规及相关规定填写的，本人（单位）对填报内容（及附带资料）的真实性、可靠性、完整性负责。 纳税人（签章）：　　年　　月　　日					
经办人： 经办人身份证号： 代理机构签章： 代理机构统一社会信用代码：			受理人： 受理税务机关（章）： 受理日期：　　年　　月　　日		

表 2-21　增值税及附加税费预缴表附列资料

（附加税费情况表）

纳税人名称（公章）：　税（费）款所属时间：　　年　　月　　日至　　年　　月　　日　金额单位：元（列至角分）

税（费）种	计税（费）依据	税（费）率	本期应纳税（费）额	本期减免税（费）额		增值税小规模纳税人“六税两费”减征政策		本期实际预缴税（费）额
	增值税预缴税额			减免性质代码	减免税（费）额	本期是否适用　□是□否		
						减征比例	减征额	
	1	2	3＝1×2	4	5	6	7＝(3－5)×6	8＝3－5－7
城市维护建设税								
教育费附加								
地方教育附加								
合计	—	—		—		—		

三、增值税小规模纳税人纳税申报

增值税小规模纳税人纳税申报表及其附列资料包括：

(1)《增值税及附加税费申报表》(小规模纳税人适用)(表 2-22)。

(2)《增值税减免税申报明细表》(表 2-23)。

(3)《增值税及附加税费申报表(小规模纳税人适用)附列资料(一)》(表 2-24)。

(4)《增值税及附加税费申报表(小规模纳税人适用)附列资料(二)》(附加税费情况表)(表 2-25)。

表 2-22　增值税及附加税费申报表(小规模纳税人适用)

纳税人识别号：

纳税人名称(公章)：　　　　　　　　　　　　　　　　　　　　　　　　金额单位:元(列至角分)

税款所属期：　年　月　日至　年　月　日

本期销售不动产的销售额		填表日期：　年　月　日

项目		栏次	本期数		本年累计	
			货物及劳务	服务、不动产和无形资产	货物及劳务	服务、不动产和无形资产
一、计税依据	(一) 应征增值税不含税销售额(3%征收率)	1				
	增值税专用发票不含税销售额	2				
	其他增值税发票不含税销售额	3				
	(二) 应征增值税不含税销售额(5%征收率)	4	—		—	
	增值税专用发票不含税销售额	5	—		—	
	其他增值税发票不含税销售额	6	—		—	
	(三) 销售使用过的固定资产不含税销售额	7(7≥8)		—		—
	其中:其他增值税发票不含税销售额	8		—		—
	(四) 免税销售额	9=10+11+12				
	其中:小微企业免销售额	10				
	未达起征点销售额	11				
	其他免税销售额	12				
	(五) 出口免税销售额	13(13≥14)				
	其中:税控器具开具的普通发票销售额	14				
二、税款计算	核定销售额	15				
	本期应纳税额	16				
	核定应纳税额	17				
	本期应纳税额减征额	18				
	本期免税额	19				
	其中:小微企业免税额	20				
	未达起征点免税额	21				
	应纳税额合计	22=16-18 或 17-18				
	本期预缴税额	23			—	—
	本期应补(退)税额	24=22-23			—	—
三、附加税费	城市维护建设税本期应补(退)税额	25				
	教育费附加本期应补(退)费额	26				
	地方教育附加本期应补(退)费额	27				

纳税人或代理人声明：本纳税申报表是根据国家税收法律法规及相关规定填报的，我确信它是真实的、可靠的、完整的。	如纳税人填报，由纳税人填写以下各栏：			
	办税人员(签章)：		财务负责人(签章)：	
	法定代表人(签章)：		联系电话：	
	如委托代理人填报，由代理人填写以下各栏：			
	代理人(公章)		经办人(签章)：	
			联系电话：	

表 2-23　增值税减免税申报明细表

纳税人名称(公章)：　　　税款所属时间：　　年　　月　　日至　　年　　月　　日　金额单位:元(列至角分)

一、减税项目							
减税性质代码及名称		栏次	期初余额	本期发生额	本期应抵减税额	本期实际抵减税额	期末余额
			1	2	3=1+2	4≤3	5=3−4
合计		1					
		2					
二、免税项目							
免税性质代码及名称		栏次	免征增值税项目销售额	免税销售额扣除项目本期实际扣除金额	扣除后免税销售额	免税销售额对应的进项税额	免税额
			1	2	3=1−2	4	5
合计		1					
出口免税		2		—	—	—	—
其中:跨境服务		3		—	—	—	—
		4					

表 2-24　增值税及附加税费申报表(小规模纳税人适用)附列资料一

税款所属期：　　年　　月　　日至　　年　　月　　日　　　　填表日期：　　年　月　日

纳税人名称(公章)：　　　　　　　　　　　　　　　　金额单位:元(列至角分)

应税行为(3%征收率)扣除额计算			
期初余额	本期发生额	本期扣除额	期末余额
1	2	3(3≤1+2之和,且3≤5)	4=1+2−3
应税行为(3%征收率)计税销售额计算			
全部含税收入(适用3%征收率)	本期扣除额	含税销售额	不含税销售额
5	6=3	7=5−6	8=7÷(1+征收率)
应税行为(5%征收率)扣除额计算			
期初余额	本期发生额	本期扣除额	期末余额
9	10	11(11≤9+10之和,且11≤13)	12=9+10−11
应税行为(5%征收率)计税销售额计算			
全部含税收入(适用5%征收率)	本期扣除额	含税销售额	不含税销售额
13	14=11	15=13−14	16=15÷1.05

表 2-25　增值税及附加税费申报表(小规模纳税人适用)附列资料二(附加税费情况表)

纳税人识别号:

税款所属期:　　年　　月　　日至　　年　　月　　日　　　　　　　　　　　　金额单位:元(列至角分)

<table>
<tr><td rowspan="3">纳税人信息</td><td>名称</td><td colspan="4"></td><td>登记类别</td><td colspan="4">0</td></tr>
<tr><td>登记注册类型</td><td colspan="2"></td><td>所属行业</td><td></td><td>身份证件类型</td><td colspan="4"></td></tr>
<tr><td>身份证件号码</td><td colspan="2"></td><td>联系方式</td><td></td><td>计税依据修改原因</td><td></td><td>其他修改原因</td><td colspan="2"></td></tr>
<tr><td rowspan="3">税(费)种</td><td colspan="2">计税(费)依据</td><td rowspan="2">税(费)率(征收率)</td><td rowspan="2">本期应纳税(费)额</td><td colspan="2">本期减免税(费)额</td><td colspan="2">增值税小规模纳税人“六税两费”减征政策</td><td rowspan="2">本期已缴税(费)额</td><td rowspan="2">本期应补(退)税(费)额</td></tr>
<tr><td>增值税税额</td><td>增值税限额减免金额</td><td>减免性质代码</td><td>减免税(费)额</td><td>减征比例</td><td>减征额</td></tr>
<tr><td>1</td><td>2</td><td>3</td><td>4=(1+2)×3</td><td>5</td><td>6</td><td>7</td><td>8=(4−6)×7</td><td>9</td><td>10=4−8−9</td></tr>
<tr><td>城市维护建设税(市区增值税附征)</td><td></td><td></td><td></td><td></td><td></td><td></td><td></td><td></td><td></td><td></td></tr>
<tr><td>教育费附加(增值税)</td><td></td><td></td><td></td><td></td><td></td><td></td><td></td><td></td><td></td><td></td></tr>
<tr><td>地方教育费附加(增值税)</td><td></td><td></td><td></td><td></td><td></td><td></td><td></td><td></td><td></td><td></td></tr>
<tr><td>合计</td><td></td><td></td><td>—</td><td></td><td>—</td><td></td><td>—</td><td></td><td></td><td></td></tr>
<tr><td colspan="11">以下由纳税人填写:</td></tr>
<tr><td>纳税人声明</td><td colspan="10">此纳税申报表是根据《中华人民共和国城市维护建设税暂行条例》《国务院征收教育费附加的暂行规定》《财政部关于统一地方教育附加政策有关问题的通知》和国家有关税收规定填报的,是真实的、可靠的、完整的。</td></tr>
<tr><td>纳税人签章</td><td colspan="2"></td><td colspan="2">代理人签章</td><td colspan="2"></td><td colspan="2">代理人身份证号</td><td colspan="2"></td></tr>
<tr><td>被红冲所属期起</td><td colspan="6"></td><td colspan="2">被红冲所属期止</td><td colspan="2"></td></tr>
<tr><td colspan="11">以下由税务机关填写:</td></tr>
<tr><td>受理人</td><td colspan="6"></td><td colspan="2">受理日期</td><td colspan="2">年　　月　　日</td></tr>
</table>

增值税小规模纳税人申报表

知识链接

增值税会计核算明细科目设置

<table>
<tr><td>一级科目</td><td colspan="3">二级科目</td></tr>
<tr><td rowspan="2">应交税费</td><td rowspan="2">应交增值税
(一般纳税人设专栏,
小规模纳税人无专栏)</td><td>借方专栏</td><td>进项税额
销项税额抵减
已交税金
减免税款
出口抵减内销产品应纳税额
转出未交增值税</td></tr>
<tr><td>贷方专栏</td><td>销项税额
出口退税
进项税额转出
转出多交增值税</td></tr>
</table>

（续表）

一级科目	二级科目
应交税费	未交增值税
	预交增值税
	待抵扣进项税额
	待认证进项税额
	待转销项税额
	简易计税
	转让金融商品应交增值税
	代扣代缴增值税

增值税会计核算

一、一般纳税人增值税会计核算	
业务类型	账务处理
1. 取得货物、加工修理修配劳务、服务、无形资产或固定资产	借：材料采购（在途物资）/原材料/库存商品/固定资产/无形资产等 　应交税费——应交增值税（进项税额） 　贷：银行存款/应付账款等
2. 企业发生非正常损失、改变用途等进项税额转出	借：待处理财产损溢/应付职工薪酬等 　贷：原材料、库存商品等 　　应交税费——应交增值税（进项税额转出）
3. (1) 纳税人已取得增值税扣税凭证、但尚未经税务机关认证的进项税额 (2) 经认证后准予抵扣时	(1) 借：原材料等 　应交税费——待认证进项税额 　贷：应付账款等 (2) 借：应交税费——应交增值税（进项税额） 　贷：应交税费——待认证进项税额
4. 销售货物、加工修理修配劳务、服务、无形资产或不动产	借：应收账款/应收票据/银行存款等 　贷：主营业务收入/其他业务收入/固定资产清理等 　　应交税费——应交增值税（销项税额） 　或者：应交税费——简易计税
5. (1) 确认收入早于发生增值税纳税义务 (2) 实际发生纳税义务时	(1) 借：应收账款/应收票据/银行存款等 　贷：主营业务收入/其他业务收入/固定资产清理等 　　应交税费——待转销项税额 (2) 借：应交税费——待转销项税额 　贷：应交税费——应交增值税（销项税额）

（续表）

一、一般纳税人增值税会计核算		
业务类型		账务处理
6.（1）发生增值税纳税义务早于确认收入 （2）确认收入时		（1）借：应收账款 贷：应交税费——应交增值税（销项税额） （2）借：应收账款/应收票据/银行存款等 贷：主营业务收入/其他业务收入
7. 视同销售	（1）集体福利、对外投资、以实物支付分配股利	借：应付职工薪酬/长期股权投资/应付股利 贷：主营业务收入/其他业务收入 应交税费——应交增值税（销项税额）
	（2）对外捐赠	借：营业外支出 贷：库存商品/原材料 应交税费——应交增值税（销项税额）
8. 发生销货退回		借：主营业务收入/其他业务收入 应交税费——应交增值税（销项税额） 贷：应收账款/应收票据/银行存款等
9. 初次购买防伪税控系统专用设备和技术维护费		借：固定资产（价款＋增值税＋费） 管理费用（技术维护费） 贷：银行存款 借：应交税费——应交增值税（减免税款） 贷：管理费用
10. 转出当月应交未交的增值税		借：应交税费——应交增值税（转出未交增值税） 贷：应交税费——未交增值税
11. 转出当月多交的增值税		借：应交税费—未交增值税 贷：应交税费——应交增值税（转出多交增值税）
12. 当月缴纳以前期间未交的增值税		借：应交税费——未交增值税 贷：银行存款
13. 当月缴纳本月增值税		借：应交税费——应交增值税（已交税金） 贷：银行存款
14. 差额征税（金融商品转让、经纪代理业务、旅游服务） （1）确认收入时 （2）扣税时		（1）借：应收账款/应收票据/银行存款等 贷：主营业务收入/其他业务收入/固定资产清理等 应交税费——应交增值税（销项税额） （2）借：主营业务成本 应交税费——应交增值税（销项税额抵减） 贷：银行存款
15. 转让金融商品 （1）取得收益 （2）发生损失		（1）借：投资收益 贷：应交税费——应交增值税（转让金融商品应交增值税） （2）借：应交税费——应交增值税（转让金融商品应交增值税） 贷：投资收益

（续表）

二、小规模纳税人增值税会计核算	
业务类型	账务处理
1. 购买时不予抵扣进项税，增值税计入相关货物或劳务的成本	借：材料采购（在途物资）/原材料/库存商品/固定资产/无形资产等 　贷：银行存款/应付账款等
2. 销售时	借：应收账款/应收票据/银行存款等 　贷：主营业务收入/其他业务收入/固定资产清理等 　　应交税费——应交增值税
3. 缴纳时	借：应交税费——应交增值税 　贷：银行存款

情境小结

学习子情景	知识点
学习子情境一 认知增值税	(1) 增值税概述 (2) 增值税的纳税人 (3) 增值税的征税范围 (4) 增值税的税率和征收率 (5) 增值税的税收优惠
学习子情境二 计算增值税	(1) 一般纳税人增值税的计算 (2) 小规模纳税人增值税的计算 (3) 进口环节增值税的计算 (4) 出口退税额的计算 (5) 增值税专用发票的使用和管理
学习子情境三 增值税申报与缴纳	(1) 增值税申报与缴纳概述 (2) 增值税一般纳税人纳税申报 (3) 增值税小规模纳税人纳税申报

技 能 训 练

一、基础训练

(一) 单项选择题

1. 根据增值税法律制度的规定，下列各项中，应征收增值税的是（　　）。
   A. 行政单位收取的符合条件的行政事业性收费
   B. 单位聘用的员工为本单位提供取得工资的服务
   C. 个体工商户为聘用的员工提供服务
   D. 甲运输公司无偿向乙企业提供交通运输服务
2. 甲公司为增值税一般纳税人，2021 年 9 月进口货物一批，海关审定的关税完税价格为

113万元。已知增值税税率为13%,关税税率为10%,计算甲公司当月该笔业务应纳增值税的下列算式中,正确的是(　　)。

A. 113÷(1+13%)×13%=13(万元)

B. 113×(1+10%)÷(1+13%)×13%=14.3(万元)

C. 113×13%=14.69(万元)

D. 113×(1+10%)×13%=16.159(万元)

3. 根据增值税法律制度的规定,下列各项中,属于销售不动产的是(　　)。

A. 转让非专利技术

B. 转让土地使用权

C. 转让办公楼时一并转让其所占土地的使用权

D. 转让域名

4. 某企业为增值税小规模纳税人,2021年10月销售自产货物取得含税收入103 000元,销售自己使用过2年的设备一台,取得含税收入80 000元,当月购入货物取得的增值税专用发票上注明金额8 000元,增值税1 280元,则该企业当月应纳增值税(　　)元。

A. 4 050.10　　B. 3 273.4　　C. 3 000　　D. 4 553.40

5. 某企业为增值税一般纳税人,2021年10月销售自产电视机10台,开具增值税专用发票注明价款30 000元,另外取得购买方支付的违约金2 260元。已知增值税税率为13%,则该企业当月应纳增值税(　　)元。

A. 4 193.8　　B. 3 900　　C. 4 160　　D. 3 711.33

6. 甲商店(增值税一般纳税人)有金银销售资质,2021年12月销售金项链100条,其中有50条属于直接销售,另外50条采取以旧换新方式销售。已知每条新项链的含税销售价格为2 260元,收取的每条旧项链作价1 130元,则该商店销售金项链业务相应的增值税销项税额为(　　)元(已知增值税税率为13%)。

A. 20 345　　B. 22 035　　C. 19 500　　D. 29 380

7. 甲企业为增值税一般纳税人,2021年8月销售空调取得含增值税价款610.2万元,另收取包装物押金5.65万元,约定3个月内返还,当月确认逾期不予退还的包装物押金为11.3万元。已知增值税税率为13%,则计算甲企业当月上述业务增值税销项税额的下列算式中,正确的是(　　)。

A. (610.2+11.3)÷(1+13%)×13%=71.5(万元)

B. (610.2+5.65+11.3)÷(1+13%)×13%=72.15(万元)

C. (610.2+5.65+11.3)×13%=81.529 5(万元)

D. (610.2+11.3)×13%=80.795(万元)

8. 甲企业(增值税一般纳税人)为生产面粉的食品厂,2021年10月向农民收购一批小麦用于生产面粉,农产品的收购发票上注明收购价款为100万元,则当月该面粉厂可以抵扣的进项税额是(　　)万元。

A. 3　　B. 5　　C. 9　　D. 12

9. 某食品厂为增值税一般纳税人,2021年10月将上月外购的副食品用于集体福利,该批外购副食品在购进时已经抵扣了进项税额,其账面成本为10 000元(其中含运费2 000元)。已知副食品的增值税税率为13%,运费的增值税税率为9%,则该食品厂2021年10月应转出进项税额为(　　)元。

A. 1 100.35　　B. 1 220　　C. 1 085.49　　D. 1 300

10. 根据增值税法律制度的规定，下列行为中，属于视同销售货物行为的是（　　）。
A. 乙超市将外购的牙刷作为集体福利发给员工
B. 甲商贸公司将外购的白酒用于交际应酬
C. 丁服装厂将外购的纽扣用于生产服装
D. 丙玩具厂将自产的玩具无偿赠送给福利院

11. 某广播影视公司为增值税一般纳税人，2021 年 10 月提供广告设计服务取得不含税销售额 80 万元，提供广告发布服务取得不含税销售额 250 万元。当月，该公司接受国内旅客运输服务，取得注明旅客身份信息的航空运输电子客票行程单，注明票价和燃油费共计 20 万元。已知文化创意服务的增值税税率为 6%，航空旅客运输进项税额按照 9%计算抵扣，则该广播影视公司 2021 年 10 月应缴纳增值税（　　）万元。
A. 17.03　　B. 16.95　　C. 18.15　　D. 19.35

12. 长春某银行为增值税一般纳税人，2021 年 10 月提供贷款服务，取得利息收入 100 万元；转让金融商品，买入价为 100 万元，卖出价为 120 万元。已知上述金额均为不含增值税的金额，金融服务的增值税税率为 6%，则该银行当月的销项税额为（　　）万元。
A. 15.5　　B. 12.86　　C. 7.2　　D. 25.54

13. A 型洗衣机生产企业是增值税一般纳税人，2021 年 8 月向某商场销售 1 000 台 A 型洗衣机，出厂不含增值税单价为 3 500 元/台。由于商场采购量大，给予其 9%的商业折扣，并将销售额和折扣额在同一张发票的金额栏分别注明。已知增值税税率为 13%，则 A 型洗衣机生产企业当月该笔业务增值税销项税额的下列计算列式中，正确的是（　　）。
A. 3 500×1 000×13%
B. 3 500×1 000×(1−9%)×13%
C. 3 500×1 000×(1−9%)÷(1+13%)×13%
D. 3 500×1 000÷(1+13%)×13%

14. 下列关于增值税纳税义务发生时间的表述中，错误的是（　　）。
A. 采用直接收款方式销售货物，已将货物移送对方并暂估销售收入入账，但既未取得销售款或取得索取销售款凭据也未开具销售发票的，其纳税义务发生时间为取得销售款或取得销售款凭据的当天
B. 采用直接收款方式销售货物，先开具发票的，纳税义务发生时间为发出货物的当天
C. 采取预收货款方式销售货物，为货物发出的当天，但生产销售生产工期超过 12 个月的大型机械设备、船舶、飞机等货物，为收到预收款或者书面合同约定的收款日期的当天
D. 销售应税劳务，为提供劳务同时收讫销售款或者取得索取销售款的凭据的当天

15. 根据增值税法律制度的规定，进口货物申报纳税的地点为（　　）。
A. 收货人取得进口货物地　　B. 收货人机构所在地
C. 进口货物销售地　　D. 进口货物报关地

（二）多项选择题

1. 根据增值税法律制度的规定，下列各项中，属于“现代服务——租赁服务”中不动产租赁服务的有（　　）。
A. 融资性售后回租　　B. 车辆停放服务
C. 道路通行服务　　D. 飞机、车辆等有形动产的广告位出租

2. 根据增值税法律制度的规定，下列关于纳税人购进国内旅客运输服务的说法中，正确的有（　　）。
   A. 取得增值税电子普通发票的，不得抵扣进项税额
   B. 取得注明旅客身份信息的航空运输电子客票行程单，进项税额＝（票价＋燃油附加费）÷（1＋9%）×9%
   C. 取得注明旅客身份信息的铁路车票，进项税额＝票面金额÷（1＋9%）×9%
   D. 取得注明旅客身份信息的公路客票，进项税额＝票面金额÷（1＋3%）×3%
3. 根据增值税法律制度的规定，下列各项中，一般纳税人在计算增值税销项税额时，应并入销售额的有（　　）。
   A. 销售货物价外向购买方收取的赔偿金
   B. 销售货物价外向购买方收取的储备费
   C. 销售货物的同时代办保险而向购买方收取的保险费
   D. 受托加工应征消费税的消费品所代收代缴的消费税
4. 根据增值税法律制度的规定，一般纳税人发生的下列行为中，不得抵扣进项税额的有（　　）。
   A. 非正常损失的不动产所耗用的设计服务
   B. 购进的贷款服务
   C. 购进的居民日常服务
   D. 购进的餐饮服务
5. 根据增值税法律制度的规定，下列各项可以作为增值税的扣税凭证的有（　　）。
   A. 税控机动车销售统一发票　　B. 海关进口增值税专用缴款书
   C. 符合规定的国内旅客运输发票　　D. 增值税普通发票

（三）判断题

1. 将自产、委托加工或购进的货物无偿赠送给其他单位或个人视同销售，但以公益事业或者以社会公众为对象的除外。（　　）
2. 无运输工具承运业务，按照租赁服务缴纳增值税。（　　）
3. 纳税人提供旅游服务可以选择以取得的全部价款和价外费用，扣除向旅游服务购买方收取并支付给其他单位或者个人的住宿费、餐饮费、交通费、签证费、门票费和支付给其他接团旅游企业的旅游费用后的余额为销售额。（　　）
4. 境外的单位或者个人在境内销售劳务，在境内未设有经营机构也没有境内代理人的，以购买方为增值税扣缴义务人。（　　）
5. 纳税人发生视同销售服务、无形资产或者不动产情形的，其纳税义务发生时间为服务、无形资产转让完成的当天或者不动产权属变更的当天。（　　）

二、能力训练

（一）不定项选择题（每小题备选答案中，有一个或一个以上符合题意的正确答案）。

1. 甲食品厂为增值税一般纳税人，2021 年 10 月发生以下业务：
   (1) 从农民手中购进大米用于生产雪饼，支付价款 100 000 元，取得农产品销售发票。
   (2) 销售零食取得不含税销售额 700 000 元，增值税专用发票注明税额为 91 000 元。
   (3) 乙企业向甲食品厂购买了 1 000 000 元（不含税）货物，甲食品厂给予乙企业 10% 的折扣，销售额和折扣额在同一张发票且折扣额在备注栏标明。
   (4) 甲食品厂销售自己使用过的生产设备取得含税销售额 25 750 元，该设备为 2008 年

5月购入。

已知：甲食品厂销售食品适用增值税税率为13%，纳税人取得的增值税专用专票已通过认证。一般纳税人销售自己使用过的不得抵扣且未抵扣进项税额的固定资产，按简易计税办法依3%征收率减按2%征收增值税。

要求：根据上述资料，不考虑其他因素，分析回答下列小题。

① 针对业务(1)，甲食品厂购进大米可抵扣的进项税额为(　　)元。

A. 0　　B. 100 000×9%=9 000

C. 100 000×10%=10 000　　D. 100 000×13%=13 000

② 针对业务(3)，甲企业应缴纳的销项税额为(　　)元。

A. 1 000 000×13%=130 000

B. 1 000 000×(1−10%)×13%=117 000

C. 1 000 000÷(1+13%)×13%=115 044.248

D. 1 000 000×(1−10%)÷(1+13%)×13%=103 539.823

③ 针对业务(4)，甲食品厂应缴纳的增值税为(　　)元。

A. 25 750÷(1+13%)×13%=2 962.39

B. 25 750÷(1+3%)×2%=500

C. 25 750÷(1+3%)×3%=750

D. 25 750÷(1+13%)×2%=455.75

④ 甲厂当月可以抵扣的进项税额为(　　)元。

A. 10 000　　B. 91 000+13 000=104 000

C. 9 000+91 000=100 000　　D. 10 000+91 000=101 000

2. 甲公司为增值税一般纳税人，主要从事彩电的生产与销售业务。2021年8月，甲公司有关经营情况如下：

(1) 销售M型彩电，取得含增值税价款6 780 000元，另收取包装物租金56 500元。

(2) 采取以旧换新方式销售N型彩电500台，N型彩电的同期含增值税销售单价为4 520元/台，旧彩电每台折价316.4元。

(3) 购进生产用液晶面板，取得增值税专用发票注明税额为390 000元。

(4) 购进劳保用品，取得增值税普通发票注明税额为300元。

(5) 购进一辆销售部门和职工食堂混用的货车，取得税控机动车销售统一发票注明税额为78 000元。

(6) 组织职工夏季旅游，支付住宿费，取得增值税专用发票注明税额为1 200元。

(7) 将自产Z型彩电无偿赠送给某医院150台，委托某商场代销800台，作为投资提供给某培训机构400台；购进50台电脑奖励给业绩突出的职工。

已知：增值税税率为13%。

要求：根据上述资料，不考虑其他因素，分析回答下列小题。

① 计算甲公司当月销售M型彩电增值税销项税额的下列算式中，正确的是(　　)。

A. (6 780 000+56 500)÷(1+13%)×13%=786 500(元)

B. 6 780 000÷(1+13%)×13%=780 000(元)

C. 6 780 000×13%=881 400(元)

D. (6 780 000+56 500)×13%=888 745(元)

② 计算甲公司当月采取以旧换新方式销售N型彩电增值税销项税额的下列算式中，正

确的是(　　)。

A. 500×[4 520÷(1+13%)−316.4]×13%=239 434(元)

B. 500×(4 520−316.4)÷(1+13%)×13%=241 800(元)

C. 500×4 520÷(1+13%)×13%=260 000(元)

D. 500×(4 520−316.4)×13%=273 234(元)

③ 甲公司的下列进项税额中,准予从销项税额中抵扣的是(　　)。

A. 支付住宿费的进项税额 1 200 元

B. 购进货车的进项税额 78 000 元

C. 购进劳保用品的进项税额 300 元

D. 购进生产用液晶面板的进项税额 390 000 元

④ 甲公司的下列业务中,属于增值税视同销售货物行为的是(　　)。

A. 将自产的 800 台 Z 型彩电委托某商场代销

B. 将自产的 400 台 Z 型彩电作为投资提供给某培训机构

C. 将购进的 50 台电脑奖励给业绩突出的职工

D. 将自产的 150 台 Z 型彩电无偿赠送给某医院

(二) 计算分析题

1. 某综合服务公司甲公司为增值税一般纳税人,2021 年 11 月发生如下业务:

(1) 下设一金融部门,提供贷款服务,当月收取含税利息收入 100 000 元。

(2) 将一栋 2 个月前购买的办公楼出租,租期为 12 个月,每月办公楼不含税租金收入为 100 000 元,当月一次性收取全部租金 1 200 000 元。

(3) 下设一 KTV,当月提供唱歌服务取得不含税收入 160 000 元,同时销售酒水取得不含税收入 30 000 元。

(4) 下设一运输部门,当月提供交通运输服务,取得不含税收入为 50 000 元。

要求:根据上述资料,计算每笔业务的销项税额。

2. 2021 年 9 月,某空调机厂生产出最新型号的空调,每台不含税销售单价为 5 000 元。当月发生如下经济业务:

(1) 9 月 5 日,向各大商场销售空调 2 000 台,对在当月 20 天内付清 2 000 台空调购货款的大商场均给予了 5%的销售折扣。

(2) 9 月 8 日,发货给邻省分支机构 200 台,用于销售。

(3) 9 月 10 日,采取以旧换新方式,从消费者个人手中收购旧型号空调机,销售新型号空调机 100 台,每台旧型号空调机折价为 500 元。

(4) 9 月 15 日,购进生产空调用原材料一批,取得增值税专用发票上注明的价款为 2 000 000 元,增值税为 260 000 元,材料已经验收入库。

(5) 9 月 20 日,向全国第×届冬季运动会赠送空调 20 台。

(6) 9 月 23 日,从国外购进两台空调检测设备,取得的海关开具的完税凭证上注明的增值税为 180 000 元。

要求:计算该企业 9 月份应纳增值税。

学习情境三

消费税税务处理

教学目标

知识目标

1. 熟悉消费税的特点；
2. 熟知消费税的具体税目、税率；
3. 熟知消费税的计税方法；
4. 熟悉消费税征收管理规定。

技能目标

1. 能准确计算消费税的应纳税额；
2. 能正确填写消费税纳税申报表并完成申报缴纳。

思政目标

1. 树立正确的消费观念；
2. 增强依法办理消费税业务的意识；
3. 理解消费税对经济发展、个人消费的调节作用；
4. 引导消费行为，降低过度消费损害身心健康、污染生态环境的风险。

学习子情境一　认知消费税

一、消费税概述

消费税是指对消费品和特定的消费行为按流转额征收的一种商品税。从广义上来看，消费税应对所有消费品包括生活必需品和日用品普遍课税。但从征收实践上来看，消费税主要对特定消费品或特定消费行为等课税。消费税属于间接税，税收随价格转嫁给消费者，消费者是税款的实际负担者。现行消费税主要有如下四个特点。

（一）征收范围具有选择性

我国消费税在征收范围上根据产业政策与消费政策仅选择部分消费品征税，而不是对所有消费品都征收消费税。为适应目前产业结构、消费水平和消费结构以及节能、环保等方面的要求，从 2006 年 4 月 1 日起，我国对消费税的征收范围进行了增减调整。从 2014 年 12 月 1 日起，我国提高了成品油消费税单位税额，取消了对酒精、汽车轮胎、气缸容量在 250 毫升以下小排量摩托车等产品征收消费税。从 2015 年 2 月 1 日起，我国对电池、涂料征收消费税。调整后，我国消费税税目共计 15 个。

（二）征税环节具有单一性

在一般情况下，消费税主要在生产销售和进口环节征收。消费税在生产、委托加工和进口或消费的某一环节一次征收，而在其他环节（如流通、消费等）不再征税，即通常所说的一次课征制。

从 2009 年 5 月 1 日起，我国对卷烟在批发环节加征一道消费税。自 2016 年 12 月 1 日起，我国对超豪华小汽车在零售环节加征一道消费税。

（三）税收调节具有特殊性

税收调节的特殊性体现在消费税的平均税率水平比较高，并且不同征税项目的税负差异较大。我国对香烟等需要限制或控制消费的消费品规定较高的税率。

（四）计税方法具有灵活性

我国既采用对消费品确定单位税额，以消费品的数量实行从量定额的计税方法；也采用对消费品制定比例税率，以消费品的价格实行从价定率的计税方法。我国对卷烟、白酒还采用了从量征收与从价征收相结合的复合计税方式。

二、消费税的纳税人

在中华人民共和国境内生产、委托加工和进口《中华人民共和国消费税暂行条例》规定的消费品的单位和个人，以及国务院确定的销售《中华人民共和国消费税暂行条例》规定的消费品的其他单位和个人，为消费税的纳税义务人（以下简称消费税纳税人）。

在中华人民共和国境内是指生产、委托加工和进口属于应当缴纳消费税的消费品的起运地或者所在地在境内。单位是指企业、行政单位、事业单位、军事单位、社会团体及其他单位。个人是指个体工商户及其他个人。

【请注意】

消费税是在对所有货物普遍征收增值税的基础上选择部分消费品征收的，因此，消费税纳税人同时也是增值税纳税人。

三、消费税的税目

我国目前消费税税目有 15 个，具体内容如下。

(一) 烟

凡是以烟叶为原料加工生产的产品，不论使用何种辅料，均属于该税目的征收范围。该税目包括卷烟（进口卷烟、白包卷烟、手工卷烟和未经国务院批准纳入计划的企业及个人生产的卷烟）、雪茄烟和烟丝 3 个子目。

1. 卷烟

卷烟包括甲类卷烟和乙类卷烟。甲类卷烟是指每标准条（200 支）调拨价格在 70 元（不含增值税）以上（含 70 元）的卷烟。乙类卷烟是指每标准条（200 支）调拨价格在 70 元（不含增值税）以下的卷烟。

2. 雪茄烟

雪茄烟包括各种规格、型号的雪茄烟。

3. 烟丝

烟丝包括以烟叶为原料加工生产的不经卷制的散装烟。

(二) 酒

酒包括白酒、黄酒、啤酒和其他酒。

1. 白酒

白酒包括粮食白酒和薯类白酒。

（1）粮食白酒是指以高粱、玉米、大米、糯米、大麦、小麦、青稞等各种粮食为原料，经过糖化、发酵后，采用蒸馏方法酿制的白酒。

（2）薯类白酒是指以白薯（红薯、地瓜）、木薯、马铃薯、芋头、山药等各种干鲜薯类为原料，经过糖化、发酵后，采用蒸馏方法酿制的白酒。用甜菜酿制的白酒，比照薯类白酒征税。

2. 黄酒

黄酒是指以糯米、粳米、籼米、大米、黄米、玉米、小麦、薯类等为原料，经加温、糖化、发酵、压榨酿制的酒。黄酒包括各种原料酿制的黄酒和酒精度超过 12 度（含 12 度）的土甜酒。

3. 啤酒

啤酒分为甲类啤酒和乙类啤酒，是指以大麦或其他粮食为原料，加入啤酒花，经糖化、发酵、过滤酿制的含有二氧化碳的酒。

啤酒每吨出厂价（含包装物及包装物押金）在 3 000 元（含 3 000 元，不含增值税）以上的是甲类啤酒，每吨出厂价（含包装物及包装物押金）在 3 000 元（不含增值税）以下的是乙类啤酒。包装物押金不包括重复使用的塑料周转箱的押金。

【请注意】

对饮食业、商业、娱乐业举办的啤酒屋(啤酒坊)利用啤酒生产设备生产的啤酒,应当征收消费税。果啤属于啤酒,按啤酒征收消费税。

4. 其他酒

其他酒是指除粮食白酒、薯类白酒、黄酒、啤酒以外的各种酒,包括糠麸白酒、其他原料白酒、土甜酒、复制酒、果木酒、汽酒、药酒、葡萄酒等。

配制酒(露酒)是指以发酵酒、蒸馏酒或食用酒精为酒基,加入可食用或药食两用的辅料或食品添加剂,进行调配、混合或再加工制成的并改变了其原酒基风格的饮料酒。具体规定如下:

(1) 以蒸馏酒或食用酒精为酒基,具有国家相关部门批准的国食健字或卫食健字文号并且酒精度低于38度(含)的配制酒,按消费税税目税率表“其他酒”10%适用税率征收消费税。

(2) 以发酵酒为酒基,酒精度低于20度(含)的配制酒,按消费税税目税率表“其他酒”10%的适用税率征收消费税。

(3) 其他配制酒,按消费税税目税率表中“白酒”的适用税率征收消费税。

上述蒸馏酒或食用酒精为酒基是指酒基中蒸馏酒或食用酒精的比重超过80%(含);发酵酒为酒基是指酒基中发酵酒的比重超过80%(含)。

葡萄酒消费税适用酒税目下设的其他酒子目。葡萄酒是指以葡萄为原料,经破碎(压榨)、发酵而成的酒精度在1度(含)以上的葡萄原酒和成品酒(不含以葡萄为原料的蒸馏酒)。

【请注意】

对以黄酒为酒基生产的配制或泡制酒,按其他酒征收消费税。对调味料酒不征收消费税。

(三) 高档化妆品

该税目的征收范围包括高档美容、修饰类化妆品、高档护肤类化妆品和成套化妆品。

高档美容、修饰类化妆品和高档护肤类化妆品是指生产(进口)环节销售(完税)价格(不含增值税)在10元/毫升(克)或15元/片(张)及以上的美容、修饰类化妆品和护肤类化妆品。

美容、修饰类化妆品是指香水、香水精、香粉、口红、指甲油、胭脂、眉笔、唇笔、蓝眼油、眼睫毛以及成套化妆品。

【请注意】

舞台、戏剧、影视演员化妆用的上妆油、卸妆油、油彩,不属于高档化妆品税目的征收范围。

(四) 贵重首饰及珠宝玉石

该税目的征收范围包括各种金银珠宝首饰和经采掘、打磨、加工的各种珠宝玉石。

1. 金银首饰、铂金首饰和钻石及钻石饰品

金银首饰、铂金首饰和钻石及钻石饰品，包括凡以金、银、白金、宝石、珍珠、钻石、翡翠、珊瑚、玛瑙等高贵稀有物质以及其他金属、人造宝石等制作的各种纯金银首饰及镶嵌首饰（含人造金银、合成金银首饰）等。

2. 其他贵重首饰和珠宝玉石

其他贵重首饰和珠宝玉石包括钻石、珍珠、松石、青金石、欧泊石、橄榄石、长石、玉、石英、玉髓、石榴石、锆石、尖晶石、黄玉、碧玺、金禄玉、绿柱石、刚玉、琥珀、珊瑚、煤玉、龟甲、合成刚玉、合成玉石、双合石以及玻璃仿制品等。

宝石坯是经采掘、打磨、初级加工的珠宝玉石半成品，对宝石坯应按规定征收消费税。

【请注意】

对出国人员免税商店销售的金银首饰征收消费税。

（五）鞭炮、焰火

该税目的征收范围包括各种鞭炮、焰火，具体包括喷花类、旋转类、旋转升空类、火箭类、吐珠类、线香类、小礼花类、烟雾类、造型玩具类、爆竹类、摩擦炮类、组合烟花类、礼花弹类等。

【请注意】

体育上用的发令纸、鞭炮药引线，不按鞭炮、焰火税目征收消费税。

（六）成品油

该税目包括汽油、柴油、石脑油、溶剂油、航空煤油、润滑油、燃料油 7 个子目。

（七）摩托车

该税目的征收范围包括气缸容量为 250 毫升（1 毫升＝0.000 001 立方米）的摩托车和气缸容量在 250 毫升（不含）以上的摩托车两种。

对最大设计车速不超过 50 千米/小时，发动机气缸总工作容量不超过 50 毫升的三轮摩托车不征收消费税。

（八）小汽车

小汽车是指由动力驱动，具有 4 个或 4 个以上车轮的非轨道承载的车辆。该税目包括乘用车、中轻型商用客车和超豪华小汽车 3 个子目。

1. 乘用车

这是指含驾驶员座位在内最多不超过 9 个座位（含）的，在设计和技术特性上用于载运乘客和货物的各类乘用车。

【请注意】

用排气量小于 1.5 升（含，1 升＝0.001 立方米）的乘用车底盘（车架）改装、改制的车辆属于乘用车征收范围。

2. 中轻型商用客车

这是指含驾驶员座位在内的座位数在10～23座(含23座)的,在设计和技术特性上用于载运乘客和货物的各类中轻型商用客车。

【请注意】

(1) 用排气量大于1.5升(含)的乘用车底盘(车架)或用中轻型商用客车底盘(车架)改装、改制的车辆属于中轻型商用客车征收范围。

(2) 含驾驶员人数(额定载客)为区间值的(如8～10人、17～26人)小汽车,按其区间值下限人数确定征收范围。

3. 超豪华小汽车

这是指每辆零售价格为130万元(不含增值税)及以上的乘用车和中轻型商用客车,即乘用车和中轻型商用客车子税目中的超豪华小汽车。

【请注意】

(1) 电动汽车不属于该税目征收范围。

(2) 车身长度大于7米(含),并且座位在10～23座(含)以下的商用客车,不属于中轻型商用客车征税范围,不征收消费税。

(3) 沙滩车、雪地车、卡丁车、高尔夫车不属于消费税征收范围,不征收消费税。

(4) 对于企业购进货车或厢式货车改装生产的商务车、卫星通信车等专用汽车不属于消费税征收范围,不征收消费税。

(5) 对于购进乘用车和中轻型商用客车整车改装生产的汽车,应按规定征收消费税。

(九) 高尔夫球及球具

该税目的征收范围包括高尔夫球、高尔夫球杆及高尔夫球包(袋)、高尔夫球杆的杆头、杆身和握把。

(十) 高档手表

高档手表是指销售价格(不含增值税)每只在10 000元(含)以上的各类手表。

(十一) 游艇

游艇是指长度大于8米小于90米,船体由琉璃钢、钢、铝合金、塑料等多种材料制作,可以在水上移动的水上浮载体。按照动力划分,游艇分为无动力艇、帆艇和机动艇。

该税目征收范围包括艇身长度大于8米(含)小于90米(含),内置发动机,可以在水上移动,一般为私人或团体购置,主要用于水上运动和休闲娱乐等非牟利活动的各类机动艇。

(十二) 木制一次性筷子

木制一次性筷子又称卫生筷子,是指以木材为原料经过锯段、浸泡、旋切、刨切、烘干、筛选、打磨、倒角、包装等环节加工而成的各类一次性使用的筷子。

该税目征收范围包括各种规格的木制一次性筷子和未经打磨、倒角的木制一次性筷子。

(十三) 实木地板

实木地板是指以木材为原料,经锯割、干燥、刨光、截断、开榫、涂漆等工序加工而成的块状或条状的地面装饰材料。实木地板按生产工艺不同,可分为独板(块)实木地板、实木指接地板和实木复合地板三类;按表面处理状态不同,可分为未涂饰地板(白坯板、素板)和漆饰地板两类。

该税目征收范围包括各类规格的实木地板,实木指接地板,实木复合地板及用于装饰墙壁、天棚的侧端面为榫、槽的实木装饰板以及未经涂饰的素板。

(十四) 电池

电池是一种将化学能、光能等直接转换为电能的装置,一般有电极、电解质、容器、极端,通常还有隔离层组成的基本功能单元,以及用一个或多个基本功能单元装配成的电池组。其范围包括原电池、蓄电池、燃料电池、太阳能电池和其他电池。自 2015 年 2 月 1 日起,我国对电池(铅蓄电池除外)征收消费税。

【请注意】

(1) 对无贡原电池、金属氢化物镍蓄电池(又称"氢镍蓄电池"或"镍氢蓄电池")、锂原电池、锂离子蓄电池、太阳能电池、燃料电池和全钒液流电池免征消费税。

(2) 自 2016 年 1 月 1 日起对铅蓄电池按 4%税率征收消费税。

(十五) 涂料

涂料是指涂于物体表面能形成具有保护、装饰或特殊性能的固态涂膜的一类液体或固体材料的总称。自 2015 年 2 月 1 日起,我国对涂料征收消费税,

【知识点过关 3-1 · 单项选择题】 根据消费税法律制度的规定,下列各项中,不属于应税消费品的是(　　)。

A. 润滑油　　B. 调味料酒　　C. 高档美容类化妆品　　D. 烟丝

【答案】 B

【答案解析】 调味料酒不是酒类,不属于消费税的征收范围。

【知识点过关 3-2 · 多项选择题】 根据消费税法律制度的规定,下列各项中,属于消费税的征收范围的有(　　)。

A. 私人飞机　　B. 高档手表　　C. 珠宝玉石　　D. 游艇

【答案】 BCD

【答案解析】 私人飞机不属于应税消费品。

四、消费税的税率

消费税税率采用比例税率和定额税率两种形式,以适应不同应税消费品的实际情况。

消费税根据不同的税目或子目确定相应的税率或单位税额。在一般情况下,大部分应税消费品适用比例税率,例如,烟丝税率为 30%,摩托车税率为 3%等;黄酒、啤酒、成品油按单位重量或单位体积确定单位税额;卷烟、白酒采用比例税率和定额税率双重征收形式。应税消费品名称、税率和计量单位对照见表 3-1。

表 3-1　应税消费品名称、税率和计量单位对照表

应税消费品名称	比例税率	定额税率	计量单位
一、烟			
1. 卷烟			
(1) 工业			
① 甲类卷烟[调拨价 70 元(不含增值税)/条以上(含 70 元)]	56%	30 元/万支	万支
② 乙类卷烟[调拨价 70 元(不含增值税)/条以下]	36%	30 元/万支	
(2) 商业批发	11%	50 元/万支	
2. 雪茄烟	36%	—	支
3. 烟丝	30%	—	千克
二、酒			
1. 白酒	20%	0.5 元/500 克(毫升)	500 克(毫升)
2. 黄酒	—	240 元/吨	吨
3. 啤酒			
(1) 甲类啤酒[出厂价格 3 000 元(不含增值税)/吨以上(含 3 000 元)]	—	250 元/吨	吨
(2) 乙类啤酒[出厂价格 3 000 元(不含增值税)/吨以下]	—	220 元/吨	
4. 其他酒	10%	—	吨
三、高档化妆品	15%	—	实际使用计量单位
四、贵重首饰及珠宝玉石			
1. 金银首饰、铂金首饰和钻石及钻石饰品	5%	—	实际使用计量单位
2. 其他贵重首饰和珠宝玉石	10%	—	
五、鞭炮、焰火	15%	—	实际使用计量单位
六、成品油			
1. 汽油	—	1.52 元/升	升
2. 柴油	—	1.20 元/升	
3. 航空煤油	—	1.20 元/升	
4. 石脑油	—	1.52 元/升	
5. 溶剂油	—	1.52 元/升	
6. 润滑油	—	1.52 元/升	
7. 燃料油	—	1.20 元/升	
七、摩托车			
1. 气缸容量(排气量,下同)=250 毫升	3%	—	辆
2. 气缸容量>250 毫升	10%	—	
八、小汽车			
1. 乘用车			
(1) 气缸容量(排气量,下同)≤1.0 升	1%	—	辆
(2) 1.0 升<气缸容量≤1.5 升	3%	—	

（续表）

应税消费品名称	比例税率	定额税率	计量单位
(3) 1.5升＜气缸容量≤2.0升	5%	—	辆
(4) 2.0升＜气缸容量≤2.5升	9%	—	
(5) 2.5升＜气缸容量≤3.0升	12%	—	
(6) 3.0升＜气缸容量≤4.0升	25%	—	
(7) 气缸容量＞4.0升	40%	—	
2. 中轻型商用客车	5%	—	
3. 超豪华小汽车	10%	—	
九、高尔夫球及球具	10%	—	实际使用计量单位
十、高档手表	20%	—	只
十一、游艇	10%	—	艘
十二、木制一次性筷子	5%	—	万双
十三、实木地板	5%	—	平方米
十四、电池	4%	—	只
十五、涂料	4%	—	吨

【请注意】

存在下列情况时，纳税人应按照相关规定确定适用税率：

(1) 纳税人兼营不同税率的应税消费品，应当分别核算不同税率应税消费品的销售额、销售数量。未分别核算销售额、销售数量，或者将不同税率的应税消费品组成成套消费品销售的，从高适用税率。

(2) 配制酒（露酒）适用税率的确定。详见其他酒子目的相关内容。

(3) 纳税人自产自用的卷烟应当按照纳税人生产的同牌号规格的卷烟销售价格确定征税类别和适用税率。

(4) 卷烟由于接装过滤嘴、改变包装或其他原因提高销售价格后，应按照新的销售价格确定征税类别和适用税率。

(5) 委托加工的卷烟按照受托方同牌号规格卷烟的征税类别和适用税率征税。没有同牌号规格卷烟的，一律按卷烟最高税率征税。

(6) 残次品卷烟应当按照同牌号规格正品卷烟的征税类别确定适用税率。

(7) 下列卷烟不分征税类别一律按照56%卷烟税率征税，并按照定额每标准箱150元征税：①白包卷烟；②手工卷烟；③未经国务院批准纳入计划的企业和个人生产的卷烟。

【知识点过关3-3·多项选择题】 下列应税消费品中，适用比例税率征收消费税的有（　）。

A. 实木地板　　B. 摩托车　　C. 木制一次性筷子　　D. 黄酒

【答案】 ABC

【答案解析】 啤酒、黄酒、成品油的消费税实行从量定额征收，适用定额税率。

【知识点过关3-4·判断题】 纳税人将不同税率的应税消费品组成成套消费品销售

的，不同的应税消费品适用不同的税率。（　）

【答案】 ×

【答案解析】 纳税人兼营不同税率的应税消费品，应当分别核算不同税率应税消费品的销售额、销售数量。未分别核算销售额、销售数量，或者将不同税率的应税消费品组成成套消费品销售的，从高适用税率。

学习子情境二　计算消费税

情境引例

华兴酒厂为增值税一般纳税人，主要从事葡萄酒、白酒、啤酒的生产和销售业务。2022年8月，该厂有关经营情况如下：

(1) 对外销售葡萄酒2吨，每吨不含增值税销售价格为90 000元。

(2) 生产150吨甲类啤酒，销售100吨，取得不含增值税销售额为30万元，增值税额为3.9万元。

(3) 销售自产白酒10吨，取得不含增值税销售额为1 000 000元。

(4) 将3吨自产新型葡萄酒作为福利发给职工。该新型葡萄酒生产成本为每吨40 000元，无同类产品销售价格。

已知：葡萄酒消费税税率为10%，甲类啤酒定额税率为250元/吨，白酒比例税率为20%，定额税率为0.5元/500克，增值税税率为13%，成本利润率为5%。城市维护建设税税率为7%，教育费附加费率为3%，地方教育附加费率为2%

要求：根据上述资料，不考虑其他因素，计算该厂3月应纳消费税。

一、计算直接对外销售应税消费品应纳税额

消费税应纳税额的一般计算分为从价定率计征、从量定额计征、从价定率和从量定额复合计征三种方法。

（一）从价定率计算方法

在从价定率计算方法下，应纳税额的计算取决于应税消费品的销售额和适用税率两个因素。其基本计算公式为：

应纳税额＝应税消费品的（不含增值税）销售额×适用税率

1. 销售额的确定

销售额是指纳税人销售应税消费品向购买方收取的全部价款和价外费用，不包括应向购买方收取的增值税税款。销售是指有价转让应税消费品的所有权；有偿是指从购买方取得货币、货物或者其他经济利益。

价外费用是指价外向购买方收取的手续费、补贴、基金、集资费、返还利润、奖励费、违约金、滞纳金、延期付款利息、赔偿金、代收款项、代垫款项、包装费、包装物租金、储备费、优质

费、运输装卸费以及其他各种性质的价外收费。但下列项目不包括在销售额内：

(1) 同时符合以下条件的代垫运输费用：

① 承运部门的运输费用发票开具给购买方的。

② 纳税人将该项发票转交给购买方的。

(2) 同时符合以下条件代为收取的政府性基金或者行政事业性收费：

① 由国务院或者财政部批准设立的政府性基金，由国务院或者省级人民政府及其财政、价格主管部门批准设立的行政事业性收费。

② 收取时开具省级以上财政部门印制的财政票据。

③ 所收款项全额上缴财政。

【请注意】

其他价外费用，无论是否属于纳税人的收入，均应并入销售额计算征税。

价外费用均视为含增值税收入，应折算后并入销售额计算消费税。

实行从价定率办法计算应纳税额的应税消费品连同包装销售的，不论包装是否单独计价，也不论在会计上如何核算，均应并入应税消费品的销售额中征收消费税。如果包装物不作价随同产品销售，而是收取押金，此项押金则不应并入应税消费品的销售额中征税。但对因逾期未收回的包装物不再退还的或者已收取的时间超过12个月的押金，应并入应税消费品的销售额，按照应税消费品的适用税率缴纳消费税。

对既作价随同应税消费品销售，又另外收取押金的包装物的押金，凡纳税人在规定的期限内没有退还的，均应并入应税消费品的销售额，按照应税消费品的适用税率缴纳消费税。

对销售啤酒、黄酒外的其他酒类产品而收取的包装物押金，无论是否返还以及会计上如何核算，均应并入当期销售额征税。

涉及增值税和消费税的包装物押金的税务处理对比如表3-2所示。

表3-2　包装物押金的税务处理

包装物押金	计算增值税时间		计算消费税时间	
	取得押金时	押金逾期时	取得押金时	押金逾期时
啤酒、黄酒	×	√	×	×
啤酒、黄酒外的其他酒类	√	×	√	×
酒类以外的一般货物	×	√	×	√

白酒生产企业向商业销售单位收取的“品牌使用费”是随着应税白酒的销售而向购货方收取的，属于应税白酒销售价款的组成部分，因此，不论企业采取何种方式或以何种名义收取价款，均应并入白酒的销售额中缴纳消费税。

纳税人销售的应税消费品，以外汇结算销售额的，其销售额的人民币折合率可以选择结算的当天或者当月1日的国家外汇牌价(原则上为中间价)。纳税人应在事先确定采取何种折合率，确定后1年内不得变更。

2. 含增值税销售额的换算

应税消费品在缴纳消费税的同时，与一般货物一样，还应缴纳增值税。应税消费品的销售额，不包括应向购货方收取的增值税。如果纳税人应税消费品的销售额中未扣除增值税或者因不得开具增值税专用发票而发生价款和增值税合并收取的，在计算消费税时，应将含增值税的销售额换算为不含增值税的销售额。其换算公式为：

应税消费品的销售额＝含增值税的销售额÷(1＋增值税税率或征收率)

在使用换算公式时，应根据纳税人的具体情况分别使用增值税税率或征收率。如果消费税的纳税人同时又是增值税一般纳税人的，应使用13%的增值税税率；如果消费税的纳税人是增值税小规模纳税人的，应使用3%的征收率。

【职业训练3-1】 根据本节情境引例中业务(1)的资料，计算消费税。

已知葡萄酒属于其他酒类，适用比例税率10%，属于从价计征，应纳税额＝应税消费品的(不含增值税)销售额×适用税率，则：

葡萄酒的应税销售额＝2×90 000＝180 000(元)

应纳消费税＝180 000×10%＝18 000(元)

【职业训练3-2】 某高档化妆品生产企业为增值税一般纳税人，于2022年4月15日向某大型商场销售高档化妆品一批，开具增值税专用发票，取得不含增值税销售额100万元，增值税额13万元。4月20日，向某单位销售高档化妆品一批，开具普通发票，取得含增值税销售额56.5万元。请计算该高档化妆品生产企业4月化妆品的应纳消费税(已知高档化妆品消费税比例税率为15%)。

高档化妆品的应税销售额＝100＋56.5÷(1＋13%)＝150(万元)

高档化妆品的应纳消费税＝150×15%＝22.5(万元)

(二) 从量定额计算方法

在从量定额计算方法下，应纳税额的多少取决于应税消费品的销售数量和单位税额两个因素。其基本计算公式为：

应纳税额＝应税消费品的销售数量×单位税额

应税消费品的销售数量是指纳税人生产、加工和进口应税消费品的数量。

为了规范不同产品的计量单位，以准确计算应纳税额，《中华人民共和国消费税暂行条例实施细则》规定了吨与升两个计量单位的换算标准，具体标准见表3-3。

表3-3 计量单位换算表

序号	类别	换算标准	序号	类别	换算标准	序号	类别	换算标准
1	啤酒	1吨＝988升	4	柴油	1吨＝1 176升	7	溶剂油	1吨＝1 282升
2	黄酒	1吨＝962升	5	航空煤油	1吨＝1 246升	8	润滑油	1吨＝1 126升
3	汽油	1吨＝1 388升	6	石脑油	1吨＝1 385升	9	燃料油	1吨＝1 015升

【职业训练3-3】 根据本节情境引例中业务(2)的资料，计算消费税。

业务(2)中啤酒属于从量计税，销售应税消费品的，为应税消费品的销售数量，计税依据应按销售数量100吨计税。已知甲类啤酒的消费税定额税率为250元/吨，则相关计算为：

应纳税额＝100×250＝25 000(元)

(三) 从价定率和从量定额复合计算方法

现行消费税的征收范围中，只有卷烟、白酒采用从价定率和从量定额复合计算方法。其基本计算公式为：

应纳税额＝应税销售数量×定额税率＋应税销售额×比例税率

【职业训练3-4】 根据本节情境引例中业务(3)的资料，计算消费税。

业务(3)中白酒属于复合计税，自产白酒销售数量10吨，不含增值税销售额为1 000 000元，已知白酒比例税率为20%，定额税率为0.5元/斤(1斤＝500克)，1吨＝2 000斤，则相关计算为：

应纳税额＝10×2 000×0.5＋1 000 000×20%＝210 000(元)

知识拓展

特殊情形下销售额和销售数量的确定

(1) 纳税人应税消费品的计税价格明显偏低并无正当理由的，由税务机关核定计税价格。其核定权限规定如下：

① 卷烟、白酒和小汽车的计税价格由国家税务总局核定，送财政部备案。

② 其他应税消费品的计税价格由省、自治区和直辖市税务局核定。

③ 进口的应税消费品的计税价格由海关核定。

(2) 纳税人通过自设非独立核算门市部销售的自产应税消费品，应当按照门市部对外销售额或者销售数量征收消费税。

(3) 纳税人用于换取生产资料和消费资料、投资入股和抵偿债务等方面的应税消费品，应当以纳税人同类应税消费品的最高销售价格作为计税依据计算消费税。

(4) 纳税人采用以旧换新(含翻新改制)方式销售的金银首饰应按实际收取的不含增值税的全部价款确定计税依据征收消费税。

【知识点过关3-5·单项选择题】 2021年9月，甲酒厂将自产的1吨葡萄酒用于抵偿债务，该批葡萄酒生产成本为每吨35 000元，甲酒厂同类葡萄酒不含增值税最高销售价格为每吨62 000元，不含增值税平均销售价格为每吨60 000元，不含增值税最低销售价格为每吨59 000元。已知葡萄酒消费税税率为10%，甲酒厂当月该笔业务应纳消费税计税销售额为(　　)元。

A. 59 000　　B. 60 000　　C. 62 000　　D. 35 000

【答案】 C

【答案解析】 纳税人用于换取生产资料和消费资料、投资入股和抵偿债务等方面的应税消费品，应当以纳税人同类应税消费品的最高销售价格为计税依据计算消费税。

【职业训练3-5】 2021年6月，某化妆品厂销售高档化妆品取得含税收入452 000元，收取手续费15 000元，另取得逾期包装物押金收入10 000元。已知增值税税率为13%，消费税税率为15%，请计算该化妆品厂本月应纳消费税。

销售高档化妆品时收取的手续费1.5万元属于价外费用，视为含增值税收入，应价税分离；因逾期未收回包装物不再退还的押金1万元，视为含增值税收入，折算后并入销售额。

$$应纳消费税=(452\,000+15\,000+10\,000)\div(1+13\%)\times15\%$$
$$=63\,318.58(元)$$

【职业训练3-6】 甲企业是一般纳税人，主要从事白酒的生产和销售。2021年7月，甲企业销售自产A类白酒10吨，取得不含增值税销售额80 000元，另收取品牌使用费11 300元、包装物押金30 000元。本月没收逾期未退的包装物押金为22 600元。已知销售白酒增值税税率为13%，消费税税率为20%和0.5元/500克，请计算甲企业当月应纳消费税。

相关计算如下：

(1) 白酒应从价定率和从量定额复合计征方式计算应纳消费税。

(2) 收取的品牌使用费11 300元、包装物押金3 0000元属于价外费用，是含税金额，需要折算。

(3) 对销售白酒收取的包装物押金，无论押金是否返还及会计上如何核算，均应在收取时并入到销售额中计算消费税，即本月没收的逾期未退的包装物押金22 600元在收取押金时已经计算消费税了，所以没收押金时不用计算消费税。

$$应纳消费税=[80\,000+(11\,300+30\,000)\div(1+13\%)]\times20\%+10\times2\,000\times0.5$$
$$=23\,309.73+10\,000=33\,309.73(元)$$

【职业训练3-7】 某首饰商城为增值税一般纳税人，2021年9月发生以下业务采取“以旧换新”方式向消费者销售金项链2 000条，新项链每条零售价为2 500元，旧项链每条作价2 200元，每条项链取得差价款300元。已知消费税税率为5%，请计算该首饰商城9月应纳消费税。

$$应纳消费税=2\,000\times(2\,500-2\,200)\div(1+13\%)\times5\%=26\,548.67(元)$$

知识拓展

关于金银首饰征收消费税的有关规定

经国务院批准，自1995年1月1日起，金银首饰消费税由生产销售环节征收改为零售环节征收。从2002年1月1日起，钻石及钻石饰品由生产、进口环节改在零售环节征税。改在零售环节征收消费税的金银首饰仅限于金基、银基合金首饰以及金、银和金基、银基合金的镶嵌首饰。零售环节适用税率为5%，在纳税人销售金银首饰、钻石及钻石饰品时征收。其计税依据是不含增值税的销售额。

对既销售金银首饰，又销售非金银首饰的生产、经营单位，应将两类商品划分清楚，分别核算销售额。凡划分不清楚或不能分别核算的，在生产环节销售的，一律从高适用税率征收消费税；在零售环节销售的，一律按金银首饰征收消费税。金银首饰与其他产品组成成套消费品销售的，应按销售额全额征收消费税。

金银首饰连同包装物销售的，无论包装是否单独计价，也无论会计上如何核算，均应并入金银首饰的销售额，计征消费税。

带料加工的金银首饰，应按受托方销售同类金银首饰的销售价格确定计税依据征收消费税。没有同类金银首饰销售价格的，按照组成计税价格计算纳税。

纳税人采用以旧换新(含翻新改制)方式销售的金银首饰，应按实际收取的不含增值税的全部价款确定计税依据征收消费税。

二、计算自产自用应税消费品应纳税额

纳税人自产自用的应税消费品，用于连续生产应税消费品的，不纳税；用于其他方面的，于移送使用时纳税。

1. 用于连续生产应税消费品的规定

用于连续生产应税消费品，是指纳税人将自产自用应税消费品作为直接材料生产最终应税消费品，自产自用应税消费品构成最终应税消费品的实体。

例如，卷烟厂生产出烟丝，烟丝已是应税消费品，卷烟厂再用生产出的烟丝连续生产卷烟，这样，用于连续生产卷烟的烟丝就不缴纳消费税，只对生产的卷烟征收消费税。当然，生产出的烟丝如果是直接销售，则烟丝要缴纳消费税。税法规定对自产自用的应税消费品，用于连续生产应税消费品的不征税，体现了不重复征税且计税简便的原则。

2. 用于其他方面的规定

用于其他方面，是指纳税人将自产自用的应税消费品用于生产非应税消费品、在建工程、管理部门、非生产机构、提供劳务、馈赠、赞助、集资、广告、样品、职工福利、奖励等方面。

知识链接

用于生产非应税消费品，是指把自产的应税消费品用于生产消费税税目税率表所列 15 类产品以外的产品。例如，原油加工厂用生产出的应税消费品汽油调和制成溶剂汽油，该溶剂汽油就属于非应税消费品，加工厂应就该自产自用行为缴纳消费税，但是不用缴纳增值税。

用于在建工程，是指把自产的应税消费品用于本单位的各项建设工程。例如，石化工厂把自己生产的柴油用于本厂基建工程的车辆、设备。

用于管理部门、非生产机构、提供劳务，是指把自己生产的应税消费品用于与本单位有隶属关系的管理部门、非生产机构或提供劳务。例如，汽车制造厂把生产出的小汽车给上级主管部门使用。

用于馈赠、赞助、集资、广告、样品、职工福利、奖励，是指把自己生产的应税消费品无偿赠送给他人，或以资金的形式投资于外单位，或作为商品广告、经销样品，或以福利、奖励的形式发给职工。例如，小汽车生产企业把自己生产的小汽车赠送或赞助给小汽车拉力赛赛手使用，兼作商品广告；酒厂把生产的滋补药酒以福利的形式发给职工等。

总之，企业自产的应税消费品虽然没有用于销售或连续生产应税消费品，但只要是用于税法所规定的范围的都要视同销售，依法缴纳消费税。

3. 自产自用的应税消费品应纳税额的计算

(1) 从价定率计算方法。有同类消费品销售价格的，按照纳税人生产的同类消费品的销售价格计算纳税。其计算公式为：

$$应纳税额=销售额\times 比例税率$$

【请注意】

同类消费品的销售价格是指纳税人当月销售的同类消费品的销售价格，如果当月同类消费品各期销售价格高低不同，应按销售数量加权平均计算。但销售的应税消费品销售价格明显偏低又无正当理由的或无销售价格的，不得列入加权平均计算。如果当月无销售或者当月未完结，应按照同类消费品上月或者最近月份的销售价格计算纳税。

没有同类消费品销售价格的，按照组成计税价格计算纳税。其计算公式为：

应纳税额＝组成计税价格×比例税率

其中，组成计税价格的计算公式为：

组成计税价格＝(成本＋利润)÷(1－比例税率)
＝成本×(1＋成本利润率)÷(1－比例税率)

其中，成本是指应税消费品的产品生产成本。利润是指根据应税消费品的全国平均成本利润率计算的利润。应税消费品全国平均成本利润率由国家税务总局确定，具体标准见表3-4。

表3-4　应税消费品全国平均成本利润率

货物名称	利润率	货物名称	利润率
1. 甲类卷烟	10%	11. 摩托车	6%
2. 乙类卷烟	5%	12. 高尔夫球及球具	10%
3. 雪茄烟	5%	13. 高档手表	20%
4. 烟丝	5%	14. 游艇	10%
5. 粮食白酒	10%	15. 木制一次性筷子	5%
6. 薯类白酒	5%	16. 实木地板	5%
7. 其他酒	5%	17. 乘用车	8%
8. 高档化妆品	5%	18. 中轻型商用客车	5%
9. 鞭炮、烟火	5%	19. 电池	4%
10. 贵重首饰及珠宝玉石	6%	20. 涂料	7%

【职业训练3-8】 根据本章情境引例中业务(4)的资料计算消费税。

业务(4)中将3吨自产新型葡萄酒作为福利发给职工，属于视同销售，又因为该新型葡萄酒无同类产品销售价格，所以会用到组成计税价格公式(已知成本利润率为5%，葡萄酒消费税税率为10%)：

组成计税价格＝成本×(1＋成本利润率)÷(1－比例税率)
＝40 000×3×(1＋5%)÷(1－10%)
＝140 000(元)

应纳税额＝组成计税价格×比例税率＝140 000×10%＝14 000(元)

(2) 从量定额计算方法。其计算公式为：

应纳税额＝自产自用数量×消费税单位税额

【请注意】

自产自用数量即为应税消费品的移送适用数量。

(3) 从价定率和从量定额复合计算方法。

有同类消费品销售价格的，其计算公式为：

应纳税额＝销售额×比例税率＋自产自用数量×定额税率

没有同类消费品销售价格的，其计算公式为：

应纳税额＝组成计税价格×比例税率＋自产自用数量×定额税率

组成计税价格＝(成本＋利润＋自产自用数量×定额税率)÷(1－比例税率)

＝[成本×(1＋成本利润率)＋自产自用数量×定额税率]÷(1－比例税率)

【职业训练 3-9】 2021 年 10 月，某酒厂将自产薯类白酒 2 000 斤(1 斤＝500 克)馈赠老客户，该批白酒生产成本为 42 500 元，无同类白酒销售价格。已知该批白酒消费税比例税率为 20%，定额税率为 0.5 元/斤，成本利润率为 5%。请计算甲酒厂当月该笔业务应纳消费税。

将自产薯类白酒赠送客户，属于视同销售应税消费品，应纳消费税，甲酒厂无同类白酒销售价格，按组成计税价格计算。

组成计税价格＝[42 500×(1＋5%)＋1×2 000×0.5]÷(1－20%)

＝57 031.25(元)

应纳消费税＝57 031.25×20%＋1×2 000×0.5＝12 406.25(元)

三、计算委托加工应税消费品应纳税额

(一) 委托加工应税消费品的含义

委托加工的应税消费品是指由委托方提供原料和主要材料，受托方只收取加工费和代垫部分辅助材料加工的应税消费品。

【请注意】

由受托方提供原材料生产的应税消费品，或者受托方先将原材料卖给委托方，然后再接受加工的应税消费品，以及由受托方以委托方名义购进原材料生产的应税消费品，不论在财务上是否作为销售处理，都不得作为委托加工应税消费品，而应当按照销售自制应税消费品缴纳消费税。

(二) 代收代缴税款的规定

委托加工的应税消费品，除受托方为个人外，由受托方在向委托方交货时代收代缴消费税。同时为了加强对受托方代收代缴税款的管理，委托个人(含个体工商户)加工应税消费品，一律于委托方收回后在委托方所在地缴纳消费税。

委托加工的应税消费品，委托方用于连续生产应税消费品的，所纳税款准予按规定抵扣。

委托方将收回的应税消费品，以不高于受托方的计税价格出售的，为直接出售，不再缴纳消费税；委托方以高于受托方的计税价格出售的，不属于直接出售，需按照规定申报缴纳消费税，在计税时准予扣除受托方已代收代缴的消费税。

【请注意】

如果受托方对委托加工的应税消费品未代收代缴或少代收代缴消费税，就要按照《税收征收管理法》的规定，承担代收代缴的法律责任。因此，受托方必须严格履行代收代缴义务，正确计算和按时代缴税款。

对于受托方没有按规定代收代缴税款的，不能因此免除委托方补缴税款的责任。在对委托方进行税务检查中，如果发现受其委托加工应税消费品的受托方没有代收代缴税款，则应按照《税收征收管理法》的规定，对受托方处以应代收代缴税款50%以上3倍以下的罚款，委托方要补缴税款。

（三）应纳税额的计算

1. 从价定率计算方法

（1）受托方有同类消费品销售价格的，按照受托方的同类消费品的销售价格计算纳税。其计算公式为：

应纳税额＝销售额×消费税比例税率

（2）受托方没有同类消费品销售价格的，按照组成计税价格计算纳税。其计算公式为：

应纳税额＝组成计税价格×消费税比例税率
组成计税价格＝（材料成本＋加工费）÷（1－消费税比例税率）

其中，材料成本是指委托方所提供加工材料的实际成本。委托加工应税消费品的纳税人，必须在委托加工合同上如实注明（或以其他方式提供）材料成本，凡未提供材料成本的，受托方税务机关有权核定其材料成本。加工费是指受托方加工应税消费品向委托方所收取的全部费用（包括代垫辅助材料的实际成本），不包括增值税。

2. 从量定额计算方法

从量定额计算方法的计算公式为：

应纳税额＝委托加工收回的数量×消费税单位税额

3. 从价定率和从量定额复合计算方法

（1）受托方有同类消费品销售价格的，按照受托方的同类消费品的销售价格计算纳税。其计算公式为：

应纳税额＝销售额×消费税比例税率＋委托加工数量×消费税定额税率

（2）受托方没有同类消费品销售价格的，按照组成计税价格计算纳税。其计算公式为：

应纳税额＝组成计税价格×消费税比例税率＋委托加工数量×消费税定额税率
组成计税价格＝（材料成本＋加工费＋委托加工数量×消费税定额税率）÷（1－消费税比例税率）

【请注意】

委托加工应税消费品，委托方不涉及缴纳增值税的问题。

【职业训练 3-10】 2021 年 11 月，甲卷烟厂受托为乙卷烟厂加工烟丝，收取加工费开具增值税专用发票注明金额 21 000 元，增值税额 2 730 元。乙卷烟厂提供的材料成本为 140 000 元，甲卷烟厂无同类烟丝销售价格。已知烟丝消费税税率为 30%，请计算甲卷烟厂当月该笔业务应代收代缴消费税。

委托加工的应税消费品，按照受托方的同类消费品的销售价格计算纳税，没有同类消费品销售价格的，按照组成计税价格计算纳税。实行从价定率办法计算纳税的组成计税价格中，加工费不包括增值税。甲卷烟厂为受托方，应代收代缴乙卷烟厂应纳消费税。

代收代缴消费税＝(140 000＋21 000)÷(1－30%)×30%＝69 000(元)

四、计算进口应税消费品应纳税额

1. 从价定率计算方法

从价定率计算方式的计算公式为：

应纳税额＝组成计税价格×消费税比例税率

组成计税价格＝(关税完税价格＋关税)÷(1－消费税比例税率)

其中，关税完税价格是指海关核定的关税计税价格(详见学习情境五关税税务处理的相关内容)。

2. 从量定额计算方法

从量定额计算方法的计算公式为：

应纳税额＝报关进口的数量×消费税单位税额

3. 从价定率和从量定额复合计算方法

从价定率和从量定额复合计算方法的计算公式为：

应纳税额＝组成计税价格×消费税比例税率＋进口数量×消费税定额税率

组成计税价格＝(关税完税价格＋关税＋进口数量×消费税定额税率)÷(1－消费税比例税率)

【请注意】

进口应税消费品同时涉及缴纳进口环节增值税，其组成计税价格与消费税相同。

【职业训练 3-11】 2021 年 11 月，甲公司进口一批红酒，海关审定关税完税价格为 540 000 元。已知消费税税率为 10%，关税税率为 5%，请计算甲公司当月该笔业务应纳消费税。

从价定率计征消费税的，进口环节应纳消费税应先计算组成计税价格。

进口环节应纳消费税＝540 000×(1＋5%)÷(1－10%)×10%＝63 000(元)

知识拓展

从2009年5月1日起,我国对进口卷烟的消费税适用比例税率进行了调整。调整后的进口卷烟的计算方法如下:

第一步,确定进口卷烟消费税适用比例税率。

(1) 每标准条进口卷烟(200支)确定消费税适用比例税率的价格=(关税完税价格+关税+消费税定额税)÷(1-消费税比例税率)。

其中,关税完税价格和关税为每标准条的关税完税价格及关税额。消费税定额税为每标准条(200支)0.6元(依据现行消费税定额税率折算而成)。消费税税率固定为36%。

(2) 每标准条进口卷烟(200支)确定消费税适用比例税率的价格大于等于70元人民币的,适用比例税率为56%;每标准条进口卷烟(200支)确定消费税适用比例税率的价格小于70元人民币的,适用比例税率为36%。

第二步,计算进口卷烟应纳消费税。

(1) 进口卷烟消费税组成计税价格=(关税完税价格+关税+消费税定额税)÷(1-进口卷烟消费税适用比例税率)。

(2) 应纳税额=进口卷烟消费税组成计税价格×进口卷烟消费税适用比例税率+海关核定的进口卷烟数量×消费税定额税率。式中,消费税定额税率为每标准箱(50 000支)150元。

【职业训练3-12】 某烟草公司2021年10月进口卷烟20标准箱,海关核定的每箱卷烟关税完税价格为10 000元。已知卷烟关税税率为25%,定额税率为每标准箱150元(0.003元/支),每标准箱有250条,每条有200支,请计算该公司进口卷烟应纳消费税。

第一步,确定进口卷烟消费税适用比例税率。

(1) 应纳关税=20×10 000×25%=50 000(元)。

(2) 消费税定额税=20×150=3 000(元)。

(3) 每标准条进口卷烟(200支)确定消费税适用比例税率的价格=(关税完税价格+关税+消费税定额税)÷(1-消费税比例税率)=(20×10 000+50 000+3 000)÷(1-36%)÷(20×250)=79.06(元)≥70(元)。

第二步,计算进口卷烟应纳消费税。

(1) 组成计税价格=(20×10 000+50 000+3 000)÷(1-56%)=575 000(元)。

(2) 应纳税额=575 000×56%+3 000=325 000(元)。

五、计算应税消费品已纳消费税扣除额

为了避免重复征税,现行消费税法律制度规定,将外购应税消费品和委托加工收回的应税消费品继续生产应税消费品销售的,可以将外购应税消费品和委托加工收回应税消费品已缴纳的消费税扣除。在计征消费税时,按当期生产领用数计算准予扣除外购和委托加工的应税消费品已纳的消费税。扣除范围包括以下项目:

(1) 以外购或委托加工收回的已税烟丝为原料生产的卷烟。
(2) 以外购或委托加工收回的已税高档化妆品为原料生产的高档化妆品。
(3) 以外购或委托加工收回的已税珠宝、玉石为原料生产的贵重首饰及珠宝、玉石。
(4) 以外购或委托加工收回的已税鞭炮、焰火为原料生产的鞭炮、焰火。
(5) 以外购或委托加工收回的已税杆头、杆身和握把为原料生产的高尔夫球杆。
(6) 以外购或委托加工收回的已税木制一次性筷子为原料生产的木制一次性筷子。
(7) 以外购或委托加工收回的已税实木地板为原料生产的实木地板。
(8) 以外购或委托加工收回的已税石脑油、润滑油、燃料油为原料生产的成品油。
(9) 以外购或委托加工收回的已税汽油、柴油为原料生产的汽油、柴油。

【请注意】

下列项目不得扣除：

(1) 特殊应税消费品不在扣除范围内，如酒类产品(不包括葡萄酒)、高档手表、小汽车、摩托车、游艇、电池、涂料。

(2) 纳税人用外购或委托加工收回的已税珠宝、玉石为原料生产的，改在零售环节征收消费税的金银首饰(镶嵌首饰)，在计税时一律不得扣除外购或委托加工收回的珠宝、玉石的已纳税款。

(3) 用于生产非应税消费品的不得扣除，如用已税高档化妆品连续生产普通化妆品。

(4) 允许扣除已纳税款的应税消费品只限于从工业企业购进的应税消费品和进口环节已缴纳消费税的应税消费品，对从境内商业企业购进应税消费品的已纳税款一律不得扣除。

准予扣除外购和委托加工的应税消费品已纳消费税的相关计算公式如下：

(1) 从价定率(外购应税消费品已纳税款扣除)。

$$\text{当期准予扣除的外购应税消费品已纳税款} = \text{当期准予扣除的外购应税消费品买价} \times \text{外购应税消费品适用税率}$$

$$\text{当期准予扣除的外购应税消费品买价} = \text{期初库存的外购应税消费品的买价} + \text{当期购进的应税消费品的买价} - \text{期末库存的外购应税消费品的买价}$$

外购已税消费品的买价是指购货发票上注明的销售额(不包括增值税)。

(2) 从量定额。

$$\text{当期准予扣除的应税消费品已纳税款} = \text{当期生产领用数量} \times \text{单价} \times \text{应税消费品的适用税率}$$

$$\text{当期生产领用数量} = \text{期初库存的外购应税消费品的数量} + \text{当期购进的应税消费品的数量} - \text{期末库存的外购应税消费品的数量}$$

当期生产领用数量是指当期准予扣除的外购应税消费品数量。

(3) 委托加工应税消费品已纳税款扣除。

$$\text{当期准予扣除的委托加工应税消费品已纳税款}=\text{期初库存的委托加工应税消费品已纳税款}+\text{当期收回的委托加工应税消费品已纳税款}-\text{期末库存的委托加工应税消费品已纳税款}$$

【知识点过关 3-6·多项选择题】 下列关于应税消费品已纳税款扣除的表述中，正确的有（　　）。

A. 以委托加工收回的已税烟丝为原料生产的卷烟

B. 以委托加工收回的已税珠宝为原料生产的金银首饰

C. 以外购已税汽油、柴油为原料生产的汽油、柴油

D. 以外购已税木制一次性筷子为原料生产的木制一次性筷子

【答案】 ACD

【答案解析】 选项B，纳税人用委托加工收回的已税珠宝、玉石为原料生产的，改在零售环节征收消费税的金银首饰，在计税时一律不得扣除以委托加工收回的珠宝、玉石为原料的已纳消费税。

六、计算消费品出口退税

对纳税人出口应税消费品，免征消费税。国务院另有规定的除外。

（一）出口免税并退税

有出口经营权的外贸企业购进应税消费品直接出口，以及外贸企业受其他外贸企业委托代理出口应税消费品。外贸企业只有受其他外贸企业委托，代理出口应税消费品才可办理退税，外贸企业受其他企业（主要是非生产性的商贸企业）委托，代理出口应税消费品是不予退（免）税的。

属于从价定率计征消费税的，退税计税依据为已征且未在内销应税消费品应纳税额中抵扣的购进出口货物金额；属于从量定额计征消费税的，退税计税依据为已征且未在内销应税消费品应纳税额中抵扣的购进出口货物数量；属于从价定率和从量定额复合计征消费税的，按从价定率和从量定额的计税依据分别确定。其计算公式为：

$$\text{消费税应退税额}=\text{从价定率计征消费税的退税计税依据}\times\text{比例税率}+\text{从量定额计征消费税的退税计税依据}\times\text{定额税率}$$

出口货物的消费税应退税额的计税依据，按购进出口货物的消费税专用缴款书和海关进口消费税专用缴款书确定。

（二）出口免税但不退税

有出口经营权的生产性企业自营出口或生产企业委托外贸企业代理出口自产的应税消费品，依据其实际出口数量免征消费税，不予办理退还消费税。免征消费税是指对生产性企业按其实际出口数量免征生产环节的消费税。不予办理退还消费税，因已免征生产环节的消费税，该应税消费品出口时，已不含有消费税，所以无须再退还消费税。

（三）出口不免税也不退税

除生产企业、外贸企业外的其他企业，具体是指一般商贸企业，这类企业委托外贸企业代理出口应税消费品一律不予退（免）税。

学习子情境三　消费税申报与缴纳

一、征税环节

(1) 对生产应税消费品在生产销售环节征税。生产应税消费品销售是消费税征收的主要环节，因为一般情况下，消费税具有单一环节征税的特点，对于大多数消费税应税商品而言，在生产销售环节征税以后，流通环节不再缴纳消费税。另外，工业企业以外的单位和个人的下列行为视为应税消费品的生产行为，按规定征收消费税：

① 将外购的消费税非应税产品以消费税应税产品对外销售的。

② 将外购的消费税低税率应税产品以消费税高税率应税产品对外销售的。

(2) 对委托加工应税消费品在委托加工环节征税。

(3) 对进口应税消费品在进口环节征税。

(4) 对零售特定应税消费品在零售环节征税。

对商业零售金银首饰仅在零售环节征税。

对零售超豪华小汽车除了在生产或进口环节征税，在零售环节加征消费税。

(5) 对移送使用应税消费品在移送使用环节征税。

(6) 对批发卷烟在卷烟的批发环节征税。

一是卷烟除了在生产销售环节征税，在批发环节加征消费税。纳税人兼营卷烟批发和零售业务的，应当分别核算批发和零售环节的销售额、销售数量；未分别核算批发和零售环节销售额、销售数量的，按照全部销售额、销售数量计征批发环节消费税。

二是纳税人销售给纳税人以外的单位和个人的卷烟于销售时纳税。纳税人之间销售的卷烟不缴纳消费税，即烟草批发企业将卷烟销售给其他烟草批发企业的，不缴纳消费税。

三是卷烟批发企业的机构所在地，总机构与分支机构不在同一地区的，由总机构申报纳税。卷烟消费税在生产和批发两个环节征收后，批发企业在计算纳税时不得扣除已含的生产环节的消费税。

【知识点过关 3-7·多项选择题】 根据消费税法律制度的规定，下列行为应缴纳消费税的有(　　)。

A. 实木地板批发企业向某商场批发实木地板

B. 高档化妆品批发企业向某商场批发高档化妆品

C. 烟草批发企业向某商场批发销售卷烟

D. 商场将金项链零售给消费者

【答案】 CD

【答案解析】 在批发环节征收消费税的只有卷烟，实木地板、高档化妆品在批发环节不征收消费税。

二、纳税义务发生时间

(1) 纳税人销售应税消费品的，按不同的销售结算方式确定，其纳税义务发生时间分别为：

① 采取赊销和分期收款结算方式的，为书面合同约定的收款日期的当天，书面合同没有约定收款日期或者无书面合同的，为发出应税消费品的当天。

② 采取预收货款结算方式的，为发出应税消费品的当天。

③ 采取托收承付和委托银行收款方式的，为发出应税消费品并办妥托收手续的当天。

④ 采取其他结算方式的，为收讫销售款或者取得索取销售款凭据的当天。

(2) 纳税人自产自用应税消费品的，其纳税义务发生时间为移送使用的当天。

(3) 纳税人委托加工应税消费品的，其纳税义务发生时间为纳税人提货的当天。

(4) 纳税人进口应税消费品的，其纳税义务发生时间为报关进口的当天。

三、纳税期限

按照消费税法律制度的规定，消费税的纳税期限分别为 1 日、3 日、5 日、10 日、15 日、1 个月或者 1 个季度。纳税人的具体纳税期限，由主管税务机关根据纳税人应纳税额的大小分别核定。以 1 个季度为纳税期限的规定适用于小规模纳税人、银行、财务公司、信托投资公司、信用社，以及财政部和国家税务总局规定的其他纳税人。不能按照固定期限纳税的，可以按次纳税。

纳税人以 1 个月或者 1 个季度为 1 个纳税期的，自期满之日起 15 日内申报纳税；以 1 日、3 日、5 日、10 日或者 15 日为 1 个纳税期的，自期满之日起 5 日内预缴税款，于次月 1 日起至 15 日内申报纳税并结清上月应纳税款。

纳税人进口应税消费品，应当自海关填发海关进口消费税专用缴款书之日起 15 日内缴纳税款。

如果纳税人不能按照规定的纳税期限依法纳税，将按《税收征收管理法》的有关规定处理。

四、纳税地点

消费税具体纳税地点如下：

(1) 纳税人销售的应税消费品，以及自产自用的应税消费品，除国务院财政、税务主管部门另有规定外，应当向纳税人机构所在地或者居住地的税务机关申报纳税。

(2) 委托加工的应税消费品，除受托方为个人外，由受托方向机构所在地或者居住地的税务机关解缴消费税。受托方为个人的，由委托方向机构所在地的税务机关申报纳税。

(3) 进口的应税消费品，由进口人或者其代理人向报关地海关申报纳税。

(4) 纳税人到外县(市)销售或者委托外县(市)代销自产应税消费品的，于应税消费品销售后，向机构所在地或者居住地税务机关申报纳税。

(5) 纳税人的总机构与分支机构不在同一县(市)的，应当分别向各自机构所在地的税务机关申报纳税。

纳税人的总机构与分支机构不在同一县(市)，但在同一省(自治区、直辖市)范围内，经省(自治区、直辖市)财政厅(局)、税务局审批同意，可以由总机构汇总向总机构所在地的税务机关申报缴纳消费税。

省(自治区、直辖市)财政厅(局)、税务局应将审批同意的结果，上报财政部、国家税务总局备案。

(6) 纳税人销售的应税消费品，如因质量等原因由购买者退回时，经机构所在地或者居住地税务机关审核批准后，可退还已缴纳的消费税。纳税人办理退税手续时，应将开具的红字增值税发票、退税证明等资料报主管税务机关备案。主管税务机关核对无误后办理退税。

(7) 出口的应税消费品办理退税后，发生退关，或者国外退货进口时予以免税的，报关出口者必须及时向其机构所在地或者居住地税务机关申报补缴已退还的消费税。

纳税人直接出口的应税消费品办理免税后，发生退关或者国外退货，复进口时已予以免税的，经机构所在地或者居住地税务机关批准，可暂不办理补税，待其转为国内销售时，再申报补缴消费税。

(8) 个人携带或者邮寄进境的应税消费品的消费税，连同关税一并计征，具体办法由国务院关税税则委员会会同有关部门制定。

五、纳税申报

消费税的纳税人应按有关规定及时办理纳税申报，并如实填写纳税申报表。

申报变化

消费税纳税申报表主要包括《消费税及附加税费申报表》、《本期准予扣除税额计算表》《本期准予扣除税额计算表（成品油消费税纳税人适用）》《本期减（免）税额明细表》《本期委托加工收回情况报告表》《卷烟批发企业月份销售明细清单（卷烟批发环节消费税纳税人适用）》《卷烟生产企业合作生产卷烟消费税情况报告表（卷烟生产环节消费税纳税人适用）》《消费税附加税费计算表》。

【职业训练 3-13】 根据本章情境引例的资料，填写《消费税及附加税费申报表》（表 3-5）和《消费税附加税费计算表》（表 3-6）。

申报表及填表说明

表 3-5　消费税及附加税费申报表

税款所属期：自 2022 年 3 月 1 日至 2022 年 3 月 31 日

纳税人识别号（统一社会信用代码）：□□□□□□□□□□□□□□□□□□□□□（略）

纳税人名称（公章）：华兴酒厂　　　　金额单位：人民币元（列至角分）

项目 应税消费品名称	适用税率		计量单位	本期销售数量	本期销售额	本期应纳税额
	定额税率	比例税率				
	1	2	3	4	5	6=1×4+2×5
葡萄酒		10%	吨	2	180 000.00	18 000.00
啤酒	250		吨	100		25 000.00
白酒	0.5	20%	500 克	20 000	1 000 000.00	210 000.00
合计	—	—	—	—	—	253 000.00
				栏次	本期税费额	
本期减(免)税额				7		
期初留抵税额				8		
本期准予扣除税额				9		
本期应扣除税额				10=8+9		

（续表）

项目 应税消费品名称	适用税率		计量单位	本期销售数量	本期销售额	本期应纳税额
	定额税率	比例税率				
	1	2	3	4	5	6=1×4+2×5
本期实际扣除税额				11[10<(6−7)，则为10；否则，为6−7]		
期末留抵税额				12=10−11		
本期预缴税额				13		
本期应补(退)税额				14=6−7−11−13	253 000.00	
城市维护建设税本期应补(退)税额				15	17 710.00	
教育费附加本期应补(退)费额				16	7 590.00	
地方教育附加本期应补(退)费额				17	5 060.00	

声明：此表是根据国家税收法律法规及相关规定填写的，本人(单位)对填报内容(及附带资料)的真实性、可靠性、完整性负责。

纳税人(签章)：　年　月　日

经办人： 经办人身份证号： 代理机构签章： 代理机构统一社会信用代码：	受理人： 受理税务机关(章)： 受理日期：　年　月　日

表 3-6　消费税附加税费计算表　金额单位：人民币元(列至角分)

税(费)种	计税(费)依据	税(费)率	本期应纳税(费)额	本期减免税(费)额		本期是否适用增值税小规模纳税人"六税两费"减征政策		本期已缴税(费)额	本期应补(退)税(费)额
						□是　□否			
	消费税额			减免性质代码	减免税(费)额	减征比例	减征额		
	1	2	3=1×2	4	5	6	7=(3−5)×6	8	9=3−5−7−8
城市维护建设税	253 000.00	7%	17 710.00						17 710.00
教育费附加	253 000.00	3%	7 590.00						7 590.00
地方教育附加	253 000.00	2%	5 060.00						5 060.00
合计	—	—	30 360.00	—		—			30 360.00

知识链接

消费税会计核算

<table>
<tr><th colspan="3">业务类型</th><th>账务处理</th></tr>
<tr><td colspan="3">销售自产或者自用应税消费品</td><td>借：税金及附加
　贷：应交税费——应交消费税</td></tr>
<tr><td rowspan="3">委托加工应税消费品</td><td colspan="2">收回后直接用于对外销售</td><td>借：委托加工物资(受托方代收代缴的消费税)
　贷：银行存款、应付账款等</td></tr>
<tr><td rowspan="2">收回后连续生产应税消费品</td><td>受托方代收代缴时</td><td>借：应交税费——应交消费税
　贷：银行存款等</td></tr>
<tr><td>出售加工收回后的产品或材料时</td><td>借：税金及附加
　贷：应交税费——应交消费税</td></tr>
<tr><td colspan="3">进口应税消费品</td><td>借：库存商品等(买价＋消费税等)
　贷：银行存款等</td></tr>
<tr><td colspan="3">缴纳消费税</td><td>借：应交税费——应交消费税
　贷：银行存款</td></tr>
</table>

情境小结

学习子情境	知识点
学习子情境一 认知消费税	(1) 消费税概述 (2) 消费税的纳税人 (3) 消费税的税目 (4) 消费税的税率
学习子情境二 计算消费税	(1) 计算直接对外销售应税消费品应纳税额 (2) 计算自产自用应税消费品应纳税额 (3) 计算委托加工应税消费品应纳税额 (4) 计算进口应税消费品应纳税额 (5) 计算应税消费品已纳消费税扣除额 (5) 计算消费品出口退税
学习子情境三 消费税申报与缴纳	(1) 征税环节 (2) 纳税义务发生时间 (3) 纳税期限 (4) 纳税地点 (5) 纳税申报

技能训练

一、基础训练

(一) 单项选择题

1. 下列选项中，应征消费税的是(　　)。

A. 涂料　　B. 高档家用电器

C. 电动自行车　　D. 实木家具

2. 下列关于消费税税率的叙述中，错误的是(　　)。

A. 消费税采用比例税率和定额税率两种形式，以适应不同应税消费品的实际情况

B. 卷烟在批发环节加征一道复合税，税率为11%加0.005元/支

C. 消费税根据不同的税目或子目确定相应的税率或单位税额

D. 金银首饰在零售环节征收消费税，税率为10%

3. 企业生产销售的下列货物中，应征消费税的是(　　)。

A. 护肤品　　B. 食用酒精　　C. 太阳能电池　　D. 美术涂料

4. 下列消费品的生产经营环节中，既征收增值税又征收消费税的是(　　)。

A. 啤酒的批发环节　　B. 金银首饰的零售环节

C. 高档手表的零售环节　　D. 高档化妆品的批发环节

5. 下列关于金银首饰征收消费税的说法中，正确的是(　　)。

A. 对既销售金银首饰，又销售非金银首饰的生产经营单位，应分别核算；未分别核算的，一律按金银首饰纳税

B. 带料加工的金银首饰，应按委托方销售同类金银首饰的销售价格计征消费税

C. 金银首饰连同包装物销售的，包装物的价格应并入金银首饰的销售额计征消费税

D. 纳税人采用以旧换新方式销售金银首饰的，以新首饰的售价作为计税依据征收消费税，旧首饰的作价不得扣除

6. 某企业将自产的烟丝用于连续加工卷烟，下列说法中，正确的是(　　)。

A. 同时缴纳增值税和消费税　　B. 不缴纳增值税和消费税

C. 缴纳增值税，不缴纳消费税　　D. 缴纳消费税，不缴纳增值税

7. 下列各项中，应按当期生产领用数量计算扣除已纳消费税的是(　　)。

A. 以委托加工已税高档手表生产的高档手表

B. 委托加工收回的汽油用于连续生产甲醇汽油

C. 以委托加工已税小轿车生产的小汽车

D. 以委托加工已税珠宝玉石生产的金银镶嵌首饰

8. 某化妆品厂受托加工一批高档化妆品，委托方提供的原材料成本为30 000元，化妆品厂收取加工费10 000元，代垫辅助材料款5 000元，该化妆品厂没有同类高档化妆品销售价格。该化妆品厂应代收代缴消费税(　　)元(以上款项均不含增值税，高档化妆品消费税税率为15%)。

A. 7 142.86　　B. 7 941.318　　C. 20 142.86　　D. 20 250.00

9. 外购已税消费品用于连续生产应税消费品的，准予按生产领用数量计算扣除外购已税消费品已纳消费税。下列说法中，符合这一规定的是(　　)。

A. 以外购高档手表改装加工的钻石手表
B. 以外购已税木制一次性筷子为原料生产的高档筷子
C. 外购已税卷烟贴商标，包装生产出售的卷烟
D. 外购的柴油用于连续生产生物柴油

10. 某筷子生产企业为增值税一般纳税人。2021 年 5 月，该企业取得不含税销售额如下：销售烫花木制筷子 15 万元；销售竹制筷子 18 万元；销售木制一次性筷子 12 万元。另外，该企业没收逾期未退还的木制一次性筷子包装物押金 0.23 万元。该企业当月应纳消费税（　　）万元。

A. 0.609 9　　B. 0.610 2　　C. 1.359 8　　D. 2.261 5

（二）多项选择题

1. 某企业以自产的 8 吨粮食白酒用于抵偿债务。已知同期白酒的最高售价是每吨 5 万元，平均售价是每吨 3.8 万元，（以上售价均为不含税价，白酒适用比例税率为 20%，定额税率为每斤 0.5 元），则下列说法中，正确的有（　　）。

A. 该企业应缴纳消费税　　B. 不需要缴纳消费税
C. 该企业应缴纳消费税 80 000 元　　D. 该企业应缴纳消费税 88 000 元

2. 下列各项中，属于酒类应税项目的有（　　）。

A. 粮食白酒　　B. 啤酒　　C. 果啤　　D. 酒精

3. 下列关于从量计征消费税计税依据确定方法的表述中，正确的有（　　）。

A. 销售应税消费品的，为应税消费品的销售数量
B. 以应税消费品投资入股的，为应税消费品的移送使用数量
C. 进口应税消费品的，为应税消费品的报关数量
D. 委托加工应税消费品，为加工完成的数量

4. 某一般纳税人为生产酒类产品的企业。下列有关该企业销售自产粮食白酒收取的包装物押金的处理中，正确的有（　　）。

A. 逾期 1 年以上的并入销售额缴纳增值税
B. 逾期 1 年以上的并入销售额缴纳消费税
C. 无论是否返还均于收取时并入销售额缴纳增值税
D. 无论是否返还均于收取时并入销售额缴纳消费税

5. 下列有关消费税的纳税地点的表述中，正确的有（　　）。

A. 纳税人进口应税消费品在纳税人机构所在地缴纳消费税
B. 纳税人自产自用应税消费品在纳税人机构所在地税务机关缴纳消费税
C. 纳税人委托加工应税消费品一般回委托方所在地缴纳消费税
D. 纳税人（企业）到外县销售自产应税消费品应回机构所在地缴纳消费税

（三）判断题

1. 酒厂将自产的 5 箱普通白酒移送到厂工会用于奖励先进员工，在移送使用环节不缴纳消费税。（　　）
2. 高档手表采用从量定额计算方法计缴消费税。（　　）
3. 黄酒采用从价定率计算方法计缴消费税。（　　）
4. 高尔夫球及球具、游艇、实木地板和酒精都属于消费税的应税范围。（　　）
5. 调味料酒不征收消费税。（　　）

二、能力训练

1. 甲公司为增值税一般纳税人，主要从事化妆品生产和销售业务。2021年9月，甲公司有关经营情况如下：

(1) 进口一批高档粉底液，海关核定的关税完税价格为105万元，已缴纳关税4.25万元。

(2) 销售自产高档成套化妆品，取得含增值税价款850万元，另收取包装物押金3.39万元。

已知增值税税率为13%，高档化妆品消费税税率为15%。根据上述资料，不考虑其他因素，分析回答下列小题：

(1) 计算甲公司进口高档粉底液应纳消费税。

(2) 计算甲公司销售自产高档成套化妆品应纳消费税。

2. 某高尔夫球具厂(增值税一般纳税人)下设一非独立核算的门市部。2021年10月，该厂将生产的一批成本价为70万元的高尔夫球具移送至该门市部，该门市部将其中的80%零售，取得含增值税销售额79.10万元。已知高尔夫球具适用的增值税税率为13%，消费税税率为10%，成本利润率为10%。根据消费税法律制度的规定，请计算该项业务应缴纳消费税。

3. 甲汽车厂将1辆生产成本为5万元的自产小汽车用于抵偿债务，同型号小汽车不含增值税的平均售价每辆为10万元，不含增值税最高售价每辆为12万元。已知小汽车消费税税率为5%。根据消费税法律制度的规定，请计算甲汽车厂该笔业务应纳消费税。

学习情境四

城市维护建设税、教育费附加和地方教育附加税务处理

教学目标

知识目标

1. 熟悉城市维护建设税、教育费附加和地方教育附加的基本法律规定；
2. 掌握城市维护建设税、教育费附加和地方教育附加的税收优惠政策和征收管理政策。

技能目标

1. 能准确计算应纳城市维护建设税、教育费附加和地方教育附加的数额；
2. 能独立完成城市维护建设税、教育费附加和地方教育附加的纳税申报。

思政目标

1. 强化依法纳税意识；
2. 培养爱国主义情操。

学习子情境一　城市维护建设税税务处理

一、概述

《中华人民共和国城市维护建设税法》

中华人民共和国成立以来,我国在城市建设和维护方面取得了较大成绩,但在该方面的资金一直不足。因此,我国开征了城市维护建设税,以筹集城镇设施建设和维护资金。

城市维护建设税具有以下特点:

(1) 税款专款专用。所征税款应当保证用于城市公用事业和公共设施的维护建设。

(2) 根据城镇规模设计有地区差别的比例税率。城市维护建设税根据城镇规模不同,设计不同比例的税率,以满足不同规模城市建设的资金需要。

(3) 属于一种附加税。城市维护建设税本身没有特定的课税对象,而是以纳税人实际缴纳的增值税、消费税(以下简称“两税”)的税额之和为计税依据,其征管方法也完全比照“两税”的有关规定办理。

(4) 征收范围较广。城市维护建设税是“两税”的附加税。一般缴纳“两税”的纳税人就要缴纳城市维护建设税,因此,城市维护建设税的征收范围也相应较广。

二、纳税人

相关公告

纳税人是指在中华人民共和国境内缴纳增值税、消费税的单位和个人。

扣缴义务人是指负有增值税、消费税扣缴义务的单位和个人,在扣缴增值税、消费税的同时扣缴城市维护建设税。

知识链接

这里的单位和个人为国有企业、集体企业、私营企业、股份制企业、其他企业和行政单位、事业单位、军事单位、社会团体、其他单位,以及个体工商户及其他个人(包括外商投资企业、外国企业和外籍人员)。

三、税率

城市维护建设税的适用税率,应当按纳税人所在地的规定税率执行。按纳税人所在地的不同,城市维护建设税的税率设置了三档地区差别比例税率,如表 4-1 所示。

表 4-1　城市维护建设税的税率

纳税人所在地	税率
市区	7%
县城、镇	5%
不在市区、县城、镇的	1%

【请注意】

（1）由受托方代扣代缴、代收代缴增值税、消费税的单位和个人，其代扣代缴、代收代缴的城市维护建设税按受托方所在地适用税率执行。

（2）流动经营等无固定纳税地点的单位和个人，在经营地缴纳增值税、消费税的，其城市维护建设税的缴纳按经营地适用税率执行。

四、税收优惠

（1）城市维护建设税原则上不单独减免，因城市维护建设税具有附加税性质，当“两税”发生减免时，城市维护建设税相应发生税收减免。

【请注意】

“出口不退”原则如下：

① 对出口货物、劳务和跨境销售服务、无形资产以及因优惠政策退还增值税、消费税的，不退还已缴纳的城市维护建设税。

② 对增值税、消费税实行先征后返、先征后退、即征即退办法的，除另有规定外，对随增值税、消费税附征的城市维护建设税，一律不予退（返）还。

【知识点过关 4-1 · 判断题】 对出口产品退还增值税、消费税的，应同时退还已缴纳的城市维护建设税和教育费附加。（ ）

【答案】 ×

【答案解析】 对出口货物、劳务和跨境销售服务、无形资产以及因优惠政策退还增值税、消费税的，不退还已缴纳的城市维护建设税。

（2）为支持国家重大水利工程建设，对国家重大水利工程建设基金免征城市维护建设税。

（3）根据国民经济和社会发展的需要，国务院对重大公共基础设施建设、特殊产业和群体以及重大突发事件应对等情形可以规定减征或者免征城市维护建设税，报全国人民代表大会常务委员会备案。

五、计税依据

城市维护建设税以纳税人依法实际缴纳的增值税、消费税为计税依据。

对实行增值税期末留抵退税的纳税人，允许其从城市维护建设税的计税依据中扣除已退还的增值税。

知识链接

教育费附加、地方教育附加计征依据与城市维护建设税计税依据一致。

【请注意】

(1)"进口不征"原则:对进口货物或者境外单位和个人向境内销售劳务、服务、无形资产缴纳的增值税、消费税,不征收城市维护建设税。

(2)纳税人违反增值税、消费税有关税法而加收的滞纳金和罚款,是税务机关对纳税人违法行为的经济制裁,不作为城市维护建设税的计税依据。

(3)纳税人在被查补增值税、消费税并被处以罚款时,应同时对其偷漏的城市维护建设税进行补税、征收滞纳金并处罚款。

六、计算应纳税额

城市维护建设税应纳税额的计算公式为:

应纳税额=纳税人实际缴纳的增值税、消费税×适用税率

【职业训练4-1】 甲公司2021年9月应纳增值税80 000元,实际缴纳增值税80 000元;应纳消费税60 000元,实际缴纳消费税50 000元。已知甲公司所在地适用的城市维护建设税税率为7%,计算甲公司当月应纳城市维护建设税。

根据城市维护建设税法律制度规定,城市维护建设税以纳税人实际缴纳的增值税、消费税为计税依据。

应纳城市维护建设税=(80 000+50 000)×7%=130 000×7%=9 100(元)

七、申报与缴纳

(一)纳税环节与纳税义务发生时间

城市维护建设税的纳税环节,实际就是纳税人缴纳"两税"的环节。纳税人只要发生"两税"的纳税义务,就要在同样的环节,分别计算缴纳城市维护建设税。

城市维护建设税纳税义务发生时间与缴纳"两税"的纳税义务发生时间一致,分别与"两税"同时缴纳。

(二)纳税地点

城市维护建设税以纳税人实际缴纳的增值税、消费税为计税依据,分别与增值税、消费税同时缴纳。所以,纳税人缴纳增值税、消费税的地点,就是该纳税人缴纳城市维护建设税的地点。

【请注意】

(1)代扣代缴、代收代缴"两税"的单位和个人,同时也是城市维护建设税的代扣代缴、代收代缴义务人,其城市维护建设税的纳税地点为代扣代收地。

(2)对流动经营等无固定纳税地点的单位和个人,应随同"两税"在经营地纳税。

(三)纳税期限

由于城市维护建设税是由纳税人在缴纳"两税"时同时缴纳的,所以其纳税期限分别与

"两税"的纳税期限一致。根据增值税和消费税法律制度的规定，增值税、消费税的纳税期限分别为1日、3日、5日、10日、15日、1个月或者1个季度。

增值税、消费税纳税人的具体纳税期限，由主管税务机关根据纳税人应纳税额大小分别核定；不能按照固定期限纳税的，可以按次纳税。

（四）纳税申报

城市维护建设税与增值税和消费税同时申报，相关数据填写在增值税和消费税的主表和附表中，详见学习情境二和学习情境三的相关内容。

学习子情境二　教育费附加和地方教育附加税务处理

一、概述

教育费附加和地方教育附加是为加快地方教育事业，扩大地方教育经费的资金而征收的一项专用基金。自2006年9月1日起施行的《中华人民共和国教育法》规定，税务机关依法足额征收教育费附加，由教育行政部门统筹管理，主要用于实施义务教育。省、自治区、直辖市人民政府根据国务院的有关规定，可以决定开征用于教育的地方附加费，专款专用。

二、征收范围和计征依据

教育费附加和地方教育附加对缴纳"两税"的单位和个人征收，以其实际缴纳的"两税"为计征依据，分别与"两税"同时缴纳。

【请注意】

这里的单位和个人包括外商投资企业、外国企业及外籍个人。

三、征收比率

现行的教育费附加征收比率为3%，地方教育附加征收比率为2%。

四、税收优惠

(1) 进口不征：对海关进口的产品征收的增值税、消费税，不征收教育费附加。

(2) 出口不退：对由于减免"两税"而发生退税的，可同时退还已征收的教育费附加。但对出口产品退还"两税"的，不退还已征的教育费附加。

(3) 对国家重大水利工程建设基金免征教育费附加。

五、计算

应纳教育费附加或地方教育附加＝实际缴纳的增值税、消费税之和×征收比率

【职业训练 4-2】 甲公司 2021 年 9 月应缴增值税 80 000 元，实际缴纳 80 000 元；应缴消费税 60 000 元，实际缴纳 50 000 元。计算该公司当月应纳教育费附加和地方教育附加。

教育费附加和地方教育附加以纳税人实际缴纳的增值税、消费税税额为计税依据。

应纳教育费附加＝(80 000＋50 000)×30％＝130 000×3％＝3 900(元)

应纳地方教育附加＝(80 000＋50 000)×2％＝130 000×2％＝2 600(元)

六、申报与缴纳

教育费附加和地方教育附加与增值税和消费税同时申报，相关数据填写在增值税和消费税的主表和附表中，详见学习情境二和学习情境三。

知识链接

城市维护建设税、教育费附加和地方教育附加的会计核算

业务类型	账务处理
计提时	借：税金及附加 　贷：应交税费——应交城市维护建设税 　　应交税费——应交教育费附加 　　应交税费——应交地方教育附加
缴纳时	借：应交税费——应交城市维护建设税 　应交税费——应交教育费附加 　应交税费——应交地方教育附加 　贷：银行存款

情境小结

学习子情境	知识点
学习子情境一 城市维护建设税税务处理	(1) 概述 (2) 纳税人 (3) 税率 (4) 税收优惠 (5) 计税依据 (6) 计算应纳税额 (7) 申报与缴纳
学习子情境二 教育费附加和地方教育附加税务处理	(1) 概述 (2) 征收范围和计征依据 (3) 征收比率 (4) 税收优惠 (5) 计算 (6) 申报与缴纳

技能训练

一、基础训练(单项选择题)

1. 利华公司应缴增值税100 000元,实际缴纳增值税80 000元,应缴消费税50 000元,实际缴纳消费税45 000元。已知适用的城市维护建设税税率为7%,计算甲公司当月应缴纳城市维护建设税的下列算式中,正确的是(　　)。

A. 45 000×7%=3 150(元)　　B. (80 000+45 000)×7%=8 750(元)

C. 100 000×7%=7 000(元)　　D. (100 000+50 000)×7%=10 500(元)

2. 2021年9月,A市甲企业接受B县乙企业委托加工应税消费品,取得不含增值税加工费300 000元,代收代缴消费税120 000元。已知A市和B县的城市维护建设税税率分别为7%和5%,计算甲企业就该笔业务应代收代缴城市维护建设税的下列算式中,正确的是(　　)。

A. (300 000+120 000)×7%=29 400(元)

B. (300 000+120 000)×5%=21 000(元)

C. 120 000×7%=8 400(元)

D. 120 000×5%=6 000(元)

3. 根据城市维护建设税法律制度的规定,下列关于城市维护建设税税收优惠的表述中,不正确的是(　　)。

A. 对出口货物退还增值税、消费税的,应退还已缴纳的城市维护建设税

B. 对进口货物缴纳的增值税、消费税,不征收城市维护建设税

C. 对境外个人向境内销售服务缴纳的增值税,不征收城市维护建设税

D. 对境外单位向境内销售无形资产缴纳的增值税,不征收城市维护建设税

4. 2021年10月,甲企业应缴增值税30万元,实际缴纳20万元,应缴消费税28万元,实际缴纳12万元。已知教育费附加征收比率为3%,计算甲企业当月应缴纳教育费附加的下列算式中,正确的是(　　)。

A. (30+28)×3%=1.74(万元)　　B. (20+12)×3%=0.96(万元)

C. 30×3%=0.9(万元)　　D. 28×3%=0.84(万元)

二、能力训练

1. 税务机关认定甲公司存在逃税行为,甲公司按照规定补缴了增值税100 000元、消费税60 000元,同时,缴纳罚款80 000元、滞纳金20 000元。已知教育费附加征收比率为3%,计算甲公司应补缴的教育费附加。

2. 2022年10月,甲公司向税务机关实际缴纳增值税70 000元、消费税50 000元;向海关缴纳进口环节增值税40 000元、消费税30 000元。已知城市维护建设税适用税率为7%,计算甲公司当月应缴纳的城市维护建设税。

学习情境五

关税税务处理

教学目标

知识目标

1. 熟悉关税的征税对象和纳税义务人；
2. 掌握关税的计税依据；
3. 熟悉关税的税收优惠政策和征收管理政策。

技能目标

1. 能熟练区分不同种类的关税税率；
2. 能准确计算关税的应纳税额。

思政目标

1. 强化关税对国民经济和对外贸易重大影响的意识；
2. 培养诚实守信的职业道德。

学习子情境一 认知关税

一、关税概述

关税是由海关依法对进出境货物、物品征收的一种商品税。所谓“境”是指关境,是《中华人民共和国海关法》(以下简称《海关法》)全面实施的领域。

《中华人民共和国进出口关税条例》

二、关税的征税对象

关税的征税对象是准许进出境的货物和物品。

知识链接

这里的货物是指贸易性商品。

这里的物品是指入境旅客随身携带的行李物品、个人邮递物品、各种运输工具上的服务人员携带进口的自用物品、馈赠物品以及其他方式进境的个人物品。

【请注意】

对从境外采购进口的原产于中国境内的货物,也应按规定征收进口关税。

三、关税的纳税人

关税的纳税人是进口货物的收货人、出口货物的发货人、进出境物品的所有人。

知识链接

这里的进口货物的收货人、出口货物的发货人是依法取得对外贸易经营权,并且进口或者出口货物的法人或者其他社会团体,具体包括外贸进出口公司、工贸或农贸结合的进出口公司、其他经批准经营进出口商品的企业。

这里的进出境物品的所有人包括该物品的所有人和推定为所有人的人,具体包括入境旅客随身携带的行李、物品的持有人,各种运输工具上服务人员入境时携带自用物品的持有人,馈赠物品以及其他方式入境个人物品的所有人,个人邮递物品的收件人。

四、关税的税率

(一) 税则归类

中华人民共和国进出口税则(2021)

进出口货物应当按照《中华人民共和国进出口税则》,将每项具体的进出口商品按其特性找出其最适合的个税号,"对号入座"以确定其适用的税率,计算关税税负。

知识链接

进出口税率表作为税则主体,包括税则商品分类目录和税率栏两大部分。

① 税则商品分类目录是把种类繁多的商品加以综合,按照其不同特点分门别类地简化成数量有限的商品类目,分别编号按序排列,称为税则号列,并逐号列出该号中应列入的商品名称。商品分类的原则即归类规则,包括归类总规则和各类、章、目的具体注释。

② 税率栏是按商品分类目录逐项定出的税率栏目。我国现行进口税则为四栏税率,出口税则为一栏税率。

(二) 税率的种类

关税的税率分为进口税率和出口税率。

1. 进口关税税率

在我国加入世界贸易组织(WTO)之后,为履行我国在加入 WTO 关税减让谈判中承诺的有关义务,享有 WTO 成员应有的权利,自 2002 年 1 月 1 日起,我国进口税率设有最惠国税率、协定税率、特惠税率、普通税率、配额税率和暂定税率几种税率形式。

进口关税一般采用比例税率,实行从价计征的办法。但是对啤酒、原油等少数货物实行从量计征的方法。对广播用录像机、放像机、摄像机等实行从价从量的复合税率。

知识拓展

适用最惠国税率、协定税率、特惠税率的国家或者地区名单,由国务院关税税则委员会决定,报国务院批准后执行。

(1) 最惠国税率。该税率适用于以下进口货物:

① 原产于与我国共同适用最惠国条款的世界贸易组织成员的进口货物。

② 原产于与我国签订含有相互给予最惠国待遇的双边贸易协定的国家或者地区的进口货物。

③ 原产于我国的进口货物。

(2) 协定税率。该税率适用于原产于与我国签订含有关税优惠条款的区域性贸易协定的国家或地区的进口货物。

(3) 特惠税率。该税率适用于原产于与我国签订含有特殊关税优惠条款的贸易协定的国家或地区的进口货物。

(4) 普通税率。该税率适用于以下进口货物:

① 原产于上述国家或地区以外的其他国家或地区的进口货物。

② 原产地不明的进口货物。

(5) 配额税率。关税配额税率是指关税配额限度内的税率。关税配额是进口国限制进口货物数量的措施,把征收关税和进口配额相结合以限制进口。

对实行关税配额管理的进口货物，在关税配额内的，适用较低的关税配额税率；在关税配额外的，按不同情况分别适用最惠国税率、协定税率、特惠税率或普通税率。

(6) 暂定税率。暂定税率是在最惠国税率的基础上，对于一些国内需要降低进口关税的货物，以及出于国际双边关系的考虑需要个别安排的进口货物，可以实行暂定税率。

2. 出口关税税率

国家仅对少数资源性产品及易于竞相杀价、盲目进口、需要规范出口秩序的半制成品征收出口关税。

知识拓展

适用最惠国税率的进口货物有暂定税率的，应当适用暂定税率；适用协定税率、特惠税率的进口货物有暂定税率的，应当从低适用税率；适用普通税率的进口货物，不适用暂定税率。适用出口税率的出口货物有暂定税率的，应当适用暂定税率。

五、关税的税收优惠

关税减免是对某些纳税人和征税对象给予鼓励和照顾的一种特殊调节手段，是贯彻国家关税政策的一项重要措施。根据《海关法》规定，除法定减免税外的其他减免税均由国务院决定。关税减免分为法定减免税、政策性减免税和临时减免税。

(一) 法定减免税

法定减免税是税法中明确列出的减税或免税。符合税法规定可予减免税的进出口货物，纳税义务人无须提出申请，海关可按规定直接予以减免税。海关对法定减免税货物一般不进行后续管理。

我国海关法律制度明确规定，下列货物、物品免关税：

(1) 关税额在人民币 50 元以下的一票货物。

(2) 无商业价值的广告品和货样。

(3) 外国政府、国际组织无偿赠送的物资。

(4) 进出境运输工具装载的途中必需的燃料、物料和饮食用品。

(5) 因故退还的中国出口货物，经海关审查属实，可予免征进口关税，但已征收的出口关税不予退还。

(6) 因故退还的境外进口货物，经海关审查属实，可予免征出口关税，但已征收的进口关税不予退还。

我国缔结或参加的国际条约规定减征、免征关税的货物、物品，按照规定予以减免关税。

(二) 政策性减免税

进口货物如有以下情形，经海关查明属实，可酌情减免进口关税：

(1) 在境外运输途中或者在起卸时，遭受损坏或者损失的。

(2) 起卸后海关放行前，因不可抗力遭受损坏或者损失的。

(3) 海关查验时已经破漏、损坏或者腐烂，经证明不是保管不慎造成的。

(三) 临时减免税

为境外厂商加工、装配成品和为制造外销产品而进口的原材料、辅料、零件、部件、配套件和包装物料，海关按照实际加工出口的成品数量免征进口关税；或者对进口料、件先征进口关税，再按照实际加工出口的成品数量予以退税。

学习子情境二 计算关税

一、关税的计税依据

我国对进出口货物征收关税，主要采取从价计征的办法，以商品价格为标准征收关税。因此，关税主要以进出口货物的完税价格为计税依据。

相关表格

(一) 进口货物的完税价格

1. 一般贸易项下进口货物的完税价格

一般贸易项下进口货物的完税价格是以海关审定的成交价格为基础的到岸价格。

(1) 成交价格是指一般贸易项下进口货物的买方为购买该项货物向卖方实际支付或应当支付的价格。

【请注意】

在货物成交过程中，进口人在成交价格外另支付给卖方的佣金，应计入成交价格。

而向境外采购代理人支付的买方佣金则不能列入，如已包括在成交价格中应予以扣除；卖方付给进口人的正常回扣，应从成交价格中扣除。

卖方违反合同规定延期交货的罚款，卖方在货价中冲减时，罚款不能从成交价格中扣除。

(2) 到岸价格是指包括货价以及货物运抵我国关境内输入地点起卸前的包装费、运费、保险费和其他劳务费等费用构成的一种价格，其中还应包括为了在境内生产、制造、使用或出版、发行的目的而向境外支付的与该进口货物有关的专利、商标、著作权，以及专有技术、计算机软件和资料等费用。

为避免低报、瞒报价格偷逃关税，进口货物的到岸价格不能确定时，本着公正、合理的原则，海关应当按照规定估定完税价格。

【职业训练 5-1】 2021 年 9 月，甲公司进口一批玩具，该批玩具的货价为 180 万元，运抵我国关境内输入地点前的运费、保险费合计 15 万元，另支付给境外采购代理人买方佣金 10 万元。要求：计算甲公司进口该批玩具的关税完税价格。

相关计算如下：

① 到岸价格包括货价(180 万元)以及货物运抵我国关境内输入地点起卸前的运费、保险费(合计 15 万元)。

② 货物成交过程中，向境外采购代理人支付的买方佣金(10 万元)则不能列入到岸价格。

关税完税价格＝180＋15＝195(万元)

【职业训练 5-2】 某进出口公司 2021 年从美国进口一批化工原料共 500 吨，货物以境外口岸离岸价格成交，每吨折合人民币为 20 000 元，买方承担包装费每吨 500 元人民币，另向中介支付佣金每吨1 000元人民币，向自己的采购代理人支付购货佣金5 000元人民币，已知该批化工原料运抵中国境内输入地点起卸前的运输费、保险费和其他劳务费用为每吨2 000元人民币，进口后另发生运输费和装卸费用为每吨300元人民币。要求：计算该批化工原料的关税完税价格。

相关计算如下：

① 在货物成交过程中，进口人在成交价格外另支付给卖方的佣金，应计入成交价格。而向境外采购代理人支付的买方佣金则不计入成交价格。

② 完税价格包括货价以及货物运抵我国关境内输入地点起卸前的包装费、运费、保险费和其他劳务费等费用。

进口该批化工原料的关税完税价格＝(20 000＋500＋1 000＋2 000)×500

＝11 750 000(元)

2. 特殊贸易项下进口货物的完税价格

对于某些特殊、灵活的贸易方式(如寄售等)下进口的货物，在进口时没有“成交价格”可作依据，这些进口货物确定其完税价格的方法主要有：

(1) 运往境外加工的货物，出境时已向海关报明，并在海关规定期限内复运进境的，以境外加工费和料件费以及复运进境的运输及其相关费用和保险费审查确定完税价格。

(2) 运往境外修理的机械器具、运输工具或者其他货物，出境时已向海关报明并在海关规定期限内复运进境的，以经海关审定的修理费和料件费作为完税价格。

(3) 租借、租赁方式进境的货物，以海关审查确定的货物租金作为完税价格。

(4) 对于国内单位留购的进口货样、展览品和广告陈列品，以留购价格作为完税价格。

但对于留购货样、展览品和广告陈列品的买方，除按留购价格付款外，又直接或间接给卖方一定利益的，海关可以另行确定上述货物的完税价格。

(5) 逾期未出境的暂进口货物的完税价格。对于经海关批准暂时进口的施工机械、工程车辆、供安装使用的仪器和工具、电视或电影摄制机械，以及盛装货物的容器等，如入境超过半年仍留在国内使用的，应自第7个月起，按月征收进口关税，其完税价格按原货进口时的到岸价格确定。

每月应纳关税＝货物原到岸价格×关税税率×1÷48

(6) 转让出售进口减免税货物的完税价格。按照特定减免税办法批准予以减免税进口的货物，在转让或出售而需补税时，可按这些货物原进口时的到岸价格来确定其完税价格。

完税价格＝原入境到岸价格×[1－实际使用月份÷(管理年限×12)]

管理年限是指海关对进口减免税货物的监督管理的年限。

(二) 出口货物的完税价格

出口货物的完税价格是海关审定的货物售予境外的离岸价格，扣除出口关税。

出口货物完税价格＝离岸价格÷(1＋出口税率)

(1) 离岸价格是指该项货物运离关境前的最后一个口岸的离岸价格。

(2) 出口货物在成交价格以外，买方还另行支付的货物包装费，应计入成交价格。

(3) 离岸价格不包括：

① 装船以后发生的费用。

② 若货物从内地起运，应扣除从内地口岸至最后出境口岸所支付的国内段运输费用。

③ 出口货物在成交价格以外支付给国外的佣金应予扣除，未单独列明的则不予扣除。

(三) 进出口货物完税价格的审定

1. 进出口货物完税价格需要审定的情形

(1) 对于进出口货物的收发货人或其代理人向海关申报进出口货物的成交价格明显偏低，而又不能提供合法证据和正当理由的。

(2) 申报价格明显低于海关掌握的相同或类似货物的国际市场上公开成交货物的价格，而又不能提供合法证据和正当理由的。

(3) 申报价格经海关调查认定买卖双方之间有特殊经济关系或对货物的使用、互相订有特殊条件或特殊安排，影响成交价格的。

(4) 以及其他特殊成交情况，海关认为需要估价的。

2. 进出口货物完税价格审定的方法

进出口货物完税价格审定按以下方法依次估定完税价格：

(1) 相同货物成交价格法。即以从同一出口国家或者地区购进的相同货物的成交价格作为该被估货物完税价格的价格依据。

(2) 类似货物成交价格法。即以从同一出口国家或者地区购进的类似货物的成交价格作为被估货物的完税价格的依据。

(3) 国际市场价格法。即以进口货物的相同或类似货物在国际市场上公开的成交价格为该进口货物的完税价格。

(4) 国内市场价格倒扣法。即以进口货物的相同或类似货物在国内市场上的批发价格，扣除合理的税、费、利润后的价格。

(5) 合理方法估定的价格。即如果按照上述几种方法顺序估价仍不能确定其完税价格时，则可由海关按照合理方法估定。

二、关税的计算

(一) 从价税

从价税是最常用的关税计征方法，它以进(出)口货物的完税价格作为计税依据。其计算公式为：

$$应纳关税=应税进(出)口货物数量\times 单位完税价格\times 适用税率$$
$$=应税进(出)口货物完税价格\times 适用税率$$

(二) 从量税

从量税以货物的数量、重量、体积、容量等计量单位为计税依据。其计算公式为：

$$应纳关税=应税进口货物数量\times 关税单位税额$$

(三) 复合税

复合税是对某种进口货物同时使用从价和从量计征的关税计征方法。其计算公式为：

$$应纳关税=\begin{matrix}应税进口\\货物数量\end{matrix}\times 单位税额+\begin{matrix}应税进口\\货物数量\end{matrix}\times\begin{matrix}单位\\完税价格\end{matrix}\times 税率$$

（四）滑准税

滑准税是指关税的税率随着进口商品价格的变动而反方向变动的一类特殊的从价关税，即价格越高，税率越低。其计算公式为：

应纳关税＝应税进（出）口货物数量×单位完税价格×滑准税税率

【职业训练 5-3】 某纺织厂于 2021 年 10 月进口一批布料。该批布料在国外购买价折合人民币 800 000 元，货物运抵我国入关前发生运输费折合人民币 30 000 元，保险费折合人民币 20 000 元，进口关税税率为 20%。要求：计算该批布料应纳的进口环节关税。

相关计算如下：

到岸价格包括货价（800 000 元）以及货物运抵我国关境内输入地点起卸前的运费（30 000 元）、保险费（20 000 元）。

关税完税价格＝800 000＋30 000＋20 000＝850 000（元）

进口环节关税＝850 000×20%＝170 000（元）

知识拓展

跨境电子商务零售进口税收政策

自 2019 年 1 月 1 日起，跨境电子商务零售进口商品按照货物征收关税和进口环节增值税、消费税，购买跨境电子商务零售进口商品的个人作为纳税义务人，实际交易价格（包括货物零售价格、运费和保险费）作为完税价格，电子商务企业、电子商务交易平台企业或物流企业可作为代收代缴义务人。

一、适用范围

跨境电子商务零售进口税收政策适用于从其他国家或地区进口的、《跨境电子商务零售进口商品清单》范围内的以下商品：

（1）所有通过与海关联网的电子商务交易平台交易，能够实现交易、支付、物流电子信息“三单”比对的跨境电子商务零售进口商品。

（2）未通过与海关联网的电子商务交易平台交易，但快递、邮政企业能够统一提供交易、支付、物流等电子信息，并承诺承担相应法律责任进境的跨境电子商务零售进口商品。

不属于跨境电子商务零售进口的个人物品以及无法提供交易、支付、物流等电子信息的跨境电子商务零售进口商品，按现行规定执行。

二、计征限额

跨境电子商务零售进口商品的单次交易限值为人民币 5 000 元，个人年度交易限值为人民币 26 000 元。

在限值以内进口的跨境电子商务零售进口商品，关税税率暂设为零；进口环节增值税、消费税取消免征税额，暂按法定应纳税额的 70%征收。

超过单次限值、累加后超过个人年度限值的单次交易，以及完税价格超过 5 000 元限值的单个不可分割商品，均按照一般贸易方式全额征税。

三、计征规定

跨境电子商务零售进口商品自海关放行之日起 30 日内退货的，可申请退税，并相应调整个人年度交易总额。

跨境电子商务零售进口商品购买人(订购人)的身份信息应进行认证;未进行认证的,购买人(订购人)身份信息应与付款人一致。

学习子情境三　关税申报与缴纳

一、关税的纳税期限

进口货物自运输工具申报进境之日起 14 日内,出口货物在货物运抵海关监管区后装货的 24 小时以前,应由进出口货物的纳税义务人向货物进出境地海关申报,海关根据税则归类和完税价格计算应缴纳的关税和进口环节代征税,并填发税款缴款书。

纳税义务人应当自海关填发税款缴款书之日起 15 日内,向指定银行缴纳税款。关税纳税义务人因不可抗力或者在国家税收政策调整的情形下,不能按期缴纳税款的,经海关总署批准,可以延期缴纳税款,但最长不得超过 6 个月,如图 5-1 至图 5-3 所示。

二、关税的纳税申报

进出口货物申报办事流程如图 5-1 所示。

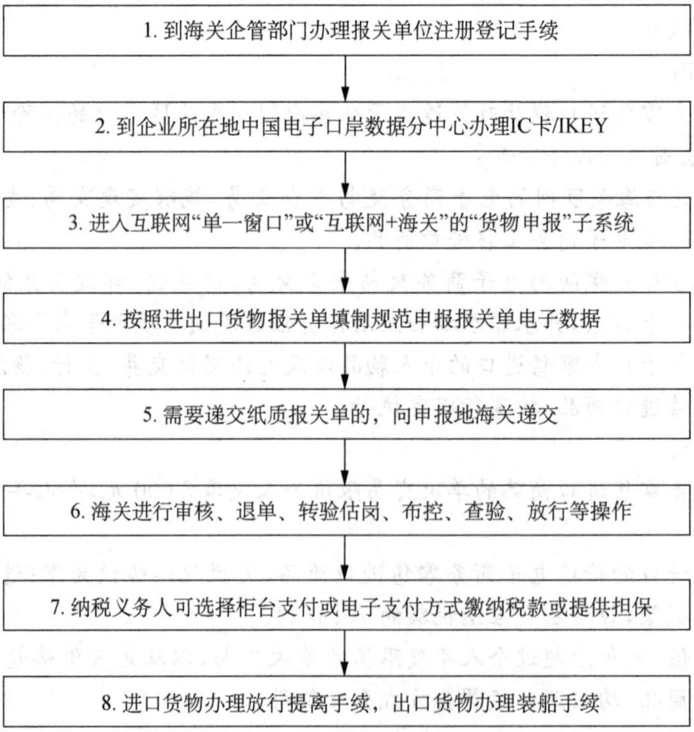

图 5-1　进出口货物申报办事流程

关税纳税申报涉及的海关进口关税专用缴款书和中华人民共和国海关进口货物报关单如表 5-1 和表 5-2 所示。

表 5-1　海关进口关税专用缴款书

收入系统：　　　　　　　　　　填发日期：　　　　　　　　　　号码 NO.：

收款单位	收入机关			缴款单位(人)	名称		
	科　目		预算级次		账号		
	收款国库				开户银行		
税号	货物名称	数量	单位	完税价格		税率	税款金额
金额人民币(大写)						合计	
申请单位编号		报关单编号		填制单位		收款国库(银行)	
合同(批文)号		运输工具(号)					
缴款期限		提/装货单号		制单人			
备注				复核人			

从填表缴款书之日起限 15 日内缴纳(期末遇法定节假日顺延)，逾期按日征收税款总额千分之一的滞纳金。

表 5-2　中华人民共和国海关进口货物报关单

预录人编号：　　　　海关编号：　　　　　　　　　　页码/页数：

境内收货人	进境关别		进口日期		申报日期		备案号	
境外发货人	运输方式		运输工具名称及航次号		提运单号		货物存放地点	
消费使用单位	监管方式		征免性质		许可证号		启运港	
合同协议号	贸易国(地区)		启运国(地区)		经停港		入境口岸	
包装种类	件数	毛重(千克)	净重(千克)	成交方式	运费	保费	杂费	
随附单证及编号								
标记唛码及备注								
顶号	商品编号	商品名称及规格型号	数量及单位	单价/总价/币制	原产国(地区)	最终目的国(地区)	境内目的地	征免
特殊关系确认：		价格影响确认：		支付特许权使用费确认：		自报自缴：		
报关人员　报关人员证号　电话 兹申明对以上内容承担如实申报、依法纳税之法律责任 申报单位　申报单位(签章)						海关批注及签章		

二、关税的强制执行

纳税义务人未在关税缴纳期限内缴纳税款，即构成关税滞纳。为保证海关征收关税决定的有效执行和国家财政收入的及时入库，《海关法》赋予海关对滞纳关税的纳税义务人强制执行的权利。强制措施主要有两类：

(1) 征收关税滞纳金。滞纳金自关税缴纳期限届满之日起，至纳税义务人缴纳关税之日止，按滞纳税款5‱的比例按日征收，周末或法定节假日不予扣除。

关税滞纳金金额＝滞纳关税×滞纳金征收比率×滞纳天数

(2) 强制征收。如纳税义务人自海关填发缴款书之日起3个月仍未缴纳税款，经直属海关关长或其授权的隶属海关关长批准，海关可以采取强制扣缴、变价抵缴等强制措施。

知识链接

强制扣缴是指海关从纳税义务人在开户银行或者其他金融机构的存款中直接扣缴税款。

变价抵缴是指海关将应税货物依法变卖，或者扣留并依法变卖其价值相当于应纳税款的货物或者财产，以变卖所得抵缴税款。

三、关税的退还与追缴

对由于海关误征、多缴纳税款的；海关核准免验的进口货物完税后，发现有短卸情况，经海关审查认可的；已征出口关税的货物，因故未装运出口申报退关，经海关查验属实的，纳税人可以从缴纳税款之日起的1年内，书面声明理由，连同纳税收据向海关申请退税，逾期不予受理。海关应当自受理退税申请之日起30日内作出书面答复，并通知退税申请人。

进出口货物完税后，如发现少征或漏征税款，海关有权在1年内予以补征；如因收发货人或其代理人违反规定而造成少征或漏征税款的，海关在3年内可以追缴。

知识链接

关税的会计核算

业务类型	账务处理
支付时(进口关税直接计入进口货物的成本)	借：库存商品或原材料[采购价＋关税等] 应交税费——应交增值税(进项税额) 贷：银行存款或应付账款

情境小结

学习子情境	知识点
学习子情境一 认知关税	(1) 关税概述 (2) 关税的征税对象 (3) 关税的纳税人 (4) 关税的税率 (5) 关税的税收优惠

（续表）

学习子情境	知识点
学习子情境二 计算关税	(1) 关税的计税依据 (2) 关税的计算
学习子情境三 关税申报与缴纳	(1) 关税的纳税期限 (2) 关税的纳税申报 (3) 关税的退还与追缴

技能训练

一、基础训练

(一) 单项选择题

1. 下列进口货物税率形式中，适用原产于与我国签订含有关税优惠条款的区域性贸易协定的国家或地区的进口货物的税率是(　　)。

A. 最惠国税率　　B. 协定税率　　C. 特惠税率　　D. 配额税率

2. 我国某公司2021年3月从国内甲港口出口一批锌锭到国外，货物成交价格为158万元(不含出口关税)，其中包括货物运抵甲港口装载前的运输费、保险费共计10万元，另支付甲港口到国外目的地港口之间的运输保险费20万元。已知锌锭出口关税税率为20%，则该公司出口锌锭应缴纳的出口关税为(　　)万元。

A. 25.6　　B. 29.6　　C. 31.6　　D. 34

3. 下列货物中，免征进口关税的是(　　)。

A. 外国政府无偿赠送的物资　　B. 具有一定商业价值的资料

C. 海关放行后损坏的进口货物　　D. 关税税额为人民币80元的一票货物

4. 关税纳税义务人因不可抗力或者在国家税收政策调整的情形下，不能按期缴纳税款的，经依法提供税款担保后，可以延期缴纳税款，但最多不得超过(　　)个月。

A. 3　　B. 6　　C. 9　　D. 12

5. 某公司进口一批货物，海关于2021年7月1日填发税款缴款书，但该公司迟至7月27日才缴纳500万元的关税。海关应征收关税滞纳金(　　)万元。

A. 2.75　　B. 3　　C. 6.5　　D. 6.75

(二) 多项选择题

1. 下列各项中，属于关税纳税人的有(　　)。

A. 进口货物的收货人　　B. 出口货物的发货人

C. 进出口货物的经纪人　　D. 进出境物品的携带人

2. 下列各项税费中，应计入出口货物完税价格的有(　　)。

A. 货物运至我国境内输出地点装载前的保险费

B. 货物运至我国境内输出地点装载前的运输费用

C. 货物出口关税

D. 货价中单独列明的货物运至我国境内输出地点装载后的运输费用

3. 下列措施中，属于《海关法》赋予海关可以采取的强制措施有(　　)。

A. 补征税额　　B. 强制扣缴

C. 变价抵缴　　　　D. 征收关税滞纳金

(三) 判断题

1. 因纳税人违反规定而造成的少征关税，海关可以自纳税义务人缴纳税款或者货物、物品放行之日起的3年内追征。（　）
2. 对于从境外采购进口的原产于中国境内的货物，应按规定征收进口关税。（　）
3. 因故退还的境外进口货物，可以免征出口关税，并退还已征收的进口关税。（　）
4. 根据关税法律制度的规定，卖方违反合同规定延期交货的罚款，卖方在货价中冲减时，罚款应从成交价格中扣除。（　）
5. 进口货物使用的关税税率是以进口货物的原产地为标准的。（　）

二、能力训练

2021年9月，甲公司进口一批货物，海关审定的成交价格为1 100万元，货物运抵我国境内输入地点起卸前的运费为96万元，保险费为4万元。已知关税税率为10%，请计算甲公司该笔业务应缴纳的关税。

学习情境六

企业所得税税务处理

教学目标

知识目标

1. 熟悉企业所得税的征税对象、纳税人和税率；
2. 掌握居民企业和非居民企业的应纳企业所得税的计算方法；
3. 熟悉企业所得税纳税申报基本知识和流程。

技能目标

1. 能通过判定纳税调整项目准确计算应纳税所得额；
2. 能准确计算企业所得税应纳税额；
3. 能准确填写企业所得税纳税申报表；
4. 能准确完成企业所得税的预缴申报和年终汇算清缴。

思政目标

1. 增强依法办理企业所得税业务的意识；
2. 结合公益性捐赠政策和企业所得税制度，增强社会责任感；
3. 提高政策解读与运用能力，培养自主学习习惯。

学习子情境一 认知企业所得税

一、企业所得税概述

企业所得税是对我国境内的企业和其他取得收入的组织的生产经营所得和其他所得征收的一种税。

企业所得税的主要作用如下：

(1) 促进企业改善经营管理活动，提升企业的盈利能力。

(2) 调节产业结构，促进经济发展。

(3) 为国家建设筹集财政资金。

企业所得税是国家参与企业利润分配并调节其收益水平的一个关键性税种，体现国家与企业的分配关系。

二、企业所得税的纳税人

在中华人民共和国境内，企业和其他取得收入的组织为企业所得税的纳税人，依照《中华人民共和国企业所得税法》(以下简称《企业所得税法》)的规定缴纳企业所得税。企业所得税纳税人包括各类企业、事业单位、社会团体、民办非企业单位和从事经营活动的其他组织。依照中国法律、行政法规成立的个人独资企业、合伙企业，不属于企业所得税纳税人，不缴纳企业所得税。

企业所得税采取收入来源地管辖权和居民管辖权相结合的双重管辖权，把企业分为居民企业和非居民企业，分别确定不同的纳税义务。

(一) 居民企业

居民企业是指依法在中国境内成立，或者依照外国(地区)法律成立但实际管理机构在中国境内的企业。居民企业包括公司、企业、事业单位、社会团体民办非企业单位、基金会、外国商会、农民专业合作社以及取得收入的其他组织。

实际管理机构是指对企业的生产经营、人员、账务、财产等实施实质性全面管理和控制的机构。

(二) 非居民企业

非居民企业是指依照外国(地区)法律成立且实际管理机构不在中国境内，但在中国境内设立机构、场所的，或者在中国境内未设立机构、场所，但有来源于中国境内所得的企业。

非居民企业委托营业代理人在中国境内从事生产经营活动的，包括委托单位或者个人经常代其签订合同，或者储存、交付货物等，该营业代理人视为非居民企业在中国境内设立的机构、场所。

【知识点过关 6-1・单项选择题】 根据企业所得税法律制度的规定，以下属于非居民企业的是(　　)。

A. 根据中国法律成立，实际管理机构在境内的丙公司

B. 根据外国法律成立，实际管理机构在境内的甲公司

C. 根据外国法律成立且实际管理机构在国外，在境内设立机构场所的丁公司

D. 根据中国法律成立，在国外设立机构场所的乙公司

【答案】 C

【答案解析】 选项AD，满足依法在中国境内成立标准，属于居民企业；选项B，满足实际管理机构在中国境内标准，属于居民企业；选项C，不满足依法在中国境内成立标准，也不满足实际管理机构在中国境内标准，但在中国境内设立了机构场所，属于非居民企业。

三、企业所得税的征税对象

（一）居民企业的征税对象

居民企业应当就其来源于中国境内、境外的所得缴纳企业所得税，具体包括销售货物所得、提供劳务所得、转让财产所得、股息红利等权益性投资所得、利息所得、租金所得、特许权使用费所得、接受捐赠所得和其他所得。

（二）非居民企业的征税对象

非居民企业在中国境内设立机构、场所的，应当就其所设机构、场所取得的来源于中国境内的所得，以及发生在中国境外但与其所设机构、场所有实际联系的所得，缴纳企业所得税。

非居民企业在中国境内未设立机构、场所的，或者虽设立机构、场所但取得的所得与其所设机构、场所没有实际联系的，应当就其来源于中国境内的所得缴纳企业所得税。

实际联系是指非居民企业在中国境内设立的机构、场所拥有据以取得所得的股权、债权，以及拥有、管理、控制据以取得所得的财产等。

（三）来源于中国境内、境外所得的确定原则

来源于中国境内、境外的所得，按照以下原则确定：

（1）销售货物所得，按照交易活动发生地确定。

（2）提供劳务所得，按照劳务发生地确定。

（3）转让财产所得分以下情况确定：不动产转让所得按照不动产所在地确定，动产转让所得按照转让动产的企业或者机构、场所所在地确定，权益性投资资产转让所得按照被投资企业所在地确定。

（4）股息、红利等权益性投资所得，按照分配所得的企业所在地确定。

（5）利息所得、租金所得、特许权使用费所得，按照负担、支付所得的企业或者机构、场所所在地确定，或者按照负担、支付所得的个人的住所地确定。

（6）其他所得，由国务院财政、税务主管部门确定。

【知识点过关6-2·单项选择题】 根据企业所得税法律制度的规定，下列关于来源于中国境内、境外所得确定来源地的表述中，不正确的是（　　）。

A. 提供劳务所得，按照劳务发生地确定

B. 动产转让所得，按照转让动产活动发生地确定

C. 股息、红利等权益性投资收益所得，按照分配所得的企业所在地确定

D. 销售货物所得，按照交易活动发生地确定

【答案】 B

【答案解析】 选项B，动产转让所得按照转让动产的企业或者机构、场所所在地确定。

四、企业所得税的税率

企业所得税的税率是体现国家与企业分配关系的核心要素。税率设计的原则是兼顾国家、企业、职工个人三者间的利益，既要保证财政收入的稳定增长，又要使企业在发展生产、经营方面有一定的财力保证；既要考虑到企业的实际情况和负担能力，又要维护税率的统一性。

企业所得税实行比例税率。比例税率简便易行，透明度高，不会因征税而改变企业间收入分配比例，有利于促进效率的提高。

1. 基本税率

企业所得税的基本税率为25%，适用于居民企业和在中国境内设有机构、场所且所得与机构、场所有实际关联的非居民企业。

2. 低税率

企业所得税的低税率为20%，适用于在中国境内未设立机构、场所的，或者虽设立机构、场所但所得与其所设机构、场所没有实际联系的非居民企业，实际征税时减按10%的税率执行。

3. 优惠税率

(1) 2018年1月1日起，对经认定的技术先进型服务企业（服务贸易类），减按15%的税率征收。

(2) 自2021年1月1日至2030年12月31日，对设在西部地区的鼓励类产业企业减按15%的税率征收。

(3) 自2020年1月1日至2024年12月31日，对注册在海南自由贸易港并实质性运营的鼓励类产业企业，减按15%的税率征收。

(4) 国家需要重点扶持的高新技术企业，减按15%的税率征收。

(5) 符合条件的小型微利企业，减按20%的税率征收。

【知识点过关6-3·判断题】 在中国境内设立机构、场所且取得的所得与其所设机构、场所有实际联系的非居民企业，适用的企业所得税税率为20%。（　）

【答案】 ×

【答案解析】 在中国境内设立机构、场所且取得的所得与其所设机构、场所有实际联系的非居民企业，适用的企业所得税税率为25%。

知识拓展

小型微利企业

自2021年1月1日至2022年12月31日，我国对小型微利企业年应纳税所得额不超过100万元的部分，减按12.5%计入应纳税所得额，按20%的税率缴纳企业所得税；对年应纳税所得额超过100万元但不超过300万元的部分，减按50%计入应纳税所得额，按20%的税率缴纳企业所得税，小型微利企业是指从事国家非限制和禁止行业，且同时符合年度应纳税所得额不超过300万元、从业人数不超过300人、资产总额不超过5 000万元三个条件的企业。

2022年1月1日至2024年12月31日，对小型微利企业年应纳税所得额超过100万元但不超过300万元的部分，减按25%计入应纳税所得额，按20%的税率缴纳企业所得税。

从业人数包括与企业建立劳动关系的职工人数和企业接受的劳务派遣用工人数。从业人数和资产总额指标，应按企业全年的季度平均值确定，具体计算公式如下：

季度平均值＝(季初值＋季末值)÷2

全年季度平均值＝全年各季度平均值之和÷4

年度中间开业或者终止经营活动的，以其实际经营期作为1个纳税年度确定上述相关指标。小型微利企业无论按查账征收方式还是按核定征收方式缴纳企业所得税，均可享受优惠政策。例如，甲公司为符合条件的小型微利企业，2021年甲公司所得税应纳税所得额为180万元，甲公司2021年度应纳企业所得税为：

100×12.5%×20%＋(180－100)×50%×20%＝10.5(万元)

五、企业所得税的税收优惠

我国企业所得税的税收优惠包括免税与减税、定期减免税、民族自治地方的减免税、加计扣除、抵扣应纳税所得额、加速折旧、减计收入、税额抵免、西部地区减免税、海南自由贸易港企业所得税优惠政策。企业同时从事适用不同企业所得税待遇项目的，其优惠应当单独计算所得，并合理分摊企业的期间费用；没有单独计算的，不得享受企业所得税优惠。

(一) 免税与减税

(1) 企业从事下列项目的所得，免征企业所得税(企业如果从事国家限制和禁止发展的项目，不得享受企业所得税税收优惠)：

① 蔬菜、谷物、薯类、油料、豆类、棉花、麻类、糖料、水果、坚果的种植。

② 农作物新品种的选育。

③ 中药材的种植。

④ 林木的培育和种植。

⑤ 牲畜、家禽的饲养。

⑥ 林产品的采集。

⑦ 灌溉、农产品初加工、兽医、农技推广、农机作业和维修等农、林、牧、渔服务业项目。

⑧ 远洋捕捞。

(2) 企业从事下列项目的所得，减半征收企业所得税：

① 花卉、茶以及其他饮料作物和香料作物的种植。

② 海水养殖、内陆养殖。

(3) 从事国家重点扶持的公共基础设施项目投资经营的所得，国家重点扶持的公共基础设施项目，是指《公共基础设施项目企业所得税优惠目录》规定的港口码头、机场、铁路、公路、城市公共交通、电力、水利等项目。

① 企业从事上述国家重点扶持的公共基础设施项目投资经营的所得，自项目取得第一笔生产经营收入所属纳税年度起，第1年至第3年免征企业所得税，第4年至第6年减半征收企业所得税。

② 企业承包经营、承包建设和内部自建自用上述项目，不得享受上述企业所得税优惠。

(4) 从事符合条件的环境保护、节能节水项目的所得。符合条件的环境保护、节能节水项目,包括公共污水处理、公共垃圾处理、沼气综合开发利用、节能减排技术改造、海水淡化等。

企业从事上述规定的符合条件的环境保护、节能节水项目的所得,自项目取得第一笔生产经营收入所属纳税年度起,第 1 年至第 3 年免征企业所得税,第 4 年至第 6 年减半征收企业所得税。

(5) 符合条件的技术转让所得。符合条件的技术转让所得免征、减征企业所得税,是指一个纳税年度内,居民企业技术转让所得不超过 500 万元的部分,免征企业所得税;超过 500 万元的部分,减半征收企业所得税。

(二) 定期减免税

1. 集成电路生产企业或项目

自 2020 年 1 月 1 日起,国家鼓励的集成电路线宽小于 28 纳米(含),且经营期在 15 年以上的集成电路生产企业或项目,第 1 年至第 10 年免征企业所得税;国家鼓励的集成电路线宽小于 65 纳米(含),且经营期在 15 年以上的集成电路生产企业或项目,第 1 年至第 5 年免征企业所得税,第 6 年至第 10 年按照 25%的法定税率减半征收企业所得税;国家鼓励的集成电路线宽小于 130 纳米(含),且经营期在 10 年以上的集成电路生产企业或项目,第 1 年至第 2 年免征企业所得税,第 3 年至第 5 年按照 25%的法定税率减半征收企业所得税。

对于按照集成电路生产企业享受税收优惠政策的,优惠期自获利年度起计算;对于按照集成电路生产项目享受税收优惠政策的,优惠期自项目取得第 1 笔生产经营收入所属纳税年度起计算,集成电路生产项目需单独进行会计核算、计算所得,并合理分摊期间费用。

国家鼓励的线宽小于 130 纳米(含)的集成电路生产企业,属于国家鼓励的集成电路生产企业清单年度之前 5 个纳税年度发生的尚未弥补完的亏损,准予向以后年度结转,总结转年限最长不得超过 10 年。

2. 集成电路相关企业和软件企业

国家鼓励的集成电路设计、装备、材料、封装、测试企业和软件企业,自获利年度起,第 1 年至第 2 年免征企业所得税,第 3 年至第 5 年按照 25%的法定税率减半征收企业所得税。

国家鼓励的重点集成电路设计企业和软件企业,自获利年度起,第 1 年至第 5 年免征企业所得税,后续年度减按 10%的税率征收企业所得税。

3. 经营性文化事业单位转制为企业

自 2019 年 1 月 1 日至 2023 年 12 月 31 日,经营性文化事业单位转制为企业,自转制注册之日起 5 年内免征企业所得税。2018 年 12 月 31 日之前已完成转制的企业,自 2019 年 1 月 1 日起可继续免征 5 年企业所得税。经营性文化事业单位是指从事新闻出版、广播影视和文化艺术的事业单位。

4. 生产和装配伤残人员专门用品企业

自 2021 年 1 月 1 日至 2023 年 12 月 31 日,对符合条件的生产和装配伤残人员专门用品,且在民政部发布的《中国伤残人员专门用品目录》范围之内的居民企业,免征企业所得税。

5. 债券利息减免税的优惠

(1) 对企业取得的 2012 年及以后年度发行的地方政府债券利息收入,免征企业所得税。

(2) 自 2018 年 11 月 7 日至 2021 年 11 月 6 日,对境外机构投资境内债券市场取得的债券利息收入暂免征收企业所得税。暂免征收企业所得税的范围不包括境外机构在境内设立的机构、场所取得的与该机构、场所有实际联系的债券利息。

(3) 对企业投资者持有 2019—2023 年发行的铁路债券取得的利息收入,减半征收企业所得税。铁路债券是指以中国铁路总公司为发行和偿还主体的债券,包括中国铁路建设债券、中期票据、短期融资券等债务融资工具。

(三) 民族自治地方的减免税

民族自治地方的自治机关对本民族自治地方的企业应缴纳的企业所得税中属于地方分享的部分,可以决定减征或者免征。自治州、自治县决定减征或者免征的,须报省、自治区、直辖市人民政府批准,对民族自治地方内国家限制和禁止行业的企业,不得减征或者免征企业所得税。

(四) 加计扣除

企业的下列支出,可以在计算应纳税所得额时加计扣除。

1. 研究开发费用

研究开发费用的加计扣除,是指企业为开发新技术、新产品、新工艺发生的研究开发费用,未形成无形资产计入当期损益的,在按照规定据实扣除的基础上,按照研究开发费用的 50%加计扣除;形成无形资产的,按照无形资产成本的 150%摊销。

企业开展研发活动中实际发生的研发费用,未形成无形资产计入当期损益的,在按规定据实扣除的基础上,在 2018 年 1 月 1 日至 2023 年 12 月 31 日期间,再按照实际发生额的 75%在税前加计扣除;形成无形资产的,在上述期间按照无形资产成本的 175%在税前摊销。

制造业企业开展研发活动中实际发生的研发费用,未形成无形资产计入当期损益的,在按规定据实扣除的基础上,自 2021 年 1 月 1 日起,再按照实际发生额的 100%在税前加计扣除;形成无形资产的,自 2021 年 1 月 1 日起,按照无形资产成本的 200%在税前摊销。

下列行业不适用税前加计扣除政策:烟草制造业、住宿和餐饮业、批发和零售业、房地产业、租赁和商务服务业、娱乐业、财政部和国家税务总局规定的其他行业。

2. 安置国家鼓励就业人员所支付的工资

企业安置残疾人员所支付的工资的加计扣除,是指企业安置残疾人员的,在按照支付给残疾职工工资据实扣除的基础上,按照支付给残疾职工工资的 100%加计扣除,企业安置国家鼓励安置的其他就业人员所支付的工资的加计扣除办法,由国务院另行规定。

(五) 抵扣应纳税所得额

创业投资企业采取股权投资方式投资于未上市的中小高新技术企业 2 年以上的,可以按照其投资额的 70%在股权持有满 2 年的当年抵扣该创业投资企业的应纳税所得额;当年不足抵扣的,可以在以后纳税年度结转抵扣。

(六) 加速折旧

企业的固定资产由于技术进步等原因,确需加速折旧的,可以缩短折旧年限或者采取加速折旧的方法。可以采取缩短折旧年限或者采取加速折旧的方法的固定资产包括:

(1) 由于技术进步,产品更新换代较快的固定资产。

(2) 常年处于强震动、高腐蚀状态的固定资产。

采取缩短折旧年限方法的,最低折旧年限不得低于税法规定折旧年限的 60%;采取加速折旧方法的,可以采取双倍余额递减法或者年数总和法。

企业在 2018 年 1 月 1 日至 2023 年 12 月 31 日新购进(包括同行建造)的设备、器具,单位价值不超过 500 万元的,允许一次性计入当期成本费用在计算应纳税所得额时扣除,不再分年度计算折旧。

(七) 减计收入

(1) 企业以《资源综合利用企业所得税优惠目录》规定的资源作为主要原材料,生产国家非限制和禁止并符合国家和行业相关标准的产品取得的收入,减按 90%计入收入总额。原材料占生产产品材料的比例不得低于该优惠目录规定的标准。

(2) 自 2019 年 6 月 1 日至 2025 年 12 月 31 日,社区提供养老、托育、家政等服务的机构,提供社区养老、托育、家政服务取得的收入,在计算应纳税所得额时,减按 90%计入收入总额,社区包括城市社区和农村社区。

(八) 税额抵免

企业购置并实际使用《环境保护专用设备企业所得税优惠目录》《节能节水专用设备企业所得税优惠目录》《安全生产专用设备企业所得税优惠目录》规定的环境保护、节能节水、安全生产等专用设备的,该专用设备的投资额的 10%可以从企业当年的应纳税额中抵免;当年不足抵免的,可以在以后 5 个纳税年度结转抵免。享受上述规定的企业所得税优惠的企业,应当实际购置并自身实际投入使用上述规定的专用设备;企业购置上述专用设备在 5 年内转让、出租的,应当停止享受企业所得税优惠,并补缴已经抵免的企业所得税。

(九) 西部地区减免税

自 2021 年 1 月 1 日至 2030 年 12 月 31 日,对设在西部地区的鼓励类产业企业减按 15%的税率征收企业所得税。鼓励类产业企业是指以《西部地区鼓励类产业目录》中规定的产业项目为主营业务,且其主营业务收入占企业收入总额 60%以上的企业。

西部地区包括内蒙古自治区、广西壮族自治区、重庆市、四川省、贵州省、云南省、西藏自治区、陕西省、甘肃省、青海省、宁夏回族自治区、新疆维吾尔自治区、新疆生产建设兵团。湖南湘西土家族苗族自治州、湖北恩施土家族苗族自治州、吉林延边朝鲜族自治州和江西赣州市,可以比照执行。

(十) 海南自由贸易港企业所得税优惠

为支持海南自由贸易港建设,自 2021 年 1 月 1 日至 2024 年 12 月 31 日有关企业所得税优惠政策规定如下:

(1) 对注册在海南自由贸易港并实质性运营的鼓励类产业企业,减按 15%的税率征收企业所得税。鼓励类产业企业是指以海南自由贸易港鼓励类产业目录中规定的产业项目为主营务,且其主营业务收入占企业收入总额 60%以上的企业。实质性运营是指企业的实际管理机构设在海南自由贸易港,并对企业生产经营、人员、账务、财产等实施实质性全面管理和控制。对不符合实质性运营的企业,不得享受优惠。

海南自由贸易港鼓励类产业目录包括《产业结构调整指导目录(2019 年版)》《鼓励外商投资产业目录(2019 年版)》和海南自由贸易港新增鼓励类产业目录。上述目录在 2020 年

1月1日至2024年12月31日内修订的，自修订版实施之日起按新版本执行。

对总机构设在海南自由贸易港的符合条件的企业，仅就其设在海南自由贸易港的总机构和分支机构的所得，适用15%税率；对总机构设在海南自由贸易港以外的企业，仅就其设在海南自由贸易港内的符合条件的分支机构的所得，适用15%税率。具体征管办法按照税务总局有关规定执行。

(2) 对在海南自由贸易港设立的旅游业、现代服务业、高新技术产业企业新增境外直接投资取得的所得，免征企业所得税。新增境外直接投资所得应当符合以下两个条件：一是从境外新设分支机构取得的营业利润，或从持股比例超过20%(含)的境外子公司分回的，与新增境外直接投资相对应的股息所得。二是被投资国(地区)的企业所得税法定税率不低于5%。旅游业、现代服务业、高新技术产业，按照海南自由贸易港鼓励类产业目录执行。

(3) 对在海南自由贸易港设立的企业，新购置(含自建、自行开发)固定资产或无形资产，单位价值不超过500万元(含)的，允许一次性计入当期成本费用在计算应纳税所得额时扣除，不再分年度计算折旧和摊销；新购置(含自建、自行开发)固定资产或无形资产，单位价值超过500万元的，可以缩短折旧、摊销年限或采取加速折旧、摊销的方法。固定资产是指除房屋、建筑物以外的固定资产。

学习子情境二　计算企业所得税

情境引例

北京乐华科技股份有限公司，为居民企业，统一社会信用代码为91110105691662184F，企业从业人数为78人，资产总额为6 000万元，所属行业为工业企业。2021年度经营情况如下：

(1) 取得销售收入2 500万元。

(2) 销售成本为1 100万元。

(3) 发生销售费用670万元(其中广告费450万元)，管理费用480万元(其中，业务招待费15万元、新技术的研究开发费用为40万元，研发费用全部为研发员工工资薪金)，财务费用60万元(均为向金融机构借款的利息支出)。

(4) 发生各种税金160万元(含增值税120万元)。

(5) 营业外收入70万元，营业外支出50万元(含通过公益性社会团体向希望小学捐款36万元，直接捐赠给贫困大学生周某2 400元，支付税收滞纳金6万元)。

(6) 取得直接投资于其他居民企业连续12个月以上的权益性投资收益34万元。

(7) 计入成本、费用中的实发工资总额150万元，拨缴职工工会经费3万元计算，职工福利费23万元，职工教育经费6万元。

该公司2022年前三季度预缴企业所得税20万元。

该公司为员工缴纳各类基本社会保障性缴款60万元，未缴纳补充养老和医疗保险，为员工缴纳公积金40万元,未超过当地政府标准。

请你根据上述资料计算2022年该公司全年应缴纳的企业所得税。

一、计算应纳税所得额

企业所得税的计税依据是应纳税所得额,即企业每一纳税年度的收入总额,减去不征税收入、免税收入、各项扣除以及允许弥补的以前年度亏损后的余额。它既不等于企业的会计利润,也不是企业的销售额或营业额。

【请注意】

企业的应纳税所得额,以权责发生制为原则,与会计利润是两个不同的概念,两者既有区别又有联系。应纳税所得额是一个税收概念,是按税法规定的标准确定的,纳税人在一定时期内应缴纳企业所得税的依据。会计利润是一个会计概念,是按财务会计制度核算的,反映一定时期生产经营的成果。

收入确认的时间

(一)收入总额

企业收入总额是指以货币形式和非货币形式从各种来源取得的收入。企业取得收入的货币形式,包括现金、存款、应收账款、应收票据、准备持有至到期的债券投资以及债务的豁免等。企业取得收入的非货币形式,包括固定资产、生物资产、无形资产、股权投资、存货、不准备持有至到期的债券投资、劳务以及有关权益等。非货币形式收入应当按照公允价值确定收入额。

企业取得的收入包括销售货物收入,提供劳务收入,转让财产收入,股息、红利等权益性投资收益,利息收入,租金收入,特许权使用费收入,接受捐赠收入,其他收入。

1. 销售货物收入

销售货物收入是指企业销售商品、产品、原材料、包装物、低值易耗品以及其他存货取得的收入。

2. 提供劳务收入

提供劳务收入是指企业从事建筑安装、修理修配、交通运输、仓储租赁、金融保险、邮电通信、咨询经纪、文化体育、科学研究、技术服务、教育培训、餐饮住宿、中介代理、卫生保健、社区服务、旅游、娱乐、加工和其他劳务服务活动取得的收入。

3. 转让财产收入

转让财产收入是指企业转让固定资产、生物资产、无形资产、股权、债权等财产取得的收入。

4. 股息、红利等权益性投资收益

股息、红利等权益性投资收益是指企业因权益性投资从被投资方取得的分配收入。除国务院财政、税务主管部门另有规定外,应当以被投资方作出利润分配决定的时间确认收入的实现。

5. 利息收入

利息收入是指企业将资金提供他人使用但不构成权益性投资,或因他人占用本企业资金所取得的收入,包括存款利息、贷款利息、债券利息、欠款利息等收入。利息收入按照合同约定的债务人应付利息的日期确认收入的实现。

6. 租金收入

租金收入是指企业提供固定资产、包装物和其他有形资产的使用权取得的收入。企业取得的租金收入按照合同约定的承租人应付租金的日期确认收入的实现。

7. 特许权使用费收入

特许权使用费收入是指企业提供专利权、非专利技术、商标权、著作权以及其他特许权的使用权而取得的收入。特许权使用费收入按照合同约定的特许权使用人应付特许权使用费的日期确认收入的实现。

8. 接受捐赠收入

接受捐赠收入是指企业接受的来自其他企业、组织和个人无偿给予的货币性或非货币性资产。企业接受捐赠取得的非货币资产按公允价值确认收入。企业接受捐赠收入按照实际收到捐赠资产的日期确认收入的实现。

9. 其他收入

其他收入是指企业取得的除上述收入以外的其他收入,包括企业资产溢余收入、逾期未退包装物没收的押金、确实无法偿付的应付款项、已作坏账损失处理后又收回的应收账款、债务重组收入、补贴收入、教育费附加返还款、违约金收入、汇兑收益、保险公司给予企业的无赔款优待等。

知识拓展

特殊收入的确认

(1) 采取分期收款销售货物的按照合同约定的收款日期确认收入的实现。

(2) 采用售后回购方式销售商品的,销售的商品按售价确认收入,回购的商品作为购进商品处理。有证据表明不符合销售收入确认条件的,如以销售商品方式进行融资,收到的款项应确认为负债。回购价格大于原售价的,差额应在回购期间确认为利息费用。

(3) 采取以旧换新方式销售商品的,应当按照销售商品收入的确认条件确认收入,回收的商品作为购进商品处理。

(4) 采取商业折扣(折扣销售)条件销售商品。企业为促进商品销售而在商品价格上给予的价格扣除属于商业折扣。商品销售涉及商业折扣的,应当按照扣除商业折扣后的金额确定销售商品收入金额。

(5) 采取现金折扣(销售折扣)条件销售商品。债权人为鼓励债务人在规定的期限内付款而向债务人提供的债务扣除属于现金折扣,销售商品涉及现金折扣的,应当按扣除现金折扣前的金额确定销售商品收入金额,现金折扣在实际发生时作为财务费用扣除。

(6) 采取折让方式销售商品。企业因售出商品的质量不合格等原因而在售价上给予的折让属于销售折让;企业因售出商品质量、品种不符合要求等原因而发生的退货属于销售退回。企业已经确认销售收入的售出商品发生销售折让和销售退回的,应当在发生当期冲减当期销售商品收入。

(7) 采取买一赠一等方式组合销售本企业商品,不属于捐赠的,应将总的销售金额按各项商品的公允价值的比例来分摊确认各项的销售收入。

例如,某企业以“买一赠一”的方式销售货物,2020 年 6 月销售甲商品 80 件,取得不含增值税销售额 56 万元，同时赠送乙商品 80 件，乙商品不含增值税的市场价格为 14.4 万元。

① 应确认的所得税收入。确认收入 56 万元，销售甲产品收入为 44.55 万元[56×56÷(56+14.4)]，销售乙产品收入为 11.45 万元[56×14.4÷(56+14.4)]。

② 应缴纳的增值税的计算。销售甲产品收入为 56 万元，视同销售乙产品收入为 14.4 万元，应缴纳的增值税为 9.152 万元(70.4×13%)。

(8) 企业受托加工制造大型机械设备、船舶、飞机，以及从事建筑、安装、装配工程业务或者提供其他劳务等，持续时间超过 12 个月的，按照纳税年度内完成进度或者完成的工作量确认收入的实现。

(9) 采取产品分成方式取得收入的，按照企业分得产品的日期确认收入的实现，其收入额按照产品的公允价值确定。

(10) 企业发生非货币性资产交换，以及将货物、财产、劳务用于捐赠、偿债、赞助、集资、广告、样品、职工福利或者利润分配等用途的，应当视同销售货物、转让财产或者提供劳务，但国务院财政、税务主管部门另有规定的除外。

(二) 不征税收入

1. 财政拨款

财政拨款是指各级人民政府对纳入预算管理的事业单位、社会团体等组织拨付的财政资金，但国务院和国务院财政、税务主管部门另有规定的除外。

2. 依法收取并纳入财政管理的行政事业性收费、政府性基金

行政事业性收费是指依照法律法规等有关规定，按照国务院规定程序批准，在实施社会公共管理，以及在向公民、法人或者其他组织提供特定公共服务过程中，向特定对象收取并纳入财政管理的费用。政府性基金是指企业依照法律、行政法规等有关规定，代政府收取的具有专项用途的财政资金。

3. 国务院规定的其他不征税收入

国务院规定的其他不征税收入是指企业取得的由国务院财政、税务主管部门规定专项用途并经国务院批准的财政性资金。

【请注意】

企业的不征税收入用于支出所形成的费用，不得在计算应纳税所得额时扣除；企业的不征税收入用于支出所形成的资产，其计算的折旧、摊销不得在计算应纳税所得额时扣除。

(三) 免税收入

企业的免税收入包括以下内容。

1. 国债利息收入

国债利息收入是指企业持有国务院财政部门发行的国债取得的利息收入。

2. 符合条件的居民企业之间的股息、红利等权益性投资收益

符合条件的居民企业之间的股息、红利等权益性投资收益，是指居民企业直接投资于其

他居民企业取得的投资收益。

3. 在中国境内设立机构、场所的非居民企业从居民企业取得与该机构、场所有实际联系的股息、红利等权益性投资收益

上述两项中股息、红利等权益性投资收益，不包括连续持有居民企业公开发行并上市流通的股票不足 12 个月取得的投资收益。

【职业训练 6-1】 本学习情境的情境引例中，假设该公司 2022 年取得直接投资于其他民营企业连续 12 个月以上的权益性投资收益 34 万元，是否属于免税收入。

取得直接投资于其他民营企业连续 12 个月以上的权益性投资收益属于免税收入。

4. 符合条件的非营利组织的收入

符合条件的非营利组织的收入，不包括非营利组织从事营利性活动取得的收入，但国务院财政、税务主管部门另有规定的除外。对非营利组织从事非营利性活动取得的收入给予免税，但从事营利性活动取得的收入则要征税。

非营利组织

【请注意】

不征税收入是指不属于营利性活动带来的经济利益，本身不需要交税。免税收入是国家出于对某些经济活动的鼓励和支持，对一些应当交税的经济利益允许不交税。即免税收入是企业所得税税收优惠的一种，而不征税收入则不属于企业所得税税收优惠，是国家明确的不予征税的收入。

【知识点过关 6-4 · 多项选择题】 根据企业所得税法律制度的规定，下列各项中，属于不征税收入的有(　　)。

A. 国债利息收入

B. 居民企业直接投资于其他居民企业取得的投资收益

C. 财政拨款

D. 依法收取并纳入财政管理的行政事业性收费

【答案】 CD

【答案解析】 选项 AB，是企业经营行为所得收益但满足税收优惠条件，属于免税收入。

(四) 税前扣除项目

1. 准予扣除的范围

企业实际发生的与取得收入有关的、合理的支出，包括成本、费用、税金、损失和其他支出，准予在计算应纳税所得额时扣除。合理的支出是指符合生产经营活动常规，应当计入当期损益或者有关资产成本的必要和正常的支出。企业实际发生的成本、费用、税金、损失和其他支出，不得重复扣除。企业发生的支出应当区分收益性支出和资本性支出，收益性支出在发生当期直接扣除，资本性支出应当分期扣除或者计入有关资产成本，不得在发生当期直接扣除。

(1) 成本是指企业在生产经营活动中发生的销售成本、销货成本、业务支出以及其他耗费。即企业销售商品(产品、材料、下脚料、废料、废旧物资等)、提供劳务、转让固定资产、无形资产的成本。

(2) 费用是指企业在生产经营活动中发生的销售费用、管理费用和财务费用。已经计入成本的有关费用除外。

(3) 税金是指企业发生的除企业所得税和允许抵扣的增值税以外的各项税金及其附加，即纳税人按照规定缴纳的消费税、资源税、土地增值税、关税、城市维护建设税、教育费附加及房产税、车船税、城镇土地使用税、印花税等。企业缴纳的增值税属于价外税，不计入企业收入总额，故不在扣除之列。

【请注意】

准予扣除的税金又进一步分为记入"税金及附加"科目直接扣除的税金和计入相关资产成本，通过折旧或摊销方式扣除的税金，如车辆购置税、不能抵扣的增值税等。

(4) 损失是指企业在生产经营活动中发生的固定资产和存货的盘亏、毁损、报废损失，转让财产损失，呆账损失，坏账损失，自然灾害等不可抗力因素造成的损失以及其他损失。

正常生产经营过程中由于管理不善、自然灾害等不可抗力造成的合理损失，企业在减除责任人赔偿和保险赔款后的余额，准予扣除。因违法、犯罪行为造成的非正常损失，企业不得扣除。例如，各种行政性罚款、没收违法所得、刑事责任附加刑中的罚金、没收财产等。

企业发生资产损失，应在按企业所得税法律制度规定实际确认或者实际发生的当年申报扣除。企业当年发生的固定资产和流动资产盘亏、毁损净损失，由其提供清查盘存资料，需向主管税务机关备案后，准予扣除；企业已经作为损失处理的资产，在以后纳税年度又全部收回或者部分收回时，应当计入当期收入。

【请注意】

企业因存货盘亏、毁损、报废等原因不得从销项税额中抵扣的进项税额，应视同企业财产损失，准予与存货损失一起在计算应纳税所得额时扣除。

(5) 其他支出是指除成本、费用、税金、损失外，企业在生产经营活动中发生的与生产经营活动有关的、合理的支出。

2. 准予扣除的项目和标准

在计算应纳税所得额时，下列项目可按照实际发生额或规定的标准扣除。

1) 工资、薪金支出的扣除标准

企业实际发生的合理的工资薪金支出，准予据实扣除。工资薪金是指企业每一纳税年度支付给在本企业任职或受雇员工的所有现金或非现金形式的劳动报酬，包括基本工资、奖金、津贴、补贴、年终加薪、加班工资，以及与任职或者受雇有关的其他支出。

2) 工会经费、职工福利费、职工教育经费的扣除标准

企业发生的工会经费、职工福利费、职工教育经费按标准扣除。未超过标准的按实际数扣除，超过标准的只能按标准扣除，除职工教育经费外，超出标准的部分不得扣除，也不得在以后年度结转扣除，具体如表 6-1 所示。

表 6-1　三项经费的扣除标准

经费名称	计算基数	扣除比例	特殊规定
职工福利费	实发工资薪金总额	14%	—
工会经费		2%	—
职工教育经费		8%	超过部分,准予在以后纳税年度结转扣除

知识拓展

软件生产企业发生的职工教育经费中的职工培训费用可以全额在企业所得税前扣除。软件生产企业应准确划分职工教育经费中的职工培训费支出,对于不能准确划分的以及准确划分后职工教育经费中扣除职工培训费用的余额,一律按照工资薪金总额 8% 的比例扣除。

【职业训练 6-2】 在本学习情境的情境引例中,乐华公司 2022 年计入成本、费用中的实发工资总额为 150 万元,拨缴职工工会经费 3 万元、职工福利费 23 万元、职工教育经费 6 万元,计算应纳税所得额时是否准予全部扣除。

职工福利费的扣除限额=150×14%=21(万元),职工福利费实际发生 23 万元,超过扣除限额,因此,职工福利费应调增所得额=23−21=2(万元)。

工会经费的扣除限额=150×2%=3(万元),工会经费实际拨缴 3 万元,未超过扣除限额无需调整;职工教育经费的扣除限额=150×8%=12(万元),职工教育经费实际发生 6 万元,职工教育经费未超过扣除限额,无需调整。

3) 社会保险费和住房公积金

企业发生的各类职工保险扣除标准,如表 6-2 所示。

表 6-2　社会保险等扣除标准

保险名称	扣除规定
五险一金	准予扣除
补充养老保险 补充医疗保险	分别不超过工资薪金总额 5%的部分准予扣除
企业财产保险	准予扣除
雇主责任险、公众责任险、特殊工种人身安全保险(井下工人等)	准予扣除
职工因公出差乘坐交通工具发生的人身意外保险	准予扣除
为投资者或者职工支付的商业保险费	不得扣除

【知识点过关 6-5 · 多项选择题】 根据企业所得税法律制度的规定,企业依照国务院有关主管部门或省级人民政府规定的范围和标准为职工缴纳的下列社会保险费中,在计算企业所得税应纳税所得额时准予扣除的有(　　)。

A. 基本养老保险费　B. 工伤保险费　C. 失业保险费　D. 基本医疗保险费

【答案】 ABCD

【答案解析】 企业依照国务院有关主管部门或者省级人民政府规定的范围和标准为职工缴纳的基本养老保险费、基本医疗保险费、失业保险费、工伤保险费等基本社会保险费和住房公积金,准予扣除。

4) 借款费用

(1) 企业在生产经营活动中发生的合理的不需要资本化的借款费用,准予扣除。

(2) 企业为购置、建造固定资产、无形资产和经过 12 个月以上的建造才能达到预定可销售状态的存货发生借款的,在有关资产购置、建造期间发生的合理的借款费用,应当作为资本性支出计入有关资产的成本;有关资产交付使用后发生的借款利息,可在发生当期扣除。

5) 利息费用

(1) 非金融企业向金融企业借款的利息支出、金融企业的各项存款利息支出和同业拆借利息支出、企业经批准发行债券的利息支出,可以据实扣除。

(2) 非金融企业向非金融企业借款的利息支出,不超过按照金融企业同期同类贷款利率计算的数额的部分可以据实扣除,超过部分不得扣除。

【请注意】

投资者在规定期限内未缴足其应缴资本的,该企业对外借款利息,相当于投资者实缴资本额与在规定期限内应缴资本额的差额应计付的利息,不属于企业合理支出,应由投资者负担,不得在计算应纳税所得额时扣除。

【职业训练 6-3】 在本节情境引例中,乐华公司发生财务费用 60 万元(均为向金融机构借款的利息支出),是否需要调整应纳税所得额。

向金融机构借款的利息支出准予在所得税前据实扣除,不需要调整。

6) 汇兑损失

企业在货币交易中,以及纳税年度终了时将人民币以外的货币性资产、负债按照期末即期人民币汇率中间价折算为人民币时产生的汇兑损失,除已经计入有关资产成本以及与向所有者进行利润分配相关的部分外,准予扣除。

7) 公益性捐赠

公益性捐赠是指企业通过公益性社会组织或者县级以上人民政府及其部门用于符合法律规定的慈善活动、公益事业的捐赠。

企业当年发生以及以前年度结转的公益性捐赠支出,不超过年度利润总额 12%的部分,在计算应纳税所得额时准予扣除;超过年度利润总额 12%的部分,准予结转以后 3 年内在计算应纳税所得额时扣除。企业对公益性捐赠支出计算扣除时,应先扣除以前年度结转的捐赠支出,再扣除当年发生的捐赠支出。

【请注意】

年度利润总额是指企业依照国家统一会计制度的规定计算的年度会计利润。

纳税人直接向受赠人的捐赠,不属于公益性捐赠,不允许在税前扣除。

知识拓展

公益性捐赠具体范围如下：

(1) 救助灾害、救济贫困、扶助残疾人等困难的社会群体和个人的活动。

(2) 教育、科学、文化、卫生、体育事业。

(3) 环境保护、社会公共设施建设。

(4) 促进社会发展和进步的其他社会公共和福利事业。

自 2019 年 1 月 1 日至 2025 年 12 月 31 日，企业通过公益性社会组织或者县级以上人民政府及其组成部门，用于目标脱贫地区的扶贫捐赠支出，准予在计算企业所得税应纳税所得额时据实扣除。企业同时发生扶贫捐赠支出和其他公益性捐赠支出，在计算公益性捐赠支出年度扣除限额时，符合条件的扶贫捐赠支出不计算在内。

【职业训练 6-4】 在本节情境引例中，乐华公司通过公益性社会团体向希望小学捐款 36 万元，直接捐赠给贫困大学生周某 2 400 元，是否需要调整应纳税所得额。

(1) 计算会计利润总额：

会计利润总额＝2 500－1 100－670－480－60－(160－120)＋70－50＋34＝204(万元)

(2) 计算公益性捐赠扣除限额并确定应纳税所得额调整数额：

公益性捐赠扣除限额＝204×12%＝24.48(万元)

通过公益性社会团体向希望小学捐款 36 万元超过扣除限额，准予在税前扣除 24.48 万元。

调增应纳税所得额＝36－24.48＝11.52(万元)

(3) 直接捐赠不得在税前扣除，全额调整应纳税所得额。直接捐赠给贫困大学生周某 2 400 元，不得在税前扣除，需要纳税调增 0.24 万元。相关计算如下：

两项捐赠共计调增应纳税所得额＝11.52＋0.24＝11.76(万元)

8) 业务招待费

企业发生的与其生产、经营业务有关的业务招待费支出，按照发生额的 60%扣除，但最高不得超过当年销售(营业)收入的 5‰。企业在筹建期间，发生的与筹办活动有关的业务招待费支出，可按实际发生额的 60%计入企业筹办费，并按有关规定在税前扣除。

【请注意】

销售(营业)收入包括会计核算中的主营业务收入、其他业务收入和会计上不确认收入但税法上确认的视同销售收入(如企业将自产或者外购的货物无偿赠送给他人)，不包括营业外收入和股息、红利等权益性投资收益。

对从事股权投资业务的企业(包括集团公司总部、创业投资企业等)，其从被投资企业所分配的股息、红利以及股权转让收入，可以按规定的比例计算业务招待费扣除限额。

【职业训练 6-5】 在本节情境引例中，乐华公司发生业务招待费 15 万元，是否需要调整应纳税所得额。

业务招待费扣除限额为 12.5 万元(2 500×5‰)；业务招待费发生额的 60%为 9 万元

(15×60%)，两数据比较大小取小者，因此2021年可在所得税前扣除的业务招待费金额为9万元，超过部分，不得扣除，调整应纳税所得额为6万元(15—9)。

9) 广告费和业务宣传费

企业发生的符合条件的广告费和业务宣传费支出，除国务院财政、税务主管部门另有规定外，不超过当年销售(营业)收入15%的部分，准予扣除；超过部分，准予在以后纳税年度结转扣除。企业在筹建期间，发生的广告费和业务宣传费，按实际发生额计入企业筹办费，并按有关规定在税前扣除。

知识拓展

自2021年1月1日至2025年12月31日，对化妆品制造或销售、医药制造和饮料制造(不含酒类制造)企业发生的广告费和业务宣传费支出，不超过当年销售(营业)收入30%的部分，准予扣除；超过部分，准予在以后纳税年度结转扣除。

烟草企业的烟草广告费和业务宣传费支出，一律不得在计算应纳税所得额时扣除。

【职业训练6-6】 在本节情境引例中，乐华公司发生广告费450万元，是否需要调整应纳税所得额。

广告费和业务宣传费的扣除限额为375万元(2 500×15%)，广告费实际发生额450万元超过扣除限额，准予在税前扣除的广告费为375万元，超过部分，准予在以后纳税年度结转扣除，当年调增应纳税所得额为75万元(450—375)。

10) 环境保护专项资金

企业依照法律、行政法规等规定提取的用于环境保护、生态恢复等方面的专项资金，准予扣除。按规定提取时准予扣除，但提取后改变用途的不得扣除。

11) 租赁费

(1) 以经营租赁方式租入固定资产发生的租赁费支出，按照租赁期限均匀扣除。

(2) 以融资租赁方式租入固定资产发生的租赁费支出，按照规定构成融资租入固定资产价值的部分应当提取折旧费用，分期扣除。融资租赁是指在实质上转移与一项资产所有权有关的全部风险和报酬的一种租赁。

12) 劳动保护支出

企业发生的合理的劳动保护支出，准予扣除。劳动保护支出是指确因工作需要为雇员配备或提供工作服、手套、安全保护用品、防暑降温用品等所发生的支出。

13) 总机构分摊的费用

非居民企业在中国境内设立的机构、场所，就其中国境外总机构发生的与该机构、场所生产经营有关的费用，能够提供总机构出具的费用汇集范围、定额、分配依据和方法等证明文件，并合理分摊的，准予扣除。

14) 手续费及佣金支出

企业发生与生产经营有关的手续费及佣金支出，不超过以下规定计算限额以内的部分，准予扣除；超过部分，不得扣除：

(1) 自2019年1月1日起，保险企业发生与其经营活动有关的手续费及佣金支出，不超过其年全部保费收入扣除退保金等后余额的18%(含本数)的部分，在计算应纳税所得额时准予扣除;超过部分,允许结转以后年度扣除。

(2) 其他企业按与具有合法经营资格的中介服务机构或个人(不含交易双方及其雇员、代理人和代表人等)所签订服务协议或合同确认的收入金额的5%计算限额。

(3) 从事代理服务,主营业务收入为手续费、佣金的企业(如证券、期货、保险代理等企业),其为取得该类收入而实际发生的营业成本(包括手续费及佣金支出),准予在企业所得税前据实扣除。

15) 党组织工作经费

国有企业(包括国有独资、全资和国有资本绝对控股、相对控股企业)纳入管理费用的党组织工作经费,实际支出不超过职工年度工资薪金总额1%的部分,可以据实在企业所得税前扣除。非公有制企业党组织工作经费纳入企业管理费列支,不超过职工年度工资薪金总额1%的部分,可以据实在企业所得税前扣除。

16) 其他支出项目

依照有关法律、行政法规和国家有关税法规定准予扣除的其他项目。比如,会员费、合理的会议费、差旅费、违约金、诉讼费用等。

(五) 不得扣除项目

在计算应纳税所得额时,下列支出不得扣除:

(1) 向投资者支付的股息、红利等权益性投资收益款项。

(2) 企业所得税税款。

(3) 税收滞纳金,具体是指纳税人违反税收法规,被税务机关处以的滞纳金。

(4) 罚金、罚款和被没收财物的损失,是指纳税人违反国家有关法律法规规定,被有关部门处以的罚款,以及被司法机关处以的罚金和被没收的财物。

(5) 超过规定标准的捐赠支出。

(6) 赞助支出,具体是指企业发生的与生产经营活动无关的各种非广告性质支出。

(7) 未经核定的准备金支出,具体是指不符合国务院财政、税务主管部门规定的各项资产减值准备、风险准备等准备金支出。

(8) 企业之间支付的管理费、企业内营业机构之间支付的租金和特许权使用费,以及非银行企业内营业机构之间支付的利息。

(9) 取得收入无关的其他支出。

【请注意】

(1) 行政性罚款支出不得扣除。刑事责任以及行政处罚中的财产罚,包括罚金、罚款、没收违法所得、没收财产等不得在税前扣除,如纳税人签发空头支票,银行按规定处以罚款。

(2) 经营性罚款支出准予扣除。民事责任中的赔偿损失、支付违约金以及法院判决由企业承担的诉讼费用等准予在税前扣除,如纳税人逾期归还银行贷款,银行按规定加收的罚息。

【知识点过关6-6·多项选择题】 根据企业所得税法律制度的规定,下列各项中,在计算企业所得税应纳税所得额时不得扣除的有(　　)。

A. 向投资者支付的红利

B. 企业内营业机构之间支付的租金

C. 企业内营业机构之间支付的特许权使用费

D. 未经核定的准备金支出

【答案】 ABCD

【答案解析】 企业所得税法律制度规定向投资者支付的股息、红利等权益性投资收益款项，企业内营业机构之间支付的租金和特许权使用费，不符合国务院财政、税务主管部门规定的各项资产减值准备、风险准备等准备金支出等，在计算企业所得税应纳税所得额时不得扣除。

（六）亏损弥补

亏损是指企业将每一纳税年度的收入总额减除不征税收入、免税收入和各项扣除后小于零的数额。税法规定，企业某一纳税年度发生的亏损可以用下一年度的所得弥补，下一年度的所得不足以弥补的，可以逐年延续弥补，但最长不得超过5年。企业在汇总计算缴纳企业所得税时，其境外营业机构的亏损不得抵减境内营业机构的盈利。

自2018年1月1日起，当年具备高新技术企业或科技型中小企业资格的企业，其具备资格年度之前5个年度发生的尚未弥补完的亏损，准予结转以后年度弥补，最长结转年限由5年延长交10年。

知识拓展

企业筹办期间不计算为亏损年度，企业自开始生产经营的年度，为开始计算企业损益的年度。企业从事生产经营之前进行筹办活动期间发生的筹办费用支出，不得计算为当期的亏损，企业可以在开始经营之日的当年一次性扣除，也可以按照税法有关长期待摊费用的处理规定处理，但一经选定，不得改变。

（七）非居民企业应纳税所得额的计算

在中国境内未设立机构、场所的，或者虽设立机构、场所但取得的所得与其所设机构、场所没有实际联系的非居民企业，其取得的来源于中国境内的所得，按照下列方法计算其应纳税所得额：

（1）股息、红利等权益性投资收益和利息、租金、特许权使用费所得，以收入全额为应纳税所得额。

（2）转让财产所得，以收入全额减除财产净值后的余额为应纳税所得额。财产净值是指有关资产、财产的计税基础减除已经按照规定扣除的折旧、折耗、摊销、准备金等后的余额。

（3）其他所得，参照前两项规定的方法计算应纳税所得额。

【知识点过关6-7·多项选择题】 根据企业所得税法律制度的规定，在中国境内未设立机构、场所的非居民企业从中国境内取得的下列所得中，应以收入全额为应纳税所得额的有（　　）。

A. 红利　　B. 转让财产所得　　C. 租金　　D. 利息

【答案】 ACD

【答案解析】 企业所得税法律制度规定股息、红利等权益性投资收益和利息、租金、特许权使用费所得，以收入全额为应纳税所得额。转让财产所得，以收入全额减除财产净值后的余额为应纳税所得额。

(八) 资产的税务处理

1. 资产的计税基础与净值

企业的各项资产，包括固定资产、生产性生物资产、无形资产、长期待摊费用、投资资产、存货等，以历史成本为计税基础。历史成本是指企业取得该项资产时实际发生的支出。企业持有各项资产期间资产增值或者减值，除国务院财政、税务主管部门规定可以确认损益外，不得调整该资产的计税基础。

企业转让资产，该项资产的净值，准予在计算应纳税所得额时扣除资产的净值，是指有关资产、财产的计税基础减除已经按照规定扣除的折旧、折耗、摊销、准备金等后的余额。对企业资产如何进行税务处理，直接影响着企业应纳税所得额和应纳税额的确定。

2. 固定资产的税务处理

1) 固定资产的定义

固定资产是指企业为生产产品、提供劳务、出租或者经营管理而持有的、使用时间超过12个月的非货币性资产，包括房屋、建筑物、机器、机械、运输工具以及其他与生产经营活动有关的设备、器具、工具等。

2) 不得计算折旧扣除的固定资产

在计算应纳税所得额时，企业按照规定计算的固定资产折旧，准予扣除。下列固定资产不得计算折旧扣除：

(1) 房屋、建筑物以外未投入使用的固定资产。

(2) 经营租赁方式租入的固定资产。

(3) 以融资租赁方式租出的固定资产。

(4) 足额提取折旧仍继续使用的固定资产。

(5) 与经营活动无关的固定资产。

(6) 单独估价作为固定资产入账的土地。

(7) 其他不得计算折旧扣除的固定资产。

3) 固定资产计税基础的确定

固定资产按照以下方法确定计税基础：

(1) 外购的固定资产，以购买价款和支付的相关税费以及直接归属于使该资产达到预定用途发生的其他支出为计税基础。

(2) 自行建造的固定资产，以竣工结算前发生的支出为计税基础。

(3) 融资租入的固定资产，以租赁合同约定的付款总额和承租人在签订租赁合同过程中发生的相关费用为计税基础，租赁合同未约定付款总额的，以该资产的公允价值和承租人在签订租赁合同过程中发生的相关费用为计税基础。

(4) 盘盈的固定资产，以同类固定资产的重置完全价值为计税基础。

(5) 通过捐赠、投资、非货币性资产交换、债务重组等方式取得的固定资产，以该资产的公允价值和支付的相关税费为计税基础。

(6) 改建的固定资产，除法定的支出外，以改建过程中发生的改建支出增加计税基础。

4) 固定资产折旧的计算方法

固定资产按照直线法计算的折旧，准予扣除。企业应当自固定资产投入使用月份的次月起计算折旧；停止使用的固定资产，应当自停止使用月份的次月起停止计算折旧。企业应当根据固定资产的性质和使用情况，合理确定固定资产的预计净残值。固定资产的预计净残值一经确定，不得变更。

5）固定资产计算折旧的最低年限

除国务院财政、税务主管部门另有规定外，固定资产计算折旧的最低年限，如表6-3所示。

表6-3　固定资产折旧年限　　单位：年

固定资产类型	最低折旧年限
房屋、建筑物	20
飞机、火车、轮船、机器、机械和其他生产设备	10
与生产经营有关的器具、工具、家具	5
飞机、火车、轮船以外的运输工具	4
电子设备	3

【知识点过关6-8·单项选择题】 根据企业所得税法律制度的规定，企业的下列资产或支出项目中，按规定应计提折旧的是（　　）。

A. 已足额提取折旧仍继续使用的固定资产

B. 单独估价作为固定资产入账的土地

C. 以融资租赁方式租入的固定资产

D. 未投入使用的机器设备

【答案】 C

【答案解析】 企业所得税法律制度规定，已足额提取折旧仍继续使用的固定资产不计提折旧、单独估价作为固定资产入账的土地不计提折旧、未投入使用的机器设备不计提折旧。

3. 生物资产的税务处理

生物资产是指有生命的动物和植物。生物资产分为消耗性生物资产、生产性生物资产和公益性生物资产。消耗性生物资产是指为出售而持有的，或在将来收获为农产品的生物资产。生产性生物资产是指为产出农产品、提供劳务或出租等目的而持有的生物资产。公益性生物资产是指以防护、环境保护为主要目的的生物资产。其中，只有生产性生物资产可以计提折旧。

1）生物资产的计税基础

生产性生物资产按照以下方法确定计税基础：

（1）外购的生产性生物资产，以购买价款和支付的相关税费为计税基础。

（2）通过捐赠、投资、非货币性资产交换、债务重组等方式取得的生产性生物资产，以该资产的公允价值和支付的相关税费为计税基础。

2）生物资产的折旧方法和折旧年限

生产性生物资产按照直线法计算的折旧，准予扣除。企业应当自生产性生物资产投入使用月份的次月起计算折旧。停止使用的生产性生物资产，应当自停止使用月份的次月起停止计算折旧。企业应当根据生产性生物资产的性质和使用情况，合理确定生产性生物资产的预计净残值。生产性生物资产的预计净残值一经确定，不得变更。

生产性生物资产计算折旧的最低年限如下：

(1) 林木类生产性生物资产计算折旧的最低年限为10年。

(2) 畜类生产性生物资产计算折旧的最低年限为3年。

4. 无形资产的税务处理

无形资产是指企业长期使用但没有实物形态的资产，包括专利权、商标权、著作权、土地使用权、非专利技术、商誉等。

1) 无形资产的计税基础

(1) 外购的无形资产，以购买价款和支付的相关税费以及直接归属于使该资产达到预定用途发生的其他支出为计税基础。

(2) 自行开发的无形资产，以开发过程中该资产符合资本化条件后至达到预定用途前发生的支出为计税基础。

(3) 通过捐赠、投资、非货币性资产交换、债务重组等方式取得的无形资产，以该资产的公允价值和支付的相关税费为计税基础。

2) 无形资产摊销的范围

在计算应纳税所得额时，企业按照规定计算的无形资产摊销费用，准予扣除。下列无形资产不得计算摊销费用扣除：

(1) 自行开发的支出已在计算应纳税所得额时扣除的无形资产。

(2) 自创商誉。

(3) 与经营活动无关的无形资产。

(4) 其他不得计算摊销费用扣除的无形资产。

3) 无形资产的摊销方法及年限

无形资产按照直线法计算的摊销费用，准予扣除无形资产的摊销年限不得低于10年。作为投资或者受让的无形资产，有关法律规定或者合同约定了使用年限的，可以按照规定或者约定的使用年限分期摊销。

5. 长期待摊费用的税务处理

长期待摊费用是指企业发生的应在1个年度以上或几个年度进行摊销的费用。在计算应纳税所得额时，企业发生的下列支出作为长期待摊费用，按照规定摊销的，准予扣除：

(1) 已足额提取折旧的固定资产的改建支出。

(2) 租入固定资产的改建支出。

(3) 固定资产的大修理支出。

(4) 其他应当作为长期待摊费用的支出。

固定资产的改建支出是指改变房屋或者建筑物结构、延长使用年限等发生的支出。已足额提取折旧的固定资产的改建支出，按照固定资产预计尚可使用年限分期摊销；租入固定资产的改建支出，按照合同约定的剩余租赁期限分期摊销；改建的固定资产延长使用年限的，除已足额提取折旧的固定资产、租入固定资产的改建支出外，其他的固定资产发生改建支出，应适当延长折旧年限。

大修理支出按照固定资产尚可使用年限分期摊销。企业的非大修理支出的固定资产修理支出，可在发生当期直接扣除。

这里所说的固定资产的大修理支出，是指同时符合下列条件的支出：

(1) 修理支出达到取得固定资产时的计税基础的50%以上。

(2) 修理后固定资产的使用年限延长2年以上。

其他应当作为长期待摊费用的支出,自支出发生月份的次月起,分期摊销,摊销年限不得低于3年。

6. 存货的税务处理

存货是指企业持有以备出售的产品或者商品、处在生产过程中的在产品、在生产或者提供劳务过程中耗用的材料和物料等。

1) 存货的计税基础

存货按照以下方法确定成本:

(1) 通过支付现金方式取得的存货,以购买价款和支付的相关税费为成本。

(2) 通过支付现金以外的方式取得的存货,以该存货的公允价值和支付的相关税费为成本。

(3) 生产性生物资产收获的农产品,以产出或者采收过程中发生的材料费、人工费和分摊的间接费用等必要支出为成本。

2) 存货的成本计算方法

企业使用或者销售的存货的成本计算方法,可以在先进先出法、加权平均法、个别计价法中选用一种。计价方法一经选用,不得随意变更。

7. 投资资产税务处理

投资资产是指企业对外进行权益性投资和债权性投资而形成的资产。

1) 投资资产的成本

(1) 通过支付现金方式取得的投资资产,以购买价款为成本。

(2) 通过支付现金以外的方式取得的投资资产,以该资产的公允价值和支付的相关税费为成本。

2) 投资资产成本的扣除方法

企业对外投资期间,投资资产的成本在计算应纳税所得额时不得扣除,企业在转让或者处置投资资产时,投资资产的成本准予扣除。

二、计算应纳税额

(一) 计算居民企业应纳税额

居民企业应纳所得税等于应纳税所得额乘以适用税率,减除依照税法关于税收优惠的规定减免和抵免的税额后的余额,基本计算公式为:

$$应纳税额=应纳税所得额\times 适用税率-减免税额-抵免税额$$

式中,减免税额和抵免税额是指依照企业所得税法律制度和国务院税收优惠规定减征、免征和抵免的应纳税额。

应纳税所得额作为企业所得税的计税依据,是正确计算应纳企业所得税的关键因素。应纳税所得额的计算一般有两种方法:直接法和间接法。

直接计算法是企业每一纳税年度的收入总额减除不征税收入、免税收入、各项扣除以及允许弥补的以前年度亏损后的余额为应纳税所得额的计算方法。其计算公式为:

$$应纳税所得额=收入总额-不征税收入-免税收入-各项扣除金额-弥补亏损$$

间接计算法是在会计利润总额的基础上加或减按照税法规定调整的项目金额后，即为应纳税所得额的计算方法。现行企业所得税年度纳税申报表采取该方法。其计算公式为：

应纳税所得额＝会计利润总额＋纳税调整增加金额－纳税调整减少金额

纳税调整是税法规定与会计规定差异的处理，企业会计规定与税法规定不一致的，应当依照税法规定予以调整。企业在平时进行会计核算时，按会计制度的有关规定进行账务处理，但在申报纳税时，要按税法的规定进行纳税调整。

纳税调整项目金额包括两方面的内容：一是企业会计制度规定的项目范围与税收法规规定的项目范围不一致应予以调整的金额。比如，国债利息收入，会计上作为投资收益计入利润总额，企业所得税里属于免税收入。因此，需要在会计利润总额的基础上作纳税调整减少税额。二是企业财务会计制度规定的扣除标准与税法规定的扣除标准不一致应予以调整的金额，如业务招待费支出，会计上按照实际发生数在利润之前扣除，企业所得税中最多允许扣除实际发生数的 60%，且不得超过当期销售收入的 5‰，因此，需要在会计利润总额的基础上作纳税调整增加。

【职业训练 6-7】 根据本节情境引例中的资料，计算乐华公司 2022 年实际应缴纳的企业所得税。

第一步，计算会计利润总额。

会计利润总额＝2 500－1 100－670－480－60－(160－120)＋70－50＋34＝204(万元)

第二步，计算纳税调整增加额。

(1) 广告费和业务宣传费调增所得额＝450－2 500×15%＝450－375＝75(万元)

(2) 15×60%＝9(万元)

2 500×5‰＝12.5(万元)＞9(万元)

业务招待费调增所得额＝15－15×60%＝15－9＝6(万元)

(3) 捐赠支出应调增所得额＝36－204×12%＋0.24＝11.76(万元)

(4) 支付的税收滞纳金不得扣除，全额调增所得额＝6(万元)

(5) 职工福利费调增所得额＝23－150×14%＝2(万元)

纳税调整增加额＝75＋6＋11.76＋6＋2＝100.76(万元)

第三步，计算纳税调整减少额。

(1) 技术研究开发费用调减所得额＝40×75%＝30(万元)

(2) 权益性投资收益调减所得额＝34(万元)

纳税调整减少额＝30＋34＝64(万元)

第四步，计算应纳企业所得税。

全年应纳税所得额＝204＋100.76－64＝240.76(万元)

该公司 2022 年前三季度预缴企业所得税 20 万元，则应补缴的计算如下：

补缴应纳企业所得税＝240.76×25%－20＝40.19(万元)

(二) 境外所得税收抵免

企业取得的下列所得已在境外缴纳的所得税，可以从其当期应纳税额中抵免，抵免限额为该项所得依照规定计算的应纳税额；超过抵免限额的部分，可以在以后 5 个年度内，用每年抵免限额抵免当年应抵税额后的余额进行抵补：

(1) 居民企业来源于中国境外的应税所得。

(2) 非居民企业在中国境内设立机构、场所，取得发生在中国境外但与该机构、场所有实际联系的应税所得。

已在境外缴纳的所得税税额，是指企业来源于中国境外的所得依照境外税收法律以及相关规定应当缴纳并已经实际缴纳的企业所得税性质的税款。

抵免限额是指企业来源于中国境外的所得，依照规定计算的应纳税额。其计算公式为：

$$抵免税额=\frac{中国境内、境外所得依照规定计算的应纳税总额}{}\times\frac{来源于某国(地区)的应纳税所得额}{}\div\frac{中国境内、外}{应纳税所得额总额}$$

该公式可以简化成：

抵免限额＝来源于某国(地区)的应纳税所得额×我国法定税率

自2017年7月1日起，企业可以选择按国(地区)分别计算(即“分国不分项”)，或者不按国(地区)别汇总计算(即“不分国不分项”)其来源于境外的应纳税所得额，按照规定的税率，分别计算其可抵免境外所得税税额和抵免限额，上述方式一经选择，5年内不得改变。

居民企业从其直接或间接控制的外国企业分得的来源于中国境外的股息、红利等权益性投资收益，外国企业在境外实际缴纳的所得税税额中属于该项所得负担的部分，可以作为该居民企业的可抵免境外所得税税额，在规定的抵免限额内抵免。

【职业训练6-8】 M企业2021年度境内应纳税所得额为1 000万元，适用25%的企业所得税税率。M企业分别在A国和B国设有分支机构(我国与A、B两国已缔结避免双重征税协定)，在A国分支机构的应纳税所得额为500万元，A国的企业所得税税率为20%；在B国分支机构的应纳税所得额为300万元，B国的企业所得税税率为30%。

(1) 如果该企业选择按国别分别计算，计算结果如表6-4所示。

表6-4 按国别分别计算

国别	抵免限额	境外已纳税款	处理
A国	500×25%＝125(万元)	500×20%＝100(万元)	需补税25万元(125－100)
B国	300×25%＝75(万元)	300×30%＝90(万元)	结转以后5个纳税年度抵补15万元

M企业当年在我国境内应纳税额＝1 000×25%＋25＝275(万元)

(2) 如果该企业选择不按国别汇总计算，计算结果如表6-5所示。

表6-5 不按国别汇总计算

国别	抵免限额	境外已纳税款	处理
A国	(500＋300)×25%＝200(万元)	500×20%＝100(万元)	补税10万元
B国		300×30%＝90(万元)	

M企业当年在我国境内应纳税额＝1 000×25%＋10＝260(万元)

(三) 计算非居民企业应纳税额

对于在中国境内未设立机构、场所的，或者虽设立机构、场所但取得的所得与其所设机构、场所没有实际联系的非居民企业，其取得的来源于中国境内的所得，按照下列方法计算其应纳税额：

应纳税额＝应纳税所得额×税率(减按10%)

【职业训练6-9】 2021年6月，甲公司向境外乙公司(未在中国境内设立机构、场所)分配股息折合人民币800万元。请计算甲公司应代扣代缴企业所得税。

乙公司是未在中国境内设立机构场所的非居民企业：对其取得的来源于境内的收入实行源泉扣缴；不存在免征股息收入的企业所得税的问题(不符合免税条件)。相关计算为：

应纳税额＝应纳税所得额×所得税税率＝800×10%＝80(万元)

学习子情境三 企业所得税申报与缴纳

居民企业核定征收
应纳税额的计算

一、企业所得税的纳税期限

企业所得税按年计征，分月或者分季预缴，年终汇算清缴，多退少补。企业所得税以全年的应纳税所得额作为计税依据，按纳税年度计算，分月或分季预缴，年终汇算清缴，结清应缴应退税款，并与企业的会计核算年度保持一致，有利于企业所得税的征收管理。

企业所得税的纳税年度，自公历1月1日起至12月31日止。企业在一个纳税年度的中间开业，或者由于合并、关闭等原因终止经营活动，使该纳税年度的实际经营期不足12个月的，应当以其实际经营期为一个纳税年度。企业清算时，应当以清算期间作为一个纳税年度。企业应自年度终了之日起5个月内，向税务机关报送年度企业所得税纳税申报表，并汇算清缴，结清应缴应退税款。

按月或按季预缴的，应当自月份或者季度终了之日起15日内，向税务机关报送预缴企业所得税纳税申报表，预缴税款。

企业在年度中间终止经营活动的，应当自实际经营终止之日起60日内，向税务机关办理当期企业所得税汇算清缴。

企业在报送企业所得税纳税申报表时，应当按照规定附送财务会计报告和其他有关资料。企业应当在办理注销登记前，就其清算所得向税务机关申报并依法缴纳企业所得税。依照《企业所得税法》缴纳的企业所得税以人民币计算，所得以人民币以外的货币计算的，应当折合成人民币计算并缴纳税款。

【请注意】

企业在纳税年度内无论盈利或者亏损，都应当依照《企业所得税法》相关规定的期限，向税务机关报送预缴企业所得税纳税申报表、年度企业所得税申报表、财务会计报告和税务机关规定应当报送的其他有关资料。

二、企业所得税的纳税地点

除税收法律、行政法规另有规定外，居民企业以企业登记注册地为纳税地点；但登记注册地在境外的，以实际管理机构所在地为纳税地点。企业登记注册地是指企业依照国家有关规定登记注册的住所地。除国务院另有规定外，企业之间不得合并缴纳企业所得税。

(1) 居民企业在中国境内设立不具有法人资格的营业机构的，应当汇总计算并缴纳企业所得税。企业汇总计算并缴纳企业所得税时，应当统一核算应纳税所得额。

(2) 非居民企业在中国境内设立机构、场所的，应当就其所设机构、场所取得的来源于中国境内的所得，以及发生在中国境外但与其所设机构、场所有实际联系的所得，以机构、场所所在地为纳税地点。非居民企业在中国境内设立两个或者两个以上机构、场所的，经税务机关审核批准，可以选择由其主要机构、场所汇总缴纳企业所得税。非居民企业在中国境内未设立机构、场所，或者设立机构、场所但取得的所得与其所设机构、场所没有实际联系的，以扣缴义务人所在地为纳税地点。

三、企业所得税的预缴纳税申报

纳税人应按照月度或季度的实际利润额预缴企业所得税；按照月度或季度实际利润预缴有困难的，可以按照上一纳税年度应纳税所得额的月度或季度平均额预缴，或者按照经税务机关认可的其他方法预缴。预缴方法一经确定，该纳税年度内不得随意变更。

实行查账征收企业所得税的居民纳税人和在中国境内设立机构的非居民纳税人在月(季)度预缴企业所得税时应填制“中华人民共和国企业所得税月(季)度预缴纳税申报表(A类)”；

实行核定征收管理办法的纳税人预缴企业所得税时应填制“中华人民共和国企业所得税月(季)度预缴纳税申报表(B类)”。

【职业训练 6-10】 本节情境引例中，北京乐华科技股份有限公司，为居民企业，统一社会信用代码为91110105691662184F，企业从业人数为78人，资产总额为6 000万元，所属行业为工业企业。公司2022年，前三季度预缴企业所得税20万元，请在2023年1月，填写乐华公司2022年第四季度预缴所得税申报表。

相关申报表见表6-6。

表6-6 中华人民共和国企业所得税月(季)度预缴纳税申报表(A类)

税款所属时间自2022年10月01日到2022年12月31日

纳税人识别号(统一社会信用代码)：91110105691662184F

纳税人名称(公章)：北京乐华科技股份有限公司　　　　金额单位：人民币元(列至角分)

预缴方式	按照实际利润额预缴	
企业类型	一般企业	
跨省总机构行政区划		提示：总机构在外省的分支机构申报时，请先选择跨省总机构行政区划

（续表）

优惠及附报事项有关信息									
项目	一季度		二季度		三季度		四季度		季度平均值
	季初	季末	季初	季末	季初	季末	季初	季末	
从业人数								78.00	
资产总额（万元）								6 000.00	
国家限制或禁止	否				小型微利企业				否

代码	附报事项名称	金额或选项
K01001	否　支持新型冠状病毒感染的肺炎疫情防控捐赠支出全额扣除（本年累计，元）	
K01002	否　扶贫捐赠支出全额扣除（本年累计，元）	
Y01001	否　软件集成电路企业优惠政策适用类型	无

预缴税款计算

行次	项目	本年累计金额
1	营业收入	25 000 000.00
2	营业成本	11 000 000.00
3	利润总额	2 040 000.00
4	加：特定业务计算的应纳税所得额	
5	减：不征税收入	
6	减：资产加速折旧、摊销（扣除）调减额（填写 A201020）	
7	减：免税收入、减计收入、加计扣除（7.1＋7.2＋…）	340 000.00
8	减：所得减免（8.1＋8.2＋…）	
9	减：弥补以前年度亏损	
10	实际利润额（3＋4－5－6－7－8－9）/按照上一纳税年度应纳税所得额平均额确定的应纳税所得额	1 700 000.00
11	税率（25%）	25.00%
12	应纳所得税额（10×11）	425 000.00
13	减：减免所得税额（13.1＋13.2＋…）	
14	减：本年实际已缴纳所得税额	200 000.00
15	减：特定业务预缴（征）所得税额	
16	本期应补（退）所得税额（12－13－14－15）/税务机关确定的本期应纳所得税额	225 000.00

汇总纳税企业总分机构税款计算

行次		项目	金额
17	总机构	总机构本期分摊应补（退）所得税额（18＋19＋20）	
18		其中：总机构分摊应补（退）所得税额（16×总机构分摊比例____%）	
19		财政集中分配应补（退）所得税额（16×财政集中分配比例____%）	
20		总机构具有主体生产经营职能的部门分摊所得税额（16×全部分支机构分摊比例____%×总机构具有主体生产经营职能部门分摊比例____%）	

（续表）

<table>
<tr><th>行次</th><th colspan="5">项目</th><th>本年累计金额</th></tr>
<tr><td>21</td><td rowspan="2">分支机构</td><td colspan="4">分支机构本期分摊比例</td><td></td></tr>
<tr><td>22</td><td colspan="4">分支机构本期分摊应补(退)所得税额</td><td></td></tr>
<tr><td colspan="7">实际缴纳企业所得税计算</td></tr>
<tr><td>FZ1</td><td colspan="5">中央级收入实际应纳税额[本期:16 行×60%或(18 行+20 行)×60%+19 或 22 行×60%]</td><td></td></tr>
<tr><td>FZ2</td><td colspan="5">地方级收入应纳税额[本期:16 行×40%或(18 行+20 行)×40%或 22 行×40%]</td><td></td></tr>
<tr><td>23</td><td rowspan="3">减:民族自治地区企业所得税地方分享部分:</td><td rowspan="3">无</td><td rowspan="3">减征幅度</td><td rowspan="3"></td><td>本期实际减免金额(FZ2×减征幅度)</td><td></td></tr>
<tr><td>23.1</td><td>本机构本年累计的(23 行的本年累计)</td><td></td></tr>
<tr><td>23.2</td><td>本年累计应减免金额(总机构及分支机构的本年累计,总机构填报)</td><td></td></tr>
<tr><td>FZ3</td><td colspan="5">地方级收入实际应纳税额(本期:FZ2−23)</td><td></td></tr>
<tr><td>24</td><td colspan="5">实际应补(退)所得税额(本期:FZ1+FZ3)</td><td></td></tr>
<tr><td colspan="7">谨声明:本纳税申报表是根据国家税收法律法规及相关规定填报的,是真实的、可靠的、完整的。
纳税人(签章):　　2022 年 1 月 10 日</td></tr>
<tr><td colspan="4">经办人:
经办人身份证号:
代理机构签章:
社会信用代码:</td><td colspan="3">受理人:
受理税务机关(章):
受理日期:　　年　月　日</td></tr>
</table>

备注:A200000 为所得税申报表单编号,企业所得税各申报表均有编号　　国家事务总局监制

企业所得税纳税申报表及填报说明

四、企业所得税的年度纳税申报

实行查账征收企业所得税的居民纳税人在年度所得税汇算清缴时,应填写企业所得税年度纳税申报表(A 类)及其附表(部分表格见表 6-7 至表 6-17)。

【职业训练 6-11】 根据本节情境引例中北京乐华科技股份有限公司的财务资料,申报企业 2022 年年度所得税。

第一步,填报收入、成本、费用情况,见表 6-7 至表 6-9。

第二步,填报纳税调整项目情况,见表 6-10 至表 6-13。

第三步,填报税收优惠情况,见表 6-14 至表 6-16。

第四部,填报企业所得税年度纳税申报表(A 类),见表 6-17,填报申报主表后,还要同时完成企业封面和企业基础信息等内容填报。

表 6-7　一般企业收入明细表

行次	项目	金额
1	一、营业收入(2+9)	25 000 000.00
2	(一) 主营业务收入(3+5+6+7+8)	25 000 000.00

（续表）

行次	项目	金额
3	1. 销售商品收入	25 000 000.00
4	其中:非货币性资产交换收入	
5	2. 提供劳务收入	
6	3. 建造合同收入	
7	4. 让渡资产使用权收入	
8	5. 其他	
9	（二）其他业务收入(10+12+13+14+15)	
10	1. 销售材料收入	
11	其中:非货币性资产交换收入	
12	2. 出租固定资产收入	
13	3. 出租无形资产收入	
14	4. 出租包装物和商品收入	
15	5. 其他	
16	二、营业外收入(17+18+19+20+21+22+23+24+25+26)	700 000.00
17	（一）非流动资产处置利得	
18	（二）非货币性资产交换利得	
19	（三）债务重组利得	
20	（四）政府补助利得	
21	（五）盘盈利得	
22	（六）捐赠利得	
23	（七）罚没利得	
24	（八）确实无法偿付的应付款项	
25	（九）汇兑收益	
26	（十）其他	700 000.00

表 6-8　一般企业成本支出明细表

行次	项目	金额
1	一、营业成本(2+9)	11 000 000.00
2	（一）主营业务成本(3+5+6+7+8)	11 000 000.00

（续表）

行次	项目	金额
3	1. 销售商品成本	11 000 000.00
4	其中：非货币性资产交换成本	
5	2. 提供劳务成本	
6	3. 建造合同成本	
7	4. 让渡资产使用权成本	
8	5. 其他	
9	（二）其他业务成本（10+12+13+14+15）	
10	1. 销售材料成本	
11	其中：非货币性资产交换成本	
12	2. 出租固定资产成本	
13	3. 出租无形资产成本	
14	4. 包装物出租成本	
15	5. 其他	
16	二、营业外支出（17+18+19+20+21+22+23+24+25+26）	500 000.00
17	（一）非流动资产处置损失	
18	（二）非货币性资产交换损失	
19	（三）债务重组损失	
20	（四）非常损失	
21	（五）捐赠支出	362 400.00
22	（六）赞助支出	
23	（七）罚没支出	60 000.00
24	（八）坏账损失	
25	（九）无法收回的债券股权投资损失	
26	（十）其他	77 600.00

表 6-9　期间费用明细表

行次	项目	销售费用	其中：境外支付	管理费用	其中：境外支付	财务费用	其中：境外支付
		1	2	3	4	5	6
1	一、职工薪酬		—		—		—
2	二、劳务费					—	—
3	三、咨询顾问费					—	—
4	四、业务招待费		—		—	—	—

（续表）

行次	项目	销售费用	其中：境外支付	管理费用	其中：境外支付	财务费用	其中：境外支付
		1	2	3	4	5	6
5	五、广告费和业务宣传费		—		—	—	—
6	六、佣金和手续费						
7	七、资产折旧摊销费		—		—	—	—
8	八、财产损耗、盘亏及毁损损失		—		—	—	—
9	九、办公费		—		—	—	—
10	十、董事会费		—		—	—	—
11	十一、租赁费					—	—
12	十二、诉讼费		—		—	—	—
13	十三、差旅费		—		—	—	—
14	十四、保险费		—		—	—	—
15	十五、运输、仓储费					—	—
16	十六、修理费					—	—
17	十七、包装费		—		—	—	—
18	十八、技术转让费					—	—
19	十九、研究费用					—	—
20	二十、各项税费		—		—	—	—
21	二十一、利息收支	—	—	—	—		
22	二十二、汇兑差额	—	—	—	—		
23	二十三、现金折扣	—	—	—	—		—
24	二十四、党组织工作经费	—	—		—	—	—
25	二十五、其他						
26	合计(1+2+3+…25)	6 700 000.00		4 800 000.00		600 000.00	

注：表中期间费用各项目的具体数值略。

表 6-10　职工薪酬支出及纳税调整明细表

行次	项目	账载金额	实际发生额	税收规定扣除率	以前年度累计结转扣除额	税收金额	纳税调整金额	累计结转以后年度扣除额
		1	2	3	4	5	6(1−5)	7(2+4−5)
1	一、工资薪金支出	1 500 000.00	1 500 000.00	—	—	1 500 000.00		—
2	其中：股权激励			—	—			—

（续表）

行次	项目	账载金额	实际发生额	税收规定扣除率	以前年度累计结转扣除额	税收金额	纳税调整金额	累计结转以后年度扣除额
		1	2	3	4	5	6(1－5)	7(2＋4－5)
3	二、职工福利费支出	230 000.00	230 000.00	14%	—	210 000.00	20 000.00	—
4	三、职工教育经费支出	60 000.00	60 000.00	—		60 000.00		
5	其中：按税收规定比例扣除的职工教育经费	60 000.00	60 000.00	8%		60 000.00		
6	按税收规定全额扣除的职工培训费用			100%	—			—
7	四、工会经费支出	30 000.00	30 000.00	2%	—	30 000.00		—
8	五、各类基本社会保障性缴款			—	—			—
9	六、住房公积金			—	—			—
10	七、补充养老保险			5%	—			—
11	八、补充医疗保险			5%	—			—
12	九、其他			—	—			—
13	合计(1＋3＋4＋7＋8＋9＋10＋11＋12)	1 820 000.00	1 820 000.00	—		1 800 000.00	20 000.00	

表 6-11　广告费和业务宣传费跨年度纳税调整明细表

行次	项目	广告费和业务宣传费	保险企业手续费及佣金支出
		1	2
1	一、本年支出	4 500 000.00	
2	减：不允许扣除的支出		
3	二、本年符合条件的支出(1－2)	4 500 000.00	
4	三、本年计算扣除限额的基数	25 000 000.00	
5	乘：税收规定扣除率	15%	18%
6	四、本企业计算的扣除限额(4×5)	3 750 000.00	
7	五、本年结转以后年度扣除额(3＞6，本行＝3－6；3≤6，本行＝0)	750 000.00	
8	加：以前年度累计结转扣除额		
9	减：本年扣除的以前年度结转额[3＞6，本行＝0；3≤6，本行＝8 与(6－3)孰小值]		
10	六、按照分摊协议归集至其他关联方的金额(10≤3 与 6 孰小值)		—
11	按照分摊协议从其他关联方归集至本企业的金额		—
12	七、本年支出纳税调整金额(3＞6，本行＝2＋3－6＋10－11；3≤6，本行＝2＋10－11－9)	750 000.00	
13	八、累计结转以后年度扣除额(7＋8－9)	750 000.00	

表 6-12　捐赠支出及纳税调整明细表

行次	项目	账载金额	以前年度结转可扣除的捐赠额	按税收规定计算的扣除限额	税收金额	纳税调增金额	纳税调减金额	可结转以后年度扣除的捐赠额
		1	2	3	4	5	6	7
1	一、非公益性捐赠	2 400.00	—	—	—	2 400.00	—	—
2	二、限额扣除的公益性捐赠(3+4+5+6)	360 000.00		244 800.00	244 800.00	115 200.00		115 200.00
3	前三年度(2018 年)	—		—	—	—		—
4	前二年度(2019 年)	—		—	—	—		
5	前一年度(2020 年)	—		—	—	—		
6	本年(2021 年)	360 000.00	—	244 800.00	244 800.00	115 200.00	—	115 200.00
7	三、全额扣除的公益性捐赠		—	—		—	—	—
8	1. 扶贫捐赠		—	—		—	—	—
9	2. 北京 2022 年冬奥会、冬残奥会、测试赛捐赠		—	—		—	—	—
10	3. 杭州 2022 年亚运会捐赠		—	—		—	—	—
11	4. 支持新型冠状病毒感染的肺炎疫情防控捐赠(通过公益性社会组织或国家机关捐赠)		—	—		—	—	—
12	5. 支持新型冠状病毒感染的肺炎疫情防控捐赠(直接向承担疫情防治任务的医院捐赠)		—	—		—	—	—
13	合计(1+2+7)	362 400.00		244 800.00	244 800.00	117 600.00		115 200.00
附列资料	2015 年度至本年发生的公益性扶贫捐赠合计金额		—	—		—	—	—

表 6-13　纳税调整项目明细表

行次	项目	账载金额	税收金额	调增金额	调减金额
		1	2	3	4
1	一、收入类调整项目(2+3+…8+10+11)	—	—		
2	(一) 视同销售收入(填写 A105010)	—			—
3	(二) 未按权责发生制原则确认的收入(填写 A105020)				
4	(三) 投资收益(填写 A105030)				
5	(四) 按权益法核算长期股权投资对初始投资成本调整确认收益	—	—	—	
6	(五) 交易性金融资产初始投资调整	—	—		—
7	(六) 公允价值变动净损益		—		
8	(七) 不征税收入	—	—		
9	其中:专项用途财政性资金(填写 A105040)	—	—		

（续表）

行次	项目	账载金额	税收金额	调增金额	调减金额
		1	2	3	4
10	（八）销售折扣、折让和退回				
11	（九）其他				
12	二、扣除类调整项目(13＋14＋…24＋26＋27＋28＋29＋30)	—	—	1 007 600.00	
13	（一）视同销售成本(填写 A105010)	—		—	
14	（二）职工薪酬(填写 A105050)	1 820 000.00	1 800 000.00	20 000.00	
15	（三）业务招待费支出	150 000.00	90 000.00	60 000.00	—
16	（四）广告费和业务宣传费支出(填写 A105060)	—	—	750 000.00	
17	（五）捐赠支出(填写 A105070)	362 400.00	244 800.00	117 600.00	
18	（六）利息支出				
19	（七）罚金、罚款和被没收财物的损失		—		—
20	（八）税收滞纳金、加收利息	60 000.00	—	60 000.00	—
21	（九）赞助支出		—		—
22	（十）与未实现融资收益相关在当期确认的财务费用				
23	（十一）佣金和手续费支出(保险企业填写 A105060)				
24	（十二）不征税收入用于支出所形成的费用	—	—		—
25	其中:专项用途财政性资金用于支出所形成的费用(填写 A105040)	—	—		—
26	（十三）跨期扣除项目				
27	（十四）与取得收入无关的支出		—		—
28	（十五）境外所得分摊的共同支出	—	—		—
29	（十六）党组织工作经费				
30	（十七）其他				
31	三、资产类调整项目(32＋33＋34＋35)	—	—		
32	（一）资产折旧、摊销(填写 A105080)				
33	（二）资产减值准备金		—		
34	（三）资产损失(填写 A105090)				
35	（四）其他				
36	四、特殊事项调整项目(37＋38＋…＋43)	—	—		
37	（一）企业重组及递延纳税事项(填写 A105100)				
38	（二）政策性搬迁(填写 A105110)	—	—		
39	（三）特殊行业准备金(39.1＋39.2＋39.4＋39.5＋39.6＋39.7)	—	—		
39.1	1. 保险公司保险保障基金				

（续表）

行次	项目	账载金额	税收金额	调增金额	调减金额
		1	2	3	4
39.2	2. 保险公司准备金				
39.3	其中:已发生未报案未决赔款准备金				
39.4	3. 证券行业准备金				
39.5	4. 期货行业准备金				
39.6	5. 中小企业融资(信用)担保机构准备金				
39.7	6. 金融企业、小额贷款公司准备金(填写 A105120)	—	—		
40	(四) 房地产开发企业特定业务计算的纳税调整额(填写 A105010)	—			
41	(五) 合伙企业法人合伙人应分得的应纳税所得额				
42	(六) 发行永续债利息支出				
43	(七) 其他	—	—		
44	五、特别纳税调整应税所得	—	—		
45	六、其他	—	—		
46	合计(1+12+31+36+44+45)	—	—	1 007 600.00	

表 6-14　研发费用加计扣除优惠明细表

行次	项目	金额
1	本年可享受研发费用加计扣除项目数量	
2	一、自主研发、合作研发、集中研发(3+7+16+19+23+34)	400 000.00
3	(一) 人员人工费用(4+5+6)	400 000.00
4	1. 直接从事研发活动人员工资薪金	400 000.00
5	2. 直接从事研发活动人员五险一金	
6	3. 外聘研发人员的劳务费用	
7	(二) 直接投入费用(8+9+10+11+12+13+14+15)	
8	1. 研发活动直接消耗材料费用	
9	2. 研发活动直接消耗燃料费用	
10	3. 研发活动直接消耗动力费用	
11	4. 用于中间试验和产品试制的模具、工艺装备开发及制造费	
12	5. 用于不构成固定资产的样品、样机及一般测试手段购置费	
13	6. 用于试制产品的检验费	
14	7. 用于研发活动的仪器、设备的运行维护、调整、检验、维修等费用	
15	8. 通过经营租赁方式租入的用于研发活动的仪器、设备租赁费	
16	(三) 折旧费用(17+18)	
17	1. 用于研发活动的仪器的折旧费	
18	2. 用于研发活动的设备的折旧费	

（续表）

行次	项目	金额
19	（四）无形资产摊销(20＋21＋22)	
20	1. 用于研发活动的软件的摊销费用	
21	2. 用于研发活动的专利权的摊销费用	
22	3. 用于研发活动的非专利技术(包括许可证、专有技术、设计和计算方法等)的摊销费用	
23	（五）新产品设计费等(24＋25＋26＋27)	
24	1. 新产品设计费	
25	2. 新工艺规程制定费	
26	3. 新药研制的临床试验费	
27	4. 勘探开发技术的现场试验费	
28	（六）其他相关费用(29＋30＋31＋32＋33)	
29	1. 技术图书资料费、资料翻译费、专家咨询费、高新科技研发保险费	
30	2. 研发成果的检索、分析、评议、论证、鉴定、评审、评估、验收费用	
31	3. 知识产权的申请费、注册费、代理费	
32	4. 职工福利费、补充养老保险费、补充医疗保险费	
33	5. 差旅费、会议费	
34	（七）经限额调整后的其他相关费用	
35	二、委托研发(36＋37＋39)	
36	（一）委托境内机构或个人进行研发活动所发生的费用	
37	（二）委托境外机构进行研发活动发生的费用	
38	其中：允许加计扣除的委托境外机构进行研发活动发生的费用	
39	（三）委托境外个人进行研发活动发生的费用	
40	三、年度研发费用小计(2＋36×80%＋38)	400 000.00
41	（一）本年费用化金额	400 000.00
42	（二）本年资本化金额	
43	四、本年形成无形资产摊销额	
44	五、以前年度形成无形资产本年摊销额	
45	六、允许扣除的研发费用合计(41＋43＋44)	400 000.00
46	减：特殊收入部分	
47	七、允许扣除的研发费用抵减特殊收入后的金额(45－46)	400 000.00
48	减：当年销售研发活动直接形成产品(包括组成部分)对应材料部分	
49	减：以前年度销售研发活动直接形成产品(包括组成部分)对应材料部分结转金额	
50	八、加计扣除比例	75%
51	九、本年研发费用加计扣除总额(47－48－49)×50	300 000.00
52	十、销售研发活动直接形成产品(包括组成部分)对应材料部分结转以后年度扣减金额(当47－48－49≥0，本行＝0；当47－48－49＜0，本行＝47－48－49的绝对值)	

表 6-15　符合条件的居民企业之间的股息、红利等权益性投资收益优惠明细表

行次	被投资企业	被投资企业统一社会信用代码(纳税人识别号)	投资性质	投资成本	投资比例	被投资企业利润分配确认金额		被投资企业清算确认金额			撤回或减少投资确认金额						合计
						被投资企业做出利润分配或转股决定时间	依决定归属于本公司的股息、红利等权益性投资收益金额	分得的被投资企业清算剩余资产	被清算企业累计未分配利润和累计盈余公积应享有部分	应确认的股息所得	从被投资企业撤回或减少投资取得的资产	减少投资比例	收回初始投资成本	取得资产中超过收回初始投资成本部分	撤回或减少投资应享有被投资企业累计未分配利润和累计盈余公积	应确认的股息所得	
	1	2	3	4	5	6	7	8	9	10(8与9孰小)	11	12	13(4×12)	14(11－13)	15	16(14与15孰小)	17(7＋10＋16)
1							340 000.00										340 000.00
2																	
3																	
4																	
5																	
6																	
7																	
8	合计																340 000.00
9	其中:直接投资或非H股票投资																
10	股票投资—沪港通H股																
11	股票投资—深港通H股																
12	创新企业CDR																
13	永续债																

表 6-16　免税、减计收入及加计扣除优惠明细表

行次	项目	金额
1	一、免税收入(2+3+9…+16)	340 000.00
2	(一) 国债利息收入免征企业所得税	
3	(二) 符合条件的居民企业之间的股息、红利等权益性投资收益免征企业所得税(4+5+6+7+8)	340 000.00
4	1. 一般股息红利等权益性投资收益免征企业所得税(填写 A107011)	340 000.00
5	2. 内地居民企业通过沪港通投资且连续持有 H 股满 12 个月取得的股息红利所得免征企业所得税(填写 A107011)	
6	3. 内地居民企业通过深港通投资且连续持有 H 股满 12 个月取得的股息红利所得免征企业所得税(填写 A107011)	
7	4. 居民企业持有创新企业 CDR 取得的股息红利所得免征企业所得税(填写 A107011)	
8	5. 符合条件的永续债利息收入免征企业所得税(填写 A107011)	
9	(三) 符合条件的非营利组织的收入免征企业所得税	
10	(四) 中国清洁发展机制基金取得的收入免征企业所得税	
11	(五) 投资者从证券投资基金分配中取得的收入免征企业所得税	
12	(六) 取得的地方政府债券利息收入免征企业所得税	
13	(七) 中国保险保障基金有限责任公司取得的保险保障基金等收入免征企业所得税	
14	(八) 中国奥委会取得北京冬奥组委支付的收入免征企业所得税	
15	(九) 中国残奥委会取得北京冬奥组委分期支付的收入免征企业所得税	
16	(十) 其他	
17	二、减计收入(18+19+23+24)	
18	(一) 综合利用资源生产产品取得的收入在计算应纳税所得额时减计收入	
19	(二) 金融、保险等机构取得的涉农利息、保费减计收入(20+21+22)	
20	1. 金融机构取得的涉农贷款利息收入在计算应纳税所得额时减计收入	
21	2. 保险机构取得的涉农保费收入在计算应纳税所得额时减计收入	
22	3. 小额贷款公司取得的农户小额贷款利息收入在计算应纳税所得额时减计收入	
23	(三) 取得铁路债券利息收入减半征收企业所得税	
24	(四) 其他(24.1+24.2)	
24.1	1. 取得的社区家庭服务收入在计算应纳税所得额时减计收入	
24.2	2. 其他	
25	三、加计扣除(26+27+28+29+30)	300 000.00
26	(一) 开发新技术、新产品、新工艺发生的研究开发费用加计扣除(填写 A107012)	300 000.00
27	(二) 科技型中小企业开发新技术、新产品、新工艺发生的研究开发费用加计扣除(填写 A107012)	
28	(三) 企业为获得创新性、创意性、突破性的产品进行创意设计活动而发生的相关费用加计扣除(加计扣除比例___%)	
29	(四) 安置残疾人员所支付的工资加计扣除	
30	(五) 其他	
31	合计(1+17+25)	640 000.00

表 6-17 中华人民共和国企业所得税年度纳税申报表(A 类)

行次	类别	项目	金额
1	利润总额计算	一、营业收入(填写 A101010\101020\103000)	25 000 000.00
2		减:营业成本(填写 A102010\102020\103000)	11 000 000.00
3		减:税金及附加	400 000.00
4		减:销售费用(填写 A104000)	6 700 000.00
5		减:管理费用(填写 A104000)	4 800 000.00
6		减:财务费用(填写 A104000)	600 000.00
7		减:资产减值损失	
8		加:公允价值变动收益	
9		加:投资收益	340 000.00
10		二、营业利润(1－2－3－4－5－6－7＋8＋9)	1 840 000.00
11		加:营业外收入(填写 A101010\101020\103000)	700 000.00
12		减:营业外支出(填写 A102010\102020\103000)	500 000.00
13		三、利润总额(10＋11－12)	2 040 000.00
14	应纳税所得额计算	减:境外所得(填写 A108010)	
15		加:纳税调整增加额(填写 A105000)	1 007 600.00
16		减:纳税调整减少额(填写 A105000)	
17		减:免税、减计收入及加计扣除(填写 A107010)	640 000.00
18		加:境外应税所得抵减境内亏损(填写 A108000)	
19		四、纳税调整后所得(13－14＋15－16－17＋18)	2 407 600.00
20		减:所得减免(填写 A107020)	
21		减:弥补以前年度亏损(填写 A106000)	
22		减:抵扣应纳税所得额(填写 A107030)	
23		五、应纳税所得额(19－20－21－22)	2 407 600.00
24	应纳税额计算	税率(25%)	25%
25		六、应纳所得税额(23×24)	601 900.00
26		减:减免所得税额(填写 A107040)	
27		减:抵免所得税额(填写 A107050)	
28		七、应纳税额(25－26－27)	601 900.00
29		加:境外所得应纳所得税额(填写 A108000)	
30		减:境外所得抵免所得税额(填写 A108000)	
31		八、实际应纳所得税额(28＋29－30)	601 900.00
32		减:本年累计实际已预缴的所得税额	200 000.00
33		九、本年应补(退)所得税额(31－32)	401 900.00
34		其中:总机构分摊本年应补(退)所得税额(填写 A109000)	
35		财政集中分配本年应补(退)所得税额(填写 A109000)	
36		总机构主体生产经营部门分摊本年应补(退)所得税额(填写 A109000)	
37	实际应纳税额计算	减:民族自治地区企业所得税地方分享部分:(□免征 □减征:减征幅度____%)	
38		十、本年实际应补(退)所得税额(33－37)	

知识链接

企业所得税会计核算

业务类型		账务处理
月末计提所得税费用		借：所得税费用 贷：应交税费——应交所得税
递延所得税	可抵扣暂时性差异，期末＞期初 应纳税暂时性差异，期末＜期初	借：递延所得税资产 递延所得税负债 贷：所得税费用
递延所得税	可抵扣暂时性差异，期末＜期初 应纳税暂时性差异，期末＞期初	借：所得税费用 贷：递延所得税资产 递延所得税负债
季度预缴或者年度汇算清缴，实际缴纳时		借：应交税费——应交所得税 贷：银行存款

情境小结

学习子情境	知识点
学习子情境一 认知企业所得税	(1) 企业所得税概述 (2) 企业所得税的纳税人 (3) 企业所得税的征税对象 (4) 企业所得税的税率 (5) 企业所得税的税收优惠
学习子情境二 计算企业所得税	(1) 计算应纳税所得额 (2) 计算应纳税额
学习子情境三 企业所得税申报与缴纳	(1) 企业所得税的纳税期限 (2) 企业所得税的纳税地点 (3) 企业所得税的预缴纳税申报 (4) 企业所得税的年度纳税申报

技能训练

一、基础训练

(一) 单项选择题

1. 根据企业所得税法律制度的规定，下列各项中，不属于企业所得税纳税人的是(　　)。

A. 外商独资企业　　B. 一人有限责任公司

C. 个人独资企业　　D. 社会团体

2. 甲企业为符合条件的小型微利企业。2020 年甲企业的应纳税所得额为 250 万元。甲企业当年应纳企业所得税的下列计算中正确的是(　　)。

A. 250×20%=50(万元)

B. 250×50%×20%=25(万元)

C. 100×25%×20%+150×50%×20%=20(万元)

D. 250×25%×20%=12.5(万元)

3. 根据企业所得税法律制度的规定,下列各项中,属于不征税收入的是(　　)。

A. 财政拨款　　B. 国债利息收入　　C. 接受捐赠收入　　D. 转让股权收入

4. 甲公司是一家化妆品生产企业,2020 年销售化妆品取得收入 2 000 万元,销售进口的原材料取得收入 500 万元,承接国家一项关于皮肤方面的科研项目,取得财政拨款 400 万元,投资国债取得利息收入 30 万元,接受乙公司投资取得投资款 1 000 万元。则该企业计算 2020 年企业所得税应纳税额时,计入收入总额的金额,下列计算正确的是(　　)。

A. 2 000+500+400+30+1 000=3 930(万元)

B. 2 000+500+400+30=2 930(万元)

C. 2 000+500+400=2 900(万元)

D. 2 000+500=2 500(万元)

5. 甲公司 2020 年度发生合理的工资薪金支出 1 000 万元,发生职工福利费支出 150 万元,拨缴工会经费 21 万元,发生职工教育经费支出 75 万元,上年度结转未扣除的职工教育经费支出 13 万元。已知企业发生的职工福利费支出、拨缴的工会经费、发生的职工教育经费支出分别在不超过工资薪金总额 14%、2%、8%的部分,准予扣除。在计算甲公司 2020 年度企业所得税应纳税所得额时,准予扣除的职工福利费支出、工会经费和职工教育经费支出合计金额为(　　)万元。

A. 235　　B. 259　　C. 240　　D. 250

6. 甲公司 2020 年度利润总额为 300 万元,预缴企业所得税 60 万元,在"营业外支出"账户中列支了通过公益性社会组织向灾区的捐款 38 万元。已知企业所得税税率为 25%;公益性捐赠支出不超过年度利润总额 12%的部分,准予在计算企业所得税应纳税所得额时扣除。计算甲公司当年应补缴企业所得税的下列算式中,正确的是(　　)。

A. 300×25%-60=15(万元)

B. (300+300×12%)×25%-60=24(万元)

C. [300+(38-300×12%)]×25%-60=15.5(万元)

D. (300+38)×25%-60=24.5(万元)

7. 甲居民企业 2013 年设立,2013—2017 年年末弥补亏损前的所得情况如表 6-18 所示。

表 6-18　甲居民企业各年年末弥补亏损前的所得情况　　单位:万元

年份	2013	2014	2015	2016	2017
未弥补亏损前的所得	-20	100	-220	180	200

假设无其他纳税调整项目,甲居民企业 2017 年度企业所得税应纳税所得额为(　　)万元。

A. 200　　B. 160　　C. 210　　D. 260

8. 根据企业所得税法律制度的规定,运输货物的大卡车,税法规定的最低折旧年限是(　　)年。

A. 10 B. 5 C. 4 D. 3

9. 甲公司2020年取得会计利润80万元，当年发生研发支出40万元，未形成无形资产，已做管理费用扣除，假设甲公司无其他纳税调整事项，则甲公司2020年应纳企业所得税的下列计算中，正确的是（　　）。

A. 80×25%=20(万元)
B. (80−40×50%)×25%=15(万元)
C. (80−40×75%)×25%=12.5(万元)
D. (80−40×100%)×25%=10(万元)

10. 根据企业所得税法律制度的规定，下列固定资产中，可以计提折旧扣除的是（　　）。

A. 以融资租赁方式租出的固定资产
B. 以经营租赁方式租入的固定资产
C. 已足额提取折旧仍继续使用的固定资产
D. 未投入使用的厂房

(二) 多项选择题

1. 下列关于企业所得税税率的说法中，正确的有（　　）。

A. 居民企业适用25%的税率
B. 非居民企业适用20%的税率
C. 小型微利企业适用20%的优惠税率
D. 高新技术企业适用10%的优惠税率

2. 根据企业所得税法律制度的规定，下列各项中，应在计算应纳税所得额时限额扣除的有（　　）。

A. 职工福利费
B. 烟草公司的烟草广告费
C. 通过国家机关向贫困地区的捐款
D. 为本企业董事会成员支付的不超过工资薪金总额5%的人身意外伤害保险

3. 根据企业所得税法律制度的规定，下列各项费用，超过税法规定的扣除标准后，准予在以后纳税年度结转扣除的有（　　）。

A. 职工教育经费 B. 广告费 C. 业务宣传费 D. 业务招待费

4. 根据企业所得税法律制度的规定，企业的下列固定资产计提折旧时，可以采用加速折旧方法或缩短折旧年限的有（　　）。

A. 因技术进步产品更新换代较快的固定资产
B. 使用频率极高的固定资产
C. 常年处于强震动、高腐蚀状态的固定资产
D. 2020年6月15日购进的单价为450万元的机械设备

5. 根据企业所得税法律制度的规定，企业从事下列项目取得的所得，免征企业所得税的有（　　）。

A. 林木的培育和种植
B. 蔬菜种植
C. 海水养殖
D. 家禽养殖

(三) 判断题

1. 居民企业无须就其来源于中国境外的所得缴纳企业所得税。（　　）
2. 非金融企业向金融企业借款的利息支出可以据实扣除，非金融企业向非金融企业借款的利息支出不允许在税前扣除。（　　）
3. 企业应当自年度终了之日起5个月内，向税务机关报送年度企业所得税纳税申报表，并汇算清缴，结清应缴应退税款。（　　）
4. 职工因公出差乘坐交通工具发生的人身意外保险费，准予在计算企业所得税时扣除。（　　）

5. 在中国境内设立机构、场所的非居民企业取得的发生在中国境内但与其所设机构、场所有实际联系的所得无须缴纳企业所得税。（　　）

二、能力训练

1. 甲公司为居民企业，主要从事电子产品生产和销售业务。2021 年度有关经营情况如下：
   (1) 全年销售收入为 6 000 万元，利润总额为 850 万元。
   (2) 转让所持有的居民企业乙公司公开发行并上市流通的股票，取得收入 70 万元；甲公司持有该股票 9 个月，当年取得该股票股息、红利 6 万元。
   (3) 从直接投资的非上市居民企业丙公司取得股息、红利 50 万元。
   (4) 银行存款利息收入为 13.5 万元。
   (5) 发生与生产经营活动有关的业务招待费支出 200 万元。
   (6) 发生符合条件的广告费和业务宣传费支出 800 万元。

   符合条件的广告费和业务宣传费支出以前年度累计结转扣除额 150 万元。

   要求：计算甲公司 2021 年度企业所得税应纳税所得额。
2. 甲企业为一家居民企业，本年发生经营业务如下：
   (1) 取得产品销售收入 4 000 万元。
   (2) 发生产品销售成本 2 600 万元。
   (3) 发生销售费用 770 万元（其中广告费和业务宣传费共计 650 万元），发生管理费用 480 万元（其中业务招待费 25 万元），发生财务费用 60 万元。
   (4) 发生销售税金 160 万元（含增值税 120 万元）。
   (5) 取得营业外收入 80 万元，营业外支出 50 万元（含通过公益性社会团体向贫困山区捐款 30 万元，支付税收滞纳金 6 万元）。
   (6) 计入成本、费用中的实发工资总额为 200 万元，拨缴职工工会经费 5 万元，发生职工福利费 31 万元，发生职工教育经费 18 万元。

   要求：计算甲企业本年度实际应纳企业所得税。

学习情境七

个人所得税税务处理

教学目标

知识目标

1. 认知个人所得税；
2. 掌握个人所得税税额的计算方法。

技能目标

1. 能辨析各项个人所得；
2. 能针对各项个人所得进行分类计算；
3. 能准确完成个人所得税代扣代缴申报及税款缴纳。

思政目标

1. 增强依法办理个人所得税申报缴纳意识；
2. 培养热爱祖国、纳税光荣的意识；
3. 从个人所得税制度改革历程理解“中国梦”与“共同富裕”目标，做合格纳税人。

学习子情境一　认知个人所得税

一、个人所得税概述

个人所得税主要是以自然人取得的各类应税所得为征税对象而征收的一种所得税，是政府利用税收对个人收入进行调节的一种手段。

从世界范围来看，个人所得税有三种税制模式：分类征收制、综合征收制与混合征收制。分类征收制是对纳税人不同来源、性质的所得项目，分别规定不同的税率征税；综合征收制是对纳税人全年的各项所得加以汇总，就其总额进行征税；混合征收制是对纳税人不同来源、性质的所得先分别按照不同的税率征税，然后将全年的各项所得进行汇总征税。目前，我国个人所得税已初步建立分类与综合相结合的征收模式，即混合征收制，其在组织财政收入、提高公民纳税意识，尤其在调节个人收入分配差距方面具有重要作用。

二、个人所得税的纳税人

个人所得税的纳税人包括中国公民、个体工商业户、个人独资企业、合伙企业投资者以及在中国有所得的外籍人员（包括无国籍人员，下同）和我国香港、澳门、台湾同胞。上述纳税人依据住所和居住时间两个标准，区分为居民个人和非居民个人，分别承担不同的纳税义务。

（一）居民个人

居民个人承担无限纳税义务。其所取得的应纳税所得，无论是来源于中国境内还是中国境外，都要在中国缴纳个人所得税。

根据《中华人民共和国个人所得税法》（以下简称《个人所得税法》）规定，居民个人是指在中国境内有住所，或者无住所而一个纳税年度在中国境内居住累计满 183 天的个人。在中国境内有住所的个人，是指因户籍、家庭、经济利益关系，而在中国境内习惯性居住的个人。一个纳税年度在境内居住累计满 183 天，是指在一个纳税年度（即公历 1 月 1 日起至 12 月 31 日止，下同）内，在中国境内居住累计满 183 天。

知识链接

这里所说的习惯性居住，是判定纳税义务人属于居民个人还是非居民个人的一个重要依据。它是指个人因学习、工作、探亲等原因消除之后，没有理由在其他地方继续居留时，所要回到的地方，而不是指实际居住地或在某一个特定时期内的居住地。一个纳税人如果后来因学习、工作、探亲、旅游等原因在中国境外居住，但是在这些原因消除之后，必须回到中国境内居住的，则中国为该纳税人的习惯性居住地。尽管该纳税人在一个纳税年度内，甚至连续几个纳税年度，都未在中国境内居住过 1 天，但他仍然是中国的居民个人，应就其来自全球的应纳税所得，向中国缴纳个人所得税。

境内无住所的个人在一个纳税年度内无论出境多少次，只要在我国境内累计住满

183 天，就可判定为我国的居民个人。

个人所得税的居民个人包括以下两类：

(1) 在中国境内定居的中国公民和外国侨民。但不包括虽具有中国国籍，却并没有在大陆定居，而是侨居海外的华侨和居住在港澳台地区的同胞。

(2) 从公历 1 月 1 日起至 12 月 31 日止，在中国境内累计居住满 183 天的外国人、海外侨胞和港澳台地区同胞。例如，一个外籍人员从 2020 年 10 月起到中国境内的公司任职，在 2021 年纳税年度内，虽然该外籍个人曾多次离境回国，但其在我国境内的居住停留时间累计达 206 天，已经超过了一个纳税年度内在境内累计居住满 183 天的标准，因此，该纳税义务人应为居民个人。

(二) 非居民个人

非居民个人是指不符合居民个人判定标准(条件)的纳税义务人。非居民个人承担有限纳税义务，即仅就其来源于中国境内的所得，向中国缴纳个人所得税。我国《个人所得税法》规定，非居民个人是在中国境内无住所又不居住，或者无住所而一个纳税年度内在境内居住累计不满 183 天的个人。也就是说，非居民个人，是指习惯性居住地不在中国境内，而且不在中国居住；或者在一个纳税年度内，在中国境内居住累计不满 183 天的个人。在现实生活中，习惯性居住地不在中国境内的个人，只有外籍人员、华侨或港澳台地区同胞。因此，非居民个人，实际上只能是在一个纳税年度中，没有在中国境内居住，或者在中国境内居住天数累计不满 183 天的外籍人员、华侨或港澳台地区同胞。

自 2019 年 1 月 1 日起，无住所个人一个纳税年度内在中国境内累计居住天数，按照个人在中国境内累计停留的天数计算。在中国境内停留的当天满 24 小时的，计入中国境内居住天数，在中国境内停留的当天不足 24 小时的，不计入中国境内居住天数。

知识链接

所得来源地的确定

除国务院财政、税务主管部门另有规定外，下列所得，不论支付地点是否在中国境内，均为来源于中国境内的所得：

(1) 因任职、受雇、履约等而在中国境内提供劳务取得的所得。

(2) 将财产出租给承租人在中国境内使用而取得的所得。

(3) 转让中国境内的不动产等财产或者在中国境内转让其他财产取得的所得。

(4) 许可各种特许权在中国境内使用而取得的所得。

(5) 从中国境内企业、事业单位、其他组织以及居民个人取得的利息、股息、红利所得。

【知识点过关 7-1 · 多项选择题】 根据个人所得税法律制度的规定，下列各项中，属于个人所得税纳税人的是(　　)。

A. 合伙企业中的自然人合伙人　　B. 一人有限责任公司

C. 个体工商户　　D. 个人独资企业的投资者个人

【答案】 ACD

【答案解析】 一人有限责任公司属于法人企业，应缴纳企业所得税。

三、个人所得税的征税范围

居民个人取得下列第(一)～第(四)项所得(以下称综合所得),按纳税年度合并计算个人所得税;非居民个人取得下列第(一)～第(四)项所得,按月或者按次分项计算个人所得税。纳税人取得下列第(五)～第(九)项所得,分别计算个人所得税。

(一) 工资、薪金所得

工资、薪金所得是指个人因任职或者受雇而取得的工资、薪金、奖金、年终加薪、劳动分红、津贴、补贴以及任职或者受雇有关的其他所得。

一般来说,工资、薪金所得属于非独立个人劳动所得。所谓非独立个人劳动,是指个人所从事的是由他人指定、安排并接受管理的劳动。工作或服务于公司、工厂、行政事业单位的人员(私营企业主除外)均为非独立劳动者。他们从上述单位取得的劳动报酬,是以工资、薪金的形式体现的。

除工资、薪金以外,奖金、年终加薪、劳动分红、津贴、补贴也被确定为工资、薪金范畴。其中,年终加薪、劳动分红不分种类和取得情况,一律按工资、薪金所得课税。奖金是指所有具有工资性质的奖金,免税奖金的范围在税法中另有规定。

以下项目不属于工资、薪金性质的补贴、津贴或者不属于纳税人本人工资、薪金所得项目的收入,不予征税:

(1) 独生子女补贴。

(2) 执行公务员工资制度未纳入基本工资总额的补贴、津贴差额和家属成员的副食品补贴。

(3) 托儿补助费。

(4) 差旅费津贴、误餐补助。误餐补助是指按照财政部规定,个人因公在城区、郊区工作,不能在工作单位或返回就餐的,根据实际误餐顿数,按规定的标准领取的误餐费。

【请注意】

单位以误餐补助名义发给职工的补助、津贴不能包括在内。

公司职工取得的用于购买企业国有股权的劳动分红,按工资、薪金所得计征个人所得税。

出租汽车经营单位对出租车驾驶员采取单车承包或承租方式运营,出租车驾驶员从事客货营运取得的收入,按工资、薪金所得征税。

解除劳动合同的经济补偿金、退休人员再任职、企业(职业)年金、股票期权的行权等,按工资、薪金所得征税。

【知识点过关 7-2·单项选择题】 根据个人所得税法律制度的规定,居民纳税人取得的下列所得中,应按"工资、薪金所得"计缴个人所得税的是(　　)。

A. 国债利息所得

B. 出租闲置住房取得的所得

C. 参加商场有奖销售活动中奖取得的所得

D. 单位全勤奖

【答案】 D

【答案解析】 选项A属于利息、股息、红利所得,享受免税的优惠;选项B属于财产租赁所得;选项C属于偶然所得。

(二) 劳务报酬所得

劳务报酬所得指个人独立从事各种非雇佣的劳务所取得的所得。劳动报酬所得包括设计、装潢、安装、制图、化验、测试、医疗、法律、会计、咨询、讲学、翻译、审稿、书画、雕刻、影视、录音、录像、演出、表演、广告、展览、技术服务、介绍服务、经纪服务、代办服务、其他劳务。

个人兼职取得的收入应按照"劳务报酬所得"缴纳个人所得税。

对非雇员免收差旅费、旅游费的营销业绩奖励,按照"劳务报酬所得"缴纳个人所得税;对雇员免收差旅费、旅游费的营销业绩奖励按照"工资、薪金所得"缴纳个人所得税。

【请注意】

工资、薪金所得与劳务报酬所得两者的区别在于:工资、薪金所得属于非独立个人劳务活动,即在机关、团体、学校、部队、企业、事业单位及其他组织中任职、受雇而得到的报酬;而劳务报酬所得,则是个人独立从事各种技艺、提供各项劳务取得的报酬。

(三) 稿酬所得

稿酬所得是指个人因其作品以图书、报刊形式出版、发表而取得的所得。作品包括文学作品、书画作品、摄影作品,以及其他作品。作者去世后,财产继承人取得的遗作稿酬,也应按"稿酬所得"征收个人所得税。

(四) 特许权使用费所得

特许权使用费所得是指个人提供专利权、商标权、著作权、非专利技术以及其他特许权的使用权取得的所得。提供著作权的使用权取得的所得,不包括稿酬所得。

作者将自己的文字作品手稿原件或复印件拍卖取得的所得,按照"特许权使用费所得"缴纳个人所得税。个人取得专利赔偿所得,应按"特许权使用费所得"缴纳个人所得税。对于剧本作者从电影、电视剧的制作单位取得的剧本使用费,不再区分剧本的使用方是否为其任职单位,统一按"特许权使用费所得"计征个人所得税。

(五) 经营所得

经营所得是指:

(1) 个体工商户从事生产、经营活动取得的所得,个人独资企业投资人、合伙企业的个人合伙人来源于境内注册的个人独资企业、合伙企业生产、经营的所得。

(2) 个人依法从事办学、医疗、咨询以及其他有偿服务活动取得的所得。

(3) 个人对企业、事业单位承包经营、承租经营以及转包、转租取得的所得。

(4) 个人从事其他生产、经营活动取得的所得。个人因从事彩票代销业务而取得的所得,或者从事个体出租车运营的出租车驾驶员取得的收入,都应按照"经营所得"项目计征个人所得税。这里所说的从事个体出租车运营,是指出租车属个人所有,但挂靠出租汽车经营单位或企事业单位,驾驶员向挂靠单位缴纳管理费的,或出租汽车经营单位将出租车所有权转移给驾驶员的。

【请注意】

个体工商户和从事生产、经营的个人，取得与生产、经营活动无关的其他各项应税所得，应分别按照其他应税项目的有关规定，计算征收个人所得税。如取得对外投资取得的股息所得，应按“股息、利息、红利”的规定单独计征个人所得税。个人独资企业、合伙企业的个人投资者以企业资金为本人、家庭成员及其相关人员支付与企业生产经营无关的消费性支出及购买汽车、住房等财产性支出，视为企业对个人投资者的利润分配，并入投资者个人的生产经营所得，依照“经营所得”计征个人所得税。

（六）利息、股息、红利所得

利息、股息、红利所得是指个人拥有债权、股权而取得的利息、股息、红利所得。其中，利息一般是指存款、贷款和债券的利息。个人拥有股权取得的公司、企业分红按照一定的比率派发的每股息金，称为股息。根据公司、企业应分配的超过股息部分的利润，按股派发的红股，称为红利。

【请注意】

(1) 国债和地方政府债券利息、国家发行的金融债券利息、储蓄存款利息属于免税的利息。

(2) 除个人独资企业、合伙企业以外的其他企业的个人投资者，以企业资金为本人、家庭成员及其相关人员支付与企业生产经营无关的消费性支出及购买汽车、住房等财产性支出，视为企业对个人投资者的红利分配，依照“利息、股息、红利所得”计征个人所得税。企业的上述支出不允许在所得税前扣除。

(3) 纳税年度内个人投资者从其投资企业(个人独资企业、合伙企业除外)借款，在该纳税年度终了后既不归还又未用于企业生产经营的，其未归还的借款可视为企业对个人投资者的红利分配，依照“利息、股息、红利所得”计征个人所得税。

（七）财产租赁所得

财产租赁所得是指个人出租不动产、机器设备、车船以及其他财产取得的所得。

个人取得的财产转租收入属于“财产租赁所得”的征税范围，由财产转租人缴纳个人所得税。

（八）财产转让所得

财产转让所得是指个人转让有价证券、股权、合伙企业中的财产份额、不动产、机器设备、车船以及其他财产取得的所得。

个人通过招标、竞拍或其他方式购置债权以后，通过相关司法或行政程序主张债权而取得的所得，按“财产转让所得”征税。

个人通过网络收购玩家的虚拟货币，加价后向他人出售取得的收入，按“财产转让所得”征税。

对个人取得的各项财产转让所得，除股票转让所得外，都要征收个人所得税。具体规定如下。

1. 股票转让所得

根据个人所得税法律制度的规定，对股票转让所得征收个人所得税的办法，由国务院另行规定，并报全国人民代表大会常务委员会备案。为了配合企业改制，促进股票市场的稳健发展，经报国务院批准，从1997年1月1日起，对个人转让上市公司股票取得的所得继续暂免征收个人所得税。

2. 量化资产股份转让

集体所有制企业在改制为股份合作制企业时，对职工个人以股份形式取得的拥有所有权的企业量化资产，暂缓征收个人所得税；待个人将股份转让时，就其转让收入额，减除个人取得该股份时实际支付的费用支出和合理转让费用后的余额，按“财产转让所得”计征个人所得税。

(九) 偶然所得

偶然所得是指个人得奖、中奖、中彩以及其他偶然性质的所得。得奖是指参加各种有奖竞赛活动，取得名次得到的奖金；中奖、中彩是指参加各种有奖活动，如有奖销售、有奖储蓄或者购买彩票，经过规定程序，抽中、摇中号码而取得的奖金。偶然所得应缴纳的个人所得税税款，一律由发奖单位或机构代扣代缴。

个人取得的所得，难以界定应纳税所得项目的，由国务院税务主管部门确定。

【知识点过关7-3·单项选择题】 根据个人所得税法律制度的规定，在中国境内有住所的居民取得的下列所得中，属于综合所得的是(　　)。

A. 经营所得　B. 劳务报酬所得　C. 利息、股息、红利所得　D. 财产租赁所得

【答案】 B

【答案解析】 综合所得包括工资薪金所得、劳务报酬所得、稿酬所得和特许权使用费所得。

四、个人所得税的税率

(一) 综合所得适用的税率

居民个人每一纳税年度内取得的综合所得包括工资、薪金所得，劳务报酬所得，稿酬所得，特许权使用费所得。

综合所得适用3%～45%的七级超额累进税率。具体税率见表7-1。

表7-1　综合所得个人所得税税率表

级数	全年应纳税所得额	税率	速算扣除数
1	不超过36 000元的	3%	0
2	超过36 000元至144 000元的部分	10%	2 520
3	超过144 000元至300 000元的部分	20%	16 920
4	超过300 000元至420 000元的部分	25%	31 920
5	超过420 000元至660 000元的部分	30%	52 920
6	超过660 000元至960 000元的部分	35%	85 920
7	超过960 000元的部分	45%	181 920

(二) 经营所得适用税率

经营所得适用5%～35%的五级超额累进税率，具体税率见表7-2。

表 7-2 经营所得个人所得税税率表

级数	全年应纳税所得额	税率	速算扣除数
1	不超过 30 000 元的	5%	0
2	超过 30 000 元至 90 000 元的部分	10%	1 500
3	超过 90 000 元至 300 000 元的部分	20%	10 500
4	超过 300 000 元至 500 000 元的部分	30%	40 500
5	超过 500 000 元的部分	35%	65 500

(三) 其他所得适用税率

利息、股息、红利所得，财产租赁所得，财产转让所得和偶然所得适用比例税率，税率为 20%。自 2001 年 1 月 1 日起，对个人出租住房取得的所得暂减按 10%的税率征收个人所得税。

五、个人所得税的税收优惠

(一) 免征项目

(1) 省级人民政府、国务院部委和中国人民解放军军以上单位，以及外国组织颁发的科学、教育、技术、文化、卫生、体育、环境保护等方面的奖金。

(2) 国债、地方政府债券利息和国家发行的金融债券利息。

(3) 按国家统一规定发放的补贴、津贴。

(4) 福利费、抚恤金、救济金。

(5) 保险赔款。

(6) 军人的转业费、复员费。

(7) 按照国家统一规定发给干部、职工的安家费、退职费、基本养老金或者退休费、离休费、离休生活补助费。

(8) 依照我国有关法律规定应予免税的各国驻华使馆、领事馆的外交代表、领事官员和其他人员的所得。

(9) 中国政府参加的国际公约以及签订的协议中规定免税的所得。

(10) 对乡、镇(含乡、镇)以上人民政府或经县(含县)以上人民政府主管部门批准成立的有机构、有章程的见义勇为基金或者类似性质组织，奖励见义勇为者的奖金或奖品，经主管税务机关核准，免征个人所得税。

(11) 企业和个人按照省级以上人民政府规定的比例提取并缴付的住房公积金、医疗保险金、基本养老保险金、失业保险金，允许在个人应纳税所得额中扣除，免予征收个人所得税。超过规定的比例缴付的部分应并入个人当期的工资、薪金收入，计征个人所得税。

个人领取原提存的住房公积金、医疗保险金、基本养老保险金时，免税。

(12) 教育储蓄存款利息免税。

(13) 生育妇女按照县级以上人民政府根据国家有关规定制定的生育保险办法，取得的生育津贴、生育医疗费或其他属于生育保险性质的津贴、补贴，免征个人所得税。

(14) 对工伤职工及其近亲属按照《工伤保险条例》规定取得的工伤保险待遇，免征个人所得税。

(15) 外籍个人以非现金形式或实报实销形式取得的住房补贴、伙食补贴、搬迁费、洗衣费(现金补贴不免);外籍个人按合理标准取得的境内外出差补贴;外籍个人取得的探亲费、语言训练费、子女教育费等,经当地税务机关审核批准为合理的部分;外籍个人从外商投资企业取得的股息、红利所得。

自2022年1月1日起,外籍个人不再享受住房补贴、语言训练费、子女教育费津补贴免税优惠政策,应按规定享受专项附加扣除。

(16) 个人举报、协查违法、犯罪行为而获得的奖金。

(17) 个人办理代扣代缴税款的手续费。

(18) 个人转让自用达5年以上,并且是唯一的家庭居住用房取得的所得。

(19) 延长离、退休期间的工资薪金视同离退休工资免征个人所得税。

(20) 外籍个人从外商投资企业取得的股息、红利所得。

(21) 符合条件的外籍专家取得的工资、薪金所得可免征个人所得税。

(22) 按规定标准取得的拆迁补偿款,免征个人所得税。

(23) 个人取得的下列中奖所得,暂免征收个人所得税:

① 单张有奖发票奖金所得不超过800元(含800元)的,暂免征收个人所得税;个人取得单张有奖发票奖金所得超过800元的,应全额按照税法规定的"偶然所得"项目征收个人所得税。

② 购买社会福利有奖募捐奖券、体育彩票一次中奖收入不超过10 000元的暂免征收个人所得税;对一次中奖收入超过10 000元的,应按税法规定全额征税。

(24) 自2020年1月1日起:

① 对参加疫情防治工作的医务人员和防疫工作者按照政府规定标准取得的临时性工作补助和奖金,免征个人所得税。政府规定标准包括各级政府规定的补助和奖金标准。

对省级及省级以上人民政府规定的对参与疫情防控人员的临时性工作补助和奖金,比照执行。

② 单位发给个人用于预防新型冠状病毒感染的肺炎的药品、医疗用品和防护用品等实物(不包括现金),不计入工资、薪金收入,免征个人所得税。

(25) 个人从公开发行和转让市场取得的上市公司股票,持股期限超过1年的,股息、红利所得暂免征收个人所得税。个人从公开发行和转让市场取得的上市公司股票,持股期限在1个月以内(含1个月)的,其股息、红利所得全额计入应纳税所得额;持股期限在1个月以上至1年(含1年)的,股息、红利所得暂减按50%计入应纳税所得额。

【知识点过关7-4·单项选择题】 根据个人所得税法律制度的规定,下列各项中,应缴纳个人所得税的是(　　)。

A. 公务员王某取得的国债利息

B. 退役士兵张某取得的退役金

C. 退休职工林某取得的按国家统一规定发放的基本养老金

D. 教师李某获得的县人民政府为其颁发的优秀教师奖金

【答案】 D

【答案解析】 选项D省级人民政府、国务院部委和中国人民解放军军以上单位,以及外国组织、国际组织颁发的科学、教育、技术、文化、卫生、体育、环境保护等方面的奖金,免征个人所得税。

(二) 减征项目

有下列情形之一的,可以减征个人所得税,具体幅度和期限,由省、自治区、直辖市人民政府规定，并报同级人民代表大会常务委员会备案。

（1）残疾、孤老人员和烈属的所得。

（2）因严重自然灾害造成重大损失的。

（3）其他经国务院财政部门批准减税的。

学习子情境二　计算个人所得税

情境引例

我国居民个人李新华为A公司高级工程师，2021年每月取得税前工资薪金收入30 000元，每月负担“三险一金”6 000元，李新华有一个孩子正在上初中，作为独生子女需要赡养60多岁的父母，每月支付首套住房贷款利息。5月为境内B公司提供技术服务，取得税前劳务报酬30 000元，8月出版设计图书一本，取得M出版社支付的税前稿酬收入10 000元。10月将一项专利提供给C公司使用，取得C公司税前特许权使用费收入5 000元。

根据以上信息，李新华应如何预缴个人所得税？年终应如何进行汇算清缴？

一、计算综合所得应纳个人所得税

我国《个人所得税法》规定，对纳税义务人的征税方法有三种：一是按年计征，如经营所得，居民个人取得的综合所得；二是按月计征，如非居民个人取得的工资、薪金所得；三是按次计征，如利息、股息、红利所得，财产租赁所得，偶然所得，非居民个人取得的劳务报酬所得，稿酬所得，特许权使用费所得六项所得。

居民个人取得的工资、薪金所得，劳务报酬所得，稿酬所得和特许权使用费所得按纳税年度合并计算个人所得税，有扣缴义务人的，由扣缴义务人按月或按次预扣预缴税款，需要办理汇算清缴的，在取得所得的次年规定时间内办理汇算清缴；非居民个人取得的这四项所得按月或者按次分项计算个人所得税。

（一）计算居民个人综合所得应纳个人所得税

居民个人综合所得应纳个人所得税的计算公式为：

应纳个人所得税＝应纳税所得额×适用税率－速算扣除数

1. 居民个人综合所得应纳税所得额的确定

居民个人的综合所得，以每一纳税年度的收入额减除费用6万元以及专项扣除、专项附加扣除和依法确定的其他扣除后的余额，为应纳税所得额。非居民个人的工资、薪金所得，以每月收入额减除费用5 000元后的余额为应纳税所得额；劳务报酬所得、稿酬所得、特许权使用费所得，以每次收入额为应纳税所得额。

（1）收入额的确定。

① 工资、薪金所得以全额计入收入额。

② 劳务报酬所得、特许权使用费所得以减除 20%的费用后的余额为收入额。

$$劳务报酬所得、特许权使用费所得收入额=\frac{劳动报酬、特许权}{使用费所得}\times(1-20\%)$$

③ 稿酬所得以减除 20%的费用后的余额为收入额，并减按 70%计算。

$$稿酬所得收入额=稿酬所得\times(1-20\%)\times 70\%$$

(2) 专项扣除。专项扣除包括居民个人按照国家规定的范围和标准缴纳的基本养老保险、基本医疗保险、失业保险等社会保险费和住房公积金等(即“三险一金”)。

(3) 专项附加扣除。专项附加扣除包括子女教育、继续教育、大病医疗、住房贷款利息或者住房租金、赡养老人等支出。

① 子女教育专项附加扣除，见表 7-3。

表 7-3　子女教育专项附加扣除

<table>
<tr><td>要点</td><td colspan="3">具体内容</td></tr>
<tr><td rowspan="5">准予扣除的子女教育类型</td><td colspan="2">学前教育</td><td>年满 3 岁至小学入学前教育</td></tr>
<tr><td rowspan="3">全日制学历教育</td><td>义务教育</td><td>小学和初中教育</td></tr>
<tr><td>高中阶段教育</td><td>普通高中、中等职业教育、技工教育</td></tr>
<tr><td>高等教育</td><td>大学专科、本科；硕士、博士研究生</td></tr>
<tr><td colspan="2">境外接受教育</td><td>保留录取通知书、留学签证等资料备查</td></tr>
<tr><td>扣除标准</td><td colspan="3">每个子女每月 1 000 元</td></tr>
<tr><td rowspan="2">起止时间</td><td>学前教育</td><td colspan="2">年满 3 岁当月至小学入学前一月</td></tr>
<tr><td>全日制学历教育</td><td colspan="2">入学当月至教育结束当月</td></tr>
<tr><td>扣除方式
(具体扣除方式在一个纳税年度内不得变更)</td><td colspan="3">a. 父母分别按扣除标准的 50%扣除
b. 经父母约定，也可以由其中一方按扣除标准的 100%扣除
具体扣除方式在一个纳税年度内不得变更</td></tr>
<tr><td colspan="4">自 2022 年 1 月 1 日起，纳税人照护 3 岁以下婴幼儿子女的相关支出，在计算缴纳个人所得税前按照每名婴幼儿每月 1 000 元的标准定额扣除。具体扣除方式上，可选择由夫妻一方按扣除标准的 100%扣除，也可选择由夫妻双方分别按扣除标准的 50%扣除。监护人不是父母的，也可以按上述政策规定扣除</td></tr>
</table>

② 继续教育专项附加扣除，见表 7-4。

表 7-4　继续教育专项附加扣除

<table>
<tr><td>要点</td><td colspan="2">具体内容</td></tr>
<tr><td rowspan="3">扣除标准</td><td>学历教育</td><td>每月 400 元</td></tr>
<tr><td rowspan="2">职业教育</td><td>包括技能人员职业教育和专业技术人员职业教育</td></tr>
<tr><td>按照 3 600 元定额扣除</td></tr>
</table>

（续表）

要点	具体内容	
起止时间	学历教育	入学当月至教育结束当月，同一学历（学位）继续教育的扣除期限不能超过 48 个月
	职业教育	取得相关证书的年度（保留职业证书备查）
扣除方式（二选一）	a. 本科及以下学历（学位）教育，可以由其父母按照子女教育支出扣除 b. 可以由本人按照继续教育支出扣除	

③ 大病医疗专项附加扣除，见表 7-5。

表 7-5　大病医疗专项附加扣除

要点	具体内容
扣除标准	纳税人发生的与基本医保相关的医药费用支出，扣除医保报销后个人负担（指医保目录范围内的“自付部分”）累计超过 15 000 元的部分，按照每年 8 万元标准限额据实扣除
扣除方式	a. 纳税人发生的医药费用支出可以选择由本人或者其配偶扣除 b. 未成年子女发生的医药费用支出可以选择由其父母一方扣除

④ 住房贷款利息专项附加扣除，见表 7-6。

表 7-6　住房贷款利息专项附加扣除

要点	具体内容
扣除标准	纳税人本人或配偶单独或共同使用商业银行或住房公积金个人住房贷款为本人或其配偶购买中国境内住房，发生的首套住房贷款利息支出 偿还贷款期间，每月 1 000 元定额扣除，纳税人只能享受一次首套住房贷款的利息扣除，扣除期限最长不超过 240 个月 纳税人只能享受一套首套住房贷款利息扣除。
扣除方式	经夫妻双方约定，可以选择由其中一方扣除（一个纳税年度内不得变更） 留存住房贷款合同、贷款还款支出凭证备查
特殊规定	夫妻双方婚前分别购买住房发生的首套住房贷款，其贷款利息支出，婚后可以选择其中一套购买的住房，由购买方按扣除标准的 100%扣除，也可以由夫妻双方对各自购买的住房分别按扣除标准的 50%扣除

⑤ 住房租金专项附加扣除，见表 7-7。

表 7-7　住房租金专项附加扣除

要点	具体内容	
准予扣除的住房租金扣除标准	纳税人及其配偶在纳税人的主要工作城市没有住房，而在主要工作城市租赁住房发生的租金支出	
	直辖市、省会城市、计划单列市以及国务院确定的其他城市	每月 1 500 元
	市辖区户籍人口超过 100 万的其他城市	每月 1 100 元
	市辖区户籍人口不超过 100 万（含）的其他城市	每月 800 元
起止时间	租赁开始当月至结束当月（或实际提前终止月份）	

（续表）

要点	具体内容
注意事项	1. 纳税人的配偶在纳税人的主要工作城市有自有住房的，视同纳税人在主要工作城市有自有住房 2. 夫妻双方主要工作城市相同的，只能由一方（签订租赁住房合同的承租人）扣除住房租金支出 3. 纳税人及其配偶不得同时分别享受住房贷款利息和住房租金专项附加扣除（异地购房，工作城市租房的，可选择享受相应扣除）

⑥ 赡养老人专项附加扣除，见表 7-8。

表 7-8　赡养老人专项附加扣除

<table>
<tr><th>要点</th><th colspan="3">具体内容</th></tr>
<tr><td rowspan="6">赡养老人扣除标准</td><td colspan="3">赡养年满 60 周岁的父母（生父母、继父母、养父母），以及子女均已去世的年满 60 周岁的祖父母、外祖父母</td></tr>
<tr><td>独生子女</td><td colspan="2">每月 2 000 元</td></tr>
<tr><td rowspan="4">非独生子女</td><td>分摊方式</td><td>平均分摊、赡养人约定分摊、被赡养人指定分摊</td></tr>
<tr><td>分摊金额</td><td>每一纳税人分摊的扣除额最高不得超过每月 1 000 元</td></tr>
<tr><td>优先级</td><td>指定分摊优先于约定分摊，两者不一致时，以指定分摊为准</td></tr>
<tr><td colspan="2">具体分摊方式在一个纳税年度内不得变更（留存分摊协议备查）</td></tr>
<tr><td>起止时间</td><td colspan="3">被赡养人年满 60 周岁的当月至赡养义务终止的年末</td></tr>
</table>

（4）其他扣除。依法规定的其他扣除包括个人缴付符合国家规定的企业年金、职业年金，个人购买符合国家规定的商业健康保险、税收递延型商业养老保险的支出，以及国务院规定的可以扣除的其他项目。对个人购买符合规定的商业健康保险产品的支出，允许在当年（月）计算应纳税所得额时予以税前扣除，扣除限额为 2 400 元/年（200 元/月），单位统一为员工购买符合规定的商业健康保险产品的支出，应分别计入员工个人工资、薪金，视同个人购买，按上述限额予以扣除。

【请注意】

专项扣除、专项附加扣除和依法确定的其他扣除，以居民个人一个纳税年度的应纳税所得额为限额。一个纳税年度扣除不完的，不结转以后年度扣除。

【知识点过关 7-5・多项选择题】 根据个人所得税法律制度的规定，下列各项中，属于专项附加扣除的有（　　）。

A. 继续教育　　B. 社会保险费　　C. 赡养老人　　D. 子女教育

【答案】 ACD

【答案解析】 选项 B，社会保险费属于专项扣除。

2. 居民个人综合所得分月或分次预扣预缴税款的计算

1）工资、薪金所得预扣预缴

扣缴义务人向居民个人支付工资、薪金所得时，应当按照累计预扣法计算预扣税款，并按月办理全员全额扣缴申报。累计预扣法是指扣缴义务人在1个纳税年度内预扣预缴税款时，以纳税人在本单位截至当前月份工资、薪金所得累计收入减除累计免税收入、累计减除费用、累计专项扣除、累计专项附加扣除和累计依法确定的其他扣除后的余额为累计预扣预缴应纳税所得额，计算累计应预扣预缴税额，再减除累计减免税额和累计已预扣预缴税额，其余额为本期应预扣预缴税额的计算方法。余额为负值时，暂不退税。纳税年度终了后余额仍为负值时，由纳税人通过办理综合所得年度汇算清缴，税款多退少补。具体公式如下：

本期应预扣预缴税额＝(累计预扣预缴应纳税所得额×预扣率－速算扣除数)－累计减免税额－累计已预扣预缴税额

累计预扣预缴应纳税所得额＝累计收入－累计免税收入－累计减除费用－累计专项扣除－累计专项附加扣除－累计依法确定的其他扣除

其中，累计减除费用＝5 000元×纳税人当年截至本月在本单位的任职受雇月份数

上述公式中，计算居民个人工资、薪金所得预扣预缴税额的预扣率、速算扣除数，按个人所得税预扣率表一(表7-9)执行。

表7-9　个人所得税预扣率表一

(居民个人工资、薪金所得预扣预缴适用)

级数	累计预扣预缴应纳税所得额	预扣率	速算扣除数
1	不超过36 000元的部分	3%	0
2	超过36 000元至144 000元的部分	10%	2 520
3	超过144 000元至300 000元的部分	20%	16 920
4	超过300 000元至420 000元的部分	25%	31 920
5	超过420 000元至660 000元的部分	30%	52 920
6	超过660 000元至960 000元的部分	35%	85 920
7	超过960 000元的部分	45%	181 920

【职业训练7-1】　上海某公司职员赵某，2021年1月取得工资、薪金收入30 000元，个人缴纳的三险一金合计为4 500元，赵某为独生子，父母现年62岁，育有一子在读初中，名下无房，现租房居住，计算赵某2021年1月至3月公司应预扣预缴的个人所得税。

2021年1月公司应预扣预缴的个人所得税计算过程如下：

①“生计费”扣除＝5 000(元)。

② 专项扣除(三险一金)＝4 500(元)。

③ 专项附加扣除＝1 000(子女教育)＋1 500(住房租金)＋2 000(赡养老人)＝4 500(元)。

④ 扣除项合计＝5 000＋4 500＋4 500＝14 000(元)。

⑤ 应纳税所得额＝30 000－14 000＝16 000(元)。

⑥ 应纳税所得额不超过36 000元，适用税率为3%。

⑦ 应预扣预缴税额＝16 000×3%＝480(元)。

2021年2月公司应预扣预缴的个人所得税：

①“生计费”扣除＝5 000×2＝10 000(元)。

② 专项扣除(三险一金)＝4 500×2＝9 000(元)。

③ 专项附加扣除＝(1 000＋1 500＋2 000)×2＝9 000(元)。

④ 扣除项合计＝10 000＋9 000＋9 000＝28 000(元)。

⑤ 应纳税所得额＝30 000×2－28 000＝32 000(元)。

⑥ 应纳税所得额不超过 36 000 元,适用税率为 3%。

⑦ 应预扣预缴税额＝32 000×3%－480(1 月已预扣预缴税款)＝480(元)。

2021 年 3 月公司应预扣预缴的个人所得税税额:

应纳税所得额＝30 000×3－5 000×3－4 500×3－(1 000＋1 500＋2 000)×3
＝48 000(元)

应纳税所得额在 36 000 元至 144 000 元之间,适用税率为 10%,速算扣除数为 2 520。

应预扣预缴税额＝48 000×10%－2 520－480(1 月已预扣预缴税款)－480(2 月已预扣预缴税款)
＝1 320(元)

【请注意】

雇员取得除全年一次性奖金以外的其他各种名目奖金,如半年奖、季度奖、加班奖、先进奖、考勤奖等,一律与当月工资、薪金收入合并,按综合所得缴纳个人所得税。

自 2022 年 1 月 1 日起,居民个人取得全年一次性奖金,需并入当年综合所得计算缴纳个人所得税。

2) 劳务报酬所得、稿酬所得、特许权使用费所得预扣预缴

扣缴义务人向居民个人支付劳务报酬所得、稿酬所得、特许权使用费所得,按次或者按月预扣预缴个人所得税。劳务报酬所得、稿酬所得、特许权使用费所得,属于一次性收入的,以取得该项收入为 1 次;属于同一项目连续性收入的,以 1 个月内取得的收入为 1 次。具体预扣预缴方法如下:

应纳税所得额采用定额和定率相结合的扣除方式:

① 每次收入额≤4 000 元的:

应纳税所得额＝每次收入额－800

② 每次收入额>4 000 元的:

预扣预缴应纳税所得额＝每次收入额×(1－20%)(稿酬所得减按 70% 计算)

劳务报酬所得适用 20%～40%的超额累进预扣率,见表 7-10,稿酬所得、特许权使用费所得适用 20%的比例预扣率。

表 7-10 个人所得税预扣率表二

级数	全月(或次)应纳税所得额	预扣率	速算扣除数
1	不超过 20 000 元的	20%	0
2	超过 20 000 元至 50 000 元的部分	30%	2 000
3	超过 50 000 元的部分	40%	7 000

劳务报酬所得应预扣预缴税额＝预扣预缴应纳税所得额×预扣率－速算扣除数

稿酬所得、特许权使用费所得应预扣预缴税额＝预扣预缴应纳税所得额×20%

【职业训练7-2】 我国居民李某2021年5月取得设计费3 000元;8月取得设计费20 000元;10月取得设计费80 000元,请计算每次所得应预扣预缴的个人所得税。

李某取得设计费属于劳务报酬所得,支付单位计算应预扣预缴个人所得税如下:

2021年5月取得收入3 000元,小于4 000元,因此,费用扣除为800元,

应纳税所得额＝3 000－800＝2 200(元),适用预扣率20%。

应预扣预缴税额＝2 200×20%＝440(元)

2021年8月取得收入20 000元,大于4 000元,因此,费用扣除为20%。

应纳税所得额＝20 000×(1－20%)＝16 000(元),适用预扣率为20%。

应预扣预缴税额＝16 000×20%＝3 200(元)

2021年8月取得收入100 000元,大于4 000元,因此,费用扣除为20%。

应纳税所得额＝100 000×(1－20%)＝80 000(元),适用预扣率为40%,速算扣除数为7 000,

应预扣预缴税额＝80 000×40%－7 000＝25 000(元)

【职业训练7-3】 2021年6月,我国居民张某出版一部小说,取得稿酬20 000元。请计算出版社应预扣预缴张某当月稿酬所得个人所得税。

张某取得稿酬20 000元,大于4 000元,因此,费用扣除为20%,

应纳税所得额＝20 000×(1－20%)×70%＝11 200(元)

应预扣预缴税额＝11 200×20%＝2 240(元)

【职业训练7-4】 2021年7月,我国居民吴某转让一项专利权,取得转让收入35 000元,专利开发支出10 000元。计算这笔所得当月应预扣预缴个人所得税。

专利开发支出不得扣除,特许权使用费所得按每次收入额计算应纳税所得额。吴某取得转让收入35 000元,大于4 000元,因此,费用扣除为20%。

应纳税所得额＝35 000×(1－20%)＝28 000(元)

应预扣预缴税额＝28 000×20%＝5 600(元)

【职业训练7-5】 在本节情境引例中,李新华所在A公司是如何预扣预缴工资、薪金个人所得税的呢?

每月负担“三险一金”属于专项扣除,此外还有子女教育、赡养老人、住房贷款利息三项专项附加扣除。2021年A公司工资、薪金应预扣预缴的李新华个人所得税计算过程如表7-11所示。

表7-11　工资、薪金应预扣预缴税额

基本信息(单位:元)			
月工资	30 000	子女教育专项附加扣除	1 000
生计费	5 000	赡养老人专项附加扣除	2 000
专项扣除(三险一金)	6 000	住房贷款利息专项附加扣除	1 000

（续表）

月份	当月应预扣个人所得税	累计预扣
1月	[30 000－5 000－6 000－(1 000＋2 000＋1 000)]×3%＝450	450
2月	[30 000×2－5 000×2－6 000×2－(1 000＋2 000＋1 000)×2]×3%－450＝450	900
3月	[30 000×3－5 000×3－6 000×3－(1 000＋2 000＋1 000)×3]×10%－2 520－900＝1 080	1 980
4月	[30 000×4－5 000×4－6 000×4－(1 000＋2 000＋1 000)×4]×10%－2 520－1 980＝1 500	3 480
5月	[30 000×5－5 000×5－6 000×5－(1 000＋2 000＋1 000)×5]×10%－2 520－3 480＝1 500	4 980
6月	[30 000×6－5 000×6－6 000×6－(1 000＋2 000＋1 000)×6]×10%－2 520－4 980＝1 500	6 480
7月	[30 000×7－5 000×7－6 000×7－(1 000＋2 000＋1 000)×7]×10%－2 520－6 480＝1 500	7 980
8月	[30 000×8－5 000×8－6 000×8－(1 000＋2 000＋1 000)×8]×10%－2 520－7 980＝1 500	9 480
9月	[30 000×9－5 000×9－6 000×9－(1 000＋2 000＋1 000)×9]×10%－2 520－9 480＝1 500	10 980
10月	[30 000×10－5 000×10－6 000×10－(1 000＋2 000＋1 000)×10]×20%－16 920－10 980＝2 100	13 080
11月	[30 000×11－5 000×11－6 000×11－(1 000＋2 000＋1 000)×11]×20%－16 920－13 080＝3 000	16 080
12月	[30 000×12－5 000×12－6 000×12－(1 000＋2 000＋1 000)×12]×20%－16 920－16 080＝3 000	19 080

5月为境内B公司提供技术服务，取得税前劳务报酬30 000元，B公司应预扣预缴劳务报酬个人所得税计算如下：

取得劳务报酬30 000元，大于4 000元，因此，费用扣除为20%。

劳务报酬应纳税所得额＝30 000×(1－20%)＝24 000(元)，适用预扣率为30%，速算扣除数2 000。

劳务报酬应预扣预缴税额＝24 000×30%－2 000＝5 200(元)

8月出版设计图书一本，取得M出版社支付的税前稿酬收入10 000元。M出版社应预扣预缴稿酬个人所得税计算如下：

取得稿酬收入 10 000 元，大于 4 000 元，因此，费用扣除为 20%。

稿酬应纳税所得额=10 000×(1−20%)×70%=5 600(元)，适用预扣率为 20%。

稿酬应预扣预缴税额=5 600×20%=1 120(元)

10 月将一项专利提供给 C 公司使用，取得 C 公司税前特许权使用费收入 5 000 元。C 公司应预扣预缴特许权使用费所得个人所得税计算如下：

取得特许权使用费收入 5 000 元，大于 4 000 元，因此，费用扣除为 20%。

特许权使用费所得应纳税所得额=5 000×(1−20%)=4 000(元)，适用预扣率为 20%。

特许权使用费所得应预扣预缴税额=4000×20%=800(元)。

3. 居民个人综合所得应纳税额的汇算清缴

居民个人的综合所得，按"年"计征，分月或分次预缴，年终汇算清缴。

居民个人只取得一处工资薪金所得的纳税人，可在日常预缴环节缴纳全部税款的，不需办理汇算清缴。居民个人取得综合所得，有下列情形之一的，需要在取得所得的次年 3 月 1 日至 6 月 30 日内办理汇算清缴：

(1) 在两处或者两处以上取得综合所得，且综合所得年收入额减去专项扣除的余额超过 60 000 元的。

(2) 取得劳务报酬所得、稿酬所得、特许权使用费所得中一项或者多项所得，且综合所得年收入额减去专项扣除的余额超过 60 000 元的。

(3) 纳税年度内预缴税额低于应纳税额的。

纳税人需要退税的，应当办理汇算清缴，申报退税。申报退税应当提供本人在中国境内开设的银行账户。

其计算公式如下：

全年应纳税所得额=(全年税前工资薪金总额+全年劳务报酬所得额+全年稿酬所得额+全年特许权使用费所得额)−费用扣除标准(60 000 元)−全年专项扣除−全年专项附加扣除−全年依法确定的其他扣除

全年应纳税额=∑(各级距应纳税所得额×该级距的适用税率)

或：　全年应纳税额=应纳税所得额×适用税率−速算扣除数

汇算清缴补缴(应退)税额=全年应纳税额−累计已纳税额

【职业训练 7-6】 沿用本节情境引例中资料，我国居民个人李新华年末汇算清缴是否需要补税？

居民李新华需要在取得所得的次年 3 月 1 日至 6 月 30 日内办理汇算清缴。

全年应纳税所得额=30 000×12+30 000×(1−20%)+10 000×(1−20%)×70%+5 000×(1−20%)−5 000×12−6 000×12−(1 000+2 000+1 000)×12
=360 000+24 000+5 600+4 000−60 000−72 000−48 000
=213 600(元)

适用税率 20%，速算扣除数为 16 920。

全年应纳税额=213 600×20%−16 920=25 800(元)

汇算清缴补缴(应退)税额＝全年应纳税额－累计已纳税额＝25 800－19 080－
5 200－1 120－800＝－400(元)

李新华申报退税400元(申报退税应当提供本人在中国境内开设的银行账户)。

(二) 计算非居民个人工资、薪金所得,劳务报酬所得,稿酬所得和特许权使用费应纳个人所得税

非居民个人取得的工资、薪金所得,劳务报酬所得,稿酬所得和特许权使用费所得,有扣缴义务人的,由扣缴义务人按月或按次代扣代缴税款,不办理汇算清缴。

1. 计税方法

非居民个人取得的工资、薪金所得,按月计征。

劳务报酬所得,稿酬所得和特许权使用费所得,按次计征。属于一次性收入的,以取得该项收入为一次;属于同一项目"连续性"收入的,以1个月内取得的收入为一次。

知识链接

稿酬所得

以每次出版、发表取得的收入为一次,不论出版单位是预付还是分笔支付稿酬,或者加印该作品后再付稿酬,均应合并其稿酬所得按一次计征个人所得税。

(1) 同一作品再版取得的所得,应视作另一次稿酬所得计征个人所得税。

(2) 同一作品先在报刊上连载,再出版,或先出版,再在报刊上连载的,应视为两次稿酬所得征税。即连载作为一次,出版作为另一次。

(3) 同一作品在报刊上连载取得收入的,以连载完成后取得的所有收入合并为一次,计征个人所得税。

(4) 同一作品在出版和发表时,以预付稿酬或分次支付稿酬等形式取得的稿酬收入,应合并计算为一次。

(5) 同一作品出版、发表后,因添加印数而追加稿酬的,应与以前出版、发表时取得的稿酬合并计算为一次,计征个人所得税。

(6) 在两处或两处以上出版、发表或再版同一作品而取得稿酬所得,则可分别就各处取得的所得或再版所得按分次所得计征个人所得税。

(7) 作者去世后,对取得其遗作稿酬的个人,按"稿酬所得"征收个人所得税。

2. 应纳税所得额和税率

(1) 确定应纳税所得额。

工资、薪金所得应纳税所得额＝每月收入额－5 000
劳务报酬所得、特许权使用费所得应纳税所得额＝每次收入×(1－20%)
稿酬所得应纳税所得额＝每次收入×(1－20%)×70%

(2) 计算应纳税额。非居民个人取得工资、薪金所得,劳务报酬所得,稿酬所得和特许权使用费所得税率,依照表7-1按月换算,如表7-12所示。

表 7-12 个人所得税税率表

（非居民个人工资、薪金所得，劳务报酬所得，稿酬所得和特许权使用费所得适用）

级数	全月（或次）应纳税所得额	税率	速算扣除数
1	不超过 3 000 元的	3%	0
2	超过 3 000 元至 12 000 元的部分	10%	210
3	超过 12 000 元至 25 000 元的部分	20%	1 410
4	超过 25 000 元至 35 000 元的部分	25%	2 660
5	超过 35 000 元至 55 000 元的部分	30%	4 410
6	超过 55 000 元至 80 000 元的部分	35%	7 160
7	超过 80 000 元的部分	45%	15 160

【职业训练 7-7】 2021 年 3 月，非居民个人彼得王从 Y 公司取得工资 7 000 元、加班费 1 000 元、奖金 2 100 元。已知工资、薪金所得减除费用标准为每月 5 000 元，请计算彼得王当月工资、薪金所得应缴纳个人所得税。

当月工资、薪金所得应纳税所得额＝7 000＋1 000＋2 100－5 000＝5 100（元）

适用税率 10%，速算扣除数为 210。

应纳税额＝5 100×10%－210＝300（元）

【职业训练 7-8】 2021 年 4 月，非居民个人彼得王为吴某的女儿提供 1 个月的钢琴培训，分两次取得劳务报酬，每次 2 500 元，共计 5 000 元。请计算彼得王当月钢琴培训劳务报酬应缴纳个人所得税。

钢琴培训劳务报酬属于同一事项连续取得收入，以 1 个月内取得的收入为一次，分次支付应当合并计税。

当月钢琴培训劳务报酬应纳税所得额＝5 000×（1－20%）＝4 000（元）

适用税率 10%，速算扣除数为 210。

应纳税额＝4 000×10%－210＝190（元）

【职业训练 7-9】 2021 年 5 月，非居民个人彼得王出版一本漫画书，取得稿酬 30 000 元。请计算彼得王当月稿酬所得应缴纳个人所得税。

当月稿酬所得应纳税所得额＝30 000×（1－20%）×70%＝16 800（元）

适用税率 20%，速算扣除数为 1 410。

应纳税额＝16 800×20%－1 410＝1 950（元）

【职业训练 7-10】 2021 年 6 月，非居民个人彼得王转让一项商标权，取得转让收入 200 000 元，专利开发支出 10 000 元。请计算彼得王当月该笔收入应缴纳个人所得税。

特许权使用费所得按次计算缴纳个人所得税。以收入减除 20%的费用后的余额为应纳税所得额，不得扣除开发支出。

当月特许权使用费应纳税所得额＝200 000×（1－20%）＝160 000（元）

适用税率 45%，速算扣除数为 15 160。

应纳税额＝160 000×45%－15 160＝56 840（元）

二、计算经营所得应纳个人所得税

(一) 确定应纳税所得额

经营所得以每一纳税年度的收入总额,减除成本、费用、税金、损失、其他支出以及允许弥补的以前年度亏损后的余额,为应纳税所得额。所称成本、费用,是指生产、经营活动中发生的各项直接支出和分配计入成本的间接费用以及销售费用、管理费用、财务费用;所称损失是指生产、经营活动中发生的固定资产和存货的盘亏、毁损、报废损失,转让财产损失,坏账损失,自然灾害等不可抗力因素造成的损失以及其他损失。

经营所得扣除项目的规定与企业所得税扣除项目的标准基本相同,但存在不同之处,因此,在计算应纳税所得额时应注意以下几个方面,如表 7-13 所示。

表 7-13 经营所得扣除项目要点

扣除项目	税前扣除规定	
工资	职工(从业人员)	合理的据实扣除
	业主本人	(1) 实发工资不得扣除 (2) 如果业主无综合所得,可以扣除的项目为:60 000 元+专项扣除+专项附加扣除+其他扣除 (专项附加扣除在办理汇算清缴时减除)
生产经营费用和个人、家庭费用	划分清晰	可据实扣除
	混用,难以分清的费用	40%的费用视为与生产经营有关的费用,准予扣除
三项经费(工会经费、职工福利费、职工教育经费)	职工(从业人员)	以实发工资薪金总额为计算依据
	业主本人	以当地上年度社会平均工资 3 倍为计算依据
	扣除比例	工会经费 2%,职工福利费 14%,职工教育经费 2.5%
补充养老保险 补充医疗保险	职工(从业人员)	分别不超过实发工资薪金总额的 5%的部分准予扣除
	业主本人	分别不超过当地上年度社会平均工资 3 倍的 5%的部分准予扣除
捐赠	间接的公益性捐赠	不超过应纳税所得额 30%的部分可以扣除
		符合法定条件的准予全额扣除(对公益性青少年活动场所、红十字事业、老年服务机构、农村义务教育捐赠)
	非公益性捐赠 直接的公益性捐赠	不得扣除
购置研发专用设备	单价<10 万元	准予一次性全额扣除
	单价≥10 万元	按固定资产管理

其他扣除项目和不得扣除项目,如业务招待费、广告和业务宣传费、借款费用、社会保险等与企业所得税一致,此处不再赘述。

【知识点过关 7-6 · 单项选择题】 根据个人所得税法律制度的规定,下列各项中,在计算经营所得应纳税所得额时,可以从其收入总额中减除的是( )。

A. 税收滞纳金　　B. 非广告性赞助支出

C. 个人所得税税款　　D. 允许弥补的以前年度亏损

【答案】 D

【答案解析】 选项ABC，均不得从收入总额中减除。下列支出不得扣除：个人所得税税款；税收滞纳金；罚金、罚款和被没收财物的损失；不符合扣除规定的捐赠支出；赞助支出；用于个人和家庭的支出；与取得生产经营收入无关的其他支出；个体工商户代其从业人员或者他人负担的税款；国家税务总局规定不准扣除的支出。

(二) 计算应纳税额

经营所得实行按年计算，分月或分季预缴，年终汇算清缴，多退少补的办法。在实际工作中需要分别计算按月预缴税额和年终汇算清缴税额。其计算公式为：

全年应纳税所得额＝当月应纳税所得额＋本年前期累计的应纳税所得额

全年应纳个人所得税税额＝全年应纳税所得额×适用税率－速算扣除数

本月应纳税额＝全年应纳个人所得税－本年前期累计已预缴税额

经营所得适用税率和速算扣除数见表7-2。

【职业训练7-11】 个体工商户李某经营一家饭店，财税账证健全。2021年12月，饭店销售额为580 000元，购进蔬菜、水果、粮油等食材费用为280 000元，缴纳水电费、房租等费用为80 000元，缴纳其他税费合计为125 000元，当月支付给员工工资50 000元。1～11月累计应纳税所得额为160 000元，1～11月累计已预缴个人所得税20 000元。试计算该经营户12月份应缴纳的个人所得税。

由于经营者经营所得税税率表中的应纳税所得额是全年的，该经营者应先计算12月的应纳税所得额，从而得出全年累计应纳税所得额。再按全年累计应纳税所得额计算全年应缴纳的个人所得税，扣除1～11月预缴的个人所得税，即为12月应缴纳的个人所得税。

员工的工资可在税前全额扣除，业主李某按每月5 000元扣除。

12月应纳税所得额＝580 000－280 000－80 000－125 000－50 000－5 000＝40 000(元)

全年累计应纳税所得额＝160 000＋40 000＝200 000(元)

全年应纳个人所得税＝200 000×20%－10 500＝29 500(元)

12月份应缴纳的个人所得税＝29 500－20 000＝9 500(元)

三、计算财产租赁所得应纳个人所得税

(一) 确定应纳税所得额

财产租赁所得按次计征，以1个月内取得的收入为一次。

个人出租房屋的个人所得税应税收入不含增值税，计算房屋出租所得可扣除的税费不包括本次出租缴纳的增值税。个人转租房屋的，其向房屋出租方支付的租金及增值税额，在计算转租所得时予以扣除。

在计算应纳税所得额时从不含增值税收入中依次扣除以下费用：

(1) 财产租赁过程中缴纳的税费(城市维护建设税、教育费附加、地方教育费附加、房产税、印花税)。

(2) 取得转租收入的个人向出租方支付的租金(凭房屋租赁合同和合法支付凭据)。

(3) 由纳税人负担的该出租财产实际开支的修缮费用(每次800元为限，一次扣不完的下次继续扣除，直到扣完为止)，且能够提供有效、准确凭证证明。

(4) 税法规定的费用扣除标准(每次/月收入不超过 4 000 元的,定额减除费用 800 元;每次月收入超过 4 000 元的,定率减除 20%的费用)。

应纳税所得额计算公式如下:

① 每次/月收入不超过 4 000 元的:

应纳税所得额 = 每次(月) 收入额 − 准予扣除项目 − 修缮费用(800 为限) − 800

② 每次/月收入超过 4 000 元的:

应纳税所得额=[每次(月) 收入额 − 准予扣除项目 − 修缮费用(800 为限)]×(1 − 20%)

【请注意】

判定是否达到 4 000 元的基数为"收入额—财产租赁过程中缴纳的税费—修缮费"。

(二) 适用税率

财产租赁所得适用比例税率为 20%,但对个人按市场价格出租的居民住房取得的所得,暂减按 10%的税率征收个人所得税。

(三) 计算应纳税额

财产租赁所得应纳税额的计算公式为:

应纳税额 = 应纳税所得额 × 适用税率

【职业训练 7-12】 中国公民王某 2021 年 7 月承租市区房屋 1 套,每月支付租金 2 000 元;9 月将该房屋转租,每月取得转租收入 4 000 元(不含增值税),并按规定缴纳了除增值税外的各项税费 66 元,当月还发生房屋修缮费用 1 000 元,取得装修公司正式发票。请计算王某转租房屋应纳个人所得税。

王某转租房屋应按财产租赁所得计算个人所得税,税率为 10%;房屋租赁期间发生修缮费用同样准予在税前扣除但以每月 800 元为限,多出部分在以后月份扣除。

应纳个人所得税 = (4 000 − 66 − 2 000 − 800 − 800) × 10% = 33.4(元)

四、计算财产转让所得应纳个人所得税

(一) 确定应纳税所得额

财产转让所得以转让财产的收入额减除财产原值和合理费用后的余额,为应纳税所得额。

财产转让所得以个人每次转让财产取得的收入额减除财产原值和相关税费后的余额为应纳税所得额。其中,每次是指以一件财产的所有权一次转让取得的收入为一次。

财产转让所得中允许减除的财产原值是指:

(1) 有价证券。其原值为买入价以及买入时按规定缴纳的有关费用。

(2) 建筑物。其原值为建造费或者购进价格以及其他有关税费。

(3) 土地使用权。其原值为取得土地使用权所支付的金额、开发土地的费用以及其他有关税费。

(4) 机器设备、车船。其原值为购进价格、运输费、安装费,以及其他有关费用。

(5) 其他财产。其原值参照以上方法确定。如果纳税人未提供完整准确的财产原值凭证,不能正确计算财产原值的,由主管税务机关核定其财产原值。

受赠人转让受赠房屋的,以其转让受赠房屋的收入减除原捐赠人取得该房屋的实际购置成本以及赠与转让过程中受赠人支付的相关税费后的余额,为受赠人的应纳税所得额,依法计征个人所得税。受赠人转让受赠房屋价格明显偏低且无正当理由的,税务机关可以依据该房屋的市场评估价格或其他合理方式确定的价格核定其转让收入。

财产转让所得中允许减除的合理费用,是指卖出财产时按照规定支付的有关费用。

财产转让所得应纳税所得额的计算公式为:

应纳税所得额＝每次收入额－财产原值－合理税费

【请注意】

个人转让房屋的个人所得税应税收入不含增值税,其取得房屋时所支付价款中包含的增值税计入财产原值,计算转让所得时可扣除的税费不包括本次转让缴纳的增值税。

(二) 适用税率

财产转让所得适用比例税率为20%。

(三) 计算应纳税额

财产转让所得应纳税额的计算公式为:

应纳税额＝应纳税所得额×适用税率

【职业训练7-13】 2021年10月,李林转让自建房一幢,造价为38 000元,不含增值税售价为60 000元,在卖房过程中按规定支付交易费等有关费用2 500元,请计算其应纳个人所得税。

应纳税所得额＝每次收入额－财产原值－合理税费

＝60 000－38 000－2 500＝19 500(元)

应纳税额＝19 500×20%＝3 900(元)

五、计算利息、股息、红利所得应纳个人所得税

(一) 确定应纳税所得额

利息、股息、红利所得以每次收入额为应纳税所得额,不得扣减任何费用。

(二) 适用税率

利息、股息、红利所得适用比例税率20%。

(三) 计算应纳税额

利息、股息、红利所得应纳税额的计算公式为:

应纳税额＝应纳税所得额×适用税率

【职业训练7-14】 公民李华2021年10月份取得国债的利息1 200元,取得某省发行的地方政府债券的利息560元,取得某国内上市公司发行的公司债券利息750元。请计算

李华应缴纳的个人所得税。

李华取得的各项利息收入按利息、股息、红利所得计算个人所得税，但取得的国债的利息和地方政府债券的利息免税。相关计算为：

$$应缴纳的个人所得税 = 750 \times 20\% = 150(元)$$

【职业训练 7-15】 公民王红 2020 年 10 月购买某上市公司的股票 10 000 股，2021 年 3 月份该上市公司公布 2020 年度的利润方案为每 10 股送 3 股，并于 2021 年 4 月份实施，该股票的面值为每股 1 元。请计算王红应缴纳的个人所得税。

自 2015 年 9 月 8 日起，个人从股市购买的上市公司股票，持股期间的股息要根据持股期限分别按全额(持有 1 个月以内)、减按 50%(持有 1 个月至 1 年)、免税(持有 1 年以上)计入应纳税所得额。

2020 年 10 月购买，持有不足 1 年，减按 50%计入应纳税所得额，相关计算为：

$$上市公司应扣缴王红的个人所得税 = 10\,000 \div 10 \times 3 \times 1 \times 50\% \times 20\% = 300(元)$$

若王某 2020 年 12 月 20 日购买并于 2021 年 1 月 18 日获得每 10 股送 3 股分红，持有不足 1 个月，按全额计入应纳税所得额，相关计算为：

$$上市公司应扣缴王某的个人所得税 = 10\,000 \div 10 \times 3 \times 1 \times 20\% = 600(元)$$

六、计算偶然所得、其他所得应纳个人所得税

(一) 确定应纳税所得额

偶然所得、其他所得以每次收入额为应纳税所得额，不得扣除任何费用。

(二) 适用税率

偶然所得、其他所得适用比例税率 20%。

(三) 计算应纳税额

偶然所得、其他所得应纳税额的计算公式为：

$$应纳税额 = 应纳税所得额 \times 适用税率$$

【职业训练 7-16】 公民何红购买体育彩票中奖 100 000 元。请计算江云应缴纳的个人所得税。

应缴纳的个人所得税 $= 100\,000 \times 20\% = 20\,000$(元)

七、应纳税额中的特殊问题

(一) 两人以上共同取得同一项目收入的征税规定。

两个以上的个人共同取得同一项目收入的，应当对每个人取得的收入分别按照个人所得税法律制度的规定计算纳税。

(二) 个人公益性捐赠

1. 限额扣除

个人将其所得通过中国境内的社会团体、国家机关向教育和其他社会公益事业以及遭

受严重自然灾害地区、贫困地区捐赠，捐赠额未超过纳税人申报的应纳税所得额 30%的部分，可从其应纳税所得额中扣除。

居民个人按照以下规定扣除公益捐赠支出：

(1) 居民个人发生的公益捐赠支出可以在财产租赁所得，财产转让所得，利息、股息、红利所得，偶然所得(以下统称分类所得)，综合所得或者经营所得中扣除。在当期一个所得项目扣除不完的公益捐赠支出，可以按规定在其他所得项目中继续扣除。

(2) 居民个人发生的公益捐赠支出，在综合所得、经营所得中扣除的，扣除限额分别为当年综合所得、当年经营所得应纳税所得额的 30%；在分类所得中扣除的，扣除限额为当月分类所得应纳税所得额的 30%。

(3) 居民个人根据各项所得的收入、公益捐赠支出、适用税率等情况，自行决定在综合所得、分类所得、经营所得中扣除的公益捐赠支出的顺序。

知识链接

居民个人在综合所得中扣除公益捐赠支出的，应按照以下规定处理：

(1) 居民个人取得工资、薪金所得的，可以选择在预扣预缴时扣除，也可以选择在年度汇算清缴时扣除。

居民个人选择在预扣预缴时扣除的，应按照累计预扣法计算扣除限额，其捐赠当月的扣除限额为截至当月累计应纳税所得额的 30%(全额扣除的从其规定，下同)。个人从两处以上取得工资、薪金所得的，选择其中一处扣除，选择后当年不得变更。

(2) 居民个人取得劳务报酬所得、稿酬所得、特许权使用费所得的，预扣预缴时不扣除公益捐赠支出，统一在汇算清缴时扣除。

(3) 居民个人取得全年一次性奖金、股权激励等所得，且按规定采取不并入综合所得而单独计税方式处理的，公益捐赠支出扣除比照分类所得的扣除规定处理。

居民个人发生的公益捐赠支出，可在捐赠当月取得的分类所得中扣除。当月分类所得应扣除未扣除的公益捐赠支出，可以按照以下规定追补扣除：

(1) 扣缴义务人已经代扣但尚未解缴税款的，居民个人可以向扣缴义务人提出追补扣除申请，退还已扣税款。

(2) 扣缴义务人已经代扣且解缴税款的，居民个人可以在公益捐赠之日起 90 日内提请扣缴义务人向征收税款的税务机关办理更正申报追补扣除，税务机关和扣缴义务人应当予以办理。

(3) 居民个人自行申报纳税的，可以在公益捐赠之日起 90 日内向主管税务机关办理更正申报追补扣除。

居民个人捐赠当月有多项多次分类所得的，应先在其中一项一次分类所得中扣除。已经在分类所得中扣除的公益捐赠支出，不再调整到其他所得中扣除。

在经营所得中扣除公益捐赠支出，应按以下规定处理：

(1) 个体工商户发生的公益捐赠支出，在其经营所得中扣除。

(2) 个人独资企业、合伙企业发生的公益捐赠支出，其个人投资者应当按照捐赠年度合伙企业的分配比例(个人独资企业分配比例为 100%)，计算归属于每一个人投资者的公益捐赠支出，个人投资者应将其归属的个人独资企业、合伙企业公益捐赠支出和本人需要在经营所得中扣除的其他公益捐赠支出合并，在其经营所得中扣除。

(3) 在经营所得中扣除公益捐赠支出的，可以选择在预缴税款时扣除，也可以选择在汇算清缴时扣除。

(4) 经营所得采取核定征收方式的，不扣除公益捐赠支出。

非居民个人发生的公益捐赠支出，未超过其在公益捐赠支出发生的当月应纳税所得额30%的部分，可以从其应纳税所得额中扣除。扣除不完的公益捐赠支出，可以在经营所得中继续扣除。

非居民个人按规定可以在应纳税所得额中扣除公益捐赠支出而未实际扣除的，可按照居民个人分类所得规定追补扣除。

2. 全额扣除

对个人通过非营利性的社会团体和国家机关(包括中国红十字会)，对公益性青少年活动场所(其中包括新建)的捐赠，向红十字事业的捐赠，向福利性、农村义务教育或教育事业的捐赠，向非营利性的老年服务机构的捐赠，在计算缴纳个人所得税时，准予在税前的所得额中全额扣除，通过特定的基金会用于公益救济性的捐赠，符合相关条件的，准予在缴纳个人所得税税前全额扣除。

国务院规定对公益捐赠全额税前扣除的，按照规定执行。个人同时发生按30%扣除和全额扣除的公益捐赠支出，自行选择扣除次序。

【请注意】

(1) 个人将其所得对教育、扶贫、济困等公益慈善事业进行捐赠，是指个人将其所得通过中国境内的公益性社会组织、国家机关向教育、扶贫、济困等公益慈善事业的捐赠。直接捐赠不得扣除。

(2) 应纳税所得额是指计算扣除捐赠额之前的应纳税所得额。

【职业训练 7-17】 2021 年 8 月，刘华取得广告设计费收入 80 000 元，从中拿出20 000 元通过国家机关捐赠给受灾地区。请计算刘华应缴纳的个人所得税。

广告设计费收入属于劳务报酬所得，则相关计算为：

$$\text{未扣除捐赠前的应纳税所得额} = 80\,000 \times (1 - 20\%) = 64\,000(\text{元})$$

20 000 元通过国家机关捐赠给受灾地区，未超过纳税人申报的应纳税所得额30%的部分，可从其应纳税所得额中扣除，捐赠扣除限额为 19 200 元(64 000×30%)，超过部分本年度不得扣除。相关计算为：

$$\text{扣除捐赠后的应纳税所得额} = 64\,000 - 19\,200 = 44\,800(\text{元})$$

$$\text{应纳个人所得税} = 44\,800 \times 30\% - 2\,000 = 11\,440(\text{元})$$

(三) 居民个人从境外取得所得的征税规定

1. 基本规定

居民个人从境外取得所得的征税规定如下：

(1) 居民个人来源于中国境外的综合所得，应当与境内综合所得合并计算应纳税额。

(2) 居民个人来源于中国境外的经营所得，应当与境内经营所得合并计算应纳税额，居民个人来源于境外的经营所得，按照个人所得税法律制度规定计算的亏损，不得抵减其境内或他国（地区）的应纳税所得额，但可以用来源于同一国家（地区）以后年度的经营所得按税法规定弥补。

（3）居民个人来源于中国境外的利息、股息、红利所得，财产租赁所得，财产转让所得和偶然所得，不与境内所得合并，应当分别单独计算应纳税额。

2. 抵免规定

居民个人从中国境外取得的所得，可以从其应纳税额中抵免已在境外缴纳的个人所得税，但抵免额不得超过该纳税人境外所得依照个人所得税法律制度规定计算的应纳税额。

居民个人来源于一国（地区）的综合所得、经营所得以及其他分类所得项目的应纳税额为其抵免限额，按照下列公式计算：

$$\text{来源于一国（地区）综合所得的抵免限额}=\frac{\text{中国境内和境外综合所得依照规定计算的综合所得应纳税额}\times\text{来源于该国（地区）的综合所得收入额}}{\text{中国境内和境外综合所得收入额合计}}$$

$$\text{来源于一国（地区）经营所得的抵免限额}=\frac{\text{中国境内和境外经营所得依照规定计算的经营所得应纳税额}\times\text{来源于该国（地区）的经营所得应纳税所得额}}{\text{中国境内和境外经营所得应纳税所得额合计}}$$

$$\text{来源于一国（地区）其他分类所得的抵免限额}=\text{该国（地区）的其他分类所得依照规定计算的应纳税额}$$

$$\text{来源于一国（地区）所得的抵免限额}=\text{来源于该国（地区）综合所得抵免限额}+\text{来源于该国（地区）经营所得抵免限额}+\text{来源于该国（地区）其他分类所得抵免限额}$$

居民个人在中国境外一个国家（地区）实际已经缴纳的个人所得税税额，低于依照规定计算出的来源于该国家（地区）所得的抵免限额的，应在中国缴纳差额部分的税款；超过来源于该国家（地区）所得的抵免限额的，其超过部分不得在本纳税年度的应纳税额中抵免，但是可以在以后纳税年度来源于该国家（地区）所得的抵免限额的余额中补扣。补扣期限最长不得超过5年。

居民个人申请抵免已在境外缴纳的个人所得税，应当提供境外税务机关出具的税款所属年度的有关纳税凭证。

学习子情境三　个人所得税申报与缴纳

一、个人所得税的缴纳方式

个人所得税缴纳方式包括自行申报纳税和全员全额扣缴申报两种。

(一) 自行申报纳税

注意事项

自行申报纳税是指纳税人自行在税法规定的纳税期限内，向税务机关申报取得的应税所得项目和数额、如实填写个人所得税纳税申报表，并按照税法规定计算缴纳应纳税额，据此缴纳个人所得税的一种办法。

根据个人所得税法律制度规定，凡有下列情形之一的，纳税人应当依法办理纳税申报：

(1) 取得综合所得需要办理汇算清缴。

(2) 取得应税所得没有扣缴义务人。

(3) 取得应税所得，扣缴义务人未扣缴税款。

(4) 取得境外所得。

(5) 因移居境外注销中国户籍。

(6) 非居民个人在中国境内从两处以上取得工资、薪金所得。

(7) 国务院规定的其他情形。

(二) 全员全额扣缴申报

税法规定，扣缴义务人向个人支付应税款项时，应当依照我国《个人所得税法》规定预扣或者代扣税款，按时缴库，并专项记载备查。

案例

全员全额扣缴申报是指扣缴义务人应当在代扣税款的次月 15 日内，向主管税务机关报送其支付所得的所有个人的有关信息、支付所得数额、扣除事项和数额、扣缴税款的具体数额和总额以及其他相关涉税信息资料。这种方法有利于控制税源、防止漏税和逃税。

1. 扣缴义务人和代扣预扣税款的范围

扣缴义务人是指向个人支付所得的单位或者个人。所称支付，包括现金支付、汇拨支付、转账支付和以有价证券、实物以及其他形式的支付。

实行个人所得税全员全额扣缴申报的应税所得包括工资、薪金所得，劳务报酬所得，稿酬所得，特许权使用费所得，利息、股息、红利所得，财产租赁所得，财产转让所得和偶然所得。

2. 扣缴义务人责任与义务

(1) 支付工资、薪金所得的扣缴义务人应当于年度终了后 2 个月内，向纳税人提供其个人所得和已扣缴税款等信息。纳税人年度中间需要提供上述信息的，扣缴义务人应当提供。

纳税人取得除工资、薪金所得以外的其他所得，扣缴义务人应当在扣缴税款后，及时向纳税人提供其个人所得和已扣缴税款等信息。

(2) 扣缴义务人应当按照纳税人提供的信息计算税款、办理扣缴申报，不得擅自更改纳税人提供的信息。

扣缴义务人发现纳税人提供的信息与实际情况不符的，可以要求纳税人修改。纳税人拒绝修改的，扣缴义务人应当报告税务机关，税务机关应及时处理。

纳税人发现扣缴义务人提供或者扣缴申报的个人信息、支付所得、扣缴税款等信息与实际情况不符的，有权要求扣缴义务人修改。扣缴义务人拒绝修改的，纳税人应当报告税务机关,税务机关应及时处理。

(3) 扣缴义务人对纳税人提供的《个人所得税专项附加扣除信息表》,应当按照规定妥善保存备查。

(4) 扣缴义务人应当依法对纳税人报送的专项附加扣除等相关涉税信息和资料保密。

(5) 对扣缴义务人按照规定扣缴的税款,按年付给 2%的手续费。不包括税务机关、司法机关等查补或者责令补扣的税款。

扣缴义务人领取的扣缴手续费可用于提升办税能力、奖励办税人员。

(6) 扣缴义务人依法履行代扣代缴义务,纳税人不得拒绝。纳税人拒绝的,扣缴义务人应当及时报告税务机关。

(7) 扣缴义务人有未按照规定向税务机关报送资料和信息、未按照纳税人提供信息虚报虚扣专项附加扣除、应扣未扣税款、不缴或少缴已扣税款、借用或冒用他人身份等行为的,依照《税收征收管理法》等相关法律、行政法规处理。

二、个人所得税的纳税期限

(1) 居民个人取得综合所得,按年计算个人所得税;有扣缴义务人的,由扣缴义务人按月或者按次预扣预缴税款;需要办理汇算清缴的,应当在取得所得的次年 3 月 1 日至 6 月 30 日内办理汇算清缴。

(2) 纳税人取得经营所得,按年计算个人所得税,由纳税人在月度或者季度终了后 15 日内向税务机关报送纳税申报表并预缴税款;取得所得的次年 3 月 31 日前办理汇算清缴。

(3) 纳税人取得应税所得没有扣缴义务人的,应当在取得所得的次月 15 日内向税务机关报送纳税申报表,并缴纳税款。

(4) 纳税人取得应税所得,扣缴义务人未扣缴税款的,纳税人应当在取得所得的次年 6 月 30 日前缴纳税款;税务机关通知限期缴纳的纳税人应当按照期限缴纳税款。非居民个人在次年 6 月 30 日前离境(临时离境除外)的,应当在离境前办理纳税申报。

(5) 居民个人从中国境外取得所得的,应当在取得所得的次年 3 月 1 日至 6 月 30 日内申报纳税。

(6) 非居民个人在中国境内从两处以上取得工资、薪金所得的,应当在取得所得的次月 15 日内,向其中一处任职、受雇单位所在地主管税务机关办理纳税申报,并报送《个人所得税自行纳税申报表(A 表)》。

(7) 纳税人因移居境外注销中国户籍的,应当在注销中国户籍前办理税款清算。

(8) 纳税人取得利息、股息、红利所得,财产租赁所得,财产转让所得和偶然所得,按月或者按次计算个人所得税,有扣缴义务人的,由扣缴义务人按月或者按次代扣代缴税款。扣缴义务人每月或者每次预扣、代扣的税款,应当在次月 15 日内缴纳,并向税务机关报送扣缴个人所得税申报表。

纳税人办理汇算清缴退税或者扣缴义务人为纳税人办理汇算清缴退税的,税务机关审核后,按照国库管理的有关规定办理退税。

三、个人所得税的纳税地点

(1) 取得综合所得需要办理汇算清缴的纳税人,纳税申报地点分别为:

① 在中国境内有任职、受雇单位的,向任职、受雇单位所在地主管税务机关申报。

② 在中国境内有两处或者两处以上任职、受雇单位的,选择并向其中一处任职、受雇单位所在地主管税务机关申报。

③ 在中国境内无任职、受雇单位,向户籍所在地或经常居住地主管税务机关申报。

(2) 取得经营所得的纳税人,按月向经营管理所在地主管税务机关办理预纳税申报,次年办理汇算清缴;从两处以上取得经营所得的,选择向其中一处经营管理地主管税务机关办理年度汇总申报。

(3) 非居民个人取得工资、薪金所得,劳务报酬所得,稿酬所得,特许权使用费所得,扣缴义务人未扣缴税款的,向扣缴义务人所在地主管税务机关申报;有两个以上扣缴义务人均未扣缴税款的,选择向其中一处扣缴义务人所在地主管税务机关办理纳税申报。

(4) 居民个人从中国境外取得所得的,向中国境内任职、受雇单位所在地主管税务机关办理纳税申报;没有任职、受雇单位的,向户籍所在地或中国境内经常居住地主管税务机关申报;户籍所在地与中国境内经常居住地不一致的,选择其中一地主管税务机关申报;在中国境内没有户籍的,向中国境内经常居住地主管税务机关申报。

(5) 纳税人因移居境外注销中国户籍的,应当在申请注销户籍前,向户籍所在地主管税务机关办理纳税申报,进行税款清算。

(6) 非居民个人在中国境内从两处以上取得工资、薪金所得的,向其中一处任职、受雇单位所在地主管税务机关办理纳税申报。

(7) 纳税人取得利息、股息、红利所得,财产租赁所得,财产转让所得和偶然所得,扣缴义务人未扣缴税款的,按相关规定向主管税务机关办理纳税申报。

纳税人不得随意变更纳税申报地点,因特殊情况需变更纳税申报地点的,须报原主管税务机关备案。

四、个人所得税代扣代缴(预扣预缴)申报

扣缴义务人每月或者每次预扣、代扣的税款,应当在次月 15 日内缴入国库,并向税务机关报送《个人所得税扣缴申报表》(表 7-14)。

扣缴义务人首次办理扣缴申报时或被扣缴义务人信息变更后,应当按照纳税人提供的纳税人识别号等基础信息,填写《个人所得税基础信息表(A 表)》(表 7-15),并于次月扣缴申报时向税务机关报送。

选择在工资、薪金所得预扣预缴个人所得税时享受的六项专项附加扣除的,填写《个人所得税专项附加扣除信息表》。

信息表

纳税人存在减免个人所得税情形的,应填写《个人所得税减免税事项报告表》(表 7-16)。

表 7-14　个人所得税扣缴申报表

税款所属期：　　年　　月　　日至　　年　　月　　日

扣缴义务人名称(公章)：

扣缴义务人纳税人识别号(统一社会信用代码)：□□□□□□□□□□□□□□□□□□

金额单位：人民币元(列至角分)

							本月(次)情况														累计情况												税款计算							
							收入额计算				专项扣除				其他扣除									累计专项附加扣除																
序号	姓名	身份证件类型	身份证件号码	纳税人识别号	是否为非居民个人	所得项目	收入	费用	免税收入	减除费用	基本养老保险费	基本医疗保险费	失业保险费	住房公积金	年金	商业健康保险	税延养老保险	财产原值	允许扣除的税费	其他	累计收入额	累计减除费用	累计专项扣除	子女教育	继续教育	住房贷款利息	住房租金	赡养老人	3岁以下婴幼儿照护	累计其他扣除	减按计税比例	准予扣除的捐赠额	应纳税所得额	税率/预扣率	速算扣除数	应纳税额	减免税额	已缴税额	应补/退税额	备注
1	2	3	4	5	6	7	8	9	10	11	12	13	14	15	16	17	18	19	20	21	22	23	24	25	26	27	28	29	30	31	32	33	34	35	36	37	38	39	40	41
合计																																								

谨声明：本表是根据国家税收法律法规及相关规定填报的，是真实的、可靠的、完整的。

扣缴义务人(签章)：　　年　　月　　日

经办人签字： 经办人身份证号码： 代理机构签章： 代理机构统一社会信用代码：	受理人： 受理税务机关(章)： 受理日期：　　年　　月　　日

表 7-15　个人所得税基础信息表(A 表)

(适用于扣缴义务人填报)

扣缴义务人名称(公章):

扣缴义务人纳税人识别号(统一社会信用代码):□□□□□□□□□□□□□□□□□□

序号	纳税人基本信息(带*必填)						任职受雇从业信息						联系方式						银行账户		投资信息		其他信息		华侨、港澳台、外籍个人信息(带*必填)			备注
	纳税人识别号	*纳税人姓名	*身份证件类型	*身份证件号码	*出生日期	*国籍/地区	类型	职务	学历	任职受雇从业日期	离职日期	手机号码	户籍所在地	经常居住地	联系地址	电子邮箱	开户银行	银行账号	投资额(元)	投资比例	是否残疾/孤老/烈属	残疾/列属证号	*出生地	*性别	*首次入境时间	*预计离境时间	*涉税事由	
1	2	3	4	5	6	7	8	9	10	11	12	13	14	15	16	17	18	19	20	21	22	23	24	25	26	27	28	29

谨声明:本表是根据国家税收法律法规及相关规定填报的,是真实的、可靠的、完整的。

扣缴义务人(签章):　　年　　月　　日

经办人签字:
经办人身份证件号码:
代理机构签章:
代理机构统一社会信用代码:

受理人:
受理税务机关(章):
受理日期:　　年　　月　　日

表 7-16　个人所得税减免税事项报告表

税款所属期：　　年　　月　　日至　　年　　月　　日

纳税人姓名：

纳税人识别号：□□□□□□□□□□□□□□□□□□□□□□-□□

扣缴义务人名称(公章)：

扣缴义务人纳税人识别号：□□□□□□□□□□□□□□□□□□□□□□　金额单位：人民币元(列至角分)

<table>
<tr><th colspan="9">减免税情况</th></tr>
<tr><th>编号</th><th>勾选</th><th colspan="3">减免税事项</th><th>减免人数</th><th>免税收入</th><th>减免税额</th><th>备注</th></tr>
<tr><td>1</td><td>□</td><td colspan="3">残疾、孤老、烈属减征个人所得税</td><td></td><td></td><td></td><td></td></tr>
<tr><td>2</td><td>□</td><td colspan="3">个人转让 5 年以上唯一住房免征个人所得税</td><td></td><td>—</td><td></td><td></td></tr>
<tr><td>3</td><td>□</td><td colspan="3">随军家属从事个体经营免征个人所得税</td><td></td><td>—</td><td></td><td></td></tr>
<tr><td>4</td><td>□</td><td colspan="3">军转干部从事个体经营免征个人所得税</td><td></td><td>—</td><td></td><td></td></tr>
<tr><td>5</td><td>□</td><td colspan="3">退役士兵从事个体经营免征个人所得税</td><td></td><td>—</td><td></td><td></td></tr>
<tr><td>6</td><td>□</td><td colspan="3">建档立卡贫困人口从事个体经营扣减个人所得税</td><td></td><td>—</td><td></td><td></td></tr>
<tr><td>7</td><td>□</td><td colspan="3">登记失业半年以上人员，零就业家庭、享受城市低保登记失业人员，毕业年度内高校毕业生从事个体经营扣减个人所得税</td><td></td><td>—</td><td></td><td></td></tr>
<tr><td>8</td><td>□</td><td colspan="3">取消农业税从事“四业”所得暂免征收个人所得税</td><td></td><td>—</td><td></td><td></td></tr>
<tr><td>9</td><td>□</td><td colspan="3">符合条件的房屋赠与免征个人所得税</td><td></td><td>—</td><td></td><td></td></tr>
<tr><td>10</td><td>□</td><td colspan="3">科技人员取得职务科技成果转化现金奖励</td><td></td><td></td><td>—</td><td></td></tr>
<tr><td>11</td><td>□</td><td colspan="3">外籍个人出差补贴、探亲费、语言训练费、子女教育费等津补贴</td><td></td><td></td><td>—</td><td></td></tr>
<tr><td>12</td><td>□</td><td rowspan="6">税收协定</td><td>股息</td><td>税收协定名称及条款：</td><td></td><td>—</td><td></td><td></td></tr>
<tr><td>13</td><td>□</td><td>利息</td><td>税收协定名称及条款：</td><td></td><td>—</td><td></td><td></td></tr>
<tr><td>14</td><td>□</td><td>特许权使用费</td><td>税收协定名称及条款：</td><td></td><td>—</td><td></td><td></td></tr>
<tr><td>15</td><td>□</td><td>财产收益</td><td>税收协定名称及条款：</td><td></td><td>—</td><td></td><td></td></tr>
<tr><td>16</td><td>□</td><td>受雇所得</td><td>税收协定名称及条款：</td><td></td><td>—</td><td></td><td></td></tr>
<tr><td>17</td><td>□</td><td>其他</td><td>税收协定名称及条款：</td><td></td><td>—</td><td></td><td></td></tr>
<tr><td>18</td><td rowspan="3">□</td><td rowspan="3">其他</td><td colspan="2">减免税事项名称及减免性质代码：</td><td></td><td></td><td></td><td></td></tr>
<tr><td>19</td><td colspan="2">减免税事项名称及减免性质代码：</td><td></td><td></td><td></td><td></td></tr>
<tr><td>20</td><td colspan="2">减免税事项名称及减免性质代码：</td><td></td><td></td><td></td><td></td></tr>
<tr><td colspan="5">合计</td><td></td><td></td><td></td><td></td></tr>
</table>

（续表）

减免税人员名单							
序号	姓名	纳税人识别号	减免税事项（编号或减免性质代码）	所得项目	免税收入	减免税额	备注
谨声明：本表是根据国家税收法律法规及相关规定填报的，本人（单位）对填报内容（附带资料）的真实性、可靠性、完整性负责。 纳税人或扣缴单位负责人签字：　　年　　月　　日							
经办人签字： 经办人身份证件类型： 经办人身份证件号码： 代理机构签章： 代理机构统一社会信用代码：				受理人： 受理税务机关（章）： 受理日期：　　年　　月　　日			

知识链接

个人所得税的会计核算

业务类型	账务处理
代扣职工的个人所得税时	借：应付职工薪酬 　贷：应交税费——应交个人所得税（代扣代缴个人所得税）
实际缴纳时	借：应交税费——应交个人所得税（代扣代缴个人所得税） 　贷：银行存款

情境小结

学习子情境	知识点
学习子情境一 认知个人所得税	(1) 个人所得税概述 (2) 个人所得税的纳税人 (3) 个人所得税的征税范围 (4) 个人所得税的税率 (5) 个人所得税的税收优惠
学习子情境二 计算个人所得税	(1) 计算综合所得应纳个人所得税 (2) 计算经营所得应纳个人所得税 (3) 计算财产租赁所得应纳个人所得税 (4) 计算财产转让所得应纳个人所得税 (5) 计算利息、股息、红利所得应纳个人所得税 (6) 计算偶然所得、其他所得应纳个人所得税 (7) 应纳税额中的特殊问题
学习子情境三 个人所得税申报与缴纳	(1) 个人所得税的缴纳方式 (2) 个人所得税的纳税期限 (3) 个人所得税的纳税地点 (4) 个人所得税代扣代缴(预扣预缴)申报

技能训练

一、基础训练

(一) 单项选择题

1. 根据个人所得税法律制度的规定，下列各项中，不属于工资、薪金性质的补贴、津贴的是(　　)。

A. 工龄补贴　B. 加班补贴　C. 差旅费津贴　D. 岗位津贴

2. 下列各项所得中，适用减征规定的是(　　)。

A. 特许权使用费所得　B. 劳务报酬所得
C. 稿酬所得　D. 工资、薪金所得

3. 根据个人所得税法律制度的规定，下列情形中，免征个人所得税的是(　　)。

A. 陈某取得所在公司发放的销售业绩奖金
B. 杨某获得县教育部门颁发的教育方面的奖金
C. 王某获得省政府颁发的科学方面的奖金
D. 李某取得所在单位发放的年终奖

4. 2021 年 9 月，退休职工刘某取得的下列收入中，免予缴纳个人所得税的是(　　)。

A. 退休工资 5 000 元
B. 商场有奖销售中奖 210 元
C. 其原任职单位重阳节发放补贴 800 元
D. 报刊上发表文章取得报酬 1 000 元

5. 个人进行公益救济性捐赠，在计算应纳税所得额时，准予扣除的是(　　)。

A. 收入总额的3%以内的部分　　B. 收入总额的30%以内的部分
C. 应纳税所得额的3%以内的部分　　D. 应纳税所得额的30%以内的部分

6. 下列各项中对稿酬所得"次"表述不正确的是(　　)。
A. 同一作品再版所得,视为另一次稿酬所得征税
B. 同一作品先在报刊连载后再出版,视为两次稿酬所得征税
C. 同一作品在报刊上连载取得的收入,以连载完所有收入合并为一次征税
D. 预付或分次支付稿酬,应分次计算征税

7. 大学教授张某取得的下列收入中,应按"稿酬所得"计算个人所得税的是(　　)。
A. 作品参展收入　　B. 出版书画作品收入
C. 学术报告收入　　D. 审稿收入

8. 根据个人所得税法律制度的规定,下列各项中,不属于特许权使用费所得的是(　　)。
A. 提供著作权的使用权取得的所得
B. 提供专利权的使用权取得的所得
C. 提供房屋使用权取得的所得
D. 提供商标权的使用权取得的所得

9. 在计算个人所得税时,经营所得不得税前扣除的项目为(　　)。
A. 实际合理支出的员工工资
B. 经营业主的实际工资
C. 特殊工种从业人员的人身安全保险费
D. 合理的劳动保护支出

10. 根据个人所得税法律制度的规定,纳税人取得经营所得,应在取得所得的次年一定日期前办理汇算清缴。该日期为(　　)。
A. 5月31日　　B. 6月30日　　C. 3月31日　　D. 4月15日

(二) 多项选择题

1. 我国个人所得税采用的税率有(　　)。
A. 比例税率　　B. 超额累进税率　　C. 定额税率　　D. 全额累进税率

2. 个人所得税居民纳税人与非居民纳税人的判定标准是(　　)。
A. 户籍标准　　B. 住所标准　　C. 居住时间标准　　D. 经营、工作地标准

3. 个人所得税的居民纳税人是指(　　)。
A. 在中国境内无住所但居住满183天的个人
B. 在中国境内无住所又不居住的个人
C. 在中国境内无住所且居住不满183天的个人
D. 在中国境内有住所的个人

4. 下列所得中,适用超额累进税率的有(　　)。
A. 工资、薪金所得　　B. 经营所得
C. 财产转让所得　　D. 偶然所得

5. 根据个人所得税法律制度规定,下列属于综合所得的有(　　)。
A. 工资薪金所得　　B. 财产租赁所得
C. 劳务报酬所得　　D. 财产转让所得

6. 根据个人所得税法律制度的规定,个人取得的下列收入中,应按照"劳务报酬所得"计缴

个人所得税的有(　　)。

A. 某职员取得的本单位优秀员工奖金

B. 某高校教师从任职学校领取的工资

C. 某工程师从非雇佣企业取得的咨询收入

D. 某经济学家从非雇佣企业取得的讲学收入

7. 下列各项中,属于稿酬所得的有(　　)。

A. 发表文章所得报酬　　B. 翻译外文资料所得报酬

C. 出版著作所得报酬　　D. 按客户要求绘画所得报酬

8. 根据个人所得税法律制度的规定,下列个人所得中,应按“劳务报酬所得”征收个人所得税的有(　　)。

A. 某大学教授从甲企业取得的咨询费

B. 某公司高管从乙大学取得的讲课费

C. 某设计院设计师从丙服装公司取得的设计费

D. 某剧本作者从丁电视剧制作单位取得的剧本使用费

9. 在对个体工商户的生产经营所得查账征收个人所得税时,准予在个人所得税前扣除的项目有(　　)。

A. 与生产经营有关的修理费用　　B. 缴纳的个人所得税

C. 各种赞助支出　　D. 员工的工资

10. 在下列利息收入中,目前免征个人所得税的有(　　)。

A. 向他人借款收取的利息　　B. 国债利息

C. 国家发行的金融债券利息　　D. 储蓄存款利息

(三) 判断题

1. 个人出版画作取得的所得,应按“劳务报酬所得”征收个人所得税。(　　)
2. 个人取得的住房转租收入,应按“财产转让所得”征收个人所得税。(　　)
3. 偶然所得按次征收个人所得税。(　　)
4. 夏某出租住房取得的所得,根据个人所得税法律制度的规定,暂减按10%税率征收个人所得税。(　　)
5. 非居民个人取得工资、薪金所得有扣缴义务人的,由扣缴义务人按月或者按次代扣代缴税款,并办理汇算清缴。(　　)

二、计算分析题

1. 中国公民张某在国内某公司任职,2021年每月取得工资、薪金所得23 500元,由任职单位扣缴“三险一金”5 280元;张某夫妇有一个女儿正在上小学,夫妻双方约定子女教育专项附加扣除由张某按扣除标准的100%扣除。已知综合所得,纳税人的子女接受全日制学历教育的相关支出,按照每个子女每月1 000元的标准定额扣除。请计算张某2021年1月、2月、3月应预扣预缴个人所得税。

2. 假定2021年3月中国公民张某一次取得的劳务报酬所得、稿酬所得、特许权使用费所得如表7-18所示。

要求:请计算每次收入应预扣预缴的税额(直接填写到表7-18中即可)。

表 7-18　张某 2021 年收入情况

每次收入额	劳务报酬所得应预扣预缴的税额	稿酬所得应预扣预缴的税额	特许权使用费所得应预扣预缴的税额
一次收入 3 800 元			
一次收入 6 000 元			
一次收入 20 000 元			
一次收入 30 000 元			
一次收入 80 000 元			

3. 2021 年 9 月，王某出租自有住房取得租金收入 6 000 元(不含增值税)，房屋租赁过程中缴纳的可以税前扣除的税费为 240 元，支付该房屋的修缮费 1 000 元。已知个人出租住房个人所得税税率暂减按 10%，

要求：请计算王某当月出租住房应缴纳个人所得税。

学习情境八

其他税税务处理

教学目标

知识目标

1. 能区分其他税的税目和税率；
2. 能列举其他税的税收优惠政策。

技能目标

1. 善用税收优惠政策进行应纳税额的计算；
2. 能够独立完成其他税种的纳税申报。

思政目标

1. 树立遵纪守法、依法纳税的意识；
2. 培养细心谨慎、诚实守信的职业精神；
3. 通过理解资源税、环境保护税的征税目的，树立保护环境、高效利用资源的意识；
4. 树立绿色发展理念。

学习子情境一　车辆购置税、船舶吨税和车船税税务处理

一、车辆购置税税务处理

(一) 概念

车辆购置税是以在中国境内购置规定车辆为课税对象,在特定的环节向车辆购置者征收的一种税。征收车辆购置税有利于合理筹集财政资金,规范政府行为,调节收入差距,也有利于配合打击车辆走私和维护国家权益。

《中华人民共和国车辆购置税法》

(二) 纳税人

车辆购置税的纳税人是指在中华人民共和国境内购置汽车、有轨电车、汽车挂车、排气量超过 150 毫升的摩托车(以下统称应税车辆)的单位和个人。

知识链接

购置是指以购买、进口、自产、受赠、获奖或者其他方式取得并自用应税车辆的行为。

车辆购置税实行一次性征收,购置已征车辆购置税的车辆,不再征收车辆购置税。

【知识点过关 8-1 · 单项选择题】 甲汽车 4S 店购入 10 辆小汽车,下列行为中,应当由甲汽车 4S 店作为纳税人缴纳车辆购置税的是(　　)。

A. 甲汽车 4S 店将其中 6 辆销售给客户

B. 甲汽车 4S 店将其中 1 辆赠送给乙企业

C. 甲汽车 4S 店将其中 2 辆作为高级管理人员专用轿车

D. 库存 1 辆尚未售出

【答案】 C

【答案解析】 选项 AD,购置但不自用,而是用于销售、待售,不需要缴纳车辆购置税;选项 B,对于乙企业而言,该车属于受赠并自用,由乙企业缴纳车辆购置税。

(三) 征税范围

车辆购置税的征税范围为汽车、有轨电车、汽车挂车、排气量超过 150 毫升的摩托车。

(四) 税收优惠

我国车辆购置税实行法定减免,减免税范围的具体规定如下:

(1) 外国驻华使馆、领事馆和国际组织驻华机构及其外交人员自用车辆免税。

(2) 中国人民解放军和中国人民武装警察部队列入军队武器装备订货计划的车辆免税。

(3) 悬挂应急救援专用号牌的国家综合性消防救援车辆。

(4) 设有固定装置的非运输车辆免税。

（5）城市公交企业购置的公共汽电车辆。

（五）计算应纳税额

车辆购置税实行从价定率的方法计算应纳税额。其计算公式为：

应纳税额＝计税依据×税率

车辆购置税实行统一的比例税率，税率为10％。

车辆购置税的计税依据为应税车辆的计税价格。但由于应税车辆购置的来源不同，计税价格的组成也就不一样。

1）购买自用应税车辆

为纳税人购买应税车辆而支付给销售者的全部价款和价外费用，不包含增值税。

【请注意】

价外费用是销售方向购买方收取的基金、集资费、违约金（延期付款利息）和手续费、包装费、储存费、优质费、运输装卸费、保管费以及其他各种性质的价外收费，但不包括销售方代办保险等而向购买方收取的保险费，以及向购买方收取的代购买方缴纳的车辆购置税、车辆牌照费。

【职业训练8-1】　张某2021年12月从某汽车销售有限公司购买一辆越野车供自己使用，支付价款727 800元，取得机动车销售统一发票注明的不含税价为644 070.80元，增值税为83 729.20元。已知车辆购置税税率为10％，请计算张某应纳车辆购置税的计税价格和税额。

购买自用应税车辆的计税价格为纳税人购买应税车辆而支付给销售者的全部价款和价外费用，不包含增值税税款。相关计算为：

应纳车辆购置税＝644 070.80×10％＝64 407.08（元）

【职业训练8-2】　李某2021年5月从某汽车有限公司购买一辆小汽车供自己使用，支付了含增值税在内的款项232 780元，所支付的款项由该汽车有限公司开具机动车销售统一发票。请计算李某应纳车辆购置税。

购买自用应税车辆的计税价格为纳税人购买应税车辆而支付给销售者的全部价款和价外费用，不包含增值税。相关计算为：

计税价格＝232 780÷（1＋13％）＝206 000（元）

应纳税额＝206 000×10％＝20 600（元）

【职业训练8-3】　甲公司2021年12月从A汽车销售公司购买一辆小轿车自己使用，取得的机动车销售统一发票注明的不含增值税价为380 000元，增值税为49 400元，另外支付了保险费15 000元，代上牌照费3 000元。请计算甲公司应纳车辆购置税。

购买自用应税车辆的计税价格为纳税人购买应税车辆而支付给销售者的全部价款和价外费用，不包含增值税。价外费用不包括销售方代办保险等而向购买方收取的保险费，以及向购买方收取的代购买方缴纳的车辆牌照费。相关计算为：

应纳税额＝380 000×10％＝38 000(元)

2）进口自用应税车辆

纳税人进口自用的应税车辆以组成计税价格为计税依据。其计算公式为：

组成计税价格＝关税完税价格＋关税＋消费税

进口自用的应税车辆的计税依据，应根据纳税人提供的、经海关审查确认的有关完税证明资料确定。纳税人购买自用或者进口自用应税车辆，申报的计税价格低于同类型应税车辆的最低计税价格，又无正当理由的，计税价格为国家税务总局核定的最低计税价格。

知识链接

进口自用的应税车辆是指纳税人直接从境外进口或委托代理进口自用的应税车辆，即非贸易方式进口自用的应税车辆。

【职业训练8-4】 某外贸公司2021年6月从国外进口10辆某公司生产的某型号小轿车。该外贸公司报关进口这批小轿车时，经报关地海关对有关报关资料的审查，确定关税完税价格为每辆185 000元人民币，海关按关税政策每辆征收了关税46 200元，并按消费税、增值税有关规定分别代征了每辆小轿车的进口消费税40 800元和增值税35 360元。由于联系业务需要，该外贸公司将一辆小轿车留在本单位使用。请计算应纳车辆购置税。

组成计税价格＝关税完税价格＋关税＋消费税
＝185 000＋46 200＋40 800＝272 000(元)

应纳税额＝272 000×10％＝27 200(元)

3）自产自用应税车辆

按照纳税人生产的同类应税车辆的销售确定，不包括增值税税款；没有同类应税车辆销售价格的，按照组成计税价格确定。其计算公式为：

组成计税价格＝成本×(1＋成本利润率)

【请注意】

属于应征消费税的应税车辆，其组成计税价格包括消费税。

【职业训练8-5】 某客车制造厂将自产的一辆某型号的客车，用于本厂后勤服务。该厂在办理车辆上牌落籍前，出具该车的发票，注明金额为80 000元。计算该车应纳车辆购置税。

应纳税额＝80 000×10％＝8 000(元)

【职业训练8-6】 某汽车制造厂将排量为2.5升的自产A型小汽车4辆转作本厂固定资产，3辆对外抵偿债务，3辆奖励给本厂优秀员工。已知无同类A型小汽车对外销售价格，成本为10万元/辆，成本利润率为8％，消费税税率为9％，车辆购置税税率为10％，请计算该汽车制造厂应缴纳的车辆购置税。

组成计税价格＝100 000×（1＋8％）÷（1－9％）×4＝474 725.27（元）

应纳税额＝474 725.27×10％＝47 472.53（元）

4）以其他方式取得自用应税车辆

纳税人以受赠、获奖或者其他方式取得自用应税车辆的计税价格，按照购置应税车辆时相关凭证载明的价格确定，不包括增值税。

纳税人申报的应税车辆计税价格明显偏低，又无正当理由的，由税务机关依照我国《税收征收管理法》的规定核定其应纳税额。

纳税人以外汇结算应税车辆价款的，按照申报纳税之日的人民币汇率中间价折合成人民币计算缴纳税款。

（六）申报与缴纳

1. 纳税地点

（1）纳税人购置应税车辆，应当向车辆登记注册地的主管税务机关办理纳税申报并缴纳车辆购置税。

（2）购置不需要办理车辆登记注册手续的纳税人，向纳税人所在地的主管税务机关申报缴纳车辆购置税。

2. 纳税环节

车辆购置税的征税环节为使用环节，即最终消费环节。具体而言，纳税人应当在向公安机关等车辆管理机构办理车辆登记注册手续前，缴纳车辆购置税。

纳税人应当持主管税务机关出具的完税证明或者免税证明，向公安机关车辆管理机构办理车辆登记注册手续；没有完税证明或者免税证明的，公安机关车辆管理机构不得办理车辆等级注册手续。

公安机关交通管理部门办理车辆注册登记，应当根据税务机关提供的应税车辆完税或者免税电子信息对纳税人申请等级的车辆信息进行核对，核对无误后依法办理车辆注册登记。

免税、减税车辆因转让、改变用途等原因不再属于免税、减税范围的，纳税人应当在办理车辆转移登记或者变更登记前缴纳车辆购置税。计税价格以免税、减税车辆初次办理纳税申报时确定的计税价格为基准，每满1年扣减10％。

车辆退回生产企业或者经销商的，纳税人申请退税时，主管税务机关自纳税人办理纳税申报之日起，按已缴纳税款每满1年扣减10％计算退税额；未满1年的，按已缴纳税款全额退税。

3. 纳税申报

车辆购置税实行一次性征收。购置已征车辆购置税的车辆，不再征收车辆购置税。

车辆购置税由税务机关负责征收。车辆购置税的纳税义务发生时间为纳税人购置应税车辆的当日。纳税人应当自纳税义务发生之日起60日内申报缴纳车辆购置税。

车辆购置税的纳税人应按照及时办理纳税申报，并如实填写《车辆购置税纳税申报表》，如表8-1所示。

表 8-1　车辆购置税纳税申报表

填表日期：　　年　　月　　日　　　　　　　　金额单位：元

<table>
<tr><td>纳税人名称</td><td colspan="2"></td><td>申报类型</td><td colspan="2">□征税□免税□减税</td></tr>
<tr><td>证件名称</td><td colspan="2"></td><td>证件号码</td><td colspan="2"></td></tr>
<tr><td>联系电话</td><td colspan="2"></td><td>地址</td><td colspan="2"></td></tr>
<tr><td>合格证编号(货物进口证明书号)</td><td colspan="2"></td><td>车辆识别代号/车架号</td><td colspan="2"></td></tr>
<tr><td>厂牌型号</td><td colspan="5"></td></tr>
<tr><td>排量(cc)</td><td colspan="2"></td><td>机动车销售统一发票代码</td><td colspan="2"></td></tr>
<tr><td>机动车销售统一发票号码</td><td colspan="2"></td><td>不含税价</td><td colspan="2"></td></tr>
<tr><td colspan="4">海关进口关税专用缴款书(进出口货物征免税证明)号码</td><td colspan="2"></td></tr>
<tr><td>关税完税价格</td><td></td><td>关税</td><td></td><td>消费税</td><td></td></tr>
<tr><td>其他有效凭证名称</td><td></td><td>其他有效凭证号码</td><td></td><td>其他有效凭证价格</td><td></td></tr>
<tr><td>购置日期</td><td></td><td>申报计税价格</td><td></td><td>申报免(减)税条件或者代码</td><td></td></tr>
<tr><td>是否办理车辆登记</td><td></td><td>车辆拟登记地点</td><td colspan="3"></td></tr>
<tr><td colspan="6">纳税人声明：
本纳税申报表是根据国家税收法律法规及相关规定填报的，我确定它是真实的、可靠的、完整的。
纳税人(签名或盖章)：</td></tr>
<tr><td colspan="6">委托声明：
现委托(姓名)＿＿＿＿＿(证件号码)＿＿＿＿＿＿＿办理车辆购置税涉税事宜，提供的凭证、资料是真实、可靠、完整的。任何与本申报表有关的往来文件，都可交予此人。
委托人(签名或盖章)：　　　　被委托人(签名或盖章)：</td></tr>
<tr><td colspan="6">以下由税务机关填写</td></tr>
<tr><td colspan="2">免(减)税条件代码</td><td colspan="4"></td></tr>
<tr><td>计税价格</td><td>税率</td><td>应纳税额</td><td>免(减)税额</td><td>实纳税额</td><td>滞纳金金额</td></tr>
<tr><td></td><td></td><td></td><td></td><td></td><td></td></tr>
<tr><td colspan="2">受理人：
年　　月　　日</td><td colspan="2">复核人(适用于免、减税申报)：
年　　月　　日</td><td colspan="2">主管税务机关(章)</td></tr>
</table>

二、船舶吨税税务处理

(一) 概念

船舶吨税是对自中国境外港口进入境内港口的船舶，根据船舶运载量课征的一个税种。

(二) 纳税人

对自中国境外港口进入中国境内港口的船舶(以下简称应税船舶)征收船舶吨税(以下简称吨税)，以应税船舶负责人为纳税人。

《中华人民共和国船舶吨税法》

(三) 税目税率

吨税税目按船舶净吨位的大小分等级设置为 4 个税目。

税率采用定额税率，分为普通税率和优惠税率两类。按执照期限不同，又可分别分为 30 日、90 日和 1 年三种不同的税率。

我国国籍的应税船舶，船籍国(地区)与我国签订含有互相给予船舶税费最惠国待遇条款的条约或者协定的应税船舶，适用优惠税率；其他应税船舶，适用普通税率。税目税率表如表 8-2 所示。

表 8-2　吨税税目税率表

税目 (按船舶净吨位划分)	税率(元/净吨)						备注
	普通税率 (按执照期限划分)			优惠税率 (按执照期限划分)			
	1 年	90 日	30 日	1 年	90 日	30 日	
不超过 2 000 净吨	12.6	4.2	2.1	9.0	3.0	1.5	1. 拖船按照发动机功率每千瓦折合净吨位 0.67 吨 2. 无法提供净吨位证明文件的游艇，按照发动机功率每千瓦折合净吨位 0.05 吨 3. 拖船和非机动驳船分别按相同净吨位船舶税率的 50% 计征税款
超过 2 000 净吨，但不超过 10 000 净吨	24.0	8.0	4.0	17.4	5.8	2.9	
超过 10 000 净吨，但不超过 50 000 净吨	27.6	9.2	4.6	19.8	6.6	3.3	
超过 50 000 净吨	31.8	10.6	5.3	22.8	7.6	3.8	

注：拖船是指专门用于拖(推)动运输船舶的专业作业船舶。

(四) 税收优惠

下列船舶免征吨税：

(1) 应纳税额在人民币 50 元以下的船舶。

(2) 自境外以购买、受赠、继承等方式取得船舶所有权的初次进口到港的空载船舶。

(3) 吨税执照期满后 24 小时内不上下客货的船舶。

(4) 非机动船舶(不包括非机动驳船)。

知识链接

非机动船舶是指自身没有动力装置，依靠外力驱动的船舶。

非机动驳船是指在船舶登记机关登记为驳船的非机动船舶。

(5) 捕捞、养殖渔船。

(6) 避难、防疫隔离、修理、终止运营或者拆解,并不上下客货的船舶。

(7) 军队、武装警察部队专用或者征用的船舶。

(8) 警用船舶。

(9) 依照法律规定应当予以免税的外国驻华使领馆、国际组织驻华代表机构及其有关人员的船舶。

(10) 国务院规定的其他船舶。

(五) 计税依据

吨税以船舶带吨位为计税依据。

(1) 拖船按照发动机功率每千瓦折合净吨位 0.67 吨。

(2) 无法提供净吨位证明文件的游艇按照发动机功率每千瓦折合净吨位 0.05 吨。

(3) 拖船和非机动驳船分别按相同净吨位船舶税率的 50%计征。

(六) 计算应纳税额

吨税按照船舶净吨位和吨税执照期限征收,应税船舶负责人在每次申报纳税时,可以按照吨税税目税率表选择申领一种期限的吨税执照。其计算公式为:

应纳税额=应税船舶净吨位×适用税率

海关根据船舶负责人的申报,审核其申报吨位与其提供的船舶吨位证明和船舶国籍证书或者海事部门签发的船舶国籍证书收存证明相符后,按其申报执照的期限计征吨税,并填发缴款凭证交船舶负责人缴纳税款。

(七) 申报与缴纳

1. 纳税义务发生时间

船舶吨税纳税义务发生时间为应税船舶进入境内港口的当日。应税船舶在吨税执照期满后尚未离开港口的,应当申领新的吨税执照,自上一执照期满的次日起续缴吨税。

应税船舶在进入港口办理入境手续时,应当向海关申报纳税领取吨税执照,或者交验吨税执照(或者申请核验吨税执照电子信息)。应税船舶在离开港口办理出境手续时,应当交验吨税执照(或者申请核验吨税执照电子信息)。

应税船舶负责人申领吨税执照时,应当向海关提供下列文件:船舶国籍证书或者海事部门签发的船舶国籍证书收存证明和船舶吨位证明。

2. 纳税期限

应税船舶负责人应当自海关填发吨税缴款凭证之日起 15 日内缴清税款。未按期缴清税款的,自滞纳税款之日起至缴清税款之日止,按日加收滞纳税款 5‰的税款滞纳金。

应税船舶到达港口前,经海关核准先行申报并办结出入境手续的,应税船舶负责人应当向海关提供与其依法履行吨税缴纳义务相适应的担保;应税船舶到达港口后,按规定向海关申报纳税。

3. 其他相关规定

吨税由海关负责征收。海关征收吨税应当制发缴款凭证。

海关发现少征或者漏征税款的，应当自应税船舶应当缴纳税款之日起 1 年内，补征税款，但因应税船舶违反规定造成少征或者漏征税款的，海关可以自应当缴纳税款之日起 3 年内追征税款，并自应当缴纳税款之日起按日加征少征或者漏征税款 5‰的税款滞纳金。

海关发现多征税款的，应当在 24 小时内通知应税船舶办理退还手续，并加算银行同期活期存款利息。

应税船舶发现多缴税款的，可以自缴纳税款之日起 3 年内以书面形式要求海关退还多缴的税款并加算银行同期活期存款利息；海关应当自受理退税申请之日起 30 日内查实并通知应税船舶办理退还手续。

三、车船税税务处理

《中华人民共和国车船税法》

(一) 概念

车船税是依照法律规定，对在中华人民共和国境内的车辆、船舶按照规定税目和税额计算征收的一种税。

(二) 纳税人

《中华人民共和国车船税法实施条例》

车船税的纳税人是指在中华人民共和国境内，车船的所有人或者管理人，应当依照我国《车船税暂行条例》的规定缴纳车船税。

从事机动车第三者责任强制保险业务的保险机构为机动车车船税的扣缴义务人。

(三) 征税范围

车船税的征收范围是在中华人民共和国境内属于我国《车船税法》所附《车船税税目税额表》规定的车辆、船舶。境内单位和个人租入外国籍船舶的，不征收车船税。境内单位和个人将船舶出租到境外的，应依法征收车船税。

知识链接

这里的车辆、船舶是指：

(1) 依法应当在车船管理部门登记的机动车辆和船舶。

(2) 依法不需要在车船管理部门登记、在单位内部场所行驶或作业的机动车车辆和船舶。

(四) 税目税率

车船税的税目分为六大类，包括乘用车、商用车、挂车、其他车辆、摩托车和船舶。

车船税实行定额税率。定额税率计算简便，适宜于从量计征的税种。由于车辆与船舶的行使情况不同，车船税的税额也有所不同。车船税税目税额表如表 8-3 所示。

表 8-3 车船税税目税额表

<table>
<tr><th colspan="2">税目</th><th>计税单位</th><th>年基准税额(元)</th><th>备注</th></tr>
<tr><td rowspan="7">乘用车[按发动机汽缸容量(排气量)分档]</td><td>1.0 升(含)以下的</td><td rowspan="7">每辆</td><td>60～360</td><td rowspan="7">核定载客人数 9 人(含)以下</td></tr>
<tr><td>1.0 升以上至 1.6 升(含)的</td><td>300～540</td></tr>
<tr><td>1.6 升以上至 2.0 升(含)的</td><td>360～660</td></tr>
<tr><td>2.0 升以上至 2.5 升(含)的</td><td>660～1 200</td></tr>
<tr><td>2.5 升以上至 3.0 升(含)的</td><td>1 200～2 400</td></tr>
<tr><td>3.0 升以上至 4.0 升(含)的</td><td>2 400～3 600</td></tr>
<tr><td>4.0 升以上的</td><td>3 600～5 400</td></tr>
<tr><td rowspan="2">商用车</td><td>客车</td><td>每辆</td><td>480～1 440</td><td>核定载客人数 9 人以上，包括电车</td></tr>
<tr><td>货车</td><td>整备质量每吨</td><td>16～120</td><td>包括半挂牵引车、三轮汽车和低速载货汽车等</td></tr>
<tr><td>挂车</td><td></td><td>整备质量每吨</td><td>按照货车税额的 50%计算</td><td></td></tr>
<tr><td rowspan="2">其他车辆</td><td>专用作业车</td><td>整备质量每吨</td><td>16～120</td><td rowspan="2">不包括拖拉机</td></tr>
<tr><td>轮式专用机械车</td><td>整备质量每吨</td><td>16～120</td></tr>
<tr><td>摩托车</td><td></td><td>每辆</td><td>36～180</td><td></td></tr>
<tr><td rowspan="2">船舶</td><td>机动船舶</td><td>净吨位每吨</td><td>3～6</td><td>拖船、非机动驳船分别按照机动船舶税额的 50%计算</td></tr>
<tr><td>游艇</td><td>艇身长度每米</td><td>600～2 000</td><td></td></tr>
</table>

注:《车船税税目税额表》中车辆、船舶的含义如下:

乘用车是指在设计和技术特性上主要用于载运乘客及随身行李,核定载客人数包括驾驶员在内不超过 9 人的汽车。

商用车是指除乘用车外,在设计和技术特性上用于载运乘客、货物的汽车,划分为客车和货车。

半挂牵引车是指装备有特殊装置用于牵引半挂车的商用车。

三轮汽车是指最高设计车速不超过每小时 50 公里,具有 3 个车轮的货车。

低速载货汽车是指以柴油机为动力,最高设计车速不超过每小时 70 千米,具有 4 个车轮的货车。

挂车是指就其设计和技术特性需由汽车或者拖拉机牵引,才能正常使用的一种无动力的道路车辆。

专用作业车是指在其设计和技术特性上用于特殊工作的车辆。

轮式专用机械车是指有特殊结构和专门功能,装有橡胶车轮可以自行行驶,最高设计车速大于每小时 20 千米的轮式工程机械车。

摩托车是指无论采用何种驱动方式,最高设计车速大于每小时 50 千米,或者使用内燃机,其排量大于 50 毫升的两轮或者三轮车辆。

船舶是指各类机动、非机动船舶以及其他水上移动装置,但是船舶上装备的救生艇筏和长度小于 5 米的艇筏除外,具体包括:

① 机动船舶:用机器推进的船舶。

② 拖船:专门用于拖(推)动运输船舶的专业作业船舶。

③ 非机动驳船:在船舶登记管理部门登记为驳船的非机动船舶。

④ 游艇:具备内置机械推进动力装置,长度在 90 米以下,主要用于游览观光、休闲娱乐、水上体育运动等活动,并应当具有船舶检验证书和适航证书的船舶。

（五）税收优惠

下列车船免征车船税：

（1）捕捞、养殖渔船。捕捞、养殖渔船是指在渔业船舶管理部门登记为捕捞船或者养殖船的渔业船舶，不包括在渔业船舶管理部门登记为捕捞船或者养殖船以外类型的渔业船舶。

（2）军队、武警专用的车船。这是指按照规定在军队、武警车船管理部门登记，并领取军用牌照、武警牌照的车船。

（3）警用车船。这是指公安机关、国家公安机关、监狱、劳动教养管理机关和人民法院、人民检察院领取警用牌照的车辆和执行警务的专用船舶。

（4）悬挂应急救援专用号牌的国家综合性消防救援车辆和国家综合性消防救援船舶。

（5）依照法律规定应当予以免税的外国驻华使馆、领事馆和国际组织驻华机构及其有关人员的车船。

（6）对节约能源的车船，减半征收车船税；对使用新能源的车船，免征车船税。减半征收车船税的节约能源采用车和商用车，免征车船税的使用新能源汽车均应符合规定标准。

（7）经批准临时入境的外国车船和港澳台的车船不征收车船税。

（8）按照规定缴纳船舶吨税的机动船舶，自我国《车船税法》实施之日起5年内免征车船税。

（9）依法不需要在车船登记管理部门登记的机场、港口、铁路站场内部行驶或作业的车船，自我国《车船税法》实施之日起5年内免征车船税。

（六）计算应纳税额

（1）购置的新车船，购置当年的应纳税额自纳税义务发生的当月起按月计算。其计算公式为：

$$应纳税额=(年应纳税额\div 12)\times 应纳税月份数$$

【职业训练8-7】 某运输公司拥有载货汽车20辆(货车整备质量全部为10吨)；载客大客车30辆；小客车10辆。载货汽车每吨年税额为80元，载客大客车每辆年税额为800元，小客车每辆年税额为700元。计算该公司全年应纳车船税。

$$载货汽车应纳税额=20\times 10\times 80=16\,000(元)$$

$$载客汽车应纳税额=30\times 800+10\times 700=31\,000(元)$$

$$全年应纳车船税额=16\,000+31\,000=47\,000(元)$$

（2）在一个纳税年度内，已完税的车船被盗抢、报废、灭失的，纳税人可以凭有关管理机关出具的证明和完税证明，向纳税所在地的主管税务机关申请退还自被盗抢、报废、灭失月份起至该纳税年度终了期间的税款。

（3）已办理退税的被盗抢车船，失而复得的，纳税人应当从公安机关出具相关证明的当月起计算缴纳车船税。

（4）已缴纳车船税的车船在同一纳税年度内办理转让过户的，不另纳税，也不退税。

（5）已经缴纳车船税的车船，因质量原因，车船被退回生产企业或者经销商的，纳税人可以向纳税所在地的主管税务机关申请退还自退货月份起至该纳税年度终了期间的税款。退货月份以退货发票所载日期的当月为准。

（七）申报与缴纳

1. 纳税期限

车船税的纳税义务发生时间，为取得车船所有权或管理权的当月，以购买车船的发票或其他证明文件所在日期的当月为准。

2. 纳税地点

车船税的纳税地点为车船的登记地或者车船税扣缴义务人所在地。依法不需要办理登记的车船，车船税的纳税地点为车船税的所有人或者管理人所在地。

扣缴义务人代收代缴车船税的，纳税地点为扣缴义务人所在地。

纳税人自行申报缴纳车船税的，纳税地点为车船登记地的主管税务机关所在地。

依法不需要办理登记的车船，纳税地点为车船所有人或者管理人主管税务机关所在地。

3. 纳税申报

车船税按年申报缴纳。纳税年度自公历 1 月 1 日起至 12 月 31 日止。具体申报纳税期限由省、自治区、直辖市人民政府确定。

车船税的纳税人应按照我国《车船税法》的有关规定及时办理纳税申报，并如实填写《财产和行为税纳税申报表》（表 8-4）及《财产和行为税税源明细表》《车船税税源明细表》部分（表 8-5）。

表 8-4　财产和行为税纳税申报表

纳税人识别号（统一社会信用代码）：□□□□□□□□□□□□□□□□□□□□□□

纳税人名称（公章）：　　　　　　　　　　　　　　　　金额单位：人民币元（列至角分）

序号	税种	税目	税款所属期起	税款所属期止	计税依据	税率	应纳税额	减免税额	已缴税额	应补（退）税额
1										
2										
3										
4										
5										
6										
7										
8										
9										
10										
11	合计	—	—	—	—	—				
声明：此表是根据国家税收法律法规及相关规定填写的，本人（单位）对填报内容（及附带资料）的真实性、可靠性、完整性负责。 纳税人（签章）　　　年　月　日										

（续表）

经办人： 经办人身份证号： 代理机构签章： 代理机构统一社会信用代码：	受理人： 受理税务机关(章)： 受理日期：　　年　　月　　日

注:(1) 本表适用于申报城镇土地使用税、房产税、契税、耕地占用税、土地增值税、印花税、车船税、烟叶税、环境保护税、资源税。

(2) 本表根据各税种税源明细表自动生成,申报前需填写税源明细表。

(3) 本表包含一张附表《财产和行为税减免税明细申报附表》。

表 8-5　车船税税源明细表

纳税人识别号(统一社会信用代码):□□□□□□□□□□□□□□□□□□□□

纳税人名称(公章):　　　　体积单位:升;质量单位:吨;功率单位:千瓦;长度单位:米

车辆税源明细											
序号	车牌号码	车辆识别代码(车架号)	车辆类型	车辆品牌	车辆型号	车辆发票日期或注册登记日期	排(气)量	核定载客	整备质量	单位税额	减免性质代码和项目名称	纳税义务终止时间
1												
2												
3												

船舶税源明细															
序号	船舶登记号	船舶识别号	船舶种类	中文船名	初次登记号码	船籍港	发证日期	取得所有权日期	建成日期	净吨位	主机功率	艇身长度(总长)	单位税额	减免性质代码和项目名称	纳税义务终止时间
1															
2															
3															

学习子情境二　房产税税务处理

《中华人民共和国房产税暂行条例》

一、概念

房产税是以房产为征税对象,按房产的计税余额或租赁收入为计税依据,向产权所有人征收的一种财产税。征收房产税有利于地方政府筹集财政收入,也有利于加强房产管理。

二、纳税人

房产税以在征税范围内的房屋产权所有人为纳税人。具体规定如表 8-6 所示。

表 8-6 房产税纳税人

序号	房产情况	纳税人
1	产权属国家所有	经营管理单位
2	产权属集体和个人所有	集体单位和个人
3	产权出典	承典人
4	产权所有人、承典人不在房屋所在地	房产代管人或者使用人
5	产权未确定及租典纠纷未解决	
6	无租使用房产管理部门、免税单位及纳税单位的房产	使用人代为缴纳

知识链接

产权出典是指产权所有人将房屋、生产资料等的产权，在一定期限内典当给他人使用，而取得资金的一种融资业务。这种业务大多发生于出典人急需用款，但又想保留产权回赎权的情况。承典人向出典人交付一定的典价之后，在质典期内即获抵押物品的支配权，并可转典。产权的典价一般要低于卖价。出典人在规定期间内须归还典价的本金和利息，方可赎回出典房屋等的产权。

由于在房屋出典期间，产权所有人已无权支配房屋，因此，税法规定由对房屋具有支配权的承典人为纳税人。

【知识点过关 8-2·单项选择题】 下列关于房产税纳税人的表述中，不符合法律制度规定的是(　　)。

A. 房屋出租的，承租人为纳税人

B. 房屋产权所有人不在房产所在地的，房产代管人或使用人为纳税人

C. 房屋产权属于国家的，其经营管理单位为纳税人

D. 房屋产权未确定的，房产代管人或使用人为纳税人

【答案】 A

【答案解析】 房屋出租的，出租人仍为该房产的产权人，出租人为房产税的纳税人。

三、征税对象

房产税以房产为征税对象。所谓房产，是指有屋面和围护结构(有墙或两边有柱)，能够遮风避雨，可供人们在其中生产、学习、工作、娱乐、居住或贮藏物资的场所。

【请注意】

(1) 独立于房屋之外的建筑物，如围墙、烟囱、水塔、菜窖、室外游泳池等不属于房产税的征税对象。

(2) 房地产开发企业建造的商品房，在出售前，不征收房产税；但对出售前房地产开发企业已使用或出租、出借的商品房应按规定征收房产税。

四、征税范围

房产税的征税范围包括城市、县城、建制镇和工矿区。

【请注意】

房产税的征税范围不包括农村。

因为农村的房屋，除农副业生产用房外，大部分是农民居住用房。对农村房屋不纳入房产税征税范围，有利于减轻农民负担，繁荣农村经济，促进农业发展和社会稳定。

【知识点过关 8-3·单项选择题】 下列各项中，属于房产税征税范围的是(　　)。

A. 市区的商业大楼　　B. 独立于房屋之外的水塔

C. 农村居民住宅　　D. 独立于房屋之外的围墙

【答案】 A

五、税率

我国现行房产税采用的是比例税率。由于房产税的计税依据分为从价计征和从租计征两种形式，所以房产税的税率也有两种。一种是按房产原值一次减除10%～30%后的余值计征的，税率为1.2%；另一种是按房产出租的租金收入计征的，税率为12%。

自2008年3月1日起，对个人出租住房，不区分用途，按4%的税率征收房产税。

六、税收优惠

以下各项免征房产税：

(1) 国家机关、人民团体、军队自用的房产。

【请注意】

上述免税单位的出租房产以及非自身业务使用的生产、营业用房不属于免税范围。

(2) 由国家财政部门拨付事业经费的单位，如学校、医疗卫生单位、托儿所、幼儿园、敬老院、文化、体育、艺术这些实行全额或差额预算管理的事业单位所有的，本身业务范围内使用的房产免征房产税。

(3) 宗教寺庙、公园、名胜古迹自用的房产。

【请注意】

宗教寺庙、公园、名胜古迹中附设的营业单位，如影剧院、饮食部、茶社、照相馆等所使用的房产及出租的房产，不属于免税范围，应照章纳税。

(4) 个人所有非营业用的房产。

【请注意】

个人所有的非营业用房，主要是指居民住房，无论面积多少，一律免征房产税。

对个人拥有的营业用房或者出租的房产，不属于免税房产，应照章纳税。

(5) 对非营利性医疗机构，疾病控制机构和妇幼保健机构等卫生机构自用的房产。

(6) 经营公租房的租金收入。

(7) 企业办的各类学校、医院、托儿所、幼儿园自用的房产。

(8) 经有关部门鉴定,对毁损不堪居住的房屋和危险房屋,在停止使用后,可免征房产税。

(9) 纳税人因房屋大修导致连续停用半年以上的,在房屋大修期间免征房产税。

(10) 凡是在基建工地为基建工地服务的各种工棚、材料棚、休息棚、办公室、食堂、茶炉房、汽车房等临时性房屋,无论是施工企业自行建造还是基建单位出资建造,交施工企业使用的,在施工期间,一律免征房产税。

但是,如果在基建工程结束后,施工企业将这种临时性房屋交还或者低价转让给基建单位的,应当从基建单位接收的次月起,依照规定缴纳房产税。

(11) 纳税单位与免税单位共同使用的房屋,按各自使用的部分分别征收或免征房产税。

(12) 自 2019 年 6 月 1 日至 2025 年 12 月 31 日,为社区提供养老、托育、家政等服务的机构自用或其通过承租、无偿使用等方式取得并用于提供社区养老、托育、家政服务的房产。

(13) 对按政府规定价格出租的公有住房和廉租住房,包括企业和自收自支事业单位向职工出租的单位自有住房,房管部门向居民出租的公有住房,落实私房政策中带户发还产权并以政府规定租金标准向居民出租的私有住房等,暂免征收房产税。

七、计税依据

房产税的计税依据是房产的计税价值或房产的租金收入。按照房产计税价值征税的,称为从价计征;按照房产租金收入计征的,称为从租计征。

1. 从价计征

从价计征以房产余值为计税依据。房产税依照房产原值一次减除 10%~30%后的余值计算缴纳。各地扣除比例由当地省、自治区、直辖市人民政府确定。

知识链接

房产余值是指房产的原值减除规定比例后的剩余价值。

房产原值是指纳税人按照会计制度规定,在账簿固定资产科目中记载的房屋原价。

1) 房产原值

房产原值应包括与房屋不可分割的各种附属设备或一般不单独计算价值的配套设施。主要包括暖气、卫生、通风、照明、煤气等设备;各种管线,如蒸汽、压缩空气、石油、给水、排水等管道及电力、电讯、电缆导线;电梯、升降机、过道、晒台等。

凡以房屋为载体,不可随意移动的附属设备和配套设施,如给排水、采暖、消防、中央空调、电气及智能化楼宇设备等,无论在会计核算中是否单独记账与核算,都应计入房产原值,计征房产税。

纳税人对原有房屋进行改建、扩建的,要相应增加房屋的原值。对更换房屋附属设备和配套设施的,在将其价值计入房产原值时,可扣减原来相应设备和设施的价值;对附属设备和配套设施中易损坏、需要经常更换的零配件,更新后不再计入房产原值。

2) 投资联营房产的计税规定

(1) 对以房产投资联营、投资者参与投资利润分红、共担风险的,按房产余值作为计税依据计缴房产税。

(2) 对以房产投资收取固定收入、不承担经营风险的，实际上是以联营名义取得房屋租金，应以出租方取得的租金收入为计税依据计缴房产税。

3) 融资租赁房屋的计税规定

对融资租赁房屋的情况，由于租赁费包括购进房屋的价款、手续费、借款利息等，与一般房屋出租的“租金”内涵不同，且租赁期满后，当承租方偿还最后一笔租赁费时，房屋产权要转移到承租方，这实际上是一种变相的分期付款购买固定资产的形式，所以在计征房产税时应以房产余值计算征收，由承租人自融资租赁合同约定开始日的次月起依照房产余值缴纳房产税。合同未约定开始日的，由承租人自合同签订的次月起依照房产余值缴纳房产税。

4) 居民住宅区内业主共有的经营性房产的计税规定

从2007年1月1日起，对居民住宅区内业主共有的经营性房产，由实际经营(包括自营和出租)的代管人或使用人缴纳房产税。其中：自营的依照房产原值减除10%～30%后的余值计征，没有房产原值或不能将业主共有房产与其他房产的原值准确划分开的，由房产所在地税务机关参照同类房产核定房产原值；出租房产的，按照租金收入计征。

2. 从租计征

房产出租的，以房屋出租取得的租金收入为计税依据，计缴房产税。

知识链接

房产的租金收入是指房屋产权所有人出租房产使用权所取得的报酬，包括货币收入和实物收入。对以劳务或其他形式为报酬抵付房租收入的，应根据当地同类房产的租金水平，确定一个标准租金额从租计征。

纳税人对个人出租房屋的租金收入申报不实或申报数与同一地段同类房屋的租金收入相比明显不合理的，税务部门可以按照有关规定，采取科学合理的方法核定其应纳税额。

【请注意】

(1) 计征房产税的租金收入不含增值税。

(2) 免征增值税的，确定计税依据时，租金收入不扣减增值税。

八、计算应纳税额

房产税的计税依据有两种，与之相适应的应纳税额计算也分为两种：一是从价计征的计算；二是从租计征的计算。相关计算如表8-7所示。

表8-7　房产税的计算

项目	从价计征	从租计征
应纳税额	应税房产原值×(1－扣除比例)×1.2%	房产租金收入×12%(或4%)
计税依据	房产余值＝应税房产原值×(1－扣除比例)	房产租金收入
比例税率	1.2%	12%或4%

【职业训练 8-8】 甲公司拥有一栋自用房产原值为 150 万元，已计提折旧 50 万元。房产税税率为 1.2%，当地规定的扣除比例为 30%，求甲公司 2021 年度应纳房产税税额。

$$应纳税额=150\times(1-30\%)\times1.2\%=1.26(万元)$$

【职业训练 8-9】 甲公司拥有一处办公用房原值 600 万元，由于价值 50 万元的配套设施损坏，2021 年 12 月以价值 80 万元的配套设备对其予以更换。已知该房产的扣除比例为 30%，请计算甲公司该办公用房本年度应纳房产税税额。

纳税人对原有房屋进行改建、扩建的，要相应增加房屋的原值。对更换房屋附属设备和配套设施的，在将其价值计入房产原值时，可扣减原来相应设备和设施的价值。相关计算为：

$$应纳税额=(600-50+80)\times(1-30\%)\times1.2\%=5.292(万元)$$

【职业训练 8-10】 甲公司将其自由商铺出租，租期为 2021 年全年，一次性收取含增值税租金 525 000 元。已知增值税征收率为 5%，房产税的税率为 12%，请计算甲公司出租该商铺应纳房产税税额。

计征房产税的租金收入不含增值税。相关计算为：

$$应纳税额=525\,000\div(1+5\%)\times12\%=60\,000(元)$$

九、申报与缴纳

(一) 纳税义务发生时间

(1) 纳税人将原有房产用于生产经营，从生产经营之月起缴纳房产税。

(2) 纳税人自行新建房屋用于生产经营，从建成之次月起缴纳房产税。

(3) 纳税人委托施工企业建设的房屋，从办理验收手续的次月起缴纳房产税。

(4) 纳税人购置新建商品房，自房屋交付使用的次月起缴纳房产税。

(5) 纳税人购置存量房，自办理房屋权属转移、变更登记手续，房地产权属登记机关签发房屋权属证书的次月起，缴纳房产税。

(6) 纳税人出租、出借房产，自交付出租、出借房产的次月起，缴纳房产税。

(7) 房地产开发企业自用、出租、出借本企业建造的商品房，自房屋使用或交付的次月起，缴纳房产税。

(8) 纳税人因房产的实物或者权利状态发生变化而依法终止房产税纳税义务的，其应纳税款的计算应截止到房产的实物或权利状态发生变化的当月末。

(二) 纳税期限

房产税按年计算、分期缴纳。具体纳税期限由省、自治区、直辖市人民政府确定。

(三) 纳税地点

房产税在房产所在地缴纳。房产不在同一地方的纳税人，应按房产的坐落地点分别向房产所在地的税务机关纳税。

(四) 纳税申报

房产税的纳税人应按照房产税法律制度的有关规定及时办理纳税申报，并如实填写《财产和行为税纳税申报表》(表 8-4)及《财产和行为税税源明细表》(《城镇土地使用税　房产税税源明细表》部分见表 8-8)。

表 8-8 城镇土地使用税 房产税税源明细表

纳税人识别号(统一社会信用代码):□□□□□□□□□□□□□□□□□□□□

纳税人名称(公章): 金额单位:人民币元(列至角分);面积单位:平方米

<table>
<tr><td colspan="12">一、城镇土地使用税税源明细</td></tr>
<tr><td colspan="2">纳税人类型</td><td colspan="3">土地使用权人□ 集体土地使用人□ 无偿使用人□ 代管人□ 实际使用人□(必选)</td><td colspan="3">土地使用权人纳税人识别号(统一社会信用代码)</td><td colspan="2"></td><td>土地使用权人名称</td><td></td></tr>
<tr><td colspan="2">土地编号</td><td colspan="3"></td><td colspan="3">土地名称</td><td colspan="2"></td><td>不动产权证号</td><td></td></tr>
<tr><td colspan="2">不动产单元代码</td><td colspan="3"></td><td colspan="3">宗地号</td><td colspan="2"></td><td>土地性质</td><td>国有□ 集体□(必选)</td></tr>
<tr><td colspan="2">土地取得方式</td><td colspan="3">划拨□ 出让□ 转让□ 租赁□ 其他□(必选)</td><td colspan="3">土地用途</td><td colspan="4">工业□ 商业□ 居住□ 综合□ 房地产开发企业的开发用地□ 其他□(必选)</td></tr>
<tr><td colspan="2">土地坐落地址(详细地址)</td><td colspan="10">省(自治区、直辖市) 市(区) 县(区) 乡镇(街道) (必填)</td></tr>
<tr><td colspan="2">土地所属主管税务所(科、分局)</td><td colspan="10"></td></tr>
<tr><td colspan="2">土地取得时间</td><td>年 月</td><td>变更类型</td><td colspan="6">纳税义务终止(权属转移□ 其他□)
信息项变更(土地面积变更□ 土地等级变更□ 减免税变更□ 其他□)</td><td>变更时间</td><td>年 月</td></tr>
<tr><td colspan="2">占用土地面和</td><td></td><td>地价</td><td colspan="3"></td><td colspan="2">土地等级</td><td></td><td>税额标准</td><td></td></tr>
<tr><td rowspan="5">减免税部分</td><td rowspan="2">序号</td><td colspan="4" rowspan="2">减免性质代码和项目名称</td><td colspan="4">减免起止时间</td><td rowspan="2">减免税土地面积</td><td rowspan="2">月减免税金额</td></tr>
<tr><td colspan="2">减免起始月份</td><td colspan="2">减免终止月份</td></tr>
<tr><td>1</td><td colspan="4"></td><td colspan="2">年 月</td><td colspan="2">年 月</td><td></td><td></td></tr>
<tr><td>2</td><td colspan="4"></td><td colspan="2"></td><td colspan="2"></td><td></td><td></td></tr>
<tr><td>3</td><td colspan="4"></td><td colspan="2"></td><td colspan="2"></td><td></td><td></td></tr>
<tr><td colspan="12">二、房产税税源明细</td></tr>
<tr><td colspan="12">(一) 从价计征房产税明细</td></tr>
<tr><td colspan="2">纳税人类型</td><td colspan="3">产权所有人□ 经营管理人□ 承典人□ 房屋代管人□ 房屋使用人□ 融资租赁承租人□(必选)</td><td colspan="3">所有权人纳税人识别号(统一社会信用代码)</td><td colspan="2"></td><td>所有权人名称</td><td></td></tr>
<tr><td colspan="2">房产编号</td><td colspan="3"></td><td colspan="3">房产名称</td><td colspan="2"></td><td></td><td></td></tr>
<tr><td colspan="2">不动产权证号</td><td colspan="3"></td><td colspan="3">不动产单元代码</td><td colspan="2"></td><td></td><td></td></tr>
<tr><td colspan="2">房屋坐落地址(详细地址)</td><td colspan="10">省(自治区、直辖市) 市(区) 县(区) 乡镇(街道) (必填)</td></tr>
<tr><td colspan="2">房产所属主管税务所(科、分局)</td><td colspan="10"></td></tr>
<tr><td colspan="2">房屋所在土地编号</td><td colspan="3"></td><td colspan="3">房产用途</td><td colspan="4">工业□ 商业及办公□ 住房□ 其他□(必选)</td></tr>
<tr><td colspan="2">房产取得时间</td><td>年 月</td><td>变更类型</td><td colspan="6">纳税义务终止(权属转移□ 其他□)
信息项变更(房产原值变更□ 出租房产原值变更□ 减免税变更□ 申报租金收入变更□ 其他□)</td><td>变更时间</td><td>年 月</td></tr>
<tr><td colspan="2">建筑面和</td><td></td><td colspan="4">其中:出租房产面积</td><td colspan="5"></td></tr>
<tr><td colspan="2">房产原值</td><td></td><td colspan="4">其中:出租房产原值</td><td colspan="3"></td><td>计税比例</td><td></td></tr>
</table>

（续表）

减免税部分	序号	减免性质代码和项目名称	减免起止时间		减免税房产原值	月减免税金额
			减免起始月份	减免终止月份		
	1		年　月	年　月		
	2					
	3					

（二）从租计征房产税明细

房产编号		房产名称	
房产所属主管税务所（科、分局）			
承租方纳税人识别号（统一社会信用代码）		承租方名称	
出租面积		申报租金收入	
申报租金所属租赁期起		申报租金所属租赁期止	

减免税部分	序号	减免性质代码和项目名称	减免起止时间		减免税租金收入	月减免税金额
			减免起始月份	减免终止月份		
	1		年　月	年　月		
	2					
	3					

《中华人民共和国契税法》

学习子情境三　契税税务处理

一、概念

契税是国家在土地、房屋权属转移时，按照当事人双方签订的合同（契约）以及所确定价格的一定比例，向权属承受人征收的一种税。征收契税有利于增加地方财政收入，有利于保护合法产权，避免产权纠纷。

二、纳税人

契税的纳税人是在我国境内承受土地、房屋权属转移的单位和个人。

知识链接

承受是指以受让、购买、受赠、互换等方式取得土地、房屋权属的行为。

土地、房屋权属是指土地使用权和房屋所有权。

【知识点过关 8-4・多项选择题】 下列各项中，属于契税纳税人的有（　　）。

A. 购买房屋的乙公司　　　　B. 受赠房屋的丙公司
C. 出租房屋的丁公司　　　　D. 出售房屋的甲公司

【答案】 AB

【答案解析】 选项C中的出租行为，不能使房屋的权属转移；选项D购买者（房屋权属的承受者）缴纳契税，不是出售的甲公司缴纳。

三、征税对象

契税以在我国境内转移土地、房屋权属的行为作为征税对象。

【请注意】

土地、房屋权属未发生转移的，不征收契税。

四、征税范围

（1）国有土地使用权出让。
（2）土地使用权的转让不包括土地承包经营权和土地经营权的转移。

知识链接

国有土地使用权出让是指国家以土地所有者的身份将土地使用权在一定年限内让与土地使用者，并由土地使用者向国家支付土地使用权出让金的行为，属于土地买卖的一级市场。土地使用权出让的出让方是国家，国家凭借土地的所有权向土地使用者收取土地的租金。出让的目的是实行国有土地的有偿使用，合理开发、利用、经营土地。

土地使用权的转让是指土地使用者通过出让等形式取得土地使用权后，将土地使用权再转让的行为，包括出售、交换和赠与等其他方式，属于土地买卖的二级市场。土地使用权转让，其地上的建筑物、其他附着物的所有权随之转让。

（3）房屋买卖。
（4）房屋赠与。

知识拓展

① 法定继承人（配偶、子女、父母、兄弟姐妹、祖父母、外祖父母）继承土地、房屋权属的，不征收契税；非法定继承人根据遗嘱承受死者生前的土地、房屋权属，属于赠与行为，应征收契税。

② 以获奖方式取得房屋产权，实质上是接受赠与房产的行为，应缴纳契税。

（5）房屋交换。
（6）其他方式：

① 以作价投资入股、偿还债务、划转、奖励等方式转移土地、房屋权属的，可以视同土地使用权转让、房屋买卖或者房屋赠与征收契税。

② 土地使用权受让人通过完成土地使用权转让方约定的投资额度或投资特定项目，以

此获取低价转让或无偿赠与的土地使用权的，属于契税征收范围，其计税价格由征收机关参照纳税义务发生时当地的市场价格核定。

③ 公司增资扩股中，对以土地、房屋权属作价入股或作为出资资投入企业的，征收契税。

④ 企业破产清算期间，对非债权人承受破产企业土地、房屋权属的，征收契税。

⑤ 因下列情形发生土地、房屋权属转移的，承受方应当依法缴纳契税：a. 因共有不动产份额变化的。b. 因共有人增加或者减少的。c. 因人民法院、仲裁委员会的生效法律文书或者监察机关出具的监察文书等因素，发生土地、房屋权属转移的。

【请注意】

不属于契税的征税范围(权属未转移)：

1. 土地或房屋的典当、分拆分割、抵押以及出租等行为；

2. 在股权(股份)转让中，单位、个人承受公司股权(股份)，公司的土地、房屋权属未发生转移。

【知识点过关 8-5·单项选择题】 下列情形中，应计算缴纳契税的是(　　)。

A. 个人以自有房屋对外出租

B. 法定继承人通过继承承受房屋权属

C. 个人以自有房屋对外抵押

D. 个人承受企业无偿赠与的房屋权属

【答案】 D

【答案解析】 选项A中的出租行为、选项C中的抵押行为，房屋产权不转移，不征收契税；选项B，法定继承人继承土地、房屋权属的，不征收契税。

五、税率

契税采用比例税率，实行3%～5%的幅度税率。

具体适用税率由各省、自治区、直辖市人民政府在幅度税率规定范围内，按照本地区的实际情况提出，报同级人民代表大会常务委员会决定，并报全国人民代表大会常务委员会和国务院备案。

省、自治区、直辖市可以依照税法规定的程序对不同主体、不同地区、不同类型的住房的权属转移确定地方差别税率。

六、税收优惠

(一) 全国法定免税情形

有下列情形之一的，免征契税：

(1) 国家机关、事业单位、社会团体、军事单位承受土地、房屋权属用于办公、教学、医疗、科研、军事设施。

知识拓展

享受契税免税优惠的土地、房屋用途具体如下：

① 用于办公的，限于办公室(楼)以及其他直接用于办公的土地、房屋。

② 用于教学的，限于教室(教学楼)以及其他直接用于教学的土地、房屋。

③ 用于医疗的，限于门诊部以及其他直接用于医疗的土地、房屋。

④ 用于科研的，限于科学试验的场所以及其他直接用于科研的土地、房屋。

⑤ 用于军事设施的，限于直接用于《中华人民共和国军事设施保护法》规定的军事设施的土地、房屋。

(2) 非营利性的学校、医疗机构、社会福利机构承受土地、房屋权属用于办公、教学、医疗、科研、养老、救助。

知识拓展

(1) 享受契税免税优惠的非营利性的学校、医疗机构、社会福利机构，限于这三类单位中依法登记为事业单位、社会团体、基金会、社会服务机构等的非营利法人和非营利组织。其中：

① 学校的具体范围为经县级以上人民政府或者其教育行政部门批准成立的大学、中学、小学、幼儿园，实施学历教育的职业教育学校、特殊教育学校、专门学校，以及经省级人民政府或者其人力资源社会保障行政部门批准成立的技工院校。

② 医疗机构的具体范围为经县级以上人民政府卫生健康行政部门批准或者备案设立的医疗机构。

③ 社会福利机构的具体范围为依法登记的养老服务机构、残疾人服务机构、儿童福利机构、救助管理机构、未成年人救助保护机构。

(2) 享受契税免税优惠的土地、房屋用途具体如下：

① 用于养老的，限于直接用于为老年人提供养护、康复、托管等服务的土地、房屋。

② 用于救助的，限于直接为残疾人、未成年人、生活无着落的流浪乞讨人员提供养护、康复、托管等服务的土地、房屋。

(3) 承受荒山、荒地、荒滩土地使用权用于农、林、牧、渔业生产。

(4) 婚姻关系存续期间夫妻之间变更土地、房屋权属。

(5) 法定继承人通过继承承受土地、房屋权属。

(6) 依照法律规定应当予以免税的外国驻华使馆、领事馆和国际组织驻华代表机构承受土地、房屋权属。

根据国民经济和社会发展的需要，国务院对居民住房需求保障、企业改制重组、灾后重建等情形可以规定免征或者减征契税，报全国人民代表大会常务委员会备案。

(二) 地方酌定减免税情形

省、自治区、直辖市可以决定对下列情形免征或者减征契税：

(1) 因土地、房屋被县级以上人民政府征收、征用，重新承受土地、房屋权属。

(2) 因不可抗力灭失住房，重新承受住房权属。

上述规定的免征或者减征契税的具体办法，由省、自治区、直辖市人民政府提出，报同级人民代表大会常务委员会决定，并报全国人民代表大会常务委员会和国务院备案。

经批准减征、免征契税的纳税人，改变有关土地、房屋的用途，或者有其他不再属于税法规定的减征、免征契税情形的，就不再属于减征、免征契税范围，应当补缴。

七、计税依据

按照土地、房屋权属转移的形式、定价方法的不同，契税的计税依据确定如下。

(一) 成交价格

土地使用权出让、出售,房屋买卖以成交价格(不含增值税)作为计税依据。

知识链接

成交价格是指土地、房屋权属转移合同确定的价格,包括承受者应交付的货币、实物、无形资产或其他经济利益对应的价款。

(1) 土地使用权及所附建筑物、构筑物等(包括在建的房屋、其他建筑物、构筑物和其他附着物)转让的,计税依据为承受方应交付的总价款。

(2) 土地使用权出让的,计税依据包括土地出让金、土地补偿费、安置补助费、地上附着物和青苗补偿费、征收补偿费、城市基础设施配套费、实物配建房屋等应交付的货币以及实物、其他经济利益对应的价款。

(3) 房屋附属设施(包括停车位、机动车库、非机动车库、顶层阁楼、储藏室及其他房屋附属设施):a. 与房屋为同一不动产单元的,计税依据为承受方应交付的总价款,并适用与房屋相同的税率。b. 与房屋为不同不动产单元的,计税依据为转移合同确定的成交价格,并按当地确定的适用税率计税。

(4) 承受已装修房屋的,应将包括装修费用在内的费用计入承受方应交付的总价款。

(二) 核定价格

(1) 土地使用权赠与、房屋赠与以及其他没有价格的转移土地、房屋权属行为:计税依据为税务机关参照土地使用权出售、房屋买卖的市场价格依法核定的价格(不含增值税)。

(2) 为了防止纳税人隐瞒、虚报成交价格以偷逃税款,对纳税人申报的成交价格、互换价格差额明显偏低且无正当理由的,由税务机关依法核定计税价格,应参照市场价格(不含增值税),采用房地产价格评估等方法合理确定。

(三) 互换价格差额

土地使用权互换、房屋互换、土地使用权与房屋所有权之间相互交换的,以所互换的差额(不含增值税)为计税依据。

(1) 互换价格相等的,互换双方计税依据为零。

(2) 互换价格不相等的,以其差额为计税依据,由支付差额的一方缴纳契税。

(四) 关于划拨取得的土地使用权

(1) 以划拨方式取得的土地使用权,经批准改为出让方式重新取得该土地使用权的,应由该土地使用权人以补缴的土地出让价款为计税依据缴纳契税。

(2) 先以划拨方式取得土地使用权,后经批准转让房地产,划拨土地性质改为出让的,承受方应分别以补缴的土地出让价款和房地产权属转移合同确定的成交价格为计税依据缴纳契税。

(3) 以划拨方式取得土地使用权,后经批准转让房地产,划拨土地性质未发生改变的,承受方应以房地产权属转移合同确定的成交价格为计税依据缴纳契税。

八、计算应纳税额

契税应纳税额的计算公式为：

应纳税额＝计税依据×税率

【职业训练 8-11】 居民甲有两套住房，将一套出售给居民乙，成交价格为 200 000 元；将另一套两室住房与居民丙交换成两处一室住房，并支付给丙换房差价款 60 000 元。试计算甲、乙、丙相关行为应缴纳的契税(假定税率为 4%)。

甲乙房屋买卖，购买方乙以成交价格作为计税依据。甲丙房屋互换，交换换价格不相等的，以差额为计税依据，由支付差额的甲缴纳契税。

甲应缴纳契税＝60 000×4%＝2 400(元)

乙应缴纳契税＝200 000×4%＝8 000(元)

丙不缴纳契税。

九、申报与缴纳

(一) 纳税义务发生时间

(1) 纳税人应当在依法办理土地、房屋权属登记手续前申报缴纳契税。契税的纳税义务发生时间是纳税人签订土地、房屋权属转移合同的当日，或者纳税人取得其他具有土地、房屋权属转移合同性质凭证的当日。

知识链接

具有土地、房屋权属转移合同性质的凭证包括契约、协议、合约、单据、确认书以及其他凭证。

(2) 发生下列情形，按规定不再需要办理土地、房屋权属登记的，纳税人应自纳税义务发生之日起 90 日内申报缴纳契税：

① 因人民法院、仲裁委员会的生效法律文书或者监察机关出具的监察文书等发生土地、房屋权属转移的，纳税义务发生时间为法律文书等生效当日。

② 因改变土地、房屋用途等情形应当缴纳已经减征、免征契税的，纳税义务发生时间为改变有关土地、房屋用途等情形的当日。

③ 因改变土地性质、容积率等土地使用条件须补缴土地出让价款，应当缴纳契税的，纳税义务发生时间为改变土地使用条件当日。

(二) 纳税地点

契税实行属地征收管理。纳税人发生契税纳税义务时，应向土地、房屋所在地的税务机关申报纳税。

(三) 纳税申报

契税的纳税人应按照契税法律制度的有关规定及时办理纳税申报，并如实填写《财产和行为税纳税申报表》(表 8-4)及《财产和行为税税源明细表》(《契税税源明细表》部分见表 8-9)。纳税人符合减征或者免征契税规定的，也应当按照规定进行减免税的申报。

表 8-9 契税税源明细表

纳税人识别号(统一社会信用代码)：□□□□□□□□□□□□□□□□□□□□

纳税人名称(公章)：　　　　　　　　　金额单位：人民币元(列至角分)；面积单位：平方米

税源编号		土地房屋坐落地址		不动产单元代码	
合同编号		合同签订日期		共有方式	□单独所有/按份共有 □共同共有 （共有人：________）
权属转移对象		权属转移方式		用途	
成交价格		权属转移面积		成交单价	
评估价格			计税价格		
适用税率			减免性质代码和项目名称		

(四) 完税凭证与权属登记

纳税人办理纳税事宜后，税务机关应当开具契税完税凭证。纳税人办理土地、房屋权属登记，不动产登记机构应当查验契税完税、减免税凭证或者有关信息。未按照规定缴纳契税的，不动产登记机构不予办理土地、房屋权属登记。

(五) 契税的退还

在依法办理土地、房屋权属登记前，权属转移合同或权属转移合同性质凭证不生效、无效、被撤销或者被解除的，纳税人可以向税务机关申请退还已缴纳的税款，税务机关应当依法办理。

学习子情境四　城镇土地使用税税务处理

《中华人民共和国城镇土地使用税暂行条例》

一、概念

城镇土地使用税是以国有土地为征税对象，对拥有土地使用权的单位和个人征收的一种税。征收城镇土地使用税有利于促进土地的合理使用，调节土地级差收入，也有利于筹集地方财政资金。

二、纳税人

城镇土地使用税的纳税人是指在城市、县城、建制镇、工矿区范围内拥有土地使用权的单位和个人，如表 8-10 所示。

表 8-10 城镇土地使用税纳税人

特殊情况	纳税人
拥有土地使用权的单位和个人不在土地所在地的	土地的实际使用人和代管人
土地使用权未确定或权属纠纷未解决的	实际使用人
土地使用权共有的	共有各方分别纳税
承租集体所有建设用地	直接从集体经济组织承租土地的单位和个人

知识链接

对于土地使用权共有的情况：几个人或几个单位共同拥有一块土地的使用权，这块土地的城镇土地使用税的纳税人应是对这块土地拥有使用权的每一个人或每一个单位。他们应以其实际使用的土地面积占总面积的比例，分别计算缴纳土地使用税。

例如，某城市的甲与乙共同拥有一块土地的使用权，这块土地面积为 1 500 平方米，甲实际使用 1/3，乙实际使用 2/3，则甲应是其所占的 500 平方米（1 500×1/3）土地的城镇土地使用税的纳税人，乙是其所占的 1 000 平方米（1 500×2/3）土地的城镇土地使用税的纳税人。

三、征税范围

城镇土地使用税的征税范围包括在城市、县城、建制镇和工矿区内的国家所有和集体所有的土地。

知识链接

城市是指经国务院批准设立的市。城市的土地包括市区和郊区的土地。

县城是指县人民政府所在地。县城的征税范围为县人民政府所在地的城镇。

建制镇是指经省、自治区、直辖市人民政府批准设立的建制镇。建制镇的征税范围为镇人民政府所在地的地区，但不包括镇政府所在地所辖行政村。

工矿区是指工商业比较发达，人口比较集中，符合国务院规定的建制镇标准，但尚未设立建制镇的大中型工矿企业所在地。工矿区的设立须经省、自治区、直辖市人民政府批准。建立在城市、县城、建制镇和工矿区以外的工矿企业则不需缴纳城镇土地使用税。

【请注意】

建立在城市、县城、建制镇和工矿区以外的工矿企业不需要缴纳城镇土地使用税。

四、税率

城镇土地使用税采用定额税率，即采用有幅度的差别税额，按大、中、小城市和县城、建制镇、工矿区分别规定每平方米土地使用税年应纳税额，如表 8-11 所示。

表 8-11　城镇土地使用税税率表

级别	人口(人)	每平方米税额(元)
大城市	50 万以上	1.5～30
中等城市	20 万～50 万	1.2～24
小城市	20 万以下	0.9～18
县城、建制镇、工矿区		0.6～12

各省、自治区、直辖市人民政府可根据市政建设情况和经济繁荣程度在规定税额幅度内，确定所辖地区的适用税额幅度。经济落后地区，土地使用税的适用税额标准可适当降低，但降低额不得超过上述规定最低税额的 30%。经济发达地区的适用税额标准可以适当提高，但须报财政部批准。

知识链接

城镇土地使用税规定幅度税额主要考虑到我国各地区存在着悬殊的土地级差收益，同一地区内不同地段的市政建设情况和经济繁荣程度也有较大的差别。把城镇土地使用税税额定为幅度税额，拉开档次，而且每个幅度税额的差距规定为 20 倍，这样，各地政府在划分本辖区不同地段的等级，确定适用税额时，有选择余地，便于具体操作。幅度税额还可以调节不同地区、不同地段之间的土地级差收益，尽可能地平衡税负。

五、税收优惠

(一) 免征

(1) 国家机关、人民团体、军队自用的土地。

(2) 由国家财政部门拨付事业经费的单位自用的土地。

(3) 宗教寺庙、公园、名胜古迹自用的土地。

【请注意】

公园、名胜古迹内的索道公司经营用地，应按规定缴纳城镇土地使用税。

(4) 市政街道、广场、绿化地带等公共用地。

(5) 直接用于农、林、牧、渔业的生产用地。

(6) 经批准开山填海整治的土地和改造的废弃土地，从使用的月份起免缴土地使用税 5 年至 10 年。

(7) 由财政部另行规定免税的能源、交通、水利设施用地和其他用地。

(二) 特殊规定

(1) 为避免对一块土地同时征收耕地占用税和城镇土地使用税，凡是缴纳了耕地占用税的，从批准征用之日起满 1 年后征收城镇土地使用税；征用非耕地因不需要缴纳耕地占用税，应从批准征用之次月起征收城镇土地使用税。

(2) 对免税单位无偿使用纳税单位的土地，如公安、海关等单位使用铁路、民航等单位的土地，免征城镇土地使用税；对纳税单位无偿使用免税单位的土地，纳税单位应照章缴纳城镇土地使用税。

(3) 房地产开发公司开发建造商品房的用地，除经批准开发建设经济适用房的用地外，对各类房地产开发用地一律不得减免城镇土地使用税。

(4) 对于各类危险品仓库、厂房所需的防火、防爆、防毒等安全防范用地，可由各省、自治区、直辖市税务局确定，暂免征收城镇土地使用税；对仓库库区、厂房本身用地，应依法征收城镇土地使用税。

(5) 对企业的铁路专用线、公路等用地除另有规定者外，在企业厂区(包括生产、办公及生活区)以内的，应照章征收城镇土地使用税；在厂区以外、与社会公用地段未加隔离的，暂免征收城镇土地使用税。

(6) 石油天然气(含页岩气、煤层气)生产企业用地。

① 下列石油天然气生产建设用地暂免征收城镇土地使用税：

地质勘探、钻井、井下作业、油气田地面工程等施工临时用地。

企业厂区以外的铁路专用线、公路及输油(气、水)管道用地。

油气长输管线用地。

② 对在城市、县城、建制镇以外工矿区内的消防、防洪排涝、防风、防沙设施用地，暂免征收城镇土地使用税。

③ 除上述列举免税的土地外，其他油气生产及办公、生活区用地，依照规定征收城镇土地使用税。享受上述税收优惠的用地，用于非税收优惠用途的，不得享受税收优惠。

(7) 林业系统用地。

① 对林区的育林地、运材道、防火道、防火设施用地，免征城镇土地使用税。

② 对林业系统的森林公园、自然保护区可比照公园免征城镇土地使用税。

③ 除上述列举免税的土地外，对林业系统的其他生产用地及办公、生活区用地，均应征收城镇土地使用税。

(8) 盐场、盐矿用地。

① 对盐场、盐矿的生产厂房、办公、生活区用地，应照章征收城镇土地使用税。

② 对盐场的盐滩、盐矿的矿井用地，暂免征收城镇土地使用税。

③ 对盐场、盐矿的其他用地，由各省、自治区、直辖市税务局根据实际情况，确定征收城镇土地使用税或给予定期减征、免征的照顾。

(9) 对矿山的采矿场、排土场、尾矿库、炸药库的安全区，以及运矿运岩公路、尾矿输送管道及回水系统用地，免征城镇土地使用税。

(10) 电力行业用地。

① 对火电厂厂区围墙内的用地均应征收城镇土地使用税。对厂区围墙外的灰场、输灰管、输油(气)管道、铁路专用线用地，免征城镇土地使用税；厂区围墙外的其他用地，应照章征税。

② 对水电站的发电厂房用地(包括坝内、坝外式厂房)，生产、办公、生活用地，应征收城镇土地使用税；对其他用地给予免税照顾。

③ 对供电部门的输电线路用地、变电站用地，免征城镇土地使用税。

(11) 水利设施用地。

① 对水利设施及其管护用地(如水库库区、大坝、堤防、灌渠、泵站等用地)，免征城镇土地使用税；其他用地，如生产、办公、生活用地，应照章征税。

② 对兼有发电的水利设施用地的城镇土地使用税的征免，具体办法比照电力行业征免城镇土地使用税的有关规定办理。

(12) 对港口的码头(即泊位，包括岸边码头、伸入水中的浮码头、堤岸、堤坝、栈桥等)用地，免征城镇土地使用税。

(13) 民航机场用地。

① 对机场飞行区(包括跑道、滑行道、停机坪、安全带、夜航灯光区)用地、场内外通信导航设施用地和飞行区四周排水防洪设施用地，免征城镇土地使用税。

② 在机场道路中，对场外道路用地免征城镇土地使用税；对场内道路用地依照规定征收城镇土地使用税。

③ 对机场工作区(包括办公、生产和维修用地及候机楼、停车场)用地、生活区用地、绿化用地，均须依照规定征收城镇土地使用税。

(14) 对老年服务机构自用土地免征城镇土地使用税。

知识链接

老年服务机构是指专门为老年人提供生活照料、文化、护理、健身等多方面服务的福利性、非营利性的机构，主要包括老年社会福利院、敬老院(养老院)、老年服务中心、老年公寓(含老年护理院、康复中心、托老所)等。

(15) 对国家机关、军队、人民团体、财政补助事业单位、居民委员会、村民委员会拥有的体育场馆，用于体育活动的土地，免征城镇土地使用税。

① 对经费自理事业单位、体育社会团体、体育基金会、体育类民办非企业单位拥有并运代管理的体育场馆，符合相关条件的，其用于体育活动的土地，免征城镇土地使用税。

② 对企业拥有并运营管理的大型体育场馆，其用于体育活动的土地，减半征收城镇土地使用税。

③ 享受上述税收优惠体育场馆的运动场地用于体育活动的天数不得低于全年自然天数的70%。

六、计税依据

城镇土地使用税以纳税人实际占用的土地面积为计税依据，土地面积计量标准为每平方米。

(1) 凡由省、自治区、直辖市人民政府确定的单位组织测定土地面积的，以测定的土地面积为准。

(2) 尚未组织测定，但纳税人持有政府部门核发的土地使用证书的，以证书确定的土地面积为准。

(3) 尚未核发土地使用证书的，应由纳税人据实申报土地面积，并据以纳税，待核发土地使用证书后再作调整。

(4) 对在城镇土地使用税征税范围内单独建造的地下建筑用地，按规定征收城镇土地使用税。其中，已取得地下土地使用权证的，按土地使用权证确认的土地面积计算应征税款；未取得地下土地使用权证或地下土地使用权证上未标明土地面积的，按地下建筑垂直投影面积计算应征税款。

对上述地下建筑用地暂按应征税款的50%征收城镇土地使用税。

七、计算应纳税额

年应纳税额＝实际占用应税土地面积(平方米)×适用税额

【职业训练8-12】 在某城市的一企业实际占用土地面积为10 000平方米。经税务机关核定,该土地每平方米年税额为5元。请计算其全年应纳的土地使用税税额。

年应纳土地使用税税额＝10 000×5＝50 000(元)

【职业训练8-13】 2021年位于某县城的甲公司实际占地面积为30 000平方米,其中办公楼占地面积为800平方米,厂房仓库占地面积为15 000平方米,厂区内铁路专用线、公路等用地为6 700平方米。已知,当地规定的城镇土地使用税每平方米年税额为5元。请计算甲公司全年应纳的土地使用税税额。

年应纳土地使用税税额＝30 000×5＝150 000(元)

【职业训练8-14】 某火电厂2021年占地80万平方米,其中厂区围墙内占地40万平方米,厂区围墙外灰场占地3万平方米,生活区占地37万平方米。已知该火电厂所在地使用的城镇土地使用税每平方米年税额为1.5元。根据城镇土地使用税法律制度的规定,请计算该火电厂2021年应缴纳的城镇土地使用税。

应缴纳的城镇土地使用税＝(80－3)×1.5＝115.5(万元)

八、申报与缴纳

(一) 纳税期限

城镇土地使用税实行按年计算、分期缴纳的征收方法,具体纳税期限由省、自治区、直辖市人民政府确定。

(二) 纳税义务发生时间

(1) 纳税人购置新建商品房,自房屋交付使用之次月起,缴纳城镇土地使用税。

(2) 纳税人购置存量房,自办理房屋权属转移、变更登记手续,房地产权属登记机关签发房屋权属证书之次月起,缴纳城镇土地使用税。

(3) 纳税人出租、出借房产,自交付出租、出借房产之次月起,缴纳城镇土地使用税。

(4) 以出让或转让方式有偿取得土地使用权的,应由受让方从合同约定交付土地时间的次月起缴纳城镇土地使用税;合同未约定交付时间的,由受让方从合同签订的次月起缴纳城镇土地使用税。

(5) 纳税人新征用的耕地,自批准征用之日起满1年时开始缴纳土地使用税。

(6) 纳税人新征用的非耕地,自批准征用次月起缴纳土地使用税。

(三) 纳税地点

城镇土地使用税在土地所在地缴纳。

纳税人使用的土地不属于同一省、自治区、直辖市管辖的,由纳税人分别向土地所在地的税务机关缴纳土地使用税;在同一省、自治区、直辖市管辖范围内,纳税人跨地区使用的土地,其纳税地点由各省、自治区、直辖市地方税务局确定。

知识拓展

城镇土地使用税征收工作涉及面广、政策性较强，税务机关在负责征收的同时，还必须注意加强同国土管理、测绘等有关部门的联系，及时取得土地的权属资料、沟通情况，共同协作把征收管理工作做好。

（四）纳税申报

城镇土地使用税的纳税人应按照城镇土地使用税法律制度的有关规定及时办理纳税申报，并如实填写《财产和行为税纳税申报表》（表 8-4）及《财产和行为税税源明细表》（《城镇土地使用税 房产税税源明细表》部分见表 8-8）。

学习子情境五 土地增值税税务处理

中华人民共和国土地增值税暂行条例

一、概念

土地增值税是对有偿转让国有土地使用权及地上建筑物和其他附着物产权，取得增值收入的单位和个人征收的一种税。

征收土地增值税增强了政府对房地产开发和交易市场的调控，有利于抑制炒买炒卖土地获取暴利的行为，也增加了国家财政收入。

二、纳税人

土地增值税的纳税人为转让国有土地使用权、地上的建筑及其附着物（以下简称转让房地产）并取得收入的单位和个人。

三、征税范围

1. 基本规定

（1）土地增值税只对转让国有土地使用权的行为征税，对出让国有土地的行为不征税。

（2）土地增值税既对转让国有土地使用权的行为征税，也对转让地上的建筑物及其他附着物产权的行为征税。

知识链接

地上的建筑物是指建于土地上的一切建筑物，包括地上、地下的各种附属设施，如厂房、仓库、商店、医院、住宅、地下室、围墙、烟囱、电梯、中央空调、管道等。

附着物是指附着于土地上的不能移动或一经移动即遭损坏的物品。

【请注意】

土地增值税的征税范围不包括未转让土地使用权、房产产权的行为，是否发生转让行为主要以房地产权属（指土地使用权和房产产权）的变更为标准。

（3）土地增值税只对有偿转让的房地产征税，对以继承、赠与等方式无偿转让的房地产，不予征税。

其中，不征土地增值税的房地产赠与行为包括以下两种情况：

① 房产所有人、土地使用权所有人将房屋产权、土地使用权赠与直系亲属或承担直接赡养义务人的行为。

② 房产所有人、土地使用权所有人通过中国境内非营利的社会团体、国家机关将房屋产权、土地使用权赠与教育、民政和其他社会福利、公益事业的行为。

知识链接

社会团体是指中国青少年发展基金会、希望工程基金会、宋庆龄基金会、减灾委员会、中国红十字会、中国残疾人联合会、全国老年基金会、老区促进会，以及经民政部门批准成立的其他非营利的公益性组织。

2. 特殊规定

（1）房地产开发企业将开发的部分房地产转为企业自用或用于出租等商业用途时，因产权未发生转移，故不征收土地增值税。

【请注意】

房地产开发是指纳税人取得国有土地使用权后进行房屋开发建造然后出售。卖房的同时，土地使用权也随之发生转让。由于这种情况既发生了产权的转让又取得了收入，所以应纳入土地增值税的征税范围。

（2）房地产的出租是指房产所有者或土地使用者将房产或土地使用权租赁给承租人使用，由承租人向出租人支付租金的行为。房地产出租，出租人虽取得了收入，但没有发生房产产权、土地使用权的转让。因此，不属于土地增值税的征税范围。

（3）房地产的交换是指一方以房地产与另一方的房地产进行交换的行为。这种行为既发生了房产产权、土地使用权的转移，交换双方又取得了实物形态的收入，因此，房地产的交换属于土地增值税的征税范围。

但对个人之间互换自有居住用房地产的，经当地税务机关核实，可以免征土地增值税。

（4）对于一方出地，一方出资金，双方合作建房，建成后按比例分房自用的，暂免征收土地增值税；建成后转让的，应征收土地增值税。

（5）房地产的抵押是指房产所有者或土地使用者作为债务人或第三人向债权人提供不动产作为清偿债务的担保而不转移权属的法律行为。这种情况下房产的产权、土地使用权在抵押期间并没有发生权属的变更，因此，对房地产的抵押，在抵押期间不征收土地增值税。

待抵押期满后，视该房地产是否转移而确定是否征收土地增值税。对于以房地产抵债而发生房地产权属转让的，应列入土地增值税的征税范围。

（6）房地产的代建行为是指房地产开发公司代客户进行房地产的开发，开发完成后向客户收取代建收入的行为。对于房地产开发公司而言，虽然取得了收入，但没有发生房地产权属的转移，其收入属于劳务收入性质，故不属于土地增值税的征税范围。

（7）国有企业在清产核资时对房地产进行重新评估而产生的评估增值，因其既没有发生房地产权的转移，房产产权、土地使用权人也未取得收入，所以不属于土地增值税的征税范围。

【知识点过关 8-6·单项选择题】 下列单位或个人中，不属于土地增值税纳税人的是（　　）。

A. 以房抵债的甲工业企业　　B. 出租写字楼的乙外资房地产开发公司

C. 转让住房的赵某　　D. 转让国有土地使用权的丙高等学校

【答案】 B

【答案解析】 出租房地产，未发生房产产权、土地使用权的转让行为，不属于土地增值税的征税范围。所以，出租写字楼的乙外资房地产开发公司不是土地增值税的纳税人。

四、税率

土地增值税实行四级超率累进税率。每级增值额未超过扣除项目金额的比例，均包括本比例数。土地增值税四级超率累进税率如表 8-12 所示。

表 8-12　土地增值税四级超率累进税率表

级数	增值额与扣除项目金额的比率	税率	速算扣除系数
1	不超过 50%的部分	30%	0
2	超过 50%至 100%的部分	40%	5%
3	超过 100%至 200%的部分	50%	15%
4	超过 200%的部分	60%	35%

五、税收优惠

（1）纳税人建造普通标准住宅出售，增值额未超过扣除项目金额 20%的，予以免税。超过 20%的，应按全部增值额缴纳土地增值税。

对于纳税人既建普通标准住宅又搞其他房地产开发的，应分别核算增值额。不分别核算增值额或不能准确核算增值额的，其建造的普通标准住宅不能适用这一免税规定。

（2）因国家建设需要依法征用、收回的房地产；因城市实施规划、国家建设的需要而搬迁，由纳税人自行转让原房地产的，免征土地增值税。

（3）对企事业单位、社会团体以及其他组织转让旧房作为公共租赁住房房源的且增值额未超过扣除项目金额 20%的，免征土地增值税。

（4）自 2008 年 11 月 1 日起，对个人销售住房暂免征收土地增值税。

六、计算应纳税额

（一）应税收入

纳税人转让房地产取得的应税收入，应包括转让房地产的全部价款及有关的经济收益。从收入的形式来看，应税收入包括货币收入、实物收入和其他收入。

【请注意】

纳税人转让房地产取得的收入为不含增值税收入。

(1) 货币收入是指纳税人转让房地产而取得的现金、银行存款和国库券、金融债券、企业债券、股票等有价证券。

(2) 实物收入是指纳税人转让房地产而取得的各种实物形态的收入，如钢材、水泥等建材，房屋、土地等不动产，等等。一般按照取得时的公允价值确认应税收入。

(3) 其他收入是指纳税人转让房地产而取得的无形资产收入或具有财产价值的权利，如专利权、商标权、著作权、专有技术使用权、土地使用权、商誉权等。对于这些无形资产收入一般要进行专门的评估，按照评估价确认应税收入。

(二) 扣除项目

准予纳税人从房地产转让收入中扣除的项目，具体包括以下内容。

1. 取得土地使用权所支付的金额

(1) 纳税人为取得土地使用权所支付的地价款：

① 以协议、招标、拍卖等出让方式取得土地使用权的，地价款为纳税人所支付的土地出让金。

② 以行政划拨方式取得土地使用权的，地价款为按照国家有关规定补缴的土地出让金。

③ 以转让方式取得土地使用权的，地价款为向原土地使用权人实际支付的地价款。

(2) 纳税人在取得土地使用权时按国家统一规定缴纳的有关费用和税金。纳税人在取得土地使用权过程中为办理有关手续，必须按国家统一规定缴纳有关登记、过户手续费和契税。

2. 房地产开发成本

房地产开发成本是指纳税人开发房地产项目实际发生的成本，包括土地的征用及拆迁补偿费、前期工程费、建筑安装工程费、基础设施费、公共配套设施费、开发间接费用等。

知识链接

① 土地征用及拆迁补偿费包括土地征用费、耕地占用税、劳动力安置费及有关地上、地下附着物拆迁补偿的净支出、安置动迁用房支出等。

② 前期工程费包括规划、设计、项目可行性研究和水文、地质、勘察、测绘、“三通一平”等支出。

③ 建筑安装工程费是指以出包方式支付给承包单位的建筑安装工程费和以自营方式发生的建筑安装工程费。

④ 基础设施费包括开发小区内道路、供水、供电、供气、排污、排洪、通信、照明、环卫、绿化等工程发生的支出。

⑤ 公共配套设施费包括不能有偿转让的开发小区内公共配套设施发生的支出。

⑥ 开发间接费用是指直接组织、管理开发项目发生的费用，包括工资、职工福利费、折旧费、修理费、办公费、水电费、劳动保护费、周转房摊销等。

3. 房地产开发费用

房地产开发费用是指与房地产开发项目有关的销售费用、管理费用和财务费用。在计算土地增值税时，房地产开发费用并不是按照纳税人实际发生额进行扣除，应分别按以下两种情况进行扣除：

(1) 财务费用中的利息支出，能够按转让房地产项目计算分摊并提供金融机构证明的，利息允许据实扣除，但最高不能超过按商业银行同类同期贷款利率计算的金额。其他房地产开发费用，按取得土地使用权所支付的金额和房地产开发成本之和的5%以内计算扣除。计算扣除的具体比例，由各省、自治区、直辖市人民政府规定。

允许扣除的房地产开发费用＝利息＋(取得土地使用权所支付的金额＋房地产开发成本)×5%以内

(2) 财务费用中的利息支出，凡不能按转让房地产项目计算分摊利息支出或不能提供金融机构证明的，房地产开发费用按规定计算的金额之和的10%以内计算扣除。计算扣除的具体比例，由各省、自治区、直辖市人民政府规定。

允许扣除的房地产开发费用＝(取得土地使用权所支付的金额＋房地产开发成本)×10%以内

(3) 财政部、国家税务总局对扣除项目金额中利息支出的计算问题作了两点专门规定：一是利息的上浮幅度按国家的有关规定执行，超过上浮幅度的部分不允许扣除；二是对于超过贷款期限的利息部分和加罚的利息不允许扣除。

4. 与转让房地产有关的税金

这是指在转让房地产时缴纳的城市维护建设税、印花税。因转让房地产缴纳的教育费附加，也可视同税金予以扣除。

土地增值税扣除项目涉及的增值税进项税额，允许在销项税额中计算抵扣的，不计入扣除项目；不允许在销项税额中计算抵扣的，可以计入扣除项目。

5. 财政部确定的其他扣除项目

对从事房地产开发的纳税人可按取得土地使用权所支付的金额和房地产开发成本之和，加计20%的扣除。

【请注意】

此条优惠只适用于从事房地产开发的纳税人，除此之外的其他纳税人不适用。其目的是抑制炒买炒卖房地产的投机行为，保护正常开发投资者的积极性。

6. 旧房及建筑物的扣除金额

1) 按评估价格扣除

转让旧房应按房屋及建筑物的评估价格、取得土地使用权所支付的地价款和按国家统一规定缴纳的有关费用，以及在转让环节缴纳的税金作为扣除项目金额计征土地增值税。

旧房及建筑物的评估价格是指在转让已使用的房屋及建筑物时，由政府批准设立的房地产评估机构评定的重置成本价乘以成新度折扣率后的价格。评估价格须经当地税务机关确认。

知识链接

重置成本价是指对旧房及建筑物，按转让时的建材价格及人工费用计算建造同样面积、同样层次、同样结构、同样建设标准的新房及建筑物所须花费的成本费用。

成新度折扣率是指按旧房的新旧程度作一定比例的折扣。

例如，一栋房屋已使用近10年，建造时的造价为1 000万元，按转让时的建材及人工费用计算，建同样的新房需花费5 000万元，假定该房有六成新，则该房的评估价格为3 000万元(5 000×60%)。

对取得土地使用权时未支付地价款或不能提供已支付的地价款凭据的，在计征土地增值税时不允许扣除。

2）按购房发票金额计算扣除

纳税人转让旧房及建筑物，凡不能取得评估价格，但能提供购房发票的，经当地税务部门确认，根据取得土地使用权所支付的金额、新建房及配套设施的成本、费用，或者旧房及建筑物的评估价格作为扣除项目，可按发票所载金额并从购买年度起至转让年度止每年加计5%计算。

【请注意】

计算扣除项目时"每年"按购房发票所载日期起至售房发票开具之日止，每满12个月计1年；超过1年，未满12个月但超过6个月的，可以视同为1年。

对于纳税人购房时缴纳的契税，凡能够提供契税完税凭证的，准予作为与转让房地产有关的税金予以扣除，但不作为加计5%的基数。

对于转让旧房及建筑物，既没有评估价格，又不能提供购房发票的，地方税务机关可以实行核定征收。

(三) 增值额的特殊规定

确定增值额是计算土地增值税的基础，增值额为纳税人转让房地产所取得的收入减除规定的扣除项目金额后的余额。准确核算增值额，需要有准确的房地产转让收入额和扣除项目的金额。在实际房地产交易活动中，有些纳税人由于不能准确提供房地产转让价格或扣除项目金额，致使增值额不准确，直接影响应纳税额的计算和缴纳。

因此，纳税人有下列情形之一的，按照房地产评估价格计算征收。

1. 隐瞒、虚报房地产成交价格

纳税人不报或有意低报转让土地使用权、地上建筑物及其附着物价款的行为，由评估机构参照同类房地产的市场交易价格进行评估，税务机关根据评估价格确定转让房地产的收入。

2. 提供扣除项目金额不实

纳税人在纳税申报时不据实提供扣除项目金额的行为，应由评估机构按照房屋重置成本价乘以成新度折扣率计算的房屋成本价和取得土地使用权时的基准地价进行评估，税务机关根据评估价格确定扣除项目金额。

3. 转让房地产的成交价格低于房地产评估价格，又无正当理由

纳税人申报的转让房地产的实际成交价低于房地产评估机构评定的交易价，纳税人又不能提供凭据或无正当理由的行为，由税务机关参照房地产评估价格确定转让房地产的收入。

上述所说的房地产评估价格，是指由政府批准设立的房地产评估机构根据相同地段、同类房地产进行综合评定的价格。

4. 非直接销售和自用房地产收入的确定

房地产开发企业将开发产品用于职工福利、奖励、对外投资、分配给股东或投资人、抵偿

债务、换取其他单位和个人的非货币性资产等，发生所有权转移时应视同销售房地产，其收入按下列方法和顺序确认：一是按本企业在同一地区、同一年度销售的同类房地产的平均价格确定；二是由主管税务机关参照当地当年同类房地产的市场价格或评估价值确定。

【知识点过关 8-7·多项选择题】 纳税人转让旧房，在计算土地增值额时，允许扣除的项目有(　　)。

A. 转让环节缴纳给国家的各项税费

B. 经税务机关确认的房屋及建筑物的评估价格

C. 当期发生的管理费用、财务费用和销售费用

D. 取得土地使用权所支付的价款和按国家规定缴纳的有关税费

【答案】 ABD

【答案解析】 根据土地增值税法律制度的规定，纳税人转让旧房，不允许扣除管理费用等三项费用，只有转让新建商品房项目时，才允许按照房地产开发费用扣除。

(四) 计算方法

土地增值税按纳税人转让房地产所取得的增值额和规定的税率计算征收。其具体公式如下：

$$应纳税额=\sum(每级距的增值额\times适用税率)$$

但在实际工作中，分步计算比较繁琐，一般可以采用速算扣除法计算。其具体公式如下：

$$应纳土地增值税税额=增值额\times适用税率-扣除项目金额\times速算扣除系数$$

【职业训练 8-15】 某纳税人转让房地产所取得的收入为 400 万元，其扣除项目金额为 100 万元，请计算其应纳土地增值税税额。

第一步，先计算增值额 300 万元(400－100)。

第二步，再计算增值额与扣除项目金额之比 300%(300÷100)。

第三步，增值额超过扣除项目金额 200%，其适用的简便计算公式为：

$$\begin{aligned}应纳土地增值税税额&=增值额\times60\%-扣除项目金额\times35\%\\&=300\times60\%-100\times35\%=145(万元)\end{aligned}$$

【职业训练 8-16】 2021 年某国有商业企业利用库房空地进行住宅商品房开发，按照国家有关规定补缴土地出让金 2 840 万元，缴纳相关税费 160 万元；住宅开发成本为 2 800 万元，其中含装修费用 500 万元；房地产开发费用中的利息支出为 300 万元(不能提供金融机构证明)；当年住宅全部销售完毕，取得不含增值税销售收入共计 9 000 万元；缴纳城市维护建设税和教育费附加 45 万元；缴纳印花税 4.5 万元。已知该公司所在省人民政府规定的房地产开发费用的计算扣除比例为 10%。请计算该企业销售住宅应缴纳的土地增值税税额。

非房地产开发企业缴纳的印花税允许作为税金扣除；非房地产开发企业不允许按照取得土地使用权所支付金额和房地产开发成本合计数的 20%加计扣除。

(1) 住宅销售收入为 9 000 万元。

(2) 确定转让房地产的扣除项目金额包括：

① 取得土地使用权所支付的金额＝2 840＋160＝3 000(万元)

② 住宅开发成本为 2 800 万元

③ 房地产开发费用＝(3 000＋2 800)×10%＝580(万元)

④ 与转让房地产有关的税金＝45＋4.5＝49.5(万元)

⑤ 转让房地产的扣除项目金额＝3 000＋2 800＋580＋49.5＝6 429.5(万元)

(3) 转让房地产的增值额为:

9 000－6 429.5＝2 570.5(万元)

(4) 增值额与扣除项目金额的比率为:

2 570.5÷6 429.5＝39.98％

适用税率为30％,应纳土地增值税为:

2 570.5×30％＝771.15(万元)

【职业训练8-17】 2021年某房地产开发企业以拍卖方式取得土地进行写字楼的开发,支付土地出让金3 000万元,写字楼开发成本为2 800万元,其中含公共配套设施费用500万元,房地产开发费用中的利息支出为300万元(能够按转让房地产项目计算分摊并提供金融机构证明)。当年写字楼全部销售完毕,取得销售收入共计9 000万元(不含税)。缴纳城市维护建设税和教育费附加495万元(不考虑增值税),缴纳印花税4.5万元。已知该公司所在省人民政府规定的房地产开发费用的计算扣除比例为5％。请计算该房地产开发企业的土地增值税。

房地产开发企业缴纳的印花税不允许作为税金扣除;房地产开发企业允许按照取得土地使用权所支付金额和房地产开发成本合计数的20％加计扣除。

(1) 计税收入为9 000万元。

(2) 土地使用权成本为3 000万元。

(3) 房地产开发成本为2 800万元。

(4) 房地产开发费用为:

300＋(3 000＋2 800)×5％＝590(万元)

(5) 准予扣除的税费为495万元。

(6) 房地产开发企业的加计扣除项目为:

(3 000＋2 800)×20％＝1 160(万元)

(7) 准予扣除的项目金额为:

3 000＋2 800＋590＋495＋1 160＝8 045(万元)

转让房地产的增值额为:

9 000－8 045＝955(万元)

增值额与扣除项目金额的比率为:

955÷8 045＝11.87％

(8) 适用税率为30％,应纳土地增值税税额为:

955×30％＝286.5(万元)

七、申报与缴纳

（一）纳税期限

纳税人应在转让房地产合同签订后7日内，先到房地产所在地主管税务机关办理纳税申报，并向税务机关提交房屋及建筑物产权、土地使用权证书，土地转让、房产买卖合同、房地产评估报告及其他与转让房地产有关的资料，再在税务机关规定的期限内缴纳土地增值税。

纳税人因经常发生房地产转让而难以在何次转让后申报的，经税务机关审核同意后，可以定期进行纳税申报，具体期限由主管税务机关根据情况确定。对于纳税人预售房地产所取得的收入，凡当地税务机关规定预征土地增值税的，纳税人应当到主管税务机关办理纳税申报并按规定比例预交税款，待办理决算后，多退少补；凡当地税务机关规定不预征土地增值税的，也应在取得收入时先到税务机关登记或备案。

（二）纳税地点

土地增值税的纳税人应向房地产所在地主管税务机关办理纳税申报。

知识链接

房地产所在地是房地产的坐落地。

纳税人转让的房地产坐落在两个或两个以上地区的，应按房地产所在地分别申报纳税。

（三）纳税申报

纳税人采取预售方式销售房地产的，对在项目全部竣工结算前转让房地产取得的收入，税务机关可以预征土地增值税。具体办法由各省、自治区、直辖市税务局根据当地情况制定。

土地增值税的纳税人应按照土地增值税法律制度的有关规定及时办理纳税申报，并如实填写《财产和行为税纳税申报表》（表8-4）及《财产和行为税税源明细表》中的《土地增值税税源明细表》部分。

土地增值税税源明细表

（四）纳税清算

1. 清算单位

土地增值税以国家有关部门审批的房地产开发项目为单位进行清算，对于分期开发的项目，以分期项目为单位清算。

【请注意】

开发项目中同时包含普通住宅和非普通住宅的，应分别计算增值额。

2. 清算条件

（1）符合下列情形之一的，纳税人应进行土地增值税的清算：

① 房地产开发项目全部竣工、完成销售的。

② 整体转让未竣工决算房地产开发项目的。

③ 直接转让土地使用权的。

（2）符合下列情形之一的，主管税务机关可要求纳税人进行土地增值税清算：

① 已竣工验收的房地产开发项目，已转让的房地产建筑面积占整个项目可售建筑面积的比例在 85%以上，或该比例虽未超过 85%，但剩余的可售建筑面积已经出租或自用的。

② 取得销售(预售)许可证满 3 年仍未销售完毕的。

③ 纳税人申请注销税务登记但未办理土地增值税清算手续的。

④ 省级税务机关规定的其他情况。

3. 核定征收

房地产开发企业有下列情形之一的，税务机关可以实行核定征收土地增值税：

(1) 依照法律、行政法规的规定应当设置但未设置账簿的。

(2) 擅自销毁账簿或者拒不提供纳税资料的。

(3) 虽设置账簿，但账目混乱或者成本资料、收入凭证、费用凭证残缺不全，难以确定转让收入或扣除项目金额的。

(4) 符合土地增值税清算条件，未按照规定的期限办理清算手续，经税务机关责令限期清算，逾期仍不清算的。

(5) 申报的计税依据明显偏低，又无正当理由的。

学习子情境六　资源税税务处理

一、概念

资源税是对在我国领域和管辖的其他海域开发应税资源的单位和个人课征的一种税，属于对自然资源开发课税的范畴。

征收资源税的作用主要体现在以下两个方面：一方面，促进对自然资源的合理开发利用。通过对开发、利用应税资源的行为课征资源税，体现了国有自然资源有偿占用的原则，从而可以促使纳税人节约、合理地开发和利用自然资源，有利于我国经济可持续发展。另一方面，为国家筹集财政资金。随着其课征范围的逐渐扩展，资源税的收入规模及其在税收收入总额中所占的比重都相应增加，其财政意义也日益明显，在为国家筹集财政资金方面发挥着不可忽视的作用。

二、纳税人

资源税的纳税人是指在中华人民共和国领域及管辖的其他海域开发应税资源的单位和个人。中外合作开采陆上、海上石油资源的企业依法缴纳资源税。

《中华人民共和国资源税法》

【请注意】

资源税规定仅对在中国境内开发应税资源的单位和个人征收，因此，进口的矿产品和盐不征收资源税。由于对进口应税产品不征收资源税，相应地，对出口应税产品也不免征或退还已纳资源税。

纳税人开采或者生产应税产品自用的，视同销售，应当按规定缴纳资源税，但是自用于连续生产应税产品的，不缴纳资源税。

知识链接

纳税人自用应税产品应当缴纳资源税的情形，包括纳税人将应税产品用于非货币性资产交换、捐赠、偿债、赞助、集资、投资、广告、样品、职工福利、利润分配或者连续生产非应税产品等。

三、税目税率

资源税征税对五大类税目征税。这五大类税目具体为能源矿产、金属矿产、非金属矿产、水气矿产和盐。在这 5 大类税目下面又设有若干个子目。《资源税法》所列的税目有 164 个，涵盖了所有已经发现的矿种和盐。资源税税目税率表如表 8-13 所示。

表 8-13 资源税税目税率表

<table>
<tr><th colspan="3">税目</th><th>征税对象</th><th>税率</th></tr>
<tr><td rowspan="7">能源矿产</td><td colspan="2">原油</td><td>原矿</td><td>6%</td></tr>
<tr><td colspan="2">天然气、页岩气、天然气水合物</td><td>原矿</td><td>6%</td></tr>
<tr><td colspan="2">煤</td><td>原矿或者选矿</td><td>2%～10%</td></tr>
<tr><td colspan="2">煤成(层)气</td><td>原矿</td><td>1%～2%</td></tr>
<tr><td colspan="2">铀、钍</td><td>原矿</td><td>4%</td></tr>
<tr><td colspan="2">油页岩、油砂、天然沥青、石煤</td><td>原矿或者选矿</td><td>1%～4%</td></tr>
<tr><td colspan="2">地热</td><td>原矿</td><td>1%～20%或者每立方米 1～30 元</td></tr>
<tr><td rowspan="11">金属矿产</td><td>黑色金属</td><td>铁、锰、铬、钒、钛</td><td>原矿或者选矿</td><td>1%～9%</td></tr>
<tr><td rowspan="10">有色金属</td><td>铜、铅、锡、镍、锑、镁、钴、铋、汞</td><td>原矿或者选矿</td><td>2%～10%</td></tr>
<tr><td>铝土矿</td><td>原矿或者选矿</td><td>2%～9%</td></tr>
<tr><td>钨</td><td>选矿</td><td>6.5%</td></tr>
<tr><td>钼</td><td>选矿</td><td>8%</td></tr>
<tr><td>金、银</td><td>原矿或者选矿</td><td>2%～6%</td></tr>
<tr><td>铂、钯、钌、锇、铱、铑</td><td>原矿或者选矿</td><td>5%～10%</td></tr>
<tr><td>轻稀土</td><td>选矿</td><td>7%～12%</td></tr>
<tr><td>中重稀土</td><td>选矿</td><td>20%</td></tr>
<tr><td>铍、锂、锆、锶、铷、铯、铌、钽、锗、镓、铟、铊、铪、铼、镉、硒、碲</td><td>原矿或者选矿</td><td>2%～10%</td></tr>
</table>

（续表）

税目			征税对象	税率
非金属矿产	矿物类	高岭土	原矿或者选矿	1%～6%
		石灰岩	原矿或者选矿	1%～6%或者每吨(或者每立方米)1～10元
		磷	原矿或者选矿	3%～8%
		石墨	原矿或者选矿	3%～12%
		萤石、硫铁矿、自然硫	原矿或者选矿	1%～8%
		天然石英砂、脉石英、粉石英、水晶、工业用金刚石、冰洲石、蓝晶石、硅线石(矽线石)、长石、滑石、刚玉、菱镁矿、颜料矿物、天然碱、芒硝、钠硝石、明矾石、砷、硼、碘、溴、膨润土、硅藻土、陶瓷土、耐火粘土、铁钒土、凹凸棒石粘土、海泡石粘土、伊利石粘土、累托石粘土	原矿或者选矿	1%～12%
		叶蜡石、硅灰石、透辉石、珍珠岩、云母、沸石、重晶石、毒重石、方解石、蛭石、透闪石、工业用电气石、白垩、石棉、蓝石棉、红柱石、石榴子石、石膏	原矿或者选矿	2%～12%
		其他粘土(铸型用粘土、砖瓦用粘土、陶粒用粘土、水泥配料用粘土、水泥配料用红土、水泥配料用黄土、水泥配料用泥岩、保温材料用粘土)	原矿或者选矿	1%～5%或者每吨(或者每立方米)0.1～5元
非金属矿产	岩石类	大理岩、花岗岩、白云岩、石英岩、砂岩、辉绿岩、安山岩、闪长岩、板岩、玄武岩、片麻岩、角闪岩、页岩、浮石、凝灰岩、黑曜岩、霞石正长岩、蛇纹岩、麦饭石、泥灰岩、含钾岩石、含钾砂页岩、天然油石、橄榄岩、松脂岩、粗面岩、辉长岩、辉长岩、正长岩、火山灰、火山渣、泥炭	原矿或者选矿	1%～10%
		砂石	原矿或者选矿	1%～5%或者每吨(或者每立方米)0.1～5元
	宝玉石类	宝石、玉石、宝石级金刚石、玛瑙、黄玉、碧玺	原矿或者选矿	4%～20%
水气矿产	二氧化碳气、硫化氢气、氦气、氡气		原矿	2%～5%
	矿泉水		原矿	1%～20%或者每立方米1～30元

（续表）

税目		征税对象	税率
盐	钠盐、钾盐、镁盐、锂盐	选矿	3%～15%
	天然卤水	原矿	3%～15%或者每吨（或者每立方米）1～10元
	海盐		2%～5%

知识拓展

（1）纳税人开采或者生产不同税目应税产品，应当分别核算不同税目应税产品的销售额或者销售数量；未分别核算或者不能准确提供不同税目应税产品的销售额或者销售数量的，从高适用税率。

（2）纳税人开采或者生产同一税目下适用不同税率的应税产品，应当分别核算不同税率应税产品的销售额或者销售数量；未分别核算或者不能准确提供不同税率应税产品的销售额或者销售数量的，从高适用税率。

【知识点过关8-8·多项选择题】 根据资源税法律制度的规定，下列单位和个人的生产经营行为应缴纳资源税的有（　　）。

A. 冶炼企业进口铁矿石　　B. 个体经营者开采煤矿

C. 国有企业开采石油　　D. 中外合作开采天然气

【答案】 BCD

【答案解析】 根据资源税纳税人的规定，对在我国领域和管辖的其他海域开发应税矿产品的单位和个人征收资源税，进口资源产品不征收资源税。

【知识点过关8-9·多项选择题】 根据资源税法律制度的规定，下列各项中，属于资源税征税范围的有（　　）。

A. 花岗岩　　B. 人造石油　　C. 海盐　　D. 煤成（层）气

【答案】 ACD

【答案解析】 按照现行资源税法律制度的规定，人造石油不属于资源税征税范围，不征收资源税，而花岗岩、海盐和煤成（层）气均属于资源税的征收范围。

四、税收优惠

（一）免征资源税的情形

（1）开采原油以及在油田范围内运输原油过程中用于加热的原油、天然气。

（2）煤炭开采企业因安全生产需要抽采的煤成（层）气。

（二）减征资源税的情形

从衰竭期矿山开采的矿产品，减征30%资源税。

知识链接

衰竭期矿山是指设计开采年限超过15年，且剩余可采储量下降到原设计可采储量的20%以下或者剩余开采年限不超过5年的矿山。

根据国民经济和社会发展的需要，国务院对有利于促进资源节约集约利用、保护环境等情形可以规定免征或者减征资源税，报全国人民代表大会常务委员会备案。

(三) 地方减免资源税的情形

有下列情形之一的，省、自治区、直辖市可以决定免征或者减征资源税：

(1) 纳税人开采或者生产应税产品过程中，因意外事故或者自然灾害等原因遭受重大损失。

(2) 纳税人开采共伴生矿、低品位矿、尾矿。

【请注意】

① 纳税人开采或者生产同一应税产品同时符合两项或者两项以上减征资源税优惠政策的，除另有规定外，只能选择其中一项执行。

② 纳税人的免税、减税项目，应当单独核算销售额或者销售数量；未单独核算或者不能准确提供销售额或者销售数量的，不予免税或者减税。

五、计税依据

资源税的计税依据为应税产品的销售额或销售量。资源税适用从价计征为主、从量计征为辅的征税方式。

(一) 销售额

(1) 资源税的销售额是指纳税人销售应税产品向购买方收取的全部价款，但不包括收取的增值税税款。

计入销售额中的相关运杂费用，凡取得增值税发票或者其他合法有效凭据的，准予从销售额中扣除。

知识链接

相关运杂费用是指应税产品从坑口或者洗选(加工)地到车站、码头或者购买方指定地点的运输费用、建设基金以及随运销产生的装卸、仓储、港杂费用。

(2) 纳税人申报的应税产品销售额明显偏低且无正当理由的，或者有自用应税产品行为而无销售额的，主管税务机关可以按下列方法和顺序确定其应税产品销售额：

① 按纳税人最近时期同类产品的平均销售价格确定。

② 按其他纳税人最近时期同类产品的平均销售价格确定。

③ 按后续加工非应税产品销售价格，减去后续加工环节的成本利润后确定。

④ 按应税产品组成计税价格确定：

$$组成计税价格 = 成本 \times (1 + 成本利润率) \div (1 - 资源税税率)$$

上述公式中的成本利润率由省、自治区、直辖市税务机关确定。

⑤ 按其他合理方法确定。

(二) 销售数量

资源税的销售数量是指纳税人开采或者生产应税产品的实际销售数量和自用于应当缴纳资源税情形的应税产品数量。

六、计算应纳税额

1. 从价定率方法

采用从价定率方法计算资源税应纳税额的计算公式为：

应纳税额＝销售额×适用税率

【职业训练 8-18】 某油田 1 月份生产原油 10 000 吨，开具增值税专用发票取得销售额 5 000 万元、增值税 850 万元，其资源税的适用税率为 8%。计算该油田本月应纳资源税。

资源税从价计征的计税依据为应税产品的销售额，是纳税人销售应税产品向购买方收取的全部价款，但不包括收取的增值税税款。该油田本月应纳资源税为：

应纳资源税＝5 000×8%＝400(万元)

【职业训练 8-19】 某铜矿 2021 年 3 月销售铜矿石原矿收取价款合计 600 万元，其中从坑口到车站的运输费用为 20 万元，随运销产生的装卸、仓储费用为 10 万元，均取得增值税发票。已知该矿山铜矿石原矿适用的资源税税率为 6%，请计算该铜矿 3 月份应纳资源税。

该铜矿当月应税产品销售额为：

600－(20＋10)＝570(万元)

计入销售额中的相关运杂费用，凡取得增值税发票或者其他合法有效凭据的，准予从销售额中扣除。相关运杂费用是指应税产品从坑口或者洗选(加工)地到车站、码头或者购买方指定地点的运输费用、建设基金以及随运销产生的装卸、仓储、港杂费用。该铜矿 3 月份应纳资源税为：

570×6%＝34.2(万元)

2. 从量定额方法

采用从量定额方法计算资源税的相关计算公式为：

应纳税额＝销售数量×适用的单位税额
代扣代缴应纳税额＝收购未税矿产品的数量×适用的单位税额

【职业训练 8-20】 某砂石开采企业 2021 年 12 月销售砂石 3 000 立方米，资源税的税率为 2 元/立方米。请计算该企业本月应纳资源税。

应纳税额＝课税数量×单位税额＝3 000×2＝6 000(元)

七、申报与缴纳

资源税由税务机关征收管理，海上开采的原油和天然气资源税由海洋石油税务管理机构征收管理。

(一) 纳税义务发生时间

纳税人销售应税产品，纳税义务发生时间为收讫销售款或者取得索取销售款凭据的当日；自用应税产品的，纳税义务发生时间为移送应税产品的当日。

（二）纳税期限

资源税按月或者按季申报缴纳；不能按固定期限计算缴纳的，可以按次申报缴纳。

纳税人按月或者按季申报缴纳的，应当自月度或者季度终了之日起 15 日内，向税务机关办理纳税申报并缴纳税款；按次申报缴纳的，应当自纳税义务发生之日起 15 日内，向税务机关办理纳税申报并缴纳税款。

（三）纳税地点

纳税人应当在矿产品的开采地或者海盐的生产地缴纳资源税。

（四）纳税申报

资源税的纳税人应按照资源税法律制度的有关规定及时办理纳税申报，并如实填写《财产和行为税纳税申报表》（表 8-4）及《财产和行为税税源明细表》中的《资源税税源明细表》部分（表 8-14）。

表 8-14　资源税税源明细表

税款所属期限：自　　年　　月　　日至　　年　　月　　日

纳税人识别号（统一社会信用代码）：□□□□□□□□□□□□□□□□□□□□□□

纳税人名称（公章）：　　　　　　　　　　　　　　　金额单位：人民币元（列至角分）

申报计算明细										
序号	税目	子目	计量单位	销售数量	准予扣减的外购应税产品购进数量	计税销售数量	销售额	准予扣除的运杂费	准予扣减的外购应税产品购进金额	计税销售额
	1	2	3	4	5	6=4−5	7	8	9	10=7−8−9
1										
2										
合计										

减免税计算明细									
序号	税目	子目	减免性质代码和项目名称	计量单位	减免税销售数量	减免税销售额	适用税率	减征比例	本期减免税额
	1	2	3	4	5	6	7	8	9①=5×7×8 9②=6×7×8
1									
2									
合计									

学习子情境七　耕地占用税、环境保护税和烟叶税税务处理

一、耕地占用税税务处理

(一) 概念

耕地占用税是为了合理利用土地资源，加强土地管理，保护耕地，对占用耕地建设建筑物、构筑物或者从事非农业建设的单位和个人征收的一种税。

《中华人民共和国耕地占用税法》

(二) 纳税人

耕地占用税的纳税人是在我国境内占用耕地建设建筑物、构筑物或者从事非农业建设的单位和个人。

(1) 经申请批准占用耕地的，分为以下两类：

① 纳税人为农用地转用审批文件中标明的建设用地人。

② 农用地转用审批文件中未标明建设用地人的，纳税人为用地申请人。

【请注意】

用地申请人为各级人民政府的，由同级土地储备中心、自然资源主管部门或政府委托的其他部门、单位履行耕地占用税申报纳税义务。

(2) 未经批准占用耕地的，纳税人为实际用地人。

(三) 征税范围

(1) 耕地占用税的征税范围包括纳税人为建设建筑物、构筑物或从事其他非农业建设而占用的国家所有和集体所有的耕地。

(2) 征税范围不包括建设直接为农业生产服务的生产设施占用上述农用地的。

(四) 税率

(1) 耕地占用税实行定额税率。根据不同地区的人均耕地面积和经济发展情况实行有地区差别的幅度税额标准，税率的具体标准如下：

① 人均耕地不超过 1 亩(1 亩＝666.67 平方米)的地区(以县、自治县、不设区的市、市辖区为单位，下同)，每平方米为 10～50 元。

② 人均耕地超过 1 亩但不超过 2 亩的地区，每平方米为 8～40 元。

③ 人均耕地超过 2 亩但不超过 3 亩的地区，每平方米为 6～30 元。

④ 人均耕地超过 3 亩的地区，每平方米为 5～25 元。

(2) 各地区耕地占用税的适用税额，由省、自治区、直辖市人民政府根据人均耕地面积和经济发展等情况，在规定的税额幅度内提出，报同级人民代表大会常务委员会决定，并报全国人民代表大会常务委员会和国务院备案。各省、自治区、直辖市耕地占用税适用税额的平均水平，不得低于各省、自治区、直辖市耕地占用税平均税额表

(表 8-15)规定的平均税额。

表 8-15　各省、自治区、直辖市耕地占用税平均税额表

省、自治区、直辖市	平均税额(元/平方米)
上海	45
北京	40
天津	35
江苏、浙江、福建、广东	30
辽宁、湖北、湖南	25
河北、安徽、江西、山东、河南、重庆、四川	22.5
广西、海南、贵州、云南、陕西	20
山西、吉林、黑龙江	17.5
内蒙古、西藏、甘肃、青海、宁夏、新疆	12.5

(3) 在人均耕地低于 0.5 亩的地区，省、自治区、直辖市可以根据当地经济发展情况，适当提高耕地占用税的适用税额，但提高的部分不得超过确定的适用税额的 50%。

(4) 占用基本农田的，应当按照当地适用税额，加按 150%征收。

(5) 占用园地、林地、草地、农田水利用地、养殖水面、渔业水域滩涂以及其他农用地建设建筑物、构筑物或者从事非农业建设的，适用税额可以适当低于本地区确定的适用税额，但降低的部分不得超过 50%。具体适用税额由省、自治区、直辖市人民政府提出，报同级人民代表大会常务委员会决定，并报全国人民代表大会常务委员会和国务院备案。

【知识点过关 8-10 · 多项选择题】 下列关于耕地占用税的税率、计税依据和纳税环节的说法中，正确的有(　　)。

A. 以实际占用的耕地面积为计税依据

B. 以实际占用的耕地评估价格为计税依据

C. 实行有地区差别的幅度比例税率

D. 一次性征收

【答案】 AD

【答案解析】 耕地占用税实行有地区差别的幅度税额标准。

(五) 税收优惠

(1) 军事设施、学校、幼儿园、社会福利机构、医疗机构占用耕地，免征耕地占用税。

【请注意】

学校内经营性场所和教职工住房占用耕地的，以及医疗机构内职工住房占用耕地的，均按照当地适用税额缴纳耕地占用税。

知识拓展

① 免税的军事设施为《中华人民共和国军事设施保护法》规定的军事设施。

② 免税的学校包括县级以上人民政府教育行政部门批准成立的大学、中学、小学、学历性职业教育学校及特殊教育学校，以及经省级人民政府或其人力资源社会保障行政部门批准成立的技工院校。

③ 免税的幼儿园限于县级以上人民政府教育行政部门批准成立的幼儿园内专门用于幼儿保育、教育的场所。

④ 免税的社会福利机构限于依法登记的养老服务机构、残疾人服务机构、儿童福利机构、救助管理机构、未成年人救助保护机构内专门为老年人、残疾人、未成年人、生活无着落的流浪乞讨人员提供养护、康复、托管等服务的场所。

⑤ 免税的医疗机构：限于县级以上人民政府卫生健康行政部门批准设立的医疗机构内专门从事疾病诊断、治疗活动的场所及其配套设施。

(2) 农村居民在规定用地标准以内占用耕地新建自用住宅：

① 按照当地适用税额减半征收耕地占用税。

② 其中农村居民经批准搬迁，新建自用住宅占用耕地不超过原宅基地面积的部分，免征耕地占用税。

(3) 农村烈士遗属、因公牺牲军人遗属、残疾军人以及符合农村最低生活保障条件的农村居民，在规定用地标准以内新建自用住宅，免征耕地占用税。

(4) 铁路线路、公路线路、飞机场跑道、停机坪、港口、航道、水利工程占用耕地，减按每平方米2元的税额征收耕地占用税。

【请注意】

(1) 专用铁路和铁路专用线占用耕地的以及专用公路和城区内机动车道占用耕地的，按照当地适用税额缴纳耕地占用税。

(2) 在农用地转用环节，用地申请人能举证建设用地人使用耕地用途符合上述规定的免税情形的，免征用地申请人的耕地占用税；在供地环节，建设用地人使用耕地用途符合上述规定的免税情形的，由用地申请人和建设用地人共同申请，按退税管理的规定退还用地申请人已经缴纳的耕地占用税。

知识拓展

① 减税的铁路线路限于铁路路基、桥梁、涵洞、隧道及其按照规定两侧留地、防火隔离带。

② 减税的公路线路限于经批准建设的国道、省道、县道、乡道和属于农村公路的村道的主体工程以及两侧边沟或者截水沟。

③ 减税的飞机场跑道、停机坪限于经批准建设的民用机场专门用于民用航空器起降、滑行、停放的场所。

④ 减税的港口限于经批准建设的港口内供船舶进出、停靠以及旅客上下、货物装卸的场所。

⑤ 减税的航道限于在江、河、湖泊、港湾等水域内供船舶安全航行的通道。

⑥ 减税的水利工程限于经县级以上人民政府行政主管部门批准建设的防洪、排涝、灌溉、引(供)水、滩涂治理、水土保持、水资源保护等各类工程及其配套和附属工程建(构)筑物

占压地和经批准的管理范围用地。

(5) 根据国民经济和社会发展的需要，国务院可以规定免征或者减征耕地占用税的其他情形，报全国人民代表大会常务委员会备案。

按规定免征或者减征耕地占用税后，纳税人改变原占地用途，不再属于免征或者减征耕地占用税情形的，应当按照当地适用税额补缴耕地占用税。

(六) 计税依据

耕地占用税以纳税人实际占用的耕地面积为计税依据，按照规定的适用税额标准计算应纳税额，一次性缴纳。

知识链接

实际占用的耕地面积包括经批准占用的耕地面积和未经批准占用的耕地面积。纳税人实际占用耕地面积的核定以农用地转用审批文件为主要依据，必要的时候应当实地勘测。

(七) 计算应纳税额

耕地占用税应纳税额的计算公式为：

应纳税额＝实际占用耕地面积(平方米)×适用税率

【职业训练 8-21】 2021 年 7 月，甲公司经批准共占用耕地 150 000 平方米开发住宅社区，其中 800 平方米兴建幼儿园，5 000 平方米修建学校。已知耕地占用税适用税率为 30 元/平方米，请计算甲公司应纳耕地占用税。

学校、幼儿园占用耕地部分，免征耕地占用税。甲公司应纳耕地占用税的计算为：

应纳耕地占用税＝(150 000－800－5 000)×30＝4 326 000(元)

(八) 申报与缴纳

1. 纳税义务发生时间

(1) 纳税人收到自然资源主管部门办理占用耕地手续的，为收到书面通知的当日。

(2) 未经批准占用耕地的，为自然资源主管部门认定的纳税人实际占用耕地的当日。

(3) 因挖损、采矿塌陷、压占、污染等损毁耕地，为自然资源、农业农村等相关部门认定损毁耕地的当日。

2. 纳税期限

纳税人应当自纳税义务发生之日起 30 日内申报缴纳耕地占用税。

3. 纳税申报

耕地占用税在耕地或其他农用地所在地申报纳税。

纳税人因建设项目施工或者地质勘查临时占用耕地，应当按照规定缴纳耕地占用税。纳税人在批准临时占用耕地期满之日起 1 年内依法复垦，恢复种植条件的，全额退还已经缴纳的耕地占用税。

知识链接

临时占用耕地是指经自然资源主管部门批准，在一般不超过2年内临时使用耕地并且没有修建永久性建筑物的行为。

(1) 因挖损、采矿塌陷、压占、污染等损毁耕地属于税法所称的非农业建设，应依照税法规定缴纳耕地占用税；自自然资源、农业农村等相关部门认定损毁耕地之日起3年内依法复垦或修复，恢复种植条件的，按规定办理退税。

(2) 纳税人改变占地用途，不再属于免征或减征情形的，应自改变用途之日起30日内申报补缴税款，补缴税款按改变用途的实际占用耕地面积和改变用途时当地适用税额计算。

(3) 纳税人占地类型和面积以自然资源等相关部门提供的相关材料为准；未提供相关材料或者材料信息不完整的，经主管税务机关提请，由自然资源等相关部门出具认定意见。

(4) 耕地占用税的纳税人应按照耕地占用税法律制度的有关规定及时办理纳税申报，并如实填写《财产和行为税纳税申报表》(表8-4)及《财产和行为税税源明细表》中的《耕地占用税税源明细表》部分(表8-16)。

表8-16 耕地占用税税源明细表

纳税人识别号(统一社会信用代码)：□□□□□□□□□□□□□□□□□□□□

纳税人名称： 面积单位：平方米；金额单位：人民币元(列至角分)

<table>
<tr><td rowspan="4">占地方式</td><td rowspan="3">1. 经批准按批次转用□
2. 经批准单独选址转用□
3. 经批准临时占用□</td><td>项目(批次)名称</td><td></td><td>批准占地文号</td><td></td></tr>
<tr><td>批准占地部门</td><td></td><td>经批准占地面积</td><td></td></tr>
<tr><td>收到书面通知日期(或收到经批准改变原占地用途日期)</td><td>年 月 日</td><td>批准时间</td><td>年 月 日</td></tr>
<tr><td>4. 未批先占□</td><td>认定的实际占地日期(或认定的未经批准改变原占地用途日期)</td><td>年 月 日</td><td>认定的实际占地面积</td><td></td></tr>
<tr><td>损毁耕地</td><td>挖损□ 采矿塌陷□
压占□ 污染□</td><td>认定的损毁耕地日期</td><td>年 月 日</td><td>认定的损毁耕地面积</td><td></td></tr>
</table>

税源编号	占地位置	占地用途	征收品目	适用税额	计税面积	减免性质代码和项目名称	减免税面积

二、环境保护税税务处理

(一) 概念

环境保护税是对在我国领域以及管辖的其他海域直接向环境排放应税污染物的企业、事业单位和其他生产经营者征收的一种税，其立法目的是保护和改善环境，减少污染物排放，推进生态文明建设。

环境保护税是我国首个明确以环境保护为目标的独立型环境税税种，有利于解决排污费制度存在的执法刚性不足等问题，有利于提高纳税人环保意识和强化企业治污减排责任。

(二) 纳税人

环境保护税的纳税人为在中华人民共和国领域和中华人民共和国管辖的其他海域，直接向环境排放应税污染物的企业、事业单位和其他生产经营者。环境保护税的纳税义务人按照规定征收环境保护税，不再征收排污费。

《中华人民共和国环境保护税法实施条例》

(三) 征税范围

环境保护税的应税污染物包括大气污染物、水污染物、固体废物和噪声四大类。

有下列情形之一的，不属于直接向环境排放污染物，不缴纳相应污染物的环境保护税：

(1) 企业、事业单位和其他生产经营者向依法设立的污水集中处理、生活垃圾集中处理场所排放应税污染物的。

(2) 企业、事业单位和其他生产经营者在符合国家和地方环境保护标准的设施、场所储存或者处置固体废物的。

(3) 达到省级人民政府确定的规模标准并且有污染物排放口的畜禽养殖场，应当依法缴纳环境保护税，依法对畜禽养殖废弃物进行综合利用和无害化处理的。

(四) 税率

环境保护税税目税额表如表 8-17 所示。

表 8-17　环境保护税税目税额表

税目		计税单位	税额	备注
大气污染物		每污染当量	1.2～12 元	
水污染物		每污染当量	1.4～14 元	
固体废物	煤矸石	每吨	5 元	
	尾矿	每吨	15 元	
	危险废物	每吨	1 000 元	
	冶炼渣、粉煤灰、炉渣、其他固体废物(含半固态、液态废物)	每吨	25 元	
噪声	工业噪声	超标 1～3 分贝	每月 350 元	1. 一个单位边界上有多处噪声超标，根据最高一处超标声级计算应纳税额；当沿边界长度超过 100 米有两处以上噪声超标，按照两个单位计算应纳税额。 2. 一个单位有不同地点的作业场所的，应当分别计算应纳税额，合并计征。 3. 昼、夜均超标的环境噪声，昼、夜分别计算应纳税额，累计计征。 4. 声源一个月内超标不足 15 天的，减半计算应纳税额。 5. 夜间频繁突发和夜间偶然突发厂界超标噪声，按等效声级和峰值噪声两种指标中超标分贝值高的一项计算应纳税额
		超标 4～6 分贝	每月 700 元	
		超标 7～9 分贝	每月 1 400 元	
		超标 10～12 分贝	每月 2 800 元	
		超标 13～15 分贝	每月 5 600 元	
		超标 16 分贝以上	每月 11 200 元	

(五) 税收优惠

1. 暂予免征环境保护税的情形

(1) 农业生产(不包括规模化养殖)排放应税污染物。

(2) 机动车、铁路机车、非道路移动机械、船舶和航空器等流动污染源排放应税污染物。

(3) 依法设立的城乡污水集中处理、生活垃圾集中处理场所排放相应应税污染物,不超过国家和地方规定的排放标准的。

(4) 纳税人综合利用的固体废物,符合国家和地方环境保护标准。

(5) 国务院批准免税的其他情形。

2. 减征环境保护税的情形

(1) 纳税人排放应税大气污染物或者水污染物的浓度值低于国家和地方规定的污染物排放标准30%的,减按75%征收环境保护税。

(2) 纳税人排放应税大气污染物或者水污染物的浓度值低于国家和地方规定的污染物排放标准50%的,减按50%征收环境保护税。

(六) 计算应纳税额

环境保护税应纳税额的计算如表8-18所示。

表8-18 环境保护税应纳税额的计算

应税污染物	计税依据	应纳税额
大气污染物	污染物排放所折合的污染当量	污染当量数×具体适用税额
水污染物		
固体废物	固体废物的排放量	固体废物排放量×具体适用税额
噪声	超过国家规定标准的分贝数	超过国家规定标准的分贝数对应的具体适用税额

(七) 申报与缴纳

环境保护税由税务机关依照《中华人民共和国税收征收管理法》和《环境保护税法》的有关规定征收管理。

环境保护主管部门应当将排污单位的排污许可、污染物排放数据、环境违法和受行政处罚情况等环境保护相关信息,定期交送税务机关。税务机关应当将纳税人的纳税申报、税款入库、减免税额、欠缴税款以及风险疑点等环境保护税涉税信息,定期交送环境保护主管部门。

1. 纳税义务发生时间

环境保护税纳税义务发生时间为纳税人排放应税污染物的当日。

2. 纳税地点

纳税人应当向应税污染物排放地的税务机关申报缴纳环境保护税。

3. 纳税申报

环境保护税按月计算,按季申报缴纳。不能按固定期限计算缴纳的,可以按次申报缴纳。

纳税人按季申报缴纳的,应当自季度终了之日起15日内,向税务机关办理纳税申报并缴纳税款。纳税人按次申报缴纳的，应当自纳税义务发生之日起 15 日内，向税务机关办理纳税申报并缴纳税款。

环境保护税的纳税人应按照环境保护税法律制度的有关规定及时办理纳税申报，并如实填写《财产和行为税纳税申报表》(表 8-4)及《财产和行为税税源明细表》中的《环境保护税税源明细表》部分。

环境保护税税源明细表

三、烟叶税税务处理

(一) 概念

烟叶税是向收购烟叶的单位征收的一种税。

(二) 纳税人

烟叶税的纳税人为在中华人民共和国境内收购烟叶的单位。我国实行烟草专卖制度，因此烟叶税的纳税义务人具有特定性，一般是有权收购烟叶的烟草公司或者受其委托收购烟叶的单位。

《中华人民共和国烟叶税法》

(三) 征税范围

烟叶税的征税范围包括晾晒烟叶和烤烟叶。

(四) 税率

烟叶税实行比例税率，税率为 20%。

知识拓展

烟叶税实行全国统一的税率，主要是考虑烟叶属于特殊的专卖品，其税率不宜存在地区间的差异，否则会形成各地之间的不公平竞争，不利于烟叶种植的统一规划和烟叶市场、烟叶收购价格的统一。

(五) 计税依据

烟叶税的计税依据是纳税人收购烟叶实际支付的价款总额，包括纳税人支付给烟叶生产销售单位和个人的烟叶收购价款和价外补贴，价外补贴统一按烟叶收购价款的 10% 计算。

$$价款总额=收购价款\times(1+10\%)$$

(六) 计算应纳税额

烟叶税应纳税额的计算公式为：

$$应纳税额=价款总额\times税率=收购价款\times(1+10\%)\times税率$$

【职业训练 8-22】 某烟草公司系增值税一般纳税人，2021 年 8 月收购烟叶 100 000 千克，烟叶收购价格每千克为 10 元，总计 1 000 000 元，货款已全部支付。请计算该烟草公司 8 月收购烟叶应纳烟叶税。

$$应纳烟叶税=100\,000\times(1+10\%)\times20\%=220\,000(元)$$

(七) 申报与缴纳

烟叶税的纳税义务发生时间为纳税人收购烟叶的当日。烟叶税在烟叶收购环节征收。纳税人收购烟叶即发生纳税义务。

烟叶税按月计征,纳税人应当于纳税义务发生月终了之日起15日内申报并缴纳税款。

纳税人收购烟叶,应当向烟叶收购地的主管税务机关申报纳税。

烟叶税的纳税人应按照烟叶税法律制度的有关规定及时办理纳税申报,并如实填写《财产和行为税纳税申报表》(表8-4)及《财产和行为税税源明细表》中的《烟叶税税源明细表》部分(表8-19)。

表8-19　烟叶税税源明细表

税款所属期限:自　　年　　月　　日至　　年　　月　　日

纳税人识别号(统一社会信用代码):□□□□□□□□□□□□□□□□□□□□

纳税人名称(公章):　　　　　　　　　　　　　　　　　　金额单位:人民币元(列至角分)

序号	烟叶收购价款总额	税率
1		
2		
3		
4		
5		
6		

学习子情境八　印花税税务处理

一、概念

印花税是对经济活动和经济交往中书立、领受、使用的应税经济凭证征收的一种税。因纳税人主要是通过在应税凭证上粘贴印花税票来完成纳税义务,故名印花税。征收印花税有利于增加财政收入、有利于配合和加强经济合同的监督管理、有利于培养纳税意识,也有利于配合对其他应纳税种的监督管理。

《中华人民共和国印花税法》

二、纳税人

(一) 一般规定

(1) 在中华人民共和国境内书立应税凭证、进行证券交易的单位和个人。

(2) 在中华人民共和国境外书立在境内使用的应税凭证的单位和个人。

知识链接

应税凭证:《印花税法》所附"印花税税目税率表"列明的合同、产权转移书据和营业账簿。

【请注意】

如果一份合同或应税凭证由两方或两方以上当事人共同签订,签订合同或应税凭证的各方都是纳税人,应各就其所持合同或应税凭证的计税金额履行纳税义务。

(二) 具体规定

根据书立、使用应税凭证的不同,纳税人可分为以下几种:

(1) 立合同人,是合同的当事人,即对凭证有直接权利义务关系的单位和个人,但不包括合同的担保人、证人、鉴定人。合同当事人的代理人有代理纳税义务。

(2) 立账簿人,是开立并使用营业账簿的单位和个人。如某企业因生产需要,设立了若干营业账簿,该企业即为印花税的纳税人。

(3) 立据人,是书立产权转移书据的单位和个人。

(4) 使用人,是在国外书立、领受,但在国内使用应税凭证的单位和个人。

【请注意】

同一应税凭证由两方以上当事人书立的,按照各自涉及的金额分别计算应纳税额。

【知识点过关 8-11 · 单项选择题】 下列各项中,属于印花税纳税人的是(　　)。

A. 合同的双方当事人　B. 合同的担保人　C. 合同的证人　D. 合同的鉴定人

【答案】 A

【答案解析】 合同的当事人是印花税的纳税人,不包括合同的担保人、证人、鉴定人。

三、征税范围

我国经济活动中发生的经济凭证种类繁多、数量巨大。现行印花税采取正列举形式,只对法律规定中列举的凭证征收,没有列举的凭证不征税。列举的凭证分为以下四类。

(一) 合同

合同是指平等主体的自然人、法人、其他组织之间设立、变更、终止民事权利义务关系的协议。印花税税目中的合同按照《民法典》的规定进行分类,列举了 11 大类合同。

知识拓展

(1) 买卖合同包括供应、预购、采购、购销结合及协作、调剂、补偿、易货等合同,还包括各出版单位与发行单位(不包括订阅单位和个人)之间订立的图书、报刊、音像征订凭证。

(2) 借款合同包括银行及其他金融组织和借款人(不包括银行同业拆借)所签订的借款合同。

(3) 融资租赁合同。

(4) 租赁合同包括租赁房屋、船舶、飞机、机动车辆、机械、器具、设备等合同,还包括企业、个人出租门店、柜台等所签订的合同。

(5) 承揽合同包括加工、定做、修缮、修理、印刷、广告、测绘、测试等合同。

(6) 建设工程合同包括勘察、设计、建筑、安装工程合同的总包合同、分包合同和转包合同。

(7) 运输合同包括民用航空运输、铁路运输、海上运输、内河运输、公路运输和联运合同。

(8) 技术合同包括技术开发、转让、咨询、服务等合同。

① 技术转让合同包括专利申请转让、非专利技术转让所书立的合同,但不包括专利权转让、专利实施许可所书立的合同,后者适用于产权转移书据。

② 技术咨询合同合同当事人就有关项目的分析、论证、评价、预测和调查订立的技术合同。

③ 技术服务合同包括技术服务合同、技术培训合同和技术中介合同。

(9) 保管合同包括保管合同或作为合同使用的仓单、栈单(入库单)。

对某些使用不规范的凭证不便计税的,可就其结算单据作为计税贴花的凭证。

(10) 仓储合同。

(11) 财产保险合同包括财产、责任、保证、信用等保险合同。

【请注意】

1. 买卖合同应注意以下几点:

(1) 对于工业、商业、物资、外贸等部门经销和调拨商品、物资供应的调拨单(或其他名称的单、卡、书、表等),应当区分其性质和用途,看其是作为部门内执行计划使用的,还是代替合同使用的,以确定是否贴花。凡属于明确双方供需关系,据以供货和结算,具有合同性质的凭证,应按规定缴纳印花税。

(2) 对纳税人以电子形式签订的各类应税凭证按规定征收印花税。

(3) 对发电厂与电网之间、电网与电网之间(国家电网公司系统、南方电网公司系统内部各级电网互供电量除外)签订的购售电合同,按购销合同征收印花税。对电网与用户之间签订的供用电合同不征印花税。

2. 租赁合同不包括企业与主管部门签订的租赁承包合同。

3. 技术咨询合同不包括一般的法律、会计、审计等方面的咨询,其所立合同不贴印花。

(二) 产权转移书据

产权转移书据包括土地使用权出让书据,土地使用权、房屋等建筑物和构筑物所有权转让书据(不包括土地承包经营权和土地经营权转移),股权转让书据(不包括应缴纳证券交易印花税的)以及商标专用权、著作权、专利权、专有技术使用权转让书据。

知识链接

产权转移是指财产权利关系的变更行为,表现为产权主体发生变更。

产权转移书据是指在产权的买卖、交换、继承、赠与、分割等产权主体变更过程中,由产权出让人与受让人之间所订立的民事法律文书。

(三) 营业账簿

印花税税目中的营业账簿归属于财务会计账簿,是按照财务会计制度的要求设置的,反映生产经营活动的账册。按照营业账簿反映的内容不同,在税目中分为记载资金的账簿(以下简称资金账簿)和其他营业账簿两类。

对记载资金的营业账簿征收印花税,对其他营业账簿不征收印花税。

知识链接

(1) 资金账簿是反映生产经营单位"实收资本"和"资本公积"金额增减变化的账簿。

(2) 其他营业账簿是反映除资金资产以外的其他生产经营活动内容的账簿,即除资金账簿以外的,归属于财务会计体系的其他生产经营用账册。

(四) 证券交易

证券交易印花税对证券交易的出让方征收,不对受让方征收。

知识链接

证券交易是转让在依法设立的证券交易所、国务院批准的其他全国性证券交易场所交易的股票和以股票为基础的存托凭证。

【知识点过关 8-12·多项选择题】 下列各项中,属于印花税征税范围的有(　　)。

A. 土地使用权出让合同　　B. 土地使用权转让合同

C. 商品房销售合同　　D. 营业账簿

【答案】 ABCD

【答案解析】 以上四项均属于印花税征税范围。土地使用权的出让和转让合同按照产权转移书据贴花。

四、税率

印花税实行比例税率。按照凭证所标明的确定的金额按比例计算应纳税额,既能保证财政收入,又能体现合理负担的原则。印花税税率如表 8-20 所示。

表 8-20　印花税税率表

税目		税率	备注
合同(指书面合同)	借款合同	借款金额的 0.5‰	指银行业金融机构、经国务院银行业监督管理机构批准设立的其他金融机构与借款人(不包括同业拆借)的借款合同
	融资租赁合同	租金的 0.5‰	
	买卖合同	价款的 3‰	场动产买卖合同(不包括个人书立的动产买卖合同)
	承揽合同	报酬的 3‰	
	建设工程合同	价款的 3‰	
	运输合同	运输费用的 3‰	指货运合同和多式联运合同(不包括管道运输合同)

（续表）

<table>
<tr><th colspan="2">税目</th><th>税率</th><th>备注</th></tr>
<tr><td rowspan="7">合同（指书面合同）</td><td>技术合同</td><td>价款、报酬或者使用费的3‰</td><td>不包括专利权、专有技术使用权转让书据</td></tr>
<tr><td>租赁合同</td><td>租金的1‰</td><td></td></tr>
<tr><td>保管合同</td><td>保管费的1‰</td><td></td></tr>
<tr><td>仓储合同</td><td>仓储费的1‰</td><td></td></tr>
<tr><td>账户保险合同</td><td>保险费的1‰</td><td>不包括再保险合同</td></tr>
<tr><td>土地使用权出让书据</td><td>价款的5‰</td><td rowspan="2">转让包括买卖（出售、互换、分割）</td></tr>
<tr><td>土地使用权、房屋等建筑物和构筑物所有权转让书据（不包括土地承包经营权和土地经营权转移）</td><td>价款的5‰</td></tr>
<tr><td rowspan="2">合同（指书面合同）</td><td>股权转让书据（不包括应缴纳证券交易印花税的）</td><td>价款的5‰</td><td rowspan="2">转让包括买卖（出售、互换、分割）</td></tr>
<tr><td>商标专用权、著作权、专利权、专有技术使用权转让书据</td><td>价款的3‰</td></tr>
<tr><td colspan="2">营业账簿</td><td>实收资本（股本）、资本公积合计金额的2.5‰</td><td></td></tr>
<tr><td colspan="2">证券交易</td><td>成交金额的1‰</td><td></td></tr>
</table>

五、税收优惠

（1）法定凭证免税。

① 应税凭证的副本或者抄本。

② 依照法律规定应当予以免税的外国驻华使馆、领事馆和国际组织驻华代表机构为获得馆舍书立的应税凭证。

③ 中国人民解放军、中国人民武装警察部队书立的应税凭证。

④ 农民、家庭农场、农民专业合作社、农村集体经济组织、村民委员会购买农业生产资料或者销售农产品书立的买卖合同和农业保险合同。

⑤ 无息或者贴息借款合同、国际金融组织向中国提供优惠贷款书立的借款合同。

⑥ 财产所有权人将财产赠与政府、学校、社会福利机构、慈善组织书立的产权转移书据。

⑦ 非营利性医疗卫生机构采购药品或者卫生材料书立的买卖合同。

⑧ 个人与电子商务经营者订立的电子订单。

根据国民经济和社会发展的需要，国务院对居民住房需求保障、企业改制重组、破产、支持小型微型企业发展等情形可以规定减征或者免征印花税，报全国人民代表大会常务委员会备案。

（2）免税额、应纳税额不足1角的，免征印花税。

(3) 特定情形免税。

① 对商店、门市部的零星加工修理业务开具的修理单,不贴印花。

② 对铁路、公路、航运、水路承运快件行李、包裹开具的托运单据,暂免贴花。

③ 对企业车间、门市部、仓库设置的不属于会计核算范围的账簿,不贴印花。

(4) 对运输、仓储、保管、财产保险、银行借款等,办理一项业务,既书立合同,又开立单据的,只就合同贴花。所开立的各类单据,不再贴花。

(5) 对企业兼并的并入资金,凡已按资金总额贴花的,接收单位对并入的资金,不再补贴印花。

(6) 企业与主管部门等签订的租赁承包经营合同,不属于租赁合同,不征收印花税。

(7) 纳税人已履行并贴花的合同,发现实际结算金额与合同所载金额不一致的,一般不再补贴印花。

(8) 书、报、刊发行单位之间,发行单位与订阅单位或个人之间书立的凭证,免征印花税。

(9) 由外国运输企业运输进口货物的,外国运输企业所持有的一份结算凭证,免征印花税。

(10) 下列特殊货运凭证,免征印花税:

① 抢险救灾物资运输结算凭证。

② 为新建铁路运输施工所需物料,使用工程临管线专用运费结算凭证。

(11) 对工业、商业、物资、外贸等部门调拨商品物资,作为内部执行计划使用的调拨单,不作为结算凭证,不属于合同性质的凭证,不征收印花税。

(12) 银行、非银行金融机构之间相互融通短期资金,按照规定的同业拆借期限和利率签订的同业拆借合同,不征收印花税。

(13) 对办理借款展期业务使用借款展期合同或其他凭证,按规定仅载明延期还款事项的,可暂不贴花。

(14) 出版合同不属于印花税列举征税的凭证,免征印花税。

(15) 中国人民银行各级机构代理国库业务及委托各专业银行各级机构代理国库业务设置的账簿,免征印花税。

(16) 代理单位与委托单位之间签订的委托代理合同,不征收印花税。

(17) 对中国人民银行向各商业银行提供的日拆性贷款(20 日以内的贷款)所签订的合同或借据,暂免征印花税。

(18) 国铁集团所属单位的下列凭证,不征收印花税:

① 国铁集团层层下达的基建计划,不贴花。

② 企业内部签订的有关铁路生产经营设施基建、更新改造、大修、维修的协议或责任书,不贴花。

③ 在铁路内部无偿调拨固定资产的调拨单据,不贴花。

④ 由国铁集团全额拨付事业费的单位,其营业账簿不贴花。

(19) 对在供需经济活动中使用电话、计算机联网订货,没有开具书面凭证的,暂不贴花。

六、计税依据

(一) 应税合同

应税合同的印花税计税依据为合同所列的金额,不包括列明的增值税税款。合同中价款或者报酬与增值税税款未分开列明的，按照合计金额确定。

应税合同的印花税计税依据具体包括买卖合同和建设工程合同中的支付价款、承揽合同中的支付报酬、租赁合同和融资租赁合同中的租金、运输合同中的运输费用、保管合同中的保管费、仓储合同中的仓储费、借款合同中的借款金额、财产保险合同中的保险费以及技术合同中的支付价款、报酬或者使用费等。

(二) 应税产权转移书据

(1) 应税产权转移书据的印花税计税依据为产权转移书据所列的金额，不包括列明的增值税税款。产权转移书据中价款与增值税税款未分开列明的，按照合计金额确定。

(2) 应税合同、产权转移书据未列明价款或者报酬的，按照下列方法确定计税依据：

① 按照订立合同、产权转移书据时的市场价格确定。依法应当执行政府定价的，按照其规定确定。

② 不能按照上述规定的方法确定的，按照实际结算的价款或者报酬确定。

(三) 应税营业账簿

应税营业账簿的印花税计税依据为账簿记载的实收资本(股本)、资本公积合计金额。

(四) 证券交易

证券交易的印花税计税依据为成交金额。以非集中交易方式转让证券时无转让价格的，按照办理过户登记手续前一个交易日收盘价计算确定计税依据。办理过户登记手续前一个交易日无收盘价的，按照证券面值计算确定计税依据。

(五) 未列明金额时的计税依据

应税合同、产权转移书据未列明金额的，印花税的计税依据按照实际结算的金额确定。

计税依据按照上述规定仍不能确定的，按照书立合同、产权转移书据时的市场价格确定。依法应当执行政府定价或者政府指导价的，按照国家有关规定确定。

(六) 其他

纳税人有以下情形的，税务机关可以核定纳税人印花税计税依据：

(1) 未按规定建立印花税应税凭证登记簿，或未如实登记和完整保存应税凭证的。

(2) 拒不提供应税凭证或不如实提供应税凭证致使计税依据明显偏低的。

(3) 采用按期汇总缴纳办法的，未按税务机关规定的期限报送汇总缴纳印花税情况报告，经税务机关责令限期报告，逾期仍不报告的或者税务机关在检查中发现纳税人有未按规定汇总缴纳印花税情况的。

七、计算应纳税额

印花税的应纳税额按照计税依据乘以适用税率计算，具体如下：

应税合同的应纳税额＝价款或者报酬×适用税率
应税产权转移书据的应纳税额＝价款×适用税率
应税营业账簿的应纳税额＝实收资本(股本)、资本公积合计金额×适用税率
证券交易的应纳税额＝成交金额或依法确定的计税依据×适用税率

(1) 同一应税凭证载有两个以上税目事项并分别列明金额的，按照各自适用的税目税

率分别计算应纳税额;未分别列明金额的,从高适用税率。

(2) 已缴纳印花税的营业账簿,以后年度记载的实收资本(股本)、资本公积合计金额与已缴纳印花税的实收资本(股本)、资本公积合计金额相比增加的,按照增加部分计算应纳税额。

【职业训练 8-23】 某电厂与某运输公司签订了两份运输保管合同:第一份合同载明的金额合计 50 万元(运费和保管费并未分别记载);第二份合同中注明运费 30 万元、保管费 10 万元。请分别计算该电厂第一份、第二份合同应纳印花税。

第一份合同应纳印花税＝500 000×1‰＝500(元)

第二份合同应纳印花税＝300 000×0.3‰＋100 000×1‰＝190(元)

【职业训练 8-24】 甲公司向乙公司租赁 2 台塔吊并签订租赁合同,合同注明塔吊总价值为 80 万元,租期为 2 个月,每台每月租金为 2 万元。已知租赁合同适用印花税税率为 1‰。请计算甲公司和乙公司签订该租赁合同共计应缴纳的印花税。

(1) 租赁合同印花税的计税依据为租金 8 万元(2×2×2)。

(2) 同一应税凭证由两方当事人共同签订的,签订合同的各方都是纳税人,应各就其所持合同的计税金额履行纳税义务。因此,甲公司和乙公司签订该租赁合同共计应缴纳的印花税为 160 元(80 000×1‰×2)。

八、申报与缴纳

(一) 纳税义务发生时间

印花税的纳税义务发生时间为纳税人书立应税凭证或者完成证券交易的当日。

证券交易印花税扣缴义务发生时间为证券交易完成的当日。

(二) 纳税期限

印花税按季、按年或者按次计征。

(1) 实行按季、按年计征的,应当自季度、年度终了之日起 15 日内申报缴纳税款。

(2) 实行按次计征的,应当自纳税义务发生之日起 15 日内申报缴纳税款。

证券交易印花税按周解缴。证券交易印花税扣缴义务人应当自每周终了之日起 5 日内申报解缴税款以及银行结算的利息。

(三) 纳税地点

(1) 纳税人为单位的,其机构所在地的主管税务机关。

(2) 纳税人为个人的,应税凭证书立地或者纳税人居住地的主管税务机关。

(3) 不动产产权发生转移的,不动产所在地的主管税务机关。

(4) 纳税人为境外单位或者个人的,分以下两种情况:

① 在境内有代理人的,以其境内代理人为扣缴义务人。

② 在境内没有代理人的,由纳税人自行申报缴纳印花税,具体办法由国务院税务主管部门规定。

(5) 证券登记结算机构为证券交易印花税的扣缴义务人,应当向其机构所在地的主管税务机关申报解缴税款以及银行结算的利息。

(四) 纳税申报

印花税的纳税人应按照印花税法律制度的有关规定及时办理纳税申报,并如实填写《财产和行为税纳税申报表》(表 8-4)及《财产和行为税税源明细表》中的《印花税税源明细表》部分(表 8-21)。

表 8-21　印花税税源明细表

纳税人识别号(统一社会信用代码):□□□□□□□□□□□□□□□□□□

纳税人名称(公章):　　　　　　　　　　　　　　　　　　　　　　金额单位:人民币元(列至角分)

序号	税目	税款所属期起	税款所属期止	应纳税凭证编号	应纳税凭证书立(领受)日期	计税金额或件数	核定比例	税率	减免性质代码和项目名称
按期申报									
1									
2									
3									
按次申报									
1									
2									
3									

(五)缴纳方式

印花税可以采用粘贴印花税票或者由税务机关依法开具其他完税凭证的方式缴纳。印花税票粘贴在应税凭证上的,由纳税人在每枚税票的骑缝处盖戳注销或者画销。印花税票由国务院税务主管部门监制。

知识链接

其他税会计核算

税种		账务处理
不用"应交税费"核算	耕地占用税	借:在建工程/固定资产/开发成本等 　贷:银行存款等
	车辆购置税	借:固定资产 　贷:银行存款
	契税	借:固定资产/无形资产等 　贷:银行存款
资源税		借:税金及附加/生产成本/制造费用等 　贷:应交税费——应交资源税

（续表）

税种		账务处理
土地增值税	转让土地使用权及其附着物	借：固定资产清理 贷：应交税费——应交土地增值税
	转让单独计入无形资产的土地使用权	借：银行存款 累计摊销 无形资产减值准备 借或贷：资产处置损益 贷：应交税费——应交土地增值税 无形资产
	房地产开发经营企业销售房地产	借：税金及附加 贷：应交税费——应交土地增值税
房产税、车船税、城镇土地使用税、环境保护税		借：税金及附加 贷：应交税费——应交房产税/车船税/城镇土地使用税/环境保护税
缴纳税费时（除车辆购置税、契税、耕地占用外）		借：应交税费——应交房产税/车船税/城镇土地使用税/环境保护税 贷：银行存款

情境小结

学习子情境	知识点
学习子情境一 车辆购置税、船舶吨税和车船税税务处理	（1）车辆购置税税务处理 （2）船舶吨税税务处理 （3）车船税税务处理
学习子情境二 房产税税务处理	（1）概念 （2）纳税人 （3）征税对象 （4）征税范围 （5）税率 （6）税收优惠 （7）计税依据 （8）计算应纳税额 （9）申报与缴纳
学习子情境三 契税税务处理	（1）概念 （2）纳税人 （3）征税对象 （4）征税范围 （5）税率

（续表）

学习子情境	知识点
学习子情境三 契税税务处理	(6) 税收优惠 (7) 计税依据 (8) 计算应纳税额 (9) 申报与缴纳
学习子情境四 城镇土地使用税税务处理	(1) 概念 (2) 纳税人 (3) 征税对象 (4) 征税范围 (5) 税率 (6) 税收优惠 (7) 计税依据 (8) 计算应纳税额 (9) 申报与缴纳
学习子情境五 土地增值税 税务处理	(1) 概念 (2) 纳税人 (3) 征税范围 (4) 税率 (5) 税收优惠 (6) 计算应纳税额 (7) 申报与缴纳
学习子情境六 资源税税务处理	(1) 概念 (2) 纳税人 (3) 税目税率 (4) 税收优惠 (5) 计税依据 (6) 计算应纳税额 (7) 申报与缴纳
学习子情境七 耕地占用税、环境 保护税和烟叶税税务处理	(1) 耕地占用税税务处理 (2) 环境保护税税务处理 (3) 烟叶税税务处理
学习子情境八 印花税税务处理	(1) 概念 (2) 纳税人 (3) 征税范围 (4) 税率 (5) 税收优惠 (6) 计税依据 (7) 计算应纳税额 (8) 申报与缴纳

技 能 训 练

一、基础训练

(一) 单项选择题

1. 某企业2021年有固定资产原值3 000万元,其中房产原值为2 000万元,已计提折旧400万元;机器设备原值为1 000万元,已提折旧240万元。已知当地政府规定的扣除比例为30%,该企业2021年度应纳房产税为(　　)万元。

A. 16.8　　B. 168　　C. 24　　D. 240

2. 某市蔬菜种植园占地20 000平方米,其中,蔬菜种植用地16 000平方米,行政办公用地3 000平方米,观光园附设饮食部占地1 000平方米。企业所在地城镇土地使用税年税额为每平方米5元。下列有关该企业全年应缴纳城镇土地使用税的计算中,正确的是(　　)。

A. 20 000×5=100 000(元)

B. (20 000-16 000)×5=20 000(元)

C. (20 000-16 000-3 000-1 000)×5=0

D. (20 000-16 000)×5=20 000(元)

3. 2021年9月,甲房地产开发公司销售自行开发的一处住宅项目,取得不含增值税价款8 000万元,扣除项目金额5 000万元。已知土地增值税税率为40%,速算扣除系数为5%。下列有关甲房地产开发公司销售住宅项目应缴纳土地增值税税额的算式中,正确的是(　　)。

A. 8 000×40%=3 200(万元)

B. (8 000-5 000)×(40%-5%)=1 050(万元)

C. (8 000-5 000)×40%×5%=60(万元)

D. (8 000-5 000)×40%-5 000×5%=950(万元)

4. 赵某2021年4月12日购买了1艘净吨位为200吨的拖船,已知机动船舶净吨位每吨的年基准税额为6元,则赵某2021年应缴纳车船税税额为(　　)元。

A. 400　　B. 450　　C. 800　　D. 900

5. 根据资源税法律制度的规定,下列各项中,征收资源税的是(　　)。

A. 石油公司销售自产原油　　B. 加油站销售柴油

C. 贸易公司进口铁矿　　D. 超市销售精盐

6. 下列各项中,不享受船舶吨税免税优惠的是(　　)。

A. 捕捞、养殖渔船

B. 警用船舶

C. 吨税执照期满后48小时内不上下客货的船舶

D. 应纳税额在人民币50元以下的船舶

7. 2021年6月,甲公司进口一辆小汽车自用,海关审定的关税完税价格为60万元,甲公司向海关缴纳关税15万元、增值税13万元、消费税25万元。已知,车辆购置税税率为10%。甲公司进口自用小汽车应缴纳车辆购置税税额为(　　)万元。

A. 8.8　　B. 11.3　　C. 7.5　　D. 10

8. 根据契税法律制度的规定,下列各项中,属于契税纳税人的是(　　)。

A. 继承父母车辆的子女　　B. 转让土地使用权的企业
C. 出租自有住房的个人　　D. 受赠房产权属的个体工商户

9. 根据环境保护税法律制度的规定，下列情形中，应征收环境保护税的是(　　)。
A. 企业综合利用的固体废物，符合国家和地方环境保护标准
B. 机动车等流动污染源排放应税污染物
C. 依法设立的生活垃圾集中处理场所在国家和地方规定排放标准内排放应税污染物
D. 企业处置固体废物不符合国家和地方环境保护标准

10. 根据烟叶税法律制度规定，下列各项中，属于烟叶税征收范围的是(　　)。
A. 晾晒烟叶　　B. 烟叶　　C. 卷烟　　D. 烤烟丝

(二) 多项选择题

1. 根据印花税法律制度的规定，下列合同中，应该缴纳印花税的有(　　)。
A. 银行间拆借资金签订的拆解合同　　B. 赠与房屋所签订的合同
C. 建筑公司签订的建设工程合同　　D. 人身保险合同

2. 下列各项中，属于耕地占用税征税范围的有(　　)。
A. 占用草地建设公路　　B. 占用园地建设农业示范基地
C. 占用草地建设畜禽养殖设施　　D. 占用林地建设木材集材道

3. 根据烟叶税法律制度的规定，纳税人支付的下列款项中，应计入烟叶税计税依据的有(　　)。
A. 支付给烟叶生产销售单位的价外补贴
B. 支付给烟叶生产销售单位的烟叶收购价款
C. 支付给物流公司的烟叶运输费用
D. 向税务机关缴纳的烟叶税

4. 下列选项中，属于车船税征税范围的有(　　)。
A. 乘用车　　B. 货车　　C. 电动自行车　　D. 挂车

5. 根据土地增值税法律制度的规定，下列各项中，在计算土地增值税时，应计入房地产开发成本的有(　　)。
A. 公共配套设施费　　B. 建筑安装工程费
C. 取得土地使用权所支付的地价款　　D. 土地征用及拆迁补偿费

(三) 判断题

1. 采石厂将自采的花岗岩用于抵偿债务的，应当按规定缴纳资源税。　(　　)
2. 机动车排放应税污染物的，暂免征收环境保护税。　(　　)
3. 依据车辆购置税法律制度的规定，纳税人自产、受赠、获奖或者以其他方式取得并自用的应税车辆的计税价格，由主管税务机关参照市场价格核定。　(　　)
4. 经批准占用耕地的，耕地占用税纳税义务发生时间为收到主管部门办理占用耕地手续的书面通知的当日。　(　　)
5. 同一应税凭证有两个以上税目事项未分别列明金额的，从高适用税率计算缴纳印花税。　(　　)

二、能力训练

1. 某药厂2020年7月1日转让其位于市区的一栋办公大楼，取得不含增值税销售收入24 000万元。2010年建造该办公楼时，为取得土地使用权支付6 000万元，发生建造成

本 8 000 万元。转让时经政府批准的房地产评估机构评估后，确定该办公楼的重置成本价为 16 000 万元，成新度折扣率为 60%，允许扣除的有关税金及附加为 1 356 万元。

要求：

(1) 计算土地增值税时该药厂办公楼的评估价格。

(2) 计算土地增值税时允许扣除项目金额的合计数。

(3) 计算转让办公楼应缴纳的土地增值税。

2. 甲公司经营农产品种植、销售业务，公司占地共计 3 万平方米，其中农产品的种植用地为 2.5 万平方米，职工宿舍和办公用地为 0.5 万平方米，房产原值总计 500 万元，该公司 2020 年 6 月 30 日签订一份房屋租赁合同，将其中价值 100 万元的办公室从 7 月 1 日起出租给他人使用，租期 12 个月，含税月租金为 5 145 元，每月收租金 1 次。

已知适用城镇土地使用税率每平方米 5 元，计算房产余值的扣除比例为 30%。

要求：

(1) 计算公司当年应缴纳的城镇土地使用税。

(2) 计算公司当年应缴纳的房产税。